普通高等教育"十二五"规划教材

建设工程项目管理

主　编　胡新萍
副主编　王　芳　　吴海英　　刘玲璞
编　写　陈玲燕　　胡芳珍　　姚星明
　　　　闫玮斌　　刘桂玲　　范建洲
　　　　高　峰
主　审　邱国林

中国电力出版社
CHINA ELECTRIC POWER PRESS

内 容 提 要

本书根据 GB/T 50326—2006《建设工程项目管理规范》，结合工程项目管理的最新成果，根据教育部工程管理专业指导委员会制定的大纲，对教学内容进行了精心组织。全书包括 12 章内容，系统论述了工程项目建设全过程的管理理论和方法，并且大部分章节均引入了实际应用案例，理论与实践紧密结合，具有较强的先进性、实用性。

本书结构严谨完整，内容丰富详尽，主要作为高等学校工程管理和土木工程本科及建筑工程技术、工程造价等专科专业的教材，也可供相关专业及人事工程项目管理工作的有关技术人员学习和参考。

图书在版编目（CIP）数据

建设工程项目管理/胡新萍主编 . —北京：中国电力出版社，2014.2（2019.11重印）

普通高等教育"十二五"规划教材

ISBN 978 - 7 - 5123 - 5281 - 0

Ⅰ. ①建… Ⅱ. ①胡… Ⅲ. ①基本建设项目－项目管理－高等学校－教材 Ⅳ. ①F284

中国版本图书馆 CIP 数据核字（2014）第 023235 号

中国电力出版社出版、发行

（北京市东城区北京站西街 19 号 100005 http：//www.cepp.sgcc.com.cn）

北京雁林吉兆印刷有限公司印刷

各地新华书店经售

*

2014 年 2 月第一版 2019 年 11 月北京第四次印刷

787 毫米×1092 毫米 16 开本 20 印张 488 千字

定价 37.00 元

前　言

随着我国改革开放的深入，建筑业作为国民经济的支柱产业，取得了举世瞩目的成就，与此同时工程项目管理理论研究与改革实践也得到长足发展。本书以 GB/T 50326—2006《建设工程项目管理规范》为根据，以规范建设工程项目管理行为为原则，以工程项目周期为主线，以合同管理为纽带，以动态管理为原理，对工程项目全过程管理进行了较为全面的阐述。

建设工程项目管理是一门具有很强的理论性、综合性和实践性的课程，是土木工程、工程管理、建筑工程技术、工程造价等专业的重要课程之一。通过本门课程的学习，可使学生建立工程建设管理项目的知识体系，培养应用项目管理知识解决工程实际问题的能力。因此，本书编者在参阅了大量国内外参考资料的基础上，从学生学习知识出发，以培养未来项目管理工程师为目标，体现了项目管理方面的最新知识、最新技术、最新规范和标准，并引用了一些案例，注重理论联系实际，具有实用性。

本书由太原理工大学阳泉学院胡新萍主编；太原理工大学阳泉学院王芳、山西大学工程学院吴海英、河北农业大学城建学院刘玲璞担任副主编；广西建设职业学院陈玲燕，武汉城市职业学院胡芳珍，太原理工大学阳泉学院姚星明、闫玮斌，山西大同大学煤炭工程学院刘桂玲、高峰，山西大学工程学院范建洲参编。具体编写分工如下：胡新萍（第 7 章、第 11章），王芳（第 1 章、第 6 章），吴海英（第 5 章），刘玲璞（第 10 章），陈玲燕（第 3 章），胡芳珍（第 9 章），姚星明（第 2 章），闫玮斌（第 4 章），刘桂玲、高峰（第 12 章），范建洲（第 8 章），全书由胡新萍负责统稿。吉林建筑大学邱国林教授对本书进行了审阅。

限于编者水平，不妥之处在所难免，恳请同行及读者批评指正！

编　者

2013 年 12 月

目　录

第1章　工程项目管理概论

【教学提示】

　　本章首先重点阐述了项目的概念及特征，然后阐述工程项目管理的概念、目标及任务，在此基础上介绍了我国现行的工程项目管理体制，最后重点阐述了项目管理规划的种类及编制要求。

【教学要求】

　　通过对本章的学习，要求掌握项目与工程项目的概念和特征，工程项目管理的基本知识及不同参与方在工程项目管理中的主要任务；了解工程项目管理规划的主要内容。

1.1　项目和工程项目

1.1.1　项目

　　项目是由一组有起止时间、相互协调的受控活动所组成的特定过程，该过程要达到符合规定要求的目标，包括时间、成本和资源的约束条件。

　　项目具有以下共同的特征：

　　（1）项目的特定性。项目的特定性也可称为单件性或一次性，是项目最主要的特征。每个项目都有自己的特定过程，都有自己的目标和内容，因此也只能对它进行单件处置（或生产），不能批量生产，不具重复性。只有认识到项目的特定性，才能有针对性地根据项目的具体特点和要求，进行科学的管理，以保证项目一次成功。

　　（2）项目具有明确的目标和一定的约束条件。项目的目标有成果性目标和约束性目标。成果性目标是指项目应达到的功能性要求，如兴建一所学校可容纳的学生人数、医院的床位数、宾馆的房间数等；约束性目标是指项目的约束条件，凡是项目都有项目自己的约束条件，项目只有满足约束条件才能成功，因而约束条件是项目成果性目标实现的前提。

　　（3）项目具有特定的生命周期。项目过程的一次性决定了每个项目都具有自己的生命周期，任何项目都有产生时期、发展时期和结束时期，在不同的阶段都有特定的任务、程序和工作内容。如建设项目的生命周期包括项目建议书、可行性研究、设计工作、建设准备、建设实施、竣工验收与交付使用；施工项目的生命周期包括投标与签订合同、施工准备、施工、交工验收、用后服务。概括地说，项目的生命周期包括概念阶段、设计阶段、实施阶段和终止阶段。

　　（4）项目作为管理对象的整体性。一个项目，是一个整体管理对象，在按其需要配置生产要素时，必须以总体效益的提高为标准，做到数量、质量、结构的总体优化。由于内外环境是变化的，所以管理和生产要素的配置是动态的。项目的一切活动都是相关的，构成一个整体。

（5）项目的不可逆性。项目按照一定的程序进行，其过程不可逆转，必须一次成功，失败了便不可挽回，因而项目的风险很大，与批量生产过程（重复的过程）有着本质的区别。

1.1.2 工程项目

1. 工程项目的概念

工程项目又称建设工程项目，是项目中最常见、最典型的项目类型，是指为完成依法立项的新建、扩建、改建的各类工程（土木工程、建筑工程及安装工程等）而进行的，有起止日期的，达到规定要求的一组相互关联的受控活动组成的特定过程，这些活动包括策划、勘察、设计、采购、施工、试运行、竣工验收和考核评价等。

工程项目属于投资项目中最重要的一类，是一种投资行为和建设行为相结合的项目。投资与建设是分不开的，投资是工程项目管理建设的起点，没有投资就不可能进行建设；反过来，没有建设行为，投资的目的就不可能实现。建设过程实质上是投资的决策和实施过程，是投资目标的实现过程，是把投入的资金转换为实物资产的经济活动过程。

2. 工程项目的特征

工程项目由于它的特殊性，除了具有项目的共有特征外，还具有以下五个方面的特征。

（1）具有明确的建设目标。任何工程项目都有明确的建设目标，并且通常可以用明确的功能要求、实物工程量、质量等指标表达。如一定生产能力的车间或工厂，一定长度和等级的公路，一定规模的医院、住宅小区等。需要注意的是，政府主管部门审核项目，主要审核项目的宏观经济效果、社会经济效果和环境效果，而企业则多重视项目的生产能力和盈利能力等微观目标。

工程项目的对象在项目的生命期中经历了由构思到实施、由总体到具体的过程。通常，它在项目前期策划和决策阶段得到确定，在项目的设计和计划阶段被逐渐分解、细化和具体化，并通过项目的施工过程一步步得到实现，在运行（使用）中实现其特定目标。

（2）受到资金、时间等约束条件限制。工程项目目标的实现要受到多方面的限制：①时间约束，即一个工程项目要有合理的时间限制；②资金约束，即工程项目要在一定的人、财、物条件约束下来完成建设任务；③质量约束，即工程项目要达到预期的生产能力、技术水平、产品等级或使用效益的要求；④空间约束，即工程项目要在指定的地点，也就意味着要通过科学合理的方法来组织完成，且受环境的影响。

（3）具有不可逆性。任何工程项目都是具有不可逆性的一次性过程，即都有一个独立的管理过程，它的计划、控制、组织都是一次性的。

工程项目不能批量生产，工程项目一般是先有用户，在用户指定的地点建设，项目建成后不可移动；工程项目一旦建成，要想改变非常困难。可见，工程项目具有设计的单一性、施工的单件性。

（4）具有特殊的组织和法律条件。因为项目一次性和多目标限制性，要保证项目有秩序、按计划实施，必须建立严密的项目组织，以经济合同作为纽带，为项目参与单位分配工作、划分责权利关系。工程项目组织是一次性的，随项目的确立而产生，随项目结束而消亡。

工程项目必须遵守与其建设和运行相关的法律条件，例如合同法、环境保护法、税法、招标投标法等。

（5）具有较高的复杂性和风险性及影响的长期性。现代工程项目将会越来越复杂，如项目规模大，范围广，投资大；有新知识、新工艺的要求，技术复杂、新颖；由许多专业组成，有几十个、上百个甚至几千个单位共同协作，由成千上万个在时间和空间上相互影响、互相制约的活动构成；工程项目经历由构思、决策、设计、计划、采购供应、施工、验收到运行的全过程，项目使用期长，对全局影响大。

由于工程项目的一次性和复杂性，都将给工程项目带来一定的风险性，如投资风险、技术风险、自然风险和资源风险等，故在工程项目管理中必须重视风险管理过程。工程项目一般建设周期长，投资回收期长，工程项目的使用寿命长，工程质量好坏影响面大，作用时间长。

3. 工程项目的分类

工程项目的种类繁多，为了适应科学管理的需要，可以从不同的角度进行分类。

(1) 按建设性质划分。工程项目按建设性质可分为新建项目、扩建项目、改建项目、迁建项目和恢复项目。

1) 新建项目。它是指根据国民经济和社会发展的近远期规划，按照规定的程序立项，从无到有、"平地起家"建设的工程项目。

2) 扩建项目。它是指现有企业、事业和行政单位在原有场地内或其他地点，为扩大产品的生产能力或增加经济效益而增建的生产车间、独立的生产线或分厂的项目；事业和行政单位在原有业务系统的基础上扩充规模而进行的新增固定资产投资项目。

3) 改建项目。它包括挖潜、节能、安全、环境保护等工程项目。

4) 迁建项目。它是指原有企业、事业单位，根据自身生产经营和事业发展的要求，按照国家调整生产力布局的经济发展战略的需要或出于环境保护等其他特殊要求，搬迁到异地而建设的项目。

5) 恢复项目。它是指原有企业、事业和行政单位，因在自然灾害或战争中使原有固定资产遭受全部或部分报废，需要进行投资重建来恢复生产能力和业务工作设施等的工程项目。这类项目，不论是按原有规模恢复建设，还是在恢复过程中扩建，都属于恢复项目。但对尚未建成投产或交付使用的项目，受到破坏后，若仍按原设计重建的，原建设性质不变；如果按新设计重建，则根据新设计内容来确定其性质。

工程项目按其性质分为上述五类，一个工程项目只能有一种性质，在项目按总体设计全部建成以前，其建设性质是始终不变的。

(2) 按投资作用划分。工程项目按投资作用可分为生产性工程项目和非生产性工程项目。

1) 生产性工程项目。它是指直接用于物质资料生产或直接为物质资料生产服务的工程项目。主要包括：①工业建设项目，包括工业、国防和能源建设项目；②农业建设项目，包括农、林、牧、渔、水利建设项目；③基础设施建设项目，包括交通、邮电、通信建设项目，以及地质普查、勘探建设项目等；④商业建设项目，包括商业、饮食、仓储、综合技术服务事业的建设项目。

2) 非生产性工程项目。它是指用于满足人民物质和文化、福利需要的建设和非物质资料生产部门的建设项目。主要包括：①办公用房，如国家各级党政机关、社会团体、企业管理机关的办公用房；②居住建筑，如住宅、公寓、别墅等；③公共建筑，包括科学、教育、文化艺术、广播电视、卫生、博览、体育、社会福利事业、公共事业、咨询服务、宗教、金融、保险等建设项目；④其他工程项目，即不属于上述各类的其他非生产性工程项目。

（3）按项目规模划分。为适应对工程项目分级管理的需要，国家规定基本建设项目分为大、中、小型三类；更新改造项目分为限额以上和限额以下两类。不同等级标准的工程项目，国家规定的审批机关和报建程序也不尽相同。划分项目等级的原则如下：

1）按批准的可行性研究报告（初步设计）所确定的总设计能力或投资总额的大小，依据国家颁布的《基本建设项目大中小型划分标准》进行分类。

2）凡生产单一产品的项目，一般以产品的设计生产能力划分；生产多种产品的项目，一般按其主要产品的设计生产能力划分；产品分类较多，不易分清主次、难以按产品的设计能力划分时，可按投资总额划分。

3）对国民经济和社会发展具有特殊意义的某些项目，虽然设计能力或全部投资不够大、中型项目标准，经国家批准已列入大、中型计划或国家重点建设工程的项目，也按大、中型项目管理。

4）更新改造项目一般只按投资额分为限额以上和限额以下项目，不再按生产能力或其他标准划分。

5）一部分工业、非工业项目，在国家统一下达的计划中，不作为大中型项目安排。如分散零星的江河治理、国有农场、植树造林、草原建设等；原有水库加固，并结合加高大坝、扩大溢洪道和增修灌区配套工程的项目，除国家指定者外，不作为大中型项目；分段整治，施工期长，年度安排有较大伸缩性的航道整治疏浚工程；科研、文教、卫生、广播、体育、计量、标准等事业的建设（包括工业、交通和其他部门所属的同类事业单位），新建工程按大中型标准划分，改、扩建工程除国家指定者外，一律不作为大中型项目；城市的排水管网、污水处理、道路、立交桥梁、防洪、环保等工程；民用建筑包括集资统一建设的住宅群、办公和生活用房等；名胜古迹、风景点、旅游区的恢复、修建工程；施工队伍以及地质勘探单位等独立的后方基地建设（包括工矿业的农副业基地建设）；采取各种形式利用外资或国内资金兴建的旅游饭店、旅馆、贸易大楼、展览馆、科教馆等。

（4）按项目的经济效益、社会效益和市场需求划分。按项目的经济效益、社会效益和市场需求，工程项目可划分为竞争性项目、基础性项目和公益性项目三种。

1）竞争性项目，主要是指投资效益比较高、竞争性比较强的工程项目，其投资主体一般为企业，由企业自主决策、自担投资风险。

2）基础性项目，主要是指具有自然垄断性、建设周期长、投资额大而收益低的基础设施和需要政府重点扶持的一部分基础工业项目，以及直接增强国力的符合经济规模的支柱产业项目。政府应集中必要的财力、物力通过经济实体进行投资，同时，还应广泛吸收企业参与投资，有时还可吸收外商直接投资。

3）公益性项目，主要包括科技、文教、卫生、体育和环保等设施，公、检、法等政权机关以及政府机关、社会团体办公设施，国防建设等。公益性项目的投资主要由政府用财政资金安排。

（5）按项目的投资来源划分。按项目的投资来源，工程项目可划分为政府投资项目和非政府投资项目。

1）政府投资项目。政府投资项目在国外也称为公共工程，是指为了适应和推动国民经济或区域经济的发展，满足社会的文化、生活需要，以及出于政治、国防等因素的考虑，由政府通过财政投资、发行国债或地方财政债券、利用外国政府赠款以及国家财政担保的国内外金融组织的贷款等方式独资或合资兴建的工程项目。

按照其盈利性不同，政府投资项目又可分为经营性政府投资项目和非经营性政府投资项目。经营性政府投资项目是指具有盈利性质的政府投资项目，政府投资的水利、电力、铁路等项目基本都属于经营性项目。经营性政府投资项目应实行项目法人责任制，由项目法人对项目的策划、资金筹措、建设实施、生产经营、债务偿还和资产的保值增值，实行全过程负责，使项目的建设与建成后的运营实现一条龙管理。

非经营性政府投资项目一般是指非盈利性的、主要追求社会效益最大化的公益性项目。学校、医院以及各行政、司法机关的办公楼等项目都属于非经营性政府投资项目。非经营性政府投资项目应推行"代建制"，即通过招标等方式，选择专业化的项目管理单位负责建设实施，严格控制项目投资、质量和工期，待工程竣工验收后再移交给使用单位，从而使项目的"投资、建设、监管、使用"实现四分离。

2）非政府投资项目。非政府投资项目是指企业、集体单位、外商和私人投资兴建的工程项目。这类项目一般均实行项目法人责任制，使项目的建设与建成后的运营实现一条龙管理。

1.2　工 程 项 目 管 理

1.2.1　工程项目管理概述

1.2.1.1　工程项目管理的概念、特征及基本职能

1. 工程项目管理的概念

工程项目管理是指项目管理者为了使工程项目取得成功（实现所要求的功能和质量、所规定的时限、所批准的费用预算），对工程项目用系统的观点、理论和方法，进行有序、全面、科学、目标明确地管理，发挥计划职能、组织职能、控制职能、协调职能、监督职能的作用。其管理对象是各类工程项目，既可以是建设项目管理，又可以是设计项目管理和施工项目管理等。

在工程项目管理的过程中，人们的一切工作都是为了取得一个成功的项目，而一个成功的项目需要满足如下条件：

1）满足预定的使用功能要求；

2）满足预定的成本或投资限额要求；

3）满足预定的时间限制要求；

4）能为使用者及各参加者接受、认可，使各方面都感到满意；

5）能与工程项目所处的自然环境、人文环境和社会环境相协调；

6）能充分合理有效地利用各种资源，具有可持续发展的能力和前景；

7）项目实施按计划、有秩序地进行，能较好地解决项目过程中的风险、困难和干扰。

工程项目管理之所以必要，既是工程项目复杂性和艰难性的要求，也是工程项目取得成功的要求。很难设想，没有成功的项目管理而工程项目能取得成功的。工程项目管理之所以能够使工程项目取得成功，是由于它的职能和特点决定的。

2. 工程项目管理的特征

（1）工程项目管理有着明确的目标。工程项目管理的最重要的特点就是紧紧抓住工程项目的功能目标（结果）进行过程目标的实现。工程项目管理的过程目标就是在限定的时间内，在限定的资金、劳动力、材料等资源条件下，以尽可能快的进度、尽可能低的费用圆满完成项目任务，过程目标归结起来主要有三个，即工程进度、工程质量、工程费用（造价）。这三个目标的关系是独立的，且有对立统一、相互影响的辩证关系。而且项目的每个组成部分在项目的每一个阶段，项目的管理者均会存在一定的具体目标。有了目标，也就有了努力的方向和行动的指导。

（2）工程项目管理是系统的管理。工程项目管理把其管理对象作为一个系统进行管理。在这个前提下首先进行的是工程项目的整体管理，把项目作为一个有机整体，全面实施管理，使管理效果影响到整个项目范围。其次，对项目进行系统分解；把大系统分解为若干个子系统、孙子系统……，然后又把每个分解的系统作为一个整体进行管理，用小系统的成功保大系统的成功。再者，对各子系统之间、各目标之间关系的处理遵循系统法则，它们既是独立的，又是相互依存的，同处于一个大系统之中，因此管理中把它们联系在一起，保证综合效果最好。就以建设项目管理为例，既把它作为一个整体管理，又分成单项工程、单位工程、分部工程、分项工程进行分别管理，然后以小的管理保大的管理，以局部成功保整体成功。所以一个成功的项目必须有全面完整的项目管理结构系统，如图1-1所示，将项目的各职能工作、各参加单位、各项活动、各个阶段融合成一个完整有序的整体。

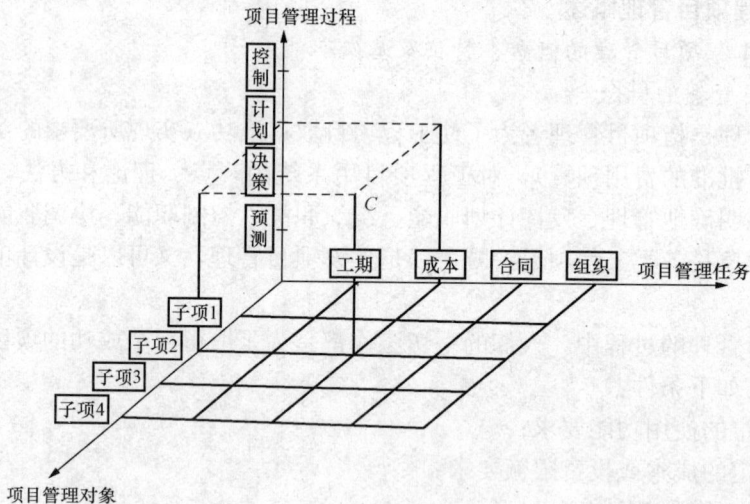

图1-1 项目管理的结构系统

（3）工程项目管理是按照项目的运行规律进行的规范化管理。工程项目管理是一个复杂的系统工程，其每个过程和工序的管理和运行都是有规律的。比如，砌筑砖墙、浇筑混凝土等分项工程，其完成就必须符合其工艺规律，即符合操作程序规律和技术规律；又如建设程序就是建设项目的规律，遵循此规律对建设项目进行管理，才会收到成效。工程项目管理作为一门科学，有其理论、原理、方法、内容、规则和规律，并形成了一系列的规范和标准，被广泛应用于项目管理实践，使工程项目管理成为专业性的、规律性的、标准化的管理，以此产生工程项目管理的高效率和高成功率，如图 1-2 所示。

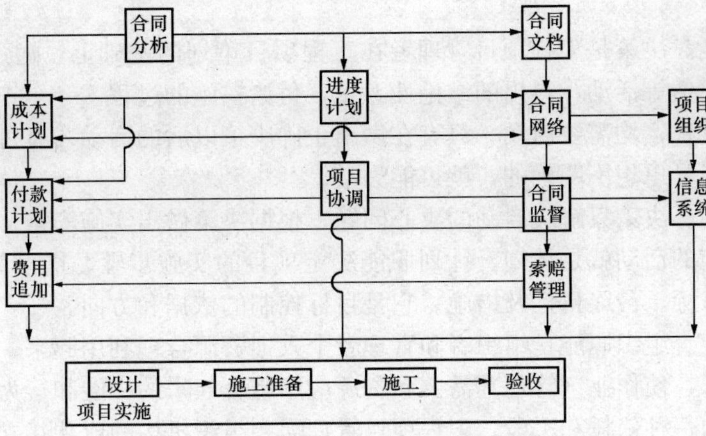

图 1-2　工程项目管理流程

（4）工程项目管理有丰富的专业内容。工程项目管理的专业内容包括：项目的目标管理和项目的非目标管理及项目的收尾管理。项目的目标管理包括项目的进度管理、质量管理、职业健康安全管理、环境管理和成本管理五方面的内容；项目的非目标管理包括项目的采购管理、合同管理、资源管理、信息管理、风险管理及沟通管理六方面的内容。

（5）工程项目管理有专用的知识体系和适用的方法体系。工程项目管理知识体系在构成上与通用的项目管理知识体系相同，然而却有着鲜明的专业特点，体现在本书中的每一个章节中的专业内容，都是项目管理知识体系的工程专业化。

工程项目管理最主要的方法是"目标管理"。目标管理方法简称为 MBO，其核心内容是以目标指导行动。具体操作有：确定总目标，自上而下地分解目标，落实目标，责任者制订措施，实施责任制，完成个人承担的任务，从而自下而上地实现项目的总目标。

项目管理的专业管理方法是很多的。各种方法有很强的专业适宜性。质量管理的适用方法是全面质量管理；进度管理的适用方法是网络计划方法；费用管理的适用方法是预算法和挣值法；范围管理的主要方法是计划方法和 WBS 方法；人力资源管理的主要方法是组织结构图和责任分派图；风险管理的主要方法是 SWOT 分析法和风险评估矩阵；采购管理的主要方法是计划方法和库存计算法；合同管理的主要方法是合同选型与谈判；沟通管理的主要方法是信息技术；综合管理的主要方法是计划方法和协调方法。在工程项目管理中，所有方法的应用，都体现了鲜明的专业特点。

（6）工程项目管理实施动态管理。为了保证工程项目目标的实现，在项目实施过程中要采用动态控制方法，即阶段性地检查实际值与计划值的差异，以便及时采取措施，纠正偏差，保证实现项目的既定目标。

3. 工程项目管理的职能

工程项目管理有众多职能。这些职能既是独立的，又是相互密切相关的，不能孤立地去对待它们。各种职能的协调共同作用，才是体现工程项目管理的高效力。这些职能主要有：

（1）策划职能。工程项目策划是目标控制前的一系列筹划和准备工作，即把建设意图转换成定义明确、系统清晰、目标具体、活动科学、过程有效的，富有战略性和策略性思路的、高智能的系统活动，是工程项目概念阶段的主要工作。策划的结果是其他各阶段活动的总纲。

（2）决策职能。决策是工程项目管理者在工程项目策划的基础上，通过进行调查研究、比较分析、论证评估等活动，得出的结论性意见，付诸实施的过程。一个工程项目，其中的一个阶段，每个过程，均需要启动，只有在做出正确决策以后的启动才有可能是成功的，否则就是盲目的、指导思想不明确的，就可能失败。

（3）计划职能。决策只解决启动的决心问题，根据决策做出实施安排，设计出控制目标和实现目标的措施的活动就是计划。计划职能决定项目的实施步骤、搭接关系、起止时间、持续时间、中间目标、最终目标及措施。它是目标控制的依据和方向。

（4）组织职能。组织职能是组织者和管理者个人把资源合理利用起来，把各种作业（管理）活动协调起来，使作业（管理）需要和资源应用结合起来的机能和行为，是管理者按计划进行目标控制的一种依托和手段。工程项目管理需要组织机构的成功建立和有效运行，从而起到组织职能的作用。

（5）控制职能。控制职能的作用在于按计划运行，随时收集信息并与计划进行比较，找出偏差并及时纠正，从而保证计划和其确定的目标的实现。控制职能是管理活动最活跃的职能，所以工程项目管理学中把目标控制作为最主要的内容，并对控制的理论、方法、措施、信息等做出了大量的研究，在理论和实践上均有丰富的建树，成为项目管理学中的精髓。

（6）协调职能。协调职能就是在控制的过程中疏通关系，解决矛盾，排除障碍，使控制职能充分发挥作用。所以它是控制的动力和保证。控制是动态的，协调可以使动态控制平衡、有力、有效。

（7）指挥职能。指挥是管理的重要职能。计划、组织、控制、协调等都需要强有力的指挥。工程项目管理依靠团队，团队要有负责人（项目经理），负责人就是指挥。他把分散的信息集中起来，变成指挥意图；他用集中的意图统一管理者的步调，指导管理者的行动，集合管理力量，形成合力。所以，指挥职能是管理的动力和灵魂，是其他职能无法代替的。

（8）监督职能。监督是督促、帮助，也是管理职能。工程项目与管理需要监督职能，以保证法规、制度、标准和宏观调控措施的实施。监督的方式有：自我监督、相互监督、领导监督、权力部门监督、业主监督、司法监督、公众监督等。

1.2.1.2 工程项目管理的目标与任务

工程项目管理按项目管理的主体的不同，在建设过程中的工作性质和组织特征也不尽相同，工程项目管理按管理的主体分为业主方的项目管理、设计方项目管理、施工方项目管理及工程咨询方项目管理等，各类不同的项目管理相应地有着各自不同的管理目标与任务。

1. 业主方项目管理

业主方项目管理即建设单位（业主）进行的项目管理，是指站在投资主体的角度对建设项目进行的全过程、全方位的管理。这时项目管理者处于需求者的地位，是总组织者，其管理工作涉及项目实施阶段的全过程，具体来说是建设单位在建设项目的生命周期内，用系统工程的理论、观点和方法，通过一定的组织形式和各种措施，对建设项目的建设过程进行计划、协调、监督、控制以达到保证建设项目质量、缩短建设工期、提高投资效益的目的。

建设项目管理服务于建设单位的利益，其项目管理的目标包括项目的投资目标、进度目标和质量目标。其中投资目标指的是项目的总投资目标。进度目标指的是项目投入使用的时间目标，如工厂建成可以投入生产、道路建成可以通车、商场可以开始营业的时间目标等。项目的质量目标不仅涉及施工的质量，还包括设计质量、材料质量、设备质量和影响项目运行或运营的环境质量等。质量目标包括满足相应的技术规范和技术标准的规定，以及满足业主方相应的质量要求。

由于工程项目的一次性，决定了建设单位自己进行项目管理往往有很大的局限性。首先在项目管理方面，缺乏专业化队伍，即使有备齐的管理班子，但没有连续的工程任务，也是不经济的。在计划经济体制下，每个建设单位都要配备专门的项目管理队伍，这不符合资源优化配置及管理的原则，而且也不利于工程建设经验的积累和应用。在市场经济体制下，工程业主完全可以依靠社会化的咨询服务单位，为其提供项目管理方面的服务。

2. 设计方项目管理

设计方项目管理是指设计单位受业主委托承担工程项目的设计任务后，根据设计合同所界定的工作目标及责任义务，对工程项目设计阶段的工作所进行的自我管理。设计单位通过设计项目管理，对工程项目的实施在技术和经济上进行全面而详尽的安排，引进先进技术和科研成果，形成设计图纸和说明书，以便实施，并在实施过程中进行监督和验收。由此可见，设计项目管理不仅仅局限于工程设计阶段，而是延伸到了施工阶段和竣工验收阶段。

设计方作为项目建设的一个参与方，其项目管理主要服务于项目的整体利益和设计方本身的利益。其项目管理的目标包括设计的成本目标、设计的进度目标和设计的质量目标，以及项目的投资目标。项目的投资目标能否实现与设计工作密切相关。

3. 施工方项目管理

施工方项目管理是指建筑施工企业通过投标获得工程施工承包合同，并以施工承包合同所界定的工程范围组织项目管理，就叫施工项目管理。施工项目管理的目标包括工程施工质量（Quality）、成本（Cost）、工期（Delivery）、安全和现场标准化（Safety），简称 QCDS 目标体系。显然，这一目标体系既和整个工程项目目标相联系，又带有很强的施工企业项目管理的自主性特征。

施工方作为项目建设的一个参与方，其项目管理主要服务于项目的整体利益和施工方本身的利益。

4. 工程咨询方项目管理

咨询单位是中介组织，所谓咨询服务就是当事人一方利用自己的知识、技术、经验和信息为另一方提供可行性论证、分析报告或解答问题、专题调查和进行项目委托管理等，它是政府、市场和企业之间的纽带。在市场经济活动中，咨询单位可以接受业主的委托，进行工程项目管理，其管理的范围不尽相同，有的是工程项目的全过程，有的是工程项目的一个阶段。

在国内，建设监理单位是一种特殊的工程咨询机构，它的工作本质就是咨询。建设监理单位受业主单位的委托，对设计和施工单位在承包活动中的行为和责权利进行必要的协调约束，对建设项目进行投资控制、进度控制、质量控制、信息管理和组织协调。这时，监理单位进行的施工阶段管理仍属建设项目管理，不能算作施工项目管理。

5. 建设方项目管理、设计方项目管理、施工方项目管理之间的区别与联系

建设方项目管理、设计方项目管理、施工方项目管理三者在管理主体、管理任务、管理内容和管理范围方面都是不同的，但又都是为了实现项目总目标而对项目实施过程管理的子系统，自然关系密切，不可分割。具体表现在：

（1）建设项目的管理主体是建设单位（业主）；设计项目的管理主体是设计单位；施工项目管理主体是建筑业企业。

（2）建设项目管理的任务是取得符合要求，能发挥应有效益的固定资产和其他相关资产；设计项目管理的任务是完成设计合同约定的满足业主要求的设计文件并取得报酬；施工项目管理的任务是把项目施工搞好并取得利润。

（3）建设项目管理的内容是涉及投资周转和建设全过程的管理；设计项目管理的内容是从委托设计至交出设计图纸和说明书，现场服务；施工项目管理的内容只涉及从投标到交工为止的全部生产活动管理及"售后"维修。

（4）建设项目管理范围是一个完整的建设项目，是由可行性报告确定的所有工程；设计项目管理的范围是由设计合同规定的范围；而施工项目管理的范围是由工程承包合同规定的范围，可以是单位工程，也可以是单项工程或建设项目。他们虽然有很多的不同点，但也有较紧密地联系，除建设项目管理是全面、全过程的管理外，其他项目管理也互相渗透交叉，同时有的又延伸扩张管理范围。如施工单位工程总承包（交钥匙工程），施工项目管理会扩大到设计项目的管理范围，甚至到建设全过程。

1.2.2　工程项目管理的国内外背景和发展趋势

1. 国际上工程项目管理的产生和发展

从现代的视角看，有工程项目就应有管理的问题。因此，在这一意义上，工程项目管理是一种古老的人类生产实践活动。然而，工程项目管理被形成一门学科却是 20 世纪 50 年代以后的事。

在工程建设方面，在 20 世纪 50 年代前后，大型工程项目出现，国际承包事业大力发展，竞争非常激烈；在科学和军事等方面，复杂的科研、军事和航天项目大量涌现。这些使人们认识到，由于项目的一次性和约束条件的不确定性，要取得成功，必须引进科学的管理方法，加强管理，于是项目管理科学作为一种客观要求被提了出来。

从理论准备来看，在第二次世界大战以后，科学管理方法大量出现，逐渐形成了管理科学体系，并被广泛应用于生产和管理实践，如系统论、控制论、组织论、预测技术、网络计划技术、数理统计理论等均已发展成熟，在生产管理实践中取得很大的成功，产生巨大效益。特别是 20 世纪 50 年代末产生的网络计划技术，应用于项目管理后取得理想的效果，引起世界性的轰动。

生产实践的客观需要和管理科学理论体系的逐步形成，使人们理顺成章地将两者相结合，并进一步系统化，使工程项目管理越来越具有科学性，终于使其作为一门学科迅速发展，跻身于管理科学的殿堂。

从 20 世纪 60 年代开始，国际上对工程项目管理、项目管理的研究和应用普遍展开，两大国际性的组织，国际项目管理协会和美国项目管理协会的出现，以及其他一些国家也相继建立了项目管理协会，这标志着项目管理得到了普遍的发展，同时这些组织的建立也促进了项目管理的进一步发展。早期项目管理理论的研究和应用主要在军事工程和建设工程领域，在世界范围内，工程项目管理学科在实践中不断发展和提高。主要表现在：

（1）在工程项目管理模式方面，在传统的建筑师/工程师工程项目管理模式的基础上，根据业主的需求和不同建设环境，相继出现了设计—施工总包（DB）、CM、PM、PMC、一体化管理、Partnering 等多种建设管理模式，使在不同条件下的建设管理更加科学和合理。

（2）在工程建设合同方面，建设合同条件研究和应用的水平不断提高，标准化合同条件广泛应用，促进建设管理水平的上升。如国际土木工程师协会（FIDIC）在 20 世纪 70 年代制定和颁布了《土木工程施工合同条件》等合同条件，这些条件在国际工程中广泛使用，并在应用中不断完善，到目前已修订了 5 次，使其更科学和合理。世界许多国家也有自己的标准化的建设合同。这有力地促进了工程项目管理水平的提高。

（3）在工程项目管理技术的应用方面，随着计算机技术，以及整个信息技术的高速发展，使管理学科的技术在工程项目管理领域得到了较好的应用。如 20 世纪 50 年代出现的网络计划技术，在手工条件下，在大型工程上的应用较为困难，借助于计算机后，网络计划技术在大型工程项目上的应用变得相当简单。目前，用计算机辅助工程项目管理已相当普遍，促使工程项目管理的效率大大提高，并促进了工程项目管理的标准化和规范化。

（4）工程项目管理的职业化。工程项目管理人员，包括咨询工程师、监理工程师、造价工程师、建造师等组成了一支以工程项目管理为职业的队伍，他们凭借自己的专业知识、技能和经验立足于社会、服务于社会。他们活跃在工程项目管理的实践的第一线，从一个方面促进着工程项目管理学科的发展。

2. 国内工程项目管理的发展

我国工程项目管理实践的历史非常早，如修建举世闻名的万里长城、京杭运河、都江堰、故宫等工程。然而，真正将项目管理上升到理论与科学的层次也是近代的事。

20 世纪 60 年代中期，我国老一代科学家华罗庚、钱学森等就开始致力于推广和应用项目管理的理论和方法。如在 60 年代研制战略导弹武器系统时，就引进了计划评审技术（PERT）。华罗庚教授还深入工程建设第一线推广应用 PERT。

我国工程项目管理理论研究和应用从 20 世纪 80 年代开始进入一个新阶段。随着改革开放和社会主义市场经济体制的确立，与社会主义市场经济相适应，并逐步与国际惯例接轨的建设项目管理体制得到推行，工程项目管理的研究和教学活动才蓬勃兴起。

1983 年，我国云南鲁布革水电站引水工程按照国际惯例进行国际招标，实行项目管理，取得了缩短工程建设工期、降低工程建设造价的显著效果。建设部等 5 部委对其进行了经验总结，形成了著名的鲁布革工程项目管理经验，并在全国推广应用。此后，招标承包制在我国普遍推行，把竞争机制引入工程项目建设，收到较好的效果。

在 20 世纪 80 年代后期，为进一步和国际惯例接轨，完善招标承包制，加强承发包合同管理，我国继而普遍推行了工程建设监理制，使工程项目管理体制进一步完善。20 世纪在建设领域先是提出了项目业主责任制，以适应社会主义市场经济体制，转换工程项目投资经营机制，提高投资效益。在此基础上，又提出了建设项目法人责任制，对项目业主责任制做了进一步的完善。

到 20 世纪末，在我国工程建设领域广泛推行的"三制"，逐步与社会主义市场经济体制的发展要求相适应，与国际惯例基本接轨。"三制"的主要内容为：

（1）建设项目法人责任制。建设项目法人责任制要求项目法人对建设项目的策划、资金筹措、建设实施、生产经营、债务偿还和资产的增值保值，实行全过程负责。实行建设项目法人责任制后，在建设项目管理上要形成以项目法人为主体，项目法人向国家和投资各方负责，咨询、设计、监理、施工、物资供应等单位通过投标或接受委托，然后以合同为纽带，向项目法人提供服务或承包工程施工，这样一种新型的建设管理模式。

（2）招标投标制。招标投标制是在市场经济体制下，工程建设领域分配建设任务的、具有竞争性的交易方式。实行招标投标制是发展社会主义市场经济的客观需要，它可促使建设市场各主体之间进行公平交易、平等竞争，以确保建设项目目标的实现。

（3）工程建设监理制。建设监理制是实行工程项目招标，用合同的形式来连接项目法人和施工承包人关系后的客观要求。目前，它主要由项目法人通过招标或委托的方式选择一个具有监理资质的法人对施工合同进行管理。实行建设监理制，可促进建设项目管理的社会化和专业化，及时解决施工合同履行过程中产生的矛盾和争端，促进项目管理水平的提高。

进入 21 世纪，我国工程项目管理又有新的发展，PM、PMC、Partnering、一体化管理等建设模式受到人们的重视，得到较多的研究和应用，20 世纪末推广的"三制"也在完善和发展，工程项目管理新技术的开发、研究与应用也广泛展开，出现勃勃生机。

3. 我国工程项目管理发展的趋势

（1）项目管理的国际化趋势。随着我国经济日益深刻地融入全球市场，国内的跨国公司和跨国项目越来越多，我国企业在海外的项目也在增加，项目管理的国际化趋势日益明显。国外企业利用其在资本、技术、管理、人才、服务等方面的优势，挤占我国国内市场，尤其是工程总承包市场，国内外市场全面融合，国内市场国际化。

（2）项目管理的信息化趋势。随着信息技术的不断发展和工程项目规模的不断扩大，工程管理需要面对大量的动态信息，传统的管理手段已经不能满足需要。只有将有效的信息技术与项目管理相结合，才能使得管理的效率和效益大大提高。目前一些公司已经在项目管理中运用了计算机网络技术，开始实现了管理网络化、虚拟化。另外，许多单位也开始大量使用管理软件进行管理，同时还从事管理软件的开发研究工作。今后，项目管理将越来越依赖于电脑技术和网络技术，信息化已成为必然趋势。

（3）项目管理的全程化趋势。我国目前工程建设的过程仍然被划分为几个独立的阶段，如可行性研究、勘察设计、招标代理、工程监理、施工等，分别由不同的职能部门或公司完成。这种职能分割使各职能机构只重视各自负责的阶段，缺乏整体观念，浪费人力资源，缺乏完整一贯的信息支持，使决策的正确性、设计的合理性、监理的有效性都大受影响。

（4）项目管理的集成化趋势。项目管理的集成化趋势是指将集成的理念和工程项目管理的实践相结合，从工程项目的全局出发对工程项目的实施进行全过程科学、系统地管理，克服传统的工程项目管理的缺陷而提出的一种新型的工程项目管理模式。具体来说：工程项目的集成化管理是通过以业主需求为导向，以高速发展的信息技术为基础的集成化管理，实现项目执行过程中各参与方之间的高效率信息交流，对项目的整个生命周期进行系统的研究和规划，最大限度减少变更和返工现象，从而实现项目在质量、工期和成本上的全面优化，使项目的价值最大化。

另外，随着工程规模的不断扩大和技术要求的日益复杂，工程项目管理由政府或业主自行管理逐步过渡到委托工程咨询机构管理，由施工阶段委托监理发展到全过程委托或"代建制"全过程管理。这一发展历程反映了政府职能转变后业主对于平衡市场交易信息和专业化管理的需要，也是项目管理方法在建设工程项目上广泛运用和深化发展的必然趋势。

面对我国项目管理的现状及未来的发展趋势，我国工程项目管理必须全面与国际惯例接轨，建立和健全项目管理的有关法律、法规，确保建设项目从前期策划、勘察设计、工程承发包、施工到竣工等全部活动都有法可依。而且要重视可行性研究工作，注意提高项目管理人员的素质，加快项目管理的信息化和网络化，不断进行项目管理制度与管理模式的创新。对咨询、设计、施工及监理等企业进行深层次的改革，拓展企业功能，完善项目管理体制，将企业发展成为具有设计、采购、施工、管理及试运行等工程建设全过程服务能力的综合型工程公司，提高其国际竞争力。

1.2.3 我国现行的工程项目管理体制

我国现行的工程项目建设是在政府有关部门（主要是建设主管部门）的监督管理之下，由项目业主、承包商、监理单位三方直接参加的管理体制。

1. 工程项目的政府监督

政府建设主管部门不直接参与工程项目的建设过程，而是通过法律和行政手段对项目的实施过程和相关活动实施监督管理。由于建筑产品所具有的特殊性，政府机构对工程项目的实施过程的控制和管理比其他行业的产品生产都严格，它贯穿项目实施的各个阶段。政府对工程项目的监督管理主要在工程项目和建筑市场两个方面。

（1）政府对项目的监督管理。主要内容有：建立工程项目建设程序；对项目决策进行监督管理，包括工程项目建议书及可行性研究报告的审批；对工程项目实施过程进行监督管理，包括设计文件的审查、建筑许可、工程质量监督、竣工验收管理、安全与环保监督管理。

（2）政府对建筑市场的监督管理。主要内容有：建立和完善法律法规；建立各种责任制度；建设活动主体资格管理；工程承发包市场管理等。

铁路、交通、水利等有关部门按规定的职责，负责对有关专业建设工程进行监督管理。国家发展计划部门按规定的职责，对国家出资的重大建设项目实施监督检查；国家经济贸易主管部门按规定的职责，对国家重大技术改造项目实施监督检查。各级建设主管部门和有关部门，对有关建设工程质量的法律、法规和强制性标准执行情况加强监督检查。

2. 工程项目的监理监督

1988 年 7 月建设部颁布了"关于开展建设监理工作的通知"，标志着我国建设工程监理制开始试点。GB 50319—2000《建设工程监理规范》的颁布标志着建设工程监理在科学化、制度化和规范化方面迈上新的台阶。

建设工程监理制度的实行是我国工程建设领域管理体制的重大改革，目的在于提高建设工程的投资效益和社会效益。监理制逐步取代了我国传统的建设工程管理模式，即建设单位自行管理和工程建设指挥部管理，使得建设单位的工程项目管理走向了专业化、社会化的道路。

建设工程监理的作用主要表现在以下几方面：

（1）有利于提高建设工程投资决策的科学化。

（2）有利于规范参与工程建设各方面的建设行为。

（3）有利于保证建设工程质量和使用安全。

（4）有利于提高建设工程的投资效益和社会效益。

我国现行的工程管理体制，使直接参加项目建设的业主、承包商、监理单位通过承发包关系、委托服务关系和监理与被监理关系有机地联系起来，形成了既有利于相互协调又有利于相互约束的完整的工程项目组织系统。这个项目组织系统在政府有关部门的监督管理之下规范地、一体化地运行，必然会产生巨大的组织效应，对顺利完成工程项目建设将起巨大作用。

在现行管理体制下，业主作为项目法人承担项目的策划、资金的筹措、组织建设、生产经营、偿还债务、国有资产保值增值责任。业主可以充分利用市场竞争机制择优选择承包商，并通过签订工程承发包合同与承包商建立承发包关系。承包商在合同和信誉的约束下，依据法律法规、技术标准等实施项目建设。同时业主可以利用委托合同的方式，与监理单位建立委托服务关系，利用监理的协调约束机制，为工程项目的顺利实施提供保证。根据工程建设监理的规定以及工程承包合同的进一步明确，在监理与承包商之间建立起监理与被监理关系。监理单位依据法律法规、技术标准和工程建设合同对工程项目实施监理。

总之，我国现行的工程项目管理体制将政府有关部门摆在宏观监督管理的位置，对项目业主、承包商和监理单位实施纵向的、强制性的宏观监督管理。同时现行的管理体制在直接参加项目建设的监理单位与承包商之间又存在着横向、委托性的微观监督管理，使工程项目建设的全过程在监理单位的参与下得以科学有效地监督管理，加强了工程项目的微观监督管理。

1.2.4　我国工程建设法规体系的构成

我国工程建设法律法规体系采用梯形结构方式，即以若干并列的专项法律共同组成体系框架的顶层，依序再配置相应的行政法规和部门规章，形成若干相互联系又相互独立的小体系。

1. 建设法律法规体系

建设法律法规体系按其立法权限分为五个层次：

（1）法律，指由全国人大及其常委会审议发布的属于建设部主管业务范围的各项法律，是工程项目管理法律体系的核心。包括《中华人民共和国建筑法》、《中华人民共和国城市规划法》。

（2）建设行政法规，指由国务院依法制定并颁布的属于建设部主管业务范围内的各项法规。包括《建设工程质量管理条例》、《建设工程勘察设计管理条例》。

（3）国家住房和城乡建设部（以下简称住建部）部门规章，指住建部根据国务院规定的职责范围，依法制定并颁布的各项规章或由住建部与国务院有关部门联合制定并发布的规章。如《房屋建设和市政基础设施工程施工招标投标管理办法》、《工程建设项目施工招标投标办法》等。

（4）地方性建设法规，指省、自治区、直辖市人大及其常委会制定并发布的建设方面的法规。

（5）地方建设规章，指省、自治区、直辖市以及省会城市和经国务院批准的较大城市的人民政府制定并颁布的建设方面的规章。

此外，与建设活动关系密切的相关法律、行政法规和部门规章，也起着调整建设活动的作用。其中的有关规定，也构成建设法律法规体系的内容。如《中华人民共和国合同法》、《中华人民共和国招标投标法》、《中华人民共和国安全生产法》、《中华人民共和国劳动法》等。

2. 建设工程技术标准体系

工程技术标准体系是由国家制定或认可的，由国家强制力保证其实施的有关建设工程的规划、勘察、设计、施工、安装、检测、验收等的技术标准、规范、规程、条例、办法、定额等规范性文件。如《建筑工程施工质量验收统一标准》、《建筑施工安全检查标准》、《网络计划技术标准》、《砌体工程施工质量验收规范》、《建设工程项目管理规范》等。

建设技术法规体系以工程技术、科学和实践经验相结合为基础，由有关专家、学者、工程技术人员进行综合评价、论证后进行编制，由国务院及有关部、委、局批准发布。它分为强制性和推荐性两类。强制性建设工程技术标准涉及工程结构质量和生命安全，具有法规性、强制性和权威性，有关组织和人员必须执行。推荐性建设工程技术标准具有法规性、权威性和推荐性，由于不直接涉及工程结构质量和生命安全，故推荐有关组织和人员执行。

建设工程技术标准按适用范围分为四级：国家级、部（委）级、省（直辖市、自治区）级和企业级。

贯彻执行工程技术标准的意义在于：统一对建设工程及其管理的技术经济要求，组织现代化工程建设，提高工程建设的科学技术水平，保证工程质量和安全，加快建设速度，合理利用资金，提高技术经济效益。

1.3 工程项目管理规划

1.3.1 工程项目管理规划的概念和作用

1. 工程项目管理规划的概念

工程项目管理规划是对工程项目管理的各项工作进行的一个综合性的、完整的、全面的总体计划。它包含工程项目管理的目标、政策、程序，任务的分配，要采取的步骤，要使用的资源以及为完成既定行动所需要的其他因素。工程项目管理规划是对工程项目全过程中的各种管理职能工作、各种管理过程以及各种管理要素，进行完整地、全面地、总体地计划。建设工程项目管理规划是指导项目管理工作的纲领性文件，因此它涉及的范围与深度必须随着项目进展过程中情况的变化而动态调整。

2. 工程项目管理规划的作用

工程项目管理规划有如下作用：

（1）规划是对项目的构思、项目的目标更为详细的论证。在项目的总目标确定后，通过项目管理规划可以分析研究总目标能否实现，总目标确定的费用、工期、功能要求是否能得到保证，是否平衡。

（2）项目管理既是对项目目标实现方法、措施和过程的安排，又是项目目标的分解过程。规划结果是许多更细、更具体的目标的组合，它们将被作为各级组织在各个阶段的责任。规划常常又是中间决策的依据，因为对项目管理规划的批准是一项重要的决策工作。

（3）规划是项目管理实际工作的指南和项目实施控制的依据。以规划作为对项目管理实施过程进行监督、跟踪和诊断的依据；最后它又作为评价和检验项目管理实施成果的尺度，作为对各层次项目管理人员业绩评价和奖励的依据。

（4）业主和项目的其他方面（如投资者）需要了解和利用项目管理规划的信息。

在现代工程项目中，没有周密的项目管理规划，或项目管理规划得不到贯彻和保证是不可能取得项目的成功的。

1.3.2 工程项目管理规划的种类

在一个工程项目中，不同的对象有不同层次、内容、角度的项目管理，但在一个项目的实施中，对工程项目的实施和管理最重要和影响最大的是业主、承包商、监理工程师三个方面，他们都需要做相应的项目管理规划。但他们编制的项目管理规划的内容、角度和要求是不同的。

1. 业主的项目管理规划

业主的任务是对整个工程项目进行总体的控制，在工程项目被批准立项后业主应根据工程项目的任务书对项目的管理工作进行规划，以保证全面完成工程项目任务书规定的各项任务。

业主的项目管理规划的内容、详细程度、范围，与业主所采用的项目管理模式有关。如果业主采用"设计—施工—供应"总承包模式，则业主的项目管理规划就是比较宏观的、粗略的；如果业主采用分专业、分阶段平行发包模式，则业主必须做比较详细、具体、全面的项目管理规划。

但通常业主的项目管理规划是大纲性质的，对整个项目管理有规定性。而监理单位（项目管理公司）和工程承包商的项目管理规划就可以看作为业主的项目管理规划的细化。业主的项目管理规划可以由咨询公司协助编制。

2. 监理单位（或项目管理公司）的项目管理规划

监理单位（项目管理公司）为业主提供项目的咨询和管理工作。它们经过投标，与业主签订合同，承接业主的监理（项目管理）任务。按照我国的《建设工程监理规范》，监理单位在投标文件中必须提出本工程的监理大纲，在中标后必须按照监理规划大纲和监理合同的要求编制监理实施规划（监理规划和监理细则）。由于监理单位是为业主进行工程项目管理，则它所编制的监理大纲就是相关工程项目的管理规划大纲；监理实施规划就是工程项目管理实施规划。

3. 工程承包商的项目管理规划

施工项目管理规划是施工企业为获得工程项目的施工权或在开工前对工程项目进行的前期策划。施工项目管理规划是对项目管理的各项工作进行的综合性的、完整的、全面的总体计划。施工项目管理规划包括项目管理规划大纲和施工项目管理实施规划两类文件。

1.3.3 编制工程项目管理规划的要求

项目管理规划作为项目管理的一个重要的工作，在项目立项后编制。由于项目的特殊性和项目管理规划的独特的作用，它应符合如下要求：

1. 符合项目总目标要求

管理规划是为保证实现项目管理总目标而做的各种安排，所以目标是规划的灵魂，首先必须详细地分析项目总目标，弄清总任务。如果对目标和任务理解有误，或不完全，必然会导致项目管理规划的失误。

所以，项目管理规划应包括对目标的研究与分解，并与相关者各方就总目标达成共识，这是工程项目管理的最基本要求。

2. 符合实际情况要求

管理规划要有可行性，不能纸上谈兵。符合实际主要体现在以下方面：

（1）符合环境条件。在项目管理规划的制订和执行过程中应进行充分地调查研究，大量地占有资料，并充分利用调查结果，以保证规划的科学性和实用性。

（2）反映项目本身的客观规律性。按工程规模、复杂程度、质量水平、工程项目自身的逻辑性和规律性做计划，不能过于强调压缩工期和降低费用。

（3）反映项目管理相关的各方的实际情况。其内容包括：业主的支付能力、设备供应能力、管理和协调能力、资金供应能力；承包商的施工能力、劳动力供应能力、设备装备水平，生产效率和管理水平，过去同类工程的经验等；承包商现有在手工程的数量，对本工程能够投入的资源数量；所属的设计单位、供应商、分包商等的完成相关的项目任务的能力和组织能力等。

所以在编制项目管理规划时必须经常与业主商讨，必须向生产者（承包商、工程小组、供应商、分包商等）做调查，征求意见，一起安排工作过程，确定工作持续时间，切不可闭门造车。

3. 符合全面性要求

规划内容更具有完备性和系统性。由于项目管理对项目实施和运营的重要作用，项目管理规划的内容十分广泛，应包括在项目管理中涉及的各方面的问题。

（1）通常应包括项目管理的目标分解、环境的调查、项目的范围管理和结构分解、项目的实施策略、项目组织和项目管理组织设计，以及对项目相关工作的总体安排（如功能策划、技术设计、实施方案和组织、建设、融资、交付、运行的全部）。

（2）项目管理规划必须包括项目管理的各个方面（如质量、进度、合同、成本等）和各种要素（如资金、劳动力、材料设备、场地、信息等），形成了一个非常周密的多维的系统。

（3）应着眼于项目的全过程，特别要考虑项目的设计和运行维护，考虑项目的组织，以及项目管理的各个方面。与过去的工程项目计划和项目的规划不同，项目管理规划更多地考虑项目管理的组织、项目管理系统、项目的技术的定位、功能的策划、运行的准备和运行的维护，以使项目目标能够顺利实现。

4. 符合集成化要求

项目管理规划应是集成化，规划所涉及的各项工作之间应有很好的接口。项目管理规划的体系应反映规划编制的基础工作、规划包括的各项工作，以及规划编制完成后的相关工作之间的系统联系。主要包括：

（1）各个相关计划的先后次序和工作过程关系。

（2）各相关计划之间的信息流程关系。

（3）计划相关的各个职能部门之间的协调关系。

（4）项目各参与方（如业主、承包商、供应商、设计单位等）之间协调关系。

（5）由于规划过程又是资源分配的过程，为了保证规划的可行性，人们还必须注意项目管理规划与项目规划和企业计划的协调。所以应构造项目管理规划的工作流程。

5. 符合弹性要求

管理规划要有弹性，必须留有余地。项目管理规划在执行中可能受到许多方面的干扰而需要改变。

（1）由于市场变化，环境变化，气候的影响，原目标和规划内容可能不符合实际，必须做调整。

（2）投资者的情况的变化，新的主意、新的要求。

（3）其他方面的干扰，如政府部门的干预，新的法律的颁布。

（4）可能存在计划、设计考虑不周、错误或矛盾，造成工程量的增加、减少和方案的变更，以及由于工程质量不合格而引起返工。

6. 考虑风险防范措施

规划中必须包括相应的风险分析的内容。对可能发生的困难、问题和干扰做出预计，并提出相应的防范措施。

1.3.4　工程项目管理规划的内容

在工程项目建设中，不同的人（单位）进行不同的内容、范围、层次和对象的项目管理工作，所以不同人（单位）的项目管理规划的内容会有一定的差别。但他们都是针对项目管理工作过程的，所以主要内容有许多共同点，在性质上是一致的，都应该包括相应的建设工程项目管理的目标、项目实施的策略、管理组织策略、项目管理模式、项目管理的组织规划和实施项目范围内的工作涉及的各个方面的问题。

1. 项目管理目标的分析

项目管理目标分析的目的是为了确定适合建设项目特点和要求的项目目标体系。项目管理规划是为了保证项目管理目标的实现，所以目标是项目管理规划的灵魂。

项目立项后，项目的总目标已经确定。通过对总目标的研究和分解即可确定阶段性的项目管理目标。在这个阶段还应确定编制项目管理规划的指导思想或策略，使各方面的人员在计划的编制和执行过程中有总的指导方针。

2. 项目实施环境分析

项目实施环境分析是项目管理规划的基础工作。在规划工作中，掌握相应的项目环境信息将是开展各个工作步骤的前提和依据。通过环境调查，确定项目管理规划的环境因素和制约条件，收集影响项目实施和项目管理规划执行的宏观和微观的环境因素资料。

特别要注意尽可能利用以前同类工程项目的总结和反馈信息。

3. 项目范围的划定和项目结构分解

（1）根据项目管理目标分析划定项目的范围。

（2）对项目范围内的工作进行研究和分解，即项目的系统结构分解。项目结构分解是对项目前期确定的项目对象系统的细化过程。通过分解，有助于项目管理人员更为精确地把握工程项目的系统组成，并为建立项目组织、进行项目管理目标的分解、安排各种职能管理工作提供依据。

4. 项目实施方针和组织策略的制订

项目实施方针和组织策略的制订也就是确定项目实施和管理模式总的指导思想和总体安排，具体内容包括：

（1）如何实施该项目，业主如何管理项目，控制到什么程度。

（2）采取什么样的发包方式，采取什么样的材料和设备供应方式。

（3）哪些管理工作由内部组织完成，哪些管理工作由承包商或委托管理公司完成，准备投入多少管理力量。

5. 项目实施总规划

（1）项目总体的时间安排，重要的里程碑事件安排。

（2）项目总体的实施顺序。

（3）项目总体的实施方案，如施工工艺、设备、模板方案、给排水方案等，各种安全和质量保证措施，采购方案，现场运输和平面布置方案，各种组织措施等。

6. 项目组织设计

项目组织策略分析的主要内容是确定项目的管理模式和项目实施的组织模式，通过项目组织策略分析，基本上建立建设项目组织的基本构架和责权利关系的基本思路。

（1）项目实施组织策略。包括采用的分标方式、采用的工程承包方式、项目可采用的管理模式。

（2）项目分标策划。即对项目结构分解得到的项目活动进行分类、打包和发包，考虑哪些工作由项目管理组织内部完成，哪些工作需要委托出去。

（3）招标和合同策划工作。这里包括两方面的工作，包括招标策划和合同策划两部分。

（4）项目管理模式的确定。即业主所采用的项目管理模式，如设计管理模式，施工管理模式，是否采用监理制度等。

（5）项目管理组织设置。主要包括：

1）按照项目管理的组织策略、分包方式、管理模式等构建项目管理组织体系。

2）部门设置。管理组织中的部门，是指承担一定管理职能的组织单位，是某些具有紧密联系的管理工作和人员所组成的集合，它分布在项目管理组织的各个层次上。部门设计的过程，实质就是进行管理工作的组合过程，即按照一定的方式，遵循一定的策略和原则，将项目管理组织的各种管理工作加以科学分类、合理组合，进而设置相应的部门来承担，同时授予该部门从事这些管理业务所必需的各种职权。

3）部门职责分工。绘制项目管理责任矩阵，针对项目组织中某个管理部门，规定其基本职责、工作范围、拥有权限、协调关系等，并配备具有相应能力的人员适应项目管理的需要。

4）管理规范的设计。为了保证项目组织结构能够按照设计要求正常地运行，需要项目管理规范，这是项目组织设计制度化和规范化的过程。管理规范包含内容较多，在大型建设项目管理规划阶段，管理规范设计主要着眼于项目管理组织中各部门的责任分工以及项目管理主要工作的流程设计。

5）主要管理工作的流程设计。项目中的工作流程，按照其涉及的范围大小，可以划分为不同层次。在项目管理规划中，主要研究部门之间在具体管理活动中的流程关系。在项目管理规划中，流程设计的成果是各种主要管理工作的工作流程图。工作流程图的种类很多，有箭头图、矩阵框图（表格式）和程序图。

6）项目管理信息系统的规划。对新的大型的项目必须对项目管理信息系统做出总体规划。

7）其他。根据需要，项目管理规划还会有很多内容，但它们因不同对象而异。

1.3.5 项目管理规划与施工组织设计的关系

项目管理规划与传统的施工组织设计有着密切的关系，但并不完全相同。项目管理规划类似于施工组织设计，并融进了施工组织设计的内容。建设工程管理规划与施工组织设计的区别具体可表现在以下几个方面：

1. 文件的性质不同

项目管理规划是一种管理文件，产生管理职能，服务于项目管理；施工组织设计是一种技术经济文件，服务于施工准备和施工活动，要求产生技术管理效果和经济效果。施工组织设计是对施工活动实行科学管理的重要手段，它具有战略部署和战术安排的双重作用。项目施工总设计应由项目负责人主持编制，可根据需要分阶段编制和审批。

2. 文件的范围不同

项目管理规划所涉及的范围是施工项目管理的全过程，即从投标开始至用后服务结束的全过程；施工组织设计所涉及的范围只是施工准备和施工阶段。

3. 文件产生的基础不同

项目管理规划是在市场经济条件下，为了提高施工项目的综合经济效益，以目标控制为主要内容而编制的；而施工组织设计是在计划经济条件下，为了组织施工，以技术、时间、空间的合理利用为中心，使施工正常进行而编制的。

4. 文件的实施方式不同

项目管理规划是以目标管理的方式编制和实施的，目标管理的精髓是以目标指导行动，实行自我控制，具有考核标准；施工组织设计是以技术交底和制度约束的方式实施的，没有考核的严格要求和标准。

然而，由于施工组织设计的服务范围（施工准备和施工）是项目管理的最主要阶段，而且施工组织设计又是我国几十年来的约定俗成的技术管理制度和方法，有着丰富的实践经验，发挥了巨大的作用，所以在编制和执行项目管理规划时有必要吸收施工组织设计的成功做法。或者说，应对施工组织设计进行改革，形成项目管理规划，充分发挥文件的经营管理作用，否定并取消施工组织设计的做法是错误的；以施工组织设计代替项目管理规划的做法也是不正确的。相反，应在项目管理规划中融进施工组织设计的全部内容。

【综合案例】

上海市大连路越江隧道工程中项目管理新模式的应用

上海市大连路越江隧道工程，是上海市城市规划交通基础设施的重要组成部分，是上海市"十五"计划的十大重点工程项目之一。代建制项目管理模式在上海市大连路越江隧道工程中试点应用，深刻地体现了项目管理模式的高效性。

工程代建制是指政府投资项目通过招标的方式，选择专业化的项目管理公司，负责项目的投资管理和建设组织实施工作，项目建成后交付使用单位。它是建设工程项目管理方式在政府投资项目上的一种具体运用模式和管理制度。代建期间，项目管理企业按照合同约定代行项目建设实施过程中的投资主体职责，代建单位的性质为工程建设管理和咨询，其实质就是工程项目管理。

上海市大连路越江隧道工程具有规模大、形式新（投资多元化）和科技含量高（全国四个第一：两台超大型水泥平衡盾构同时掘进新技术、高强度超薄超宽新型管片、管片错缝拼接新工艺和江中段连接信道新工艺）的特点。该工程总长 2565.88m，双向四车道，由半径为 11m 的隧道组成，工程总投资 16 亿元，合同工期 28 个月。

该工程由上海隧道工程股份有限公司和上海市建设工程管理有限公司投资；由上海隧道工程股份有限公司设计—施工总承包；由上海市建设工程管理有限公司和上海建通工程建设

（咨询监理）有限公司为代建方，并组成项目管理部实施项目管理。根据现代工程建设项目管理面临的两大冲击（市场经济和知识经济）和具有的三大特点（规模大和投资多元化、市场变动全球化和项目管理国际化、超常效益和广泛风险），建立了符合三大要求（系统工程和信息管理、高知识和高技能、专业化和社会化）、具有有效性和高效率、抗风险和高效益的代建制项目管理模式。

上海市大连路越江隧道工程所建立的代建制项目管理模式即为：专业化、社会化的工程管理公司（代建方），受投资方的委托，依据工程建设的法律、法规和委托合同，对投资方投资的项目，实施全过程全方位的项目管理。

一是按系统工程的要求，把各参与方（投资方、管理方、实施方）组成项目管理系统（一级）。投资方为两个单位，管理方也是两个单位（即上海市建设工程管理有限公司和上海市建通工程建设有限公司），实施方为上海隧道工程股份有限公司（设计—施工总承包）。

二是按高知识和高技能的要求，把有各种资质以及具备管理经验、监理经验的双方组成项目管理部，这是一个集各类资质要素（动拆迁、招投标、工程管理、工程监理和科技咨询等项目管理综合资质）、优秀人才（经营、管理、技术和经济管理等）一体的项目管理部，能够进行项目前期阶段、项目实施阶段、项目营运阶段"三个阶段"，进行项目分解结构、项目管理方组织策划、项目实施方组织策划、项目信息组织策划"四个策划"。进行现代工程建设项目全过程、全方位"两个管理"。

三是按专业化、社会化的要求，把专门从事工程管理和工程监理双方的资质、经验（双方分别做过多个投资10亿元以上项目的管理工作和监理工作）、业绩（双方分别获过多个国家和省市的工程管理和工程监理的奖项）用到试点工程上，确保提高管理水平，努力做到为提高业主效益的同时，提高社会效益。

结果缩短工期8个月，工程质量很好，受到社会各界好评，节约管理费20%，节省投资方贷款利息3000万元，在计算期内的经济净现值提高9.3%，它的建成，进一步加强黄浦江两岸的紧密联系，促进浦东的开发开放，加速上海的城市建设，具有重要的意义。

在上海市大连路越江隧道工程中工程管理公司项目管理部（代建制管理方），受业主（投资方）的委托，依据工程建设的法律、法规和委托合同，对投资方投资的工程建设项目实施过程全方位的项目管理。通过代建制项目管理系统，把工程建设明确为管理方（代建方）与实施方（设计、施工、材料设备供应）之间的严谨而精简的两者关系，可有效提高项目管理工作效率，进而有效控制项目的质量、进度和投资。

思考与练习

一、单选题

1. 项目策划指的是目标控制前的一系列（　　）工作。

A. 筹划和准备 　　　　　　　　　B. 组织和管理

C. 组织与协调 　　　　　　　　　D. 准备与管理

2. 业主方的项目管理工作涉及项目（　　）。

A. 设计阶段 　　　　　　　　　　B. 施工阶段

C. 保修阶段　　　　　　　　　　　D. 实施阶段的全过程

3. 设计方作为项目建设的一个参与方，其项目管理主要服务于（　　）和设计方本身的利益。

A. 业主方　　　　　　　　　　　　B. 施工方

C. 项目的整体利益　　　　　　　　D. 供应方

4. 建设工程项目管理规划是指导项目管理工作的纲领性文件，因此它的内容涉及的范围与深度（　　）。

A. 一经编制则不得改变

B. 必须随着项目进展过程中情况的变化而动态调整

C. 不会因项目而变化

D. 可按《建设工程项目管理规范》标准化

5. 施工组织设计是对施工活动实行（　　）的重要手段，它具有战略部署和战术安排的双重作用。

A. 严格控制　　　　　　　　　　　B. 优化设计

C. 合理安排　　　　　　　　　　　D. 科学管理

6. 施工组织总设计应由（　　）主持编制，可根据需要分阶段编制和审批。

A. 项目技术负责人　　　　　　　　B. 项目负责人

C. 企业技术负责人　　　　　　　　D. 企业负责人

二、多选题

1. 建设工程项目的全寿命周期包括项目的（　　）。

A. 决策阶段　　　　　　　　　　　B. 设计阶段

C. 实施阶段　　　　　　　　　　　D. 使用阶段

E. 施工阶段

2. 决策阶段管理工作的主要内容一般包括（　　）。

A. 确定项目实施的组织　　　　　　B. 确定和落实项目的施工单位

C. 确定建设任务和建设原则　　　　D. 确定和落实项目建设的资金

E. 确定建设的投资目标、进度目标和质量目标

3. 项目的实施阶段包括（　　）。

A. 设计阶段　　　　　　　　　　　B. 招投标阶段

C. 施工阶段　　　　　　　　　　　D. 动用前准备阶段

E. 保修阶段

4. 建设工程项目管理的内涵是：自项目开始至项目完成，通过（　　），以使项目的费用目标、进度目标和质量目标得以实现。

A. 项目策划　　　　　　　　　　　B. 项目组织

C. 项目控制　　　　　　　　　　　D. 项目准备

E. 项目实施

5. 下列各项工作，属于建设工程项目实施阶段的是（　　）。

A. 编制可行性研究报告　　　　　　B. 编制设计任务书

C. 施工图设计　　　　　　　　　　D. 施工

E. 竣工验收

6. 施工方项目管理的目标包括施工的（　　）目标。

A. 成本　　　　　　　　　　　　B. 进度

C. 质量　　　　　　　　　　　　D. 安全管理

E. 投资

三、简答题

1. 什么是项目？项目的特征有哪些？

2. 什么是工程项目？工程项目的特征有哪些？

3. 工程项目按建设性质可分为哪些类型？

4. 什么是工程项目管理？

5. 工程项目管理的特点是什么？

6. 工程项目管理的主要内容有哪些？

7. 工程项目管理的职能有哪些？

8. 我国现行工程项目管理基本框架体系的内容是什么？

9. 简述我国工程建设法规体系的构成。

10. 什么是工程项目管理规划？其作用是什么？

11. 工程项目管理规划的主要内容是什么？

参 考 答 案

一、单选题

1. A；2. D；3. C；4. B；5. D；6. B

二、多选题

1. ACD；2. ACDE；3. ACDE；4. AC；5. BCDE；6. ABCD

三、简答题（略）

第2章　工 程 项 目 组 织

【教学提示】

本章主要介绍了工程项目组织的含义和特征、项目组织原则、项目承发包模式、主要的项目组织形式和适用范围。以及项目经理责任制、项目经理和项目经理部的设立、运行、解体。最后介绍了项目沟通管理的概念及项目沟通的内容和方式。

【教学要求】

通过本章的学习，要求了解工程项目组织的含义和特征、项目组织原则、项目承发包模式、项目沟通的内容。理解项目经理的要求。重点掌握项目组织形式以及适用。

2.1　工程项目组织概述

2.1.1　工程项目组织的概念

1. 组织的含义

组织是人们为了实现某种既定目标，通过明确分工协作关系，建立不同层次的权利、责任、利益制度而构成的能够一体化运行的人的系统。此概念包括两层含义：其一为结构性组织，是人们（单位、部门）为某种目的以某种规则形成的职务结构或职位结构。例如，一个企业从上到下、从左到右会确定若干纵向、横向的职务或职位，而这些职务和职位之间并不是孤立的，为了组织目标的实现，它们之间存在相互联系，从而形成了组织结构。其二为组织过程，也称组织设计，其一般过程是首先进行工作划分，即将组织要承担的任务按目标一致及高效的原则进行分解，然后进行工作分类，就是将分解得到的诸多工作分为不同的类别，这也就是以后组织中职务和职位的基础。最后是确定不同类别的工作之间的关系，形成组织机构。

2. 工程项目组织的含义

组织是一切管理活动取得成功的基础，工程项目的组织结构与传统的组织概念有相同之处，但是由于工程项目本身的特性，决定了工程项目实施过程中的组织管理又有其特殊之处。工程项目组织管理更强调负责人的作用，强调团队的协作精神，其组织形式具有更大的灵活性和弹性。

工程项目组织是指为了完成特定的工程项目任务而建立的从事工程项目工作任务的组织机构。它主要包括负责完成工程项目各项工作和任务的人、单位、部门组合起来的群体，有时还包括为项目提供服务或质量监督的部门，如政府机构、技术与质量的鉴定部门等。工程项目组织的建立和运行要受项目系统结构的限制，要按项目工作流程进行工作。

本书中的工程项目组织，是指为完成特定的工程项目而建立起来的、从事该项目具体工作的组织。该组织是在项目寿命期内临时组建的，是暂时性的、只是为达到一定的目的、完成特定的任务而成立的。工程项目由目标产生工作任务，由工作任务决定承担者，由承担者形成组织。

　　3. 工程项目组织的基本结构

　　工程项目工作主要有两种形式：一是专业型工作，即完成项目对象所必需的专业性工作，如产品设计、建筑施工、安装、设备验收与调试、技术与质量鉴定等，一般由专业承包公司或主管部门承担。二是管理型工作。它分为两个层次，即工程项目实施过程所需的计划与协调、监督与控制工作，以及项目立项与实施过程所需的决策和宏观控制工作。

　　与上述项目工作相对应的项目组织的基本结构大致有三个层次：

　　(1) 项目的所有者或上层领导。该层如企业经理、投资者、社会团体、政府机构等。是项目的倡导者或发起者，一般位于项目组织的最高层，具有较好的全局思想，不仅对整个项目负责，而且最关心整体的社会、经济、环境三大目标的效益。项目所有者组织一般又可分为两个层次：战略决策层（投资者）和战略管理层（业主）。

　　(2) 项目管理者（项目的组织层）。项目管理者通常是由项目经理领导的项目经理部，其主要责任是对业主负责，具体实施业主的投资意图，保护业主利益，保证项目整体目标的实现。所以项目经理是由项目所有者（或业主）选定的，不仅要负责项目实施过程中的具体事务性管理工作，而且要为业主提供有效的独立的管理服务，提供决策所需的有效信息。

　　(3) 项目具体任务的承担者（项目操作层）。它主要包括承担项目工作的专业设计单位、施工单位、设备与技术供应单位、咨询单位、监理单位等。各具体任务的承担者以项目为中心结合在一直，构成了项目的实施层，主要承担项目所需的具体工作任务以及相应的责任。如：参与或进行项目方案设计、施工图设计、施工组织方案设计、进度计划与控制、成本计划与控制、资源计划与控制、质量控制、现场案例管理与控制，以及为完成自己的任务而进行的一些必要的管理工作和遵守项目管理规划等。

　　项目组织还可能包括其他上层系统的组织，如项目的合作者、监管部门和公共服务部门等。

　　一般的工程项目组织的基本结构如图 2-1 所示。

　　当然，在项目的不同阶段，上述三个层次的人员所承担的项目工作是不一样的：

　　项目前期策划阶段，主要是由投资者（业主）对项目的目标进行设计，但在该阶段的可行性研究中会有一些相关的技术人员和咨询工程师参加。

　　项目设计和计划阶段。项目一旦立项，主要工作移向项目的组织层、设计单位、监理单位，上层系统仍然要参与技术方案的选择与决策等重要工作。

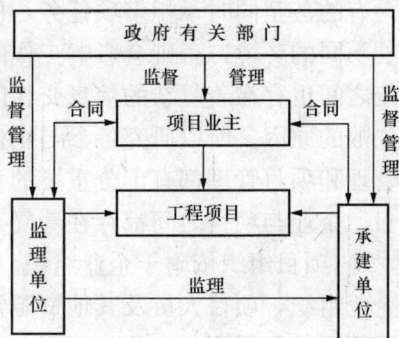

图 2-1　工程项目组织的基本结构

　　项目施工阶段。在这一阶段，项目任务是"战术"性的，是具体实施阶段，组织层和实施层的工作将进入高潮，项目上层系统在必要的时候也要参与协调各部门之间的关系，进行相关决策的调整或修正，把握主体发展方向等。

　　项目后期管理阶段，特别是验收和试运行阶段，三个层次都必须参与，这主要是为保证项目质量，为项目以后的正常运行打下坚实的基础。

4. 工程项目组织的特点

工程项目组织是工程项目的参与者、合作者按一定的规则构成的有机整体，是项目的行为主体构成的系统。现代工程项目组织不同于一般的企业团体组织，具有非常复杂的特点。它不仅是由工程项目的特殊性所决定的，而且它又决定了项目组织设置和运行的基本原则和基本要求，决定了行为主体的组织行为，决定了项目组织、控制、沟通、协调和信息流通的形式。在通常情况下，工程项目组织的特点表现如下：

（1）明确的目的和目标。工程项目的参与者来自于不同的企业或部门，各自有独立的经济利益和权力目标。在项目的实施过程中，项目的共同目标与不同利益群体的目标以及不同利益群体之间的目标必然会存在不同程度的矛盾。为了完成项目的总目标和总任务，在项目的目标设计、组织实施和运行过程中，必须考虑并顾及不同参与群体的利益，并使各参与者之间能通力合作，同时应给各参与者以决定权和一定范围变动的自由，保证各参与者能最有效地工作，使工程项目取得成功。

（2）组织结构的完整性。工程项目的工作和任务具有多样性和复杂性，但其系统结构对项目组织结构有很大影响：它既决定了项目组织的基本分工，又决定了组织结构的基本形态，所以工程项目的系统结构决定了项目组织结构的完整性。项目组织结构的不完整或重复繁杂，会降低组织运行效率。为了顺利完成项目的所有工作任务，在项目组织设置过程中，可依据项目结构分解设立完整的项目组织结构，并将所有的工作任务无一遗漏地落实到位，防止工作任务和责任的"盲区"产生。

（3）组织形式具有一次性、暂时性。工程项目组织的寿命与它在项目中所承担任务的时间长短有关，项目结束或相应任务完成后，项目组织就会解散或重新构成其他的项目组织。所以工程项目组织的一次性、暂时性特点，是它与一般企业团体组织相区别的显著特征。这一特点对整个工程项目组织的运行、控制以及各参与者的组织行为等均有重大影响。

（4）项目组织与企业组织之间有强烈的关联性。工程项目组织的成员通常都有两个角色，既是项目的组成成员，又是原所属企业的组成人员，承担着项目和原企业的双重工作任务，有的甚至同时承担多项任务，使这些人员要经常变换工作的思维方式，以适应项目和企业的不同的环境，否则会影响工作的数量和质量。不仅如此，而且企业管理系统与项目管理系统之间也存在着复杂的信息交往问题，企业组织与项目组织之间的任何障碍都可能成为项目失败的原因。所以研究各参与企业对项目产生的影响以及它们之间的复杂关系，对企业自身管理和项目管理都有十分重要的意义。无论是企业内部的项目，还是由多企业参与合作的项目。企业与项目之间都存在着复杂的关系。

1）项目组织依附于企业组织。企业组织是长期的稳定的现存组织，项目组织常常依附于企业组织，项目人员及其他资源常常由企业提供，甚至有的项目由企业部门完成。在这种依附关系的作用下，企业的运行方式、责任体系、运行机制、分配方式、管理机制及文化氛围直接影响项目的组织行为，企业资源状况在很大程度上影响项目的资源供应状况，影响项目组织的运行。

2）项目和企业之间存在着一定的责权利关系，这种关系决定了项目组织的独立程度。在项目的实施过程中，既要保证企业对项目的控制，使项目实施和运行符合企业战略和总计划，又要保证项目的自主权，提高项目组织的积极性，这是项目成功的前提条件。所以企业战略对项目的影响很大，项目运行常常会受到上层系统的强烈干预。

（5）项目组织易受到相关部门不同程度的影响。如政府行政主管部门、质检部门、环保部门等。它们可按有关法律、法规政策、公共准则对项目进行不同程度的干预，当然也可能由于某些个人因素的影响，存在一些不合理的干预。

（6）项目组织有高度的弹性、可变性。项目组织的这一特点与企业组织刚性大，结构不易变动，运行稳定的特点刚好相反。许多项目因不同的项目组织策略或实施计划，而采用不同的项目组织形式，项目组织成员也会随项目开始和任务承接而进入项目组织，随项目结束和任务完成而退出项目组织。

（7）项目组织没有固定的组织文化。项目的一次性和项目组织的可变性的特点，使项目组织很难像企业组织一样建立自己的组织文化。这给项目的实施与管理带来很大的困难。

（8）另外，项目组织有自身的结构，有多种形式的组织关系。通常有如下几种关系：

1）专业与行政的关系。这与企业组织关系是相同的，上下之间为专业与行政的领导与被领导的关系。在企业内部的项目组织中，这种组织关系是一种主要的形式。

2）合同关系。复杂的项目组织是由许多不同隶属关系、不同经济利益、不同组织文化、不同区域、不同地域的单位构成，它们之间以合同作为组织关系联系的纽带，合同的签订和结束，表示组织关系的建立和脱离，所以项目的合同体系与项目的组织结构有很大程度的一致性。由合同关系确定的项目组织，他们的任务、工作范围、经济上的责权利关系和行为准则等由合同具体规定。从工程项目组织运行和管理体制来看，合同是十分重要的。在一个市场经济体制比较完善的条件下，工程项目管理者必须通过合同作为必要的手段来运作项目。如果遇到问题，先通过合同、法律、经济手段来解决问题，而不要先采用行政手段解决有关问题。

除了合同关系之外，项目参与者在项目实施前，通常还要订立管理规范与行为准则，保证项目各参与者在项目实施过程中能更好地进行相互协调、沟通，保证项目管理者能更有效地控制项目，顺利完成项目总目标。

5. 工程项目组织的基本原则

工程项目的系统性、高投入性、时效性等复杂特点影响下，要实现工程项目的总目标，保证项目组织高效运行，必须在组织行为学的一般原则、项目组织的自身特点和现时条件的基础上，遵循下列基本原则进行项目组织的设置和运行。

（1）目标统一原则。要使工程项目组织有效地运行，各参与者必须有明确的统一的目标。这是实现项目总目标的首要前提条件，但由于项目各参与者隶属于不同的单位，具有不同的利益目标，使项目组织运行的障碍较大。因此，在设置和运行项目组织时，采取统一的方针和政策，采用对项目进行统一指挥的方式，使参与者与项目总目标达成一致，使项目的设计、组织、计划、合同等规范性管理文件能贯彻项目的总目标，使项目实施的全过程能顾及各方利益的均衡。只有这样，才能达到项目成功的总目标。

（2）责权利平衡原则。这是市场经济活动中必须遵循的基本原则。由于工程项目组织设置与运行的过程中，应明确项目投资者、业主、其他参加者及其他利益相关者的职责和权限。并通过合同、计划、组织规划等有关文件严格加以限定，以保证各参与者及相关者的利益。因此，在坚持责权利平衡原则的同时，应注意如下几点：

1）权责对等。项目的各参与者的责任和权力是一种复杂的制约关系，两者互为前提条件，即对于项目合同中的任何一方，在获得某种权力的同时，应承担相应的责任。

　　2）权力的制约与权益的保护。如果项目组成成员有一项权力，行使它会对项目和其他方产生影响，则该应受到制约，以防止滥用这个权力。这种制约常常表现为一旦他不恰当地行使了该权力就应当承担相应的责任。同时，在工程项目中，都应通过合同、管理规范等形式对项目各参与者的权益进行合理保护，特别是对承包商及设备和材料的供应商、更要采取积极的激励机制和保护措施，提高他们的积极性。但不能过多地采取保护措施，否则将会导致项目运行效率降低和组织间的摩擦加大，影响项目的实施进程。

　　3）责任到位，奖罚分明。在进行权力制约和权益保护的同时，将责任落实到位，不要因为某些外部因素的影响，减轻或停止追究责任，这会造成制度、合同等有关文件难以落实或项目管理制度和方法手段的失效，从而影响整个项目的运作机制。因此，为了严明各项制度、合同的规定，必须对违反制度和合同规定的行为，实行追究责任和惩罚制度，对积极提高项目运行效率的组织行为，实行奖励制度。这样可以做到奖罚分明，提高整个项目组织的积极性和创造性。

　　另外，在责权利平衡的情况下，还应注意公平地分配风险，通过风险分配，加强责任，更好地进行计划，发挥各方管理和技术革新的积极性。

　　（3）适用性和灵活性相结合的原则。工程项目组织应适应项目的结构体系，适应项目的大小、环境条件，适应各参与者的利益。所以项目组织形式通常是灵活多样的，即使在一个企业内部，也应有不同的组织形式，甚至同一项目的不同阶段也可能采取不同的组织形式。

　　除此之外，项目组织机构的建立应有利于参与者方便地交流与合作，有利于适应原企业组织结构，保证项目组织规模大小的适宜性和合理性。当然，项目组织结构的设置还应考虑与原单位组织的协调性，与相关单位之间的协调性。

　　（4）组织制衡原则。所谓组织制衡，是指组织彼此之间的权力应形成制约关系，其中任何一部分权力都不可能独占优势，使组织各部分权力在运行中保持总体平衡。没有组织制衡，则可能会发生权力争执与权力滥用，甚至会出现组织摩擦等现象，造成项目运作的低效率。由于项目与项目组织的特殊性，在项目组织设置和动作过程中，必须建立严密的制衡机制，保证项目组织的正常运行。

　　在组织制衡的条件下，应建立工作过程与工作责任相结合机制，加强工作过程的监督，包括各阶段工作成果的检查、评价、审计和监督，加强项目组织机构、责任矩阵、管理规范、管理信息系统等方面的设计，保持项目组织界面的清晰。

　　当然，还可以通过其他手段达到相互制衡的目的，如采取抵押、担保和保险等措施。但是，过于强调和过多的制衡会使项目组织结构复杂、程序繁琐，产生许多相互沟通的障碍，破坏较好的合作气氛，造成过多的责任连环，造成责任落实的困难和争执，使管理人员和管理费用增加。

　　（5）保持项目组成人员和责任的连续性和统一性原则。在过去的建设项目中，建设单位、承包商和项目对项目的最终成果所负的责任不强，项目完成后直接移交给运营单位，这种方式给项目后期的运行带来许多问题。由于项目本身具有阶段性特点，项目组织任务和组织人员的投放也是分阶段的、不连续的。这不仅造成责任体系的中断，而且容易出现短期行为、责任"盲区"和人员的不负责任等现象。

2.1.2 工程项目组织的主要形式

2.1.2.1 工程项目承发包模式

1. 平行承包模式

平行承包模式是指业主将工程项目的设计、施工以及设备和材料采购的任务分别发包给多个设计单位、施工单位和设备材料供应厂商，并分别与各承包商签订合同。

这种模式业主择优选择承包商，有利于控制工程质量，有利于缩短建设工期。但是业主组织管理和协调工作量大，工程造价控制难度大，相对于总承包模式而言，平行承包模式不利于发挥那些技术水平高、综合管理能力强的承包商的综合优势。

这种模式如图 2-2 所示。

2. 总承包模式

业主将建设项目的全部设计和施工任务发包给一家具有总承包资质的承包商。这类承包商可能是具备很强的设计、采购、施工、科研等综合服务能力的综合建筑企业，也可能是由设计单位、施工企业组成的工程承包联合体。我国把这种管理组织形式叫做"全过程承包"或"工程项目总承包"。

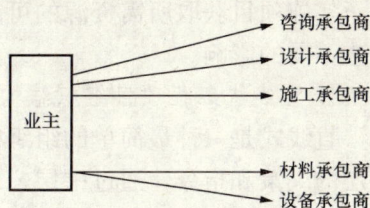

图 2-2 平行承包模式

这种模式业主的组织协调工作量少，有利于控制工程造价，有利于缩短建设工期。但是对总承包商而言，责任重、风险大，获得高额利润的潜力也比较大。

这种管理组织形式如图 2-3 和图 2-4 所示。

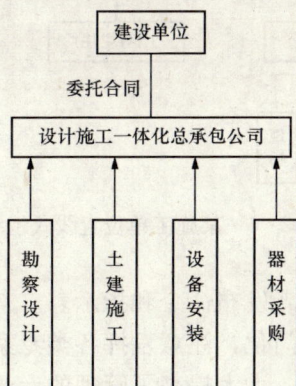

图 2-3 设计—采购—施工总承包

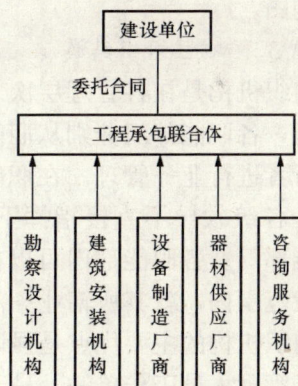

图 2-4 联合体总承包

3. 总分包模式

总分包模式是将工程项目其中某个阶段（如设计或施工）的全部工作发包给一家资质条件符合要求的承包单位，由该承包单位再将若干专业性较强的部分工程任务发包给不同的专业承包单位去完成，并统一协调和监督各分包单位的工作。这样，业主只与总承包单位签订合同，而不与各专业分包单位签订合同。

这种模式有利于项目的组织管理，有利于业主方的合同管理，有利于控制工程造价，有利于控制工程质量，有利于缩短建设工期。但是对总承包商而言，责任重、风险大、获得高额利润的潜力也比较大。图 2-5 为甲方对设计单位采取总包的组织形式：

业主 ——合同—→ 设计总包商 ——合同—→ 设计分包
　　　　　　　　　　　　　　　　　　↘ 勘查分包

图 2-5　设计总包模式

2.1.2.2　工程项目组织结构形式

为了有效地实现工程项目目标，必须建立工程项目组织。工程项目组织除应满足一般组织的特征及设计原则外，还必须同时反映工程项目工作的特征。实际中存在多种工程项目组织形式，每一种组织形式都有各自的优点与缺点，有其适用的场合。因此，人们在进行项目组织设计时，要采取具体问题具体分析的方法，选择合适的组织形式。一般工程项目的组织结构形式有直线式、职能式、直线职能式、矩阵式四种典型形式。工程项目的组织结构形式实质上是决定了项目管理班子实施项目获取所需资源的可能方法与相应的权利，不同的组织结构形式对项目的实施会产生不同的影响。

1. 直线式工程项目组织结构

直线式是一种最简单的组织机构形式。在这种组织机构中，没有职能部门，企业最高领导层的决策和指令，通过中层、基层领导纵向一根直线式地传达给第一线的职工，每个人只接受其上级的指令，并对其上级负责。

直线式组织机构的主要优点是结构简单，权力集中，易于统一指挥，隶属关系明确，职责分明，决策迅速。但由于不设职能部门，领导没有参谋和助手，要求领导者通晓各种业务，成为"全能式"人才。无法实现管理工作专业化，不利于项目管理水平的提高。

这种组织结构形式适用于工程项目的现场作业管理，图 2-6 为某施工单位项目部组织结构图。

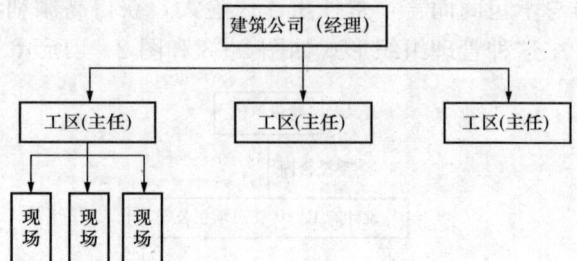

2. 职能式工程项目组织结构

职能式组织机构是在各管理层次之间设置职能部门，各职能部门分别从职能角度对下级执行者进行业务管理。在职能制组织机构中，各级领导不直接指挥下级，而是指挥职能部门。各职能部门可以在上级领导的授权范围内，就其所辖业务范围向下级执行者发布命令和指示。

图 2-6　某施工单位直线式组织结构

职能式组织机构的主要优点是强调管理业务的专门化，注意发挥各类专家在项目管理中的作用。由于管理人员工作单一，易于提高工作质量，大大提高了管理的专业化程度，同时可以减轻领导者的负担。缺点是每个职能部门都具有直接指挥权，妨碍了组织必要的集中领导和统一指挥，容易形成多头领导，导致基层无所适从，造成管理混乱。

图 2-7 为某施工单位组织结构图。

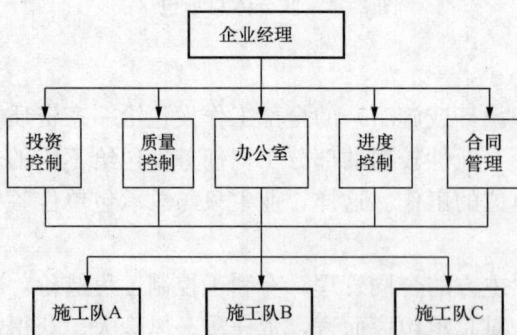

3. 直线职能式工程项目组织结构

直线职能式是吸收了直线式和职能式两种组织结构的优点而形成的一种组织结构形式。与职能式组织结构形式相同的是，在各管理层次之间设置职能部门，但职能部门只

图 2-7　某施工单位职能式组织结构

作为本层次领导的参谋，在其所辖业务范围内从事管理工作，不直接指挥下级，和下一层次的职能部门构成业务指导关系。职能部门的指令，必须经过同层次领导的批准才能下达。各管理层次之间按直线式的原理构成直接上下级关系。

直线职能式组织结构既保持了直线式统一指挥的特点，又满足了职能式对管理工作专业化分工的要求。各级直线主管有相应的参谋和助手，可以发挥职能部门的作用。主要优点是集中领导、职责清楚，有利于提高管理效率。但这种组织机构中各职能部门之间的横向联系差，信息传递路线长，职能部门与指挥部门之间容易产生矛盾。

图2-8所示为某施工单位组织结构图。

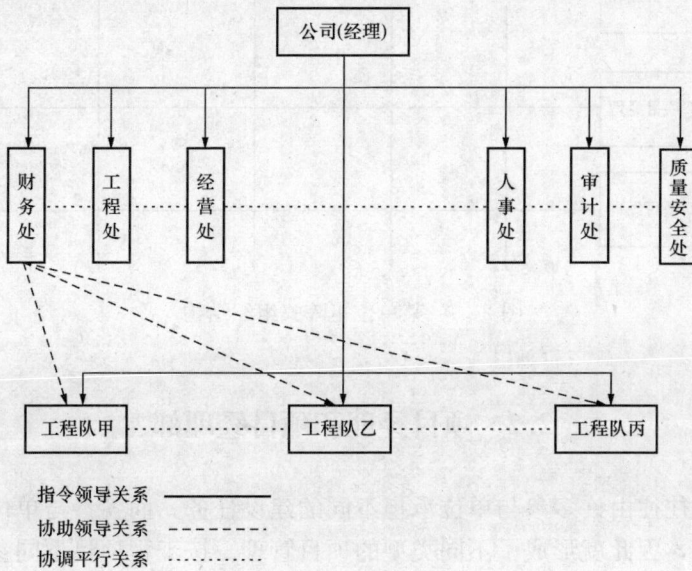

图2-8 某施工单位直线职能式组织结构

4. 矩阵式工程项目组织结构

矩阵式组织结构是把按职能划分的部门和按工程项目（或产品）设立的管理机构，依照矩阵方式有机地结合起来的一种组织机构形式。这种组织机构以房地产项目为对象设置，各项目管理机构内的管理人员从各职能部门临时抽调，归项目经理统一管理，待工程完工交付后又回到原职能部门或到另外项目的组织机构中工作。

矩阵式组织机构的优点是加强了各职能部门的横向业务联系，克服职能部门相互脱节、各自为政的现象；专业人员和相关资源得到充分、合理的利用；有利于个人业务素质和综合能力的提高；具有较大的机动性和灵活性，能够很好地适应建设项目对动态管理和优化组合的要求。

缺点是组织成员受双重领导。当来自建设工程项目和来自职能部门两方面的领导的意见不一致时，组织成员就会感到无所适从，出了问题也难以查清责任。

这种组织结构形式适用于下面两种情形：专门从事建设工程项目管理或承接建设工程项目建造的企业同时承担若干项目的管理或者实施的情形；进行一个特大型项目的建造或者管理，项目可以划分成若干相互独立的子项目，相当于进行多个平行项目的建造或者管理的情形。

图 2-9 所示为某建设单位组织结构图。

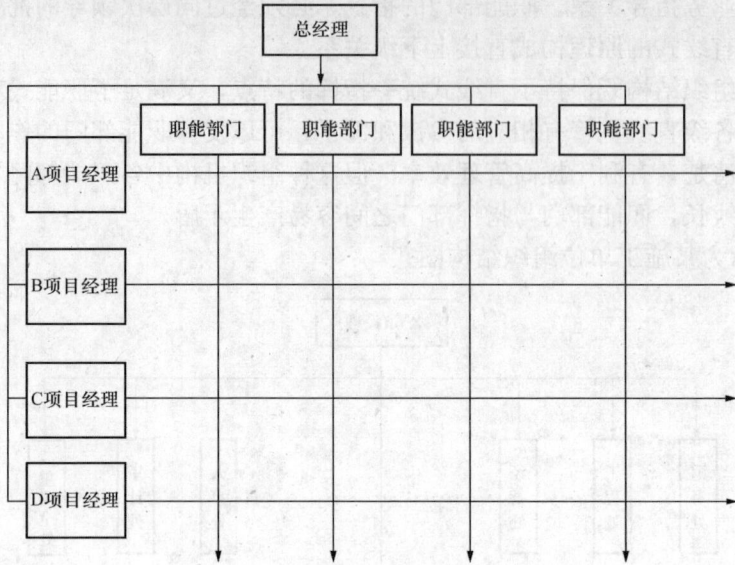

图 2-9 某单位矩阵式组织结构

2.2 项目经理和项目经理部

一个工程项目往往由许多参与单位承担不同的建设任务，而各参与单位的工作性质、工作任务和利益不同，因此就形成了不同类型的项目管理。按工程项目不同参与方的工作性质和组织特征划分，项目管理有如下类型：业主方的项目管理；设计方的项目管理；施工方的项目管理；供货方的项目管理；建设项目总承包方的项目管理。由于业主方是工程项目生产过程的总集成者——人力资源、物质资源和知识的集成，业主方也是工程项目生产过程的总组织者，因此对于一个工程项目而言，虽然有代表不同利益方的项目管理，但是，业主方的项目管理是管理的核心。投资方、开发方和由咨询公司提供的代表业主方利益的项目管理服务都属于业主方的项目管理。施工总承包方和分包方的项目管理都属于施工方的项目管理，材料和设备供应方的项目管理都属于供货方的项目管理。建设项目总承包有多种形式，如设计和施工任务综合的承包，设计、采购和施工任务综合的承包（简称 EPC 承包）等，它们的项目管理都属于建设项目总承包方的项目管理。

工程项目各参与单位在项目实施过程中都要建立各自的项目经理部和设置各自的项目经理。项目经理部是由项目参与单位组建并领导的实施项目管理各项职能的一次性现场组织机构。按照参与单位的不同可以分为业主的项目经理部；设计方的项目经理部；施工方的项目经理部；供货方的项目经理部；建设项目总承包方的项目经理部。项目经理是由企业法定代表人任命，并根据法定代表人授权的范围、期限和内容，履行管理职责，对项目实施全过程进行全面的管理，是项目管理的责任主体。

2.2.1 项目经理责任制

企业在进行项目管理时，应实行项目经理责任制，即以项目经理为责任主体的项目管理目标责任制度。项目经理应根据企业法定代表人授权的范围、时间和内容，对施工项目自开工准备至竣工验收，实施全过程、全面管理。

项目经理责任制是项目管理工作的基本制度，是实施和完成项目管理目标的根本保证，同时也是评价项目经理绩效的依据和基础。项目经理与项目经理部在项目管理工作中应严格实行项目经理责任制，确保项目目标顺利实现。

项目经理责任制的核心是贯彻实施项目管理目标责任书，其具体内容包括：项目经理的职责、权限、利益与奖罚。

项目管理目标责任书由企业法定代表人根据施工合同和经营管理目标要求明确规定项目经理部应达到的成本，质量，进度和安全等控制目标的文件。

1. 项目管理目标责任书的内容

（1）企业各业务部门与项目经理部之间的关系。

（2）项目经理部使用作业队伍的方式、项目所需材料供应方式和机械设备供应方式。

（3）应达到的项目进度目标、项目质量目标、项目安全目标和项目成本目标。

（4）在企业制度规定以外的、由法定代表人向项目经理委托的事项。

（5）企业对项目经理部人员进行奖惩的依据、标准、办法及应承担的风险。

（6）项目经理解职和项目经理部解体的条件及方法。

2. 施工单位项目经理的职责

施工项目经理的职责是由其所承担的任务决定的，施工项目经理应当履行以下职责：

（1）贯彻执行国家和工程所在地政府的有关法律、法规和政策、执行企业的各项管理制度。

（2）严格财经制度，加强财经管理，正确处理国家、企业和个人的利益关系。

（3）签订和组织履行《项目管理目标责任书》，执行企业和业主签订的《项目承包合同》中由项目经理负责履行的各项条款。

（4）对工程项目施工进行有效控制，执行有关技术规范和标准，积极推广应用新技术，确保工程质量和工期，实现安全、文明生产、努力提高经济效益。

（5）组织编制工程项目施工组织设计，并组织实施。

（6）根据公司年（季）度施工生产计划，组织编制季（月）度施工计划，并严格履行。

（7）科学组织和管理进入项目工地的人、财、物资源，协调和处理与相关单位之间的关系。

（8）组织制订项目经理部各类管理人员的职责权限和各项规章制度，定期向公司经理报告工作。

（9）做好工程竣工结算、资料整理归档，接受企业审计并做好项目经理部的解体与善后工作。

3. 施工项目经理的权限

（1）参与企业进行的施工项目投标和签订施工合同。

（2）经授权组建项目经理部。确定项目经理部的组织结构，选择、聘任管理人员，确定管理人员的职责，并定期进行考核、评价和奖惩。

（3）在企业财务制度规定的范围内，根据企业法定代表人授权和施工项目管理的需要，决定资金的投入和使用，决定项目经理部的计酬办法。

（4）在授权范围内，按物资采购程序性文件的规定行使采购权。

（5）根据企业法定代表人授权或按照企业的规定选择、使用作业队伍。

（6）主持项目经理部工作，组织制定施工项目的各项管理制度。

（7）根据企业法定代表人授权，协调和处理与施工项目管理有关的内部与外部事项。

4. 项目经理的利益

项目经理最终的利益是项目经理行使权力和承担责任的结果，也是商品经济条件下企业应体现责、权、利相互统一的具体表现。利益应有物质兑现，精神奖励。

（1）获得基本工资、岗位工资和绩效工资。

（2）除按项目管理目标责任书可获得物质奖励外，还可获得表彰、记功、优秀项目经理等荣誉称号。

（3）经考核和审计，未完成项目管理目标责任书确定的项目管理责任目标或造成亏损的，应按其中有关条款承担责任，并接受经济或行政处罚。

2.2.2　项目经理

项目经理是企业法人代表在项目上的全权委托代理人。在企业内部，项目经理是项目实施全过程全部工作的总负责人，对外可以作为企业法人的代表在授权范围内负责处理各项事务。项目经理制自 1941 年于美国产生以来，在世界范围内得到普遍推广。我国于 1984 年在建筑企业试行项目经理负责制至今已推广到建设领域的各个方面以及其他领域。项目经理是其上级任命的一个项目管理班子的负责人，项目经理是一个管理岗位，不是一个技术岗位，它的任务仅限于从事项目管理工作，项目经理的管理权限由其上级决定。

工程项目经理包括业主的项目经理、咨询监理单位的项目经理、设计单位的项目经理和施工单位的项目经理。

（1）业主方的项目经理。业主的项目经理是项目法人委派的领导和组织一个完整工程项目建设的总负责人。对于一些小型建设项目，项目经理可由一人担任；而对于一些规模大、工期长、技术复杂的建设项目，业主也可委派分阶段项目经理，如准备阶段项目经理、设计阶段项目经理和施工阶段项目经理等。

（2）咨询监理单位的项目经理。咨询监理单位派出的项目管理总负责人——总监理工程师为项目经理。咨询监理单位在业主的委托授权范围之内，既可以进行项目建设全过程的管理，也可以只进行某一阶段的管理。对业主来说，即使委托了咨询监理单位，仍需要建立一个以自己的项目经理为首的项目管理班子。因为，在项目建设过程中有许多重大问题的决策仍需由业主做出，咨询监理机构不能完全代替业主行使其职权。

（3）设计单位的项目经理。设计单位的项目经理，是指设计单位工程项目设计的总负责人，其职责是负责一个工程项目设计工作的全部计划、监督和联系工作。

（4）施工单位的项目经理。施工单位的项目经理是指受企业法定代表人的委托对工程项目施工过程全面负责的项目管理者，是施工单位法定代表人在工程项目上的代表人，是施工单位在施工现场的最高责任者和组织者。我国从 1987 年开始在 15 家试点企业共 66 个项目上试行施工管理体制改革和推广鲁布革工程管理经验。1992 年建设部印发了《施工企业项目经理资质试行办法》。1995 年颁发了《建筑施工企业项目经理资质管理办法》。2003 年国发［2003］5 号及建设部相关文件规定：取消建筑施工企业项目经理资质核准，由注册建造师代替，并设立过渡期。过渡期从 2003 年 2 月 27 日起至 2008 年 2 月 27 日止。过渡期内，凡持有项目经理资质证书或建造师注册证书的人，经所在企业聘用后可担任项目经理，过度期满后项目经理只能由取得建造师注册证书的人担任，但是否担任由企业自主决定。在全面实行建造师执业资格制度后仍要落实项目经理岗位责任制。建造师是一种专业执业资格名称，项目经理是一个工作岗位名称，二者不能混淆。项目经理在承担项目施工管理过程中，应根据企业与建设单位签订的工程承包合同，与本企业法人代表签订项目管理承包合同，在企业法人代表授权范围内行使诸如组建项目管理班子、受委托签署有关合同、指挥生产经营活动、选择施工队伍、进行合理的经济分配等权利，并对施工项目负有全面管理的责任。

1. 项目经理的任务

（1）组织精干高效的项目管理班子。

（2）制订各项规章制度和岗位责任制，组织项目有序地开展工作。

（3）制订项目阶段性目标和项目总体控制计划。

（4）及时决策。

（5）协调项目组织的内部及外部各方面关系，履行合同义务，监督合同执行，处理合同变更。

（6）建立完善的内部及外部信息管理系统，确保信息畅通无阻。

2. 项目经理的地位

项目经理是决定项目成败的关键人物，是项目管理的核心柱石。决定项目管理成功与否的关键不是程序和技术，而是具有技能和知识相结合的人员，关键所在则是项目经理。因为项目是一种有特殊目标的一次性活动，要求项目经理在限定的预算、时间、质量范围内，成功地把各种资源优化配置，把各种活动有机地组织协调起来，完成项目目标，让客户满意、本企业满意。这就决定了项目经理在项目管理中地位的重要性。

（1）项目经理是参与项目建设的企业法人代表委托在项目上的全权代理人。项目经理是实施项目管理任务的最高领导者、管理者和责任者。一是在企业内部，项目经理是实施项目管理任务的承包责任者；二是企业法定代表人的委托代理人，项目经理在授权范围内对业主直接负责。就是说，项目经理既要实现项目成果性目标，对业主负责；也要实现项目效率性目标，对本企业负责。

（2）在合同关系上，项目经理是项目最高合法的当事人。作为代理人的项目经理，他必须严格履行合同，执行合同规定，承担合同责任，处理合同变更，行使合同权利，组织好合同管理与索赔。所以项目经理是项目上履行合同的最高当事人，按合同履约是一切管理行为的最高准则。

（3）项目经理是项目信息沟通的集散中心。项目经理在实施项目管理任务时，对业主和本企业的期望目标要变成具体实施目标，通过计划、方案、措施组织落实，并在实施中进行有效控制。这里要求项目经理要建立人工或计算机管理信息系统，项目经理需要通过管理系统发出重要信息、指令、目标、计划等；还要处理来自外部指令、信息，如业主或监理工程师、政府、银行、当地社会环境、市场等。项目经理要高效率地完成项目目标的重任，必须通过信息集散达到控制的目的，使项目管理取得成功。

（4）项目经理是协调多方关系的桥梁和纽带。协调是指对项目参与的主体和人员的各种信息，通过人员沟通、口头沟通、协调、调度、运筹等使其配合得当，步调一致，齐心协力，实现项目目标。项目经理是协调的组织者和领导者，通过这座桥梁和纽带创造出良好的工作环境和合作的友好气氛，最终使业主、社会、本企业共同受益。

3. 项目经理的选择

目前我国选择项目经理一般有三种方式：竞争招聘制，经理委任制，内部协调、基层推荐制。

项目经理一经任命产生后，其身份是公司经理在工程项目的全权委托代理人，直接对企业经理负责，双方经过协商，签订《项目管理目标责任书》，若无特殊原因，在项目未完成前不宜随意更换。

4. 项目经理基本素质和管理能力要求

既然项目经理是以企业法人代表代理的身份被派驻项目现场，因此他就必须具备符合从事该工程项目管理的资质条件，包括其学历、经历、知识结构、组织能力、实践经验、工作业绩、思想作风、职业道德和身体状况等。具体应包括：

（1）有广泛的理论和科学技术知识。项目经理应具有丰富的知识，包括专业技术知识、管理知识、经济知识和法律知识等。

（2）有较高的领导艺术和协调能力。项目经理应具有良好的组织才能和个人素质，具有决策能力、组织能力、指挥能力和应变能力。

（3）有健康的身体和丰富的实践经验。由于项目经理需要承担相当繁杂的工作，而且现场条件十分艰苦，因此必须具有健康的身体。同时，项目经理要随时处理各种可能遇到的实际问题，所以他还应具备丰富的实践经验。

2.2.3 项目经理部

项目经理部是项目管理的组织机构，负责项目全过程的管理工作，是企业在该项目的管理层，同时对作业层具有管理与服务功能。其中，作业层的工作质量取决于项目经理部的工作质量。

施工项目管理是一门应用科学，适用于市场经济条件下，建筑企业对施工项目进行管理。管理者是建筑施工企业，管理对象是施工项目，它的主要内容可以概括为：三控制、三管理、一协调。即质量控制、进度控制、费用控制，安全管理、合同管理、信息管理和组织协调。项目管理的主要特征体现在企业两层分离，即经营管理层和施工作业层分离，强化和提高施工企业的项目管理能力。项目管理的实践载体即项目经理部，项目经理是项目经理部的领导核心。项目经理部的建立、运作及管理都必须根据项目管理的理论要求和项目控制目标的需要以及企业的实际情况去设定某种模式，并在实践中不断完善和发展。

1. 项目经理部的建立

项目经理部的工作班子，置于项目经理的领导之下，实行项目经理负责制。充分发挥项目经理部在项目管理中的主体作用，是确保工程项目保质、按期完成任务的根本保证，因此必须对项目经理部的机构设置加以特别重视，设计好、组建好、运转好，从而发挥其应有的功能。

（1）施工项目经理部的规模设计。项目经理部的设置必须根据所承接的施工项目的规模、难易程度、专业工种等特点来设定，一般可以分为大、中、小三级。

（2）施工项目经理部的分工及人员配备。施工项目经理部的分工及人员配备的指导思想是把项目部建成企业市场竞争的核心、管理的重心、成本核算的中心，代表企业履行合同主体和工程管理实体。因此，项目部的分工及人员配备必须满足上述要求，同时要遵循精简、效能、专业化、一专多能的原则，最大限度地发挥从业人员的积极性和潜能。

一般中、小等级项目经理部可按"一长二师四大员"的模式来分工和配备相关人员，即一长（项目经理），二师（技术负责人、安全主任），四大员（预算员、技术员、材料员、勤杂员），其他工地电工、各专业施工员均属施工作业层，服从项目部的领导，不属项目部常设人员；设备管理员属企业设备部门。一般中小项目经理部常设人员不应超过 8～10 人。

（3）施工项目部的人员来源。施工项目部的设立一般采取矩阵式组织形式，从企业各职能部门抽调，项目部人员接受项目部及企业职能部门双重领导，以接受项目部管理为主，但部门的控制力大于项目的控制力；项目经理有权控制、使用、调换、辞退项目部的成员，企业职能部门对项目部进行组织调配、业务指导、管理考核。

2. 施工项目经理部的运作机制

运作机制是指理顺、协调、定位项目经理部与企业层的各种关系，主要包括以下几方面：

（1）项目经理承包责任制。项目经理承包责任制是项目管理的主要内容，它是以工程项目为对象，以项目经理负责为前提，以施工图预算为依据，以创优质工程为目标，以承包合同为纽带，以求得最终产品的最佳经济效益为目的，实行从工程项目开工到竣工验收交付使用的一次性全过程的施工承包经营管理。它是工程项目建设过程中，用以确立项目承包者与企业、员工三者之间责、权、利关系的一种手段和方法。具体承包模式及内容如下：

"四定一包"模式，即"四定"（定利润上缴、定质量目标、定安全指标、定工期），"一包"（包文明施工）。其中利润上缴表现在项目承担税收的基础上按总造价以固定指标先由企业提取利润，然后再由项目开支，上缴利润的指标可按市政工程、房建工程、基础工程等分别测算确定。

1）材料供应：实行项目承包后，材料供应权仍集中在企业材料部门，但项目经理部要有一定的材料采购权，负责采购供应计划外材料、特殊材料和零星材料。对企业材料的采购，项目管理层有一定的建议权。企业材料部门重点做好建设统一的供料机构，对工程所需的主要材料、大宗材料实行统一计划、统一采购、统一供应、统一调度、统一核算等方面的工作；项目经理部的主要任务集中于提出需要量计划，控制材料使用，加强现场管理，设计材料节约措施，完工后组织材料结算与回收。

2）设备租赁：设备归企业设备部门统一管理，项目部采取租赁的方式使用，对大型设备一般采用定额台班的基础上协商定价，一次包死的方式较为合理，对零星使用的设备可以采用计时制办法。项目部对材料、设备有自由选择权，但一般应首选使用企业库存材料和现有设备，以提高企业级的经济效益。

3）工资发放：项目部所有人员及其工人工资由项目部支出。

4）确立合同关系：在上述各点取得一致的基础上制订成一份标准的承包合同格式，对上述内容进行具体规定，成为企业与项目的重要依据。

（2）成本核算机制。切实执行成本核算机制是项目管理的必须要求，是调动项目经理积极性、创造性的重要措施，它是项目承包责任制得以成功运作的经济保证，有利于提高经济效益和管理水平。实行项目管理后，将形成企业、项目、作业班组三级成本核算体系。企业与项目按照承包合同核算，动态管理，确保承包机制有效运行和及时监督；项目层次动态核算，检查得失，从而提高签证、索赔、改革、创新以及提高工作效率的积极性和厉行节约的自觉性；同时对作业班组实行核算制，明确工作范围和内容及连带责任，节省增加用工。

（3）建立企业内部市场机制。项目管理是市场经济条件管理模式，推行项目管理必然会引起企业传统管理机制的转变，而在企业内部改革的同时引入市场机制无疑对推行项目管理起到推动和保证作用，主要有以下几方面：

1）劳动力市场。作业工作统一由企业内部按项目经理部的劳动力计划提供，项目经理享有劳动用工自主权。项目经理部解体后，人员回到企业层面，实行内部待业，享受待业工资待遇，项目运行过程中可以按适当比例提取一定量的工资储备，实行专项使用，对待业人员实行补贴。同时，项目和待业人员有双向选择的权利。

2）材料市场。项目与企业材料部门的材料供应及租赁按合同关系执行，双方均有自由选择的余地。

3）设备租赁市场。项目使用企业设备支付台班费用，设备维护保养由企业设备部门负责，在可能的情况下，企业设备还可以对外出租以提高设备的使用率。

4）资金市场。项目在资金紧张或工程款不能及时到位的情况下，可按一定的程序向企业有偿使用资金，形成有序的资金市场。

只有企业内部市场机制健全和发展成熟，项目管理才能真正发挥其管理手段的先进性，从而真正为企业的改革、发展和壮大打下坚实的基础。可以说，成熟的企业内部市场机制的建立是企业发展的必由之路，同时也是企业苦练内功的基本功。

3. 项目经理部的管理机制

项目经理部的管理机制主要是指项目经理部内部运行及管理的制度。项目部实行项目经理负责制，建立分级分层的责任制体系是项目管理的基本制度。

（1）责任制度体系。项目部分别从质量、安全两方面，上自项目经理、下至操作工人都建立起相应的责任制度，并整理成书面格式，上墙公布。责任制规定每个人应该承担的责任，强调创造性地完成各项任务。责任制度根据职位划分，不同的职位、岗位，因其重要程度和责任轻重不同而责任各不相同。建立责任制的基本要求是：一个独立的职责，必须由一个人全权负责，应做到人人有责可负。

（2）规章制度。规章制度以各种活动、行为为主体，明确规定人们行为和活动不得逾越的规范和准则，任何人员要涉及或参与其事，都毫不例外地必须遵守。规章制度是项目经理部的法规，它强调约束精神，对认证都同样适用，决不因人的地位高低而异。项目部内部的规章制度是项目部的工作制度，用以调整项目经理部的管理层与作业层的关系及项目部内的日常事务，同时还包括项目部的对外关系协调。

4. 项目经理部的解体和善后工作

施工项目经理部是一次性具有弹性的施工现场生产组织机构。接近完工时，专业管理人员乃至主要管理人员均陆续撤走，但必须有足够的力量来处理项目部的解体和善后工作，因为这项工作也是项目管理的重要组成部分。

（1）送交工程验收前，项目部应留资料、预算等少数人员，办理移交工作，并积极准备结算工作。

（2）项目部解体后工程项目的主管部门为企业工程科，负责项目的结算、保修及评优申报工作。

（3）保修费用的提取：项目经理部解体与工程结算前，凡未满一年保修期的竣工工程，要由经营部门和工程部门根据竣工时间和质量等级确定保修费的比例。保修工作由工程科统一负责，一般抽调原项目部人员参与工作。

（4）项目经理部的审计评估：项目部解体后，剩余材料及小型固定资产必须清算上交企业，由专门班子写出审计清算报告，交上级批准，依据审计报告对项目经理及其他有关人员按照规定给予适当奖惩。项目部主要人员必须按照规定做到人走账清、物净，不留尾巴。

2.3　工程项目沟通管理

2.3.1　项目沟通管理的基本内涵

1. 项目沟通的概念

沟通是项目管理的一项重要工作，作为一种管理方法贯穿于整个项目和项目管理过程中。在项目实施过程中，项目经理是协调的中心和沟通的桥梁。

项目组织沟通是以一定的组织形式、手段和方法，对项目管理中产生的不畅关系进行疏通，对产生的干扰予以排除的过程。通过沟通，促使各方协同一致，齐心协力，以实现项目的预定目标。

项目组织沟通是提高项目组织运行效率的重要措施，是项目成功的关键因素之一。从组织系统角度看，项目组织的沟通可分为项目组织内部关系沟通和组织系统外部的沟通，组织系统外部的沟通，根据项目组织与外部联系的程度又可分为近外层沟通和远外层沟通。近外层沟通是指项目参与方（如业主、设计单位、承包商、供应商）之间的沟通，远外层沟通是指项目组织与相关方（如相邻单位、工商及公安部门）的沟通。

2. 项目沟通的对象

项目沟通的对象，应是与项目有关的内部、外部的有关组织和个人。内部组织指的是人员、职能部门成员和班组成员。项目外部组织和个人是指建设单位有关人员、设计单位有关人员、监理单位有关人员、供货单位有关人员、政府监督部门及有关人员等。

2.3.2　项目中几种重要的沟通

在项目中，项目经理和项目经理部是整个项目组织沟通的中心。

1. 项目经理与业主的沟通

业主代表项目的所有者，对项目具有特殊的权力。而项目经理为业主管理项目，必须服从业主的决策、指令和对工程项目的干预，项目经理的最重要的职责是保证业主满意。要取得项目的成功，必须获得业主的支持。

（1）项目经理首先要理解总目标、理解业主的意图、反复阅读合同或项目任务文件。对于未能参加项目决策过程的项目经理，必须了解项目构思的基础、起因、出发点，了解目标设计和决策背景。否则可能对目标及完成任务有不完整的，甚至是无效的理解，会给他的工作造成很大的困难。如果项目管理和实施状况与最高管理层或业主的预期要求不同，业主将会干预，要改正这种状态。所以项目经理必须花很大气力来研究业主，研究项目目标。

（2）让业主一起投入项目全过程，而不仅仅是给他一个结果。尽管有预定的目标，但项目实施必须执行业主的指令，使业主满意。而业主通常是其他专业或领域的人，可能对项目懂得很少，因此常常有项目管理者抱怨：业主什么都不懂，瞎指挥、乱干预。从另一个角度来看，这不完全是业主的责任，很大程度上是由于项目的管理者与业主的沟通不够形成的。

通过沟通使项目经理在做出决策安排时能考虑到业主的期望、习惯和价值观念，了解业主对项目关注的焦点，随时向业主通报情况。在业主作决策时，向他提供充分的信息，让他了解项目的全貌、项目的实施情况、方案的利弊得失及对目标的影响。

加强计划性和预见性，让业主了解承包商、了解非程序干预的后果。业主和项目管理者双方理解得越深，双方的期望越清楚，矛盾就越少。否则当业主成为项目的一个干扰因素的时候，项目管理必然会遭遇到失败的结局。

（3）业主在委托项目管理任务后，应将项目前期策划和决策过程向项目经理作全面的说明和解释，提供详细的资料。众多的国际项目管理经验证明，在项目过程中，项目管理者越早进入到项目中，项目实施得将越顺利。最好是让项目管理者参与目标设计和决策过程，在整个项目过程中保持项目经理的稳定性和连续性。

（4）项目经理有时会遇到业主所属组织的其他部门，或者合资者各方都想来指导项目实施的情况。对于这种状况，项目经理应该很好地听取这些人的意见和建议，对他们做出耐心的解释和说明，但不能让其直接指导实施和指挥项目组织成员。

2. 项目管理者与承包商的沟通

通常承包商指工程的承包商、设计单位、供应商。他们与项目管理者没有直接的合同关系，但他们必须接受项目管理者的领导、组织和协调、监督。

（1）在技术交底以及整个项目实施过程中，项目管理者应该让各承包商理解总目标、阶段目标以及各自的目标、项目的实施方案、各自的工作任务及职责等，并向他们解释清楚，增加项目的透明度。

（2）指导和培训各参加者和基层管理者适应项目工作，向他们解释项目管理程序、沟通渠道与方法；经常对项目目标、合同、计划等进行解释，在发布命令后做出具体说明，以利于消除对抗。

（3）项目管理者在观念上应该强调自己是提供服务、帮助，强调各方面利益的一致性和项目的总目标性，因而，即使业主将具体的工程项目管理事务委托给项目管理者，赋予项目管理者很大的权力，但是项目管理者不能对承包商随便动用处罚权，当然不得已时除外。

（4）在招标、签订合同、工程施工中应让承包商掌握信息，了解情况，以做出正确的决策。

（5）为了减少对抗、消除争执，取得更好的激励效果，项目管理者应该鼓励承包商将项目实施状况的信息、实施结果及实施过程中遇到的困难等向项目管理者汇总和集中，寻找和发现对计划、控制有误解或有对立情绪的承包商以及可能存在的干扰。各方面了解得越多，沟通的越多，项目中存在的争执就越少。

3. 项目经理部内部的沟通

项目经理部内部沟通管理的内容有：

（1）项目经理与技术专家的沟通是十分重要的，他们之间存在许多沟通障碍。技术专家常常对基层的具体施工了解较少，只注意技术方案的优化，而对社会和心理方面的影响则注意较少。项目经理应该积极引导，从全局的角度考虑，既发挥技术人员的作用，又能使方案在全局切实可行。

（2）建立完备的项目管理系统，明确划分各自的工作职责，设计比较完备的管理工作流程，明确规定项目中的正式沟通的方式、渠道和时间，使大家能够按程序、按规则办事。但同时，项目经理不能够对管理程序寄予太大的希望，认为只要建立科学的管理程序，要求成员按照程序办事就能够比较好地解决组织沟通的问题。首先，过细的管理程序使依赖于它的组织僵化；其次，由于项目具有一次性和特殊性，实际情况千变万化，对其很难进行定量的评价，要管理好项目，还是要依靠管理者的能力；再者，过于程序化不能灵活的应对外界条件的变化，使组织效率低下，组织的摩擦大，管理成本提高。

（3）由于项目的特点，项目经理应该从心理学、行为学等角度激励各个成员的积极性。虽然项目经理没有给项目成员提升、加薪的权力，但是通过有效的沟通，采取一系列的有效措施，同样可以使项目成员的积极性得到提高。

1）项目经理应采用民主的工作作风，不独断专行。在项目经理部内放权，让组织成员独立工作，充分发挥他们的积极性和创造性，使他们对自己的工作产生一种成就感。

2）项目经理通过自己的品格、热情和工作挑战精神来影响项目成员，改进工作关系，形成团队；鼓励大家参与和协作，一起研究目标，制订计划，倾听项目成员的意见、建议，允许置疑，建立一种互相信任、和谐的工作气氛。

3）公开、公正、公平。对上层的指令、决策应该清楚快速地传达到项目成员和相关职能部门；对项目实施过程中存在和遇到的问题，不掩饰不逃避，让大家了解到真实情况，增强团队的凝聚力；合理分配工作，并能够客观公正的接受反馈意见；该奖则奖，该罚则罚，公平地进行奖罚。

（4）对以项目作为经营对象的组织，应形成比较稳定的项目管理队伍。这样尽管项目是一次性的，但作为项目小组来讲，是相对稳定的。各个成员之间彼此了解，能够大大减少组织摩擦。

（5）由于项目经理部是临时性的组织，特别是在矩阵制的组织中，项目成员在原职能部门仍然保持其专业职位，同时又为项目服务，这就要求职能人员对双重身份都具有相当的忠诚性。

（6）在项目组织内部建立公平、公正的考评工作业绩的方法、标准，并定期客观的对成员进行业绩考评，去除不可控制、不可预期的因素。

4. 项目经理与职能部门的沟通

项目经理与组织职能部门经理之间的沟通是十分重要的，特别是在矩阵式组织中，职能部门必须对项目提供持续的资源和管理工作支持，使职能部门与项目之间建立高度的依存性。

（1）在项目经理与职能经理之间自然会产生矛盾，在组织设置中他们间的权力和利益平衡存在着许多内在的矛盾性。项目的每个决策和行动都必须跨过这个结合点来进行协调，而项目的许多目标与职能管理目标差别很大。项目经理本身能完成的事情极少，他必须依靠职能经理的合作和支持，所以在此点的协调沟通是项目成功的关键。

（2）项目经理必须发展与职能经理的良好的工作关系，这是项目经理的工作顺利进行的保证。项目经理和职能经理间会有不同的意见，会出现矛盾。职能经理常常不了解或不同情项目经理的紧迫感，职能部门会扩大自己的作用，以它自己的观点来管理项目，这有可能使项目经理陷入困境。当项目经理与职能部门经理沟通协调不及时，产生矛盾后，项目经理可能被迫到企业的高层处寻求解决，将矛盾上交，但这样常常更会激化两个经理之间的矛盾，使以后的沟通更加困难。

项目经理应该与向项目提供职能人员或职能服务，或供应资源的关键职能部门的经理，就项目的执行计划进行沟通，交换意见，以获得这些关键职能部门的经理的支持。

（3）项目经理和职能经理之间有一个清楚的快捷的信息沟通渠道，不能发出相互矛盾的命令。

（4）项目经理与职能经理的基本矛盾的根源大部分是经理间的权力和地位的斗争。职能经理变成项目经理的任务的接受者，他的作用和任务是由项目经理来规定和评价的，同时职能经理还对企业组织的职能业务和其正式上级负责。所以，职能经理感到项目经理对其"地位"和"权力"的威胁，感到他们固有的价值被忽视了，由项目经理来分派各种任务，不愿意对实施活动承担责任。

实际上，由于项目组织的特性，项目经理对于项目来说只是某一个项目的经理，是项目实施期存在的，需要职能经理在各个职能方面对其的支持，并不会威胁到一般职能经理的地位和权力。在沟通过程中，要注意这一点的沟通，以消除职能经理对项目经理不必要的对立和矛盾。

（5）项目组织会给原来的组织带来变化，必然要干扰已建立的管理规则和组织结构。人们倾向于对变革进行抵制。项目经理的设立，对职能经理增加了一个压力来源。

（6）职能管理是组织管理机构的一部分，通常被认为是"常任的"，常常可以与公司的高层直接进行沟通，因此有高层的强大的支持。

（7）重要的信息沟通工具是项目计划，项目经理制订项目的总体计划后应取得职能部门资源支持的承诺。这个职权说明应通报给各个职能部门，若是没有这样的说明，项目管理就很可能在资源分配、人力利用和进度方面与职能部门做持续的斗争。

2.3.3 项目沟通的方式

1. 正式沟通

正式沟通是通过正式的组织过程来实现或形成的，由项目的组织结构图、项目流程、项目管理流程、信息流程和确定的运行规则构成，并且采用正式的沟通渠道。

正式沟通方式和过程必须经过专门的设计，有专门的定义。有如下特点：

（1）有固定的沟通方式、方法和过程，它一般在合同中或在项目手册中被规定，作为大家的行为准则。

（2）大家一致认可，统一遵守，作为组织的规则，以保证行动一致。组织的各个子系统必须遵守同一个运作模式，必须是透明的。

（3）这种沟通结果常常有法律效力，不仅包括沟通的文件，而且包括沟通的过程，例如会议纪要若超过答复期不作反驳，则形成一个合同文件，具有法律约束力；对业主下达的指令，承包商必须执行，但业主要承担相应的责任。

正式沟通的方式有：

（1）项目手册。

（2）各种书面文件，包括各种计划、政策、过程、目标、任务、战略、组织结构图、组织责任图、报告、请示、指令、协议。

（3）协调会议。

（4）通过各种工作检查，特别是工程成果的检查验收进行沟通。

（5）其他沟通方法，如指挥系统、建议制度、申诉和请求程序、申诉制度、离职交谈。

2. 非正式沟通

非正式沟通是通过项目中的非正式组织关系形成的。项目参加者在项目中又处于复杂的人事关系网络中,人们建立起各种非正式组织关系来沟通信息、了解情况,影响着人们的行为。

(1) 通过一起聊天、喝茶等传播小道消息,了解信息、沟通感情。

(2) 在正式沟通前后和过程中,在重大问题处理和解决过程中进行非正式磋商,如聊天、喝茶、吃饭或小组会议。

(3) 现场观察,通过到现场进行非正式巡视,与各种人接触、聊天、旁听会议,直接了解情况,这通常能直接获得项目中的软信息。

(4) 通过大量的非正式的横向交叉沟通能加速信息的流动,促进理解、协调。

非正式沟通的作用如下:

(1) 管理者可以利用非正式沟通了解成员的真实思想、意图及观察方式,了解事情内情,传播小道消息,以获得软信息。

(2) 通过非正式沟通可以解决各种矛盾,协调各方面的关系。

(3) 可以拉近关系,产生激励作用。

(4) 非正式沟通获得的信息有参考价值,可以辅助决策,但在决策时应正确对待,特别谨慎。

(5) 承认非正式组织存在,有意识地利用非正式组织,可缩短不同组织层次之间的鸿沟,使大家亲近。

(6) 在做出重大决策前后采用非正式沟通方式,集思广益,能及早地发现问题,将管理工作做得更完美。

(7) 不少小道消息的传播会使人心惶惶,特别当出现项目危机,或项目要结束的时候。这样会加剧人心的不稳定、困难和危机。

【综合案例】

某施工企业项目经理部的设置

1. 建设工程项目管理应在施工现场设立项目管理机构,其名称统称为项目经理部。

2. 项目经理部由项目经理、项目副经理以及有关的管理人员组成,其中技术、管理人员总数,根据工程规模大小、特点和所处地区情况而定,一般为现场总人数的3%左右。组织机构(建筑面积2万 m^2 以上工程)如下:

(1) 项目经理1人。

(2) 副经理3人:技术经理、商务经理、执法经理。①技术经理:主管工程部、技术部;②商务经理:主管商务部;③执法经理:主管执法部。

(3) 工作班子:设工程部、技术部、商务部、执法部等四个部。①工程部下设土建施工、水电安装、机械管理、CI形象;②技术部下设技术、资料、测量、试验、QC技术攻关;③商务部下设合同、预算、财务、劳动人事、物资供应、成本管理;④执法部下设安全、卫生、文明施工、消防保卫、质量检查及各项达标检查。

(4) 设16个职能,如图2-10所示。

3. 项目经理部的各类管理人员的选聘,先由人事部或项目经理推荐,或由本人自荐,

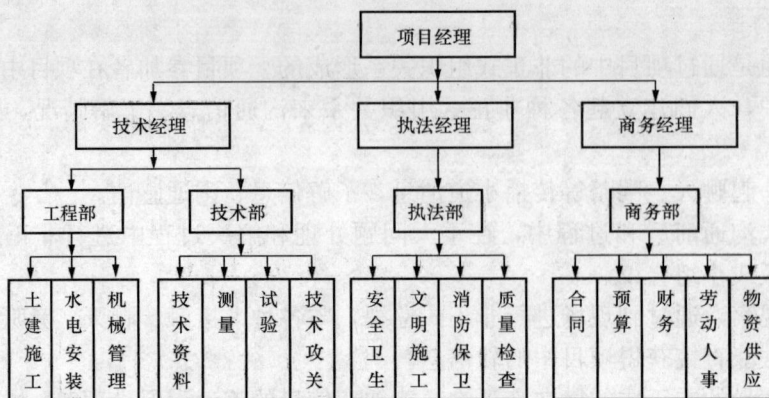

图 2-10　项目经理部组织机构图

经与企业法定代表人协商同意后按组织程序聘任；对于企业紧缺的少数专业技术管理人员，也可向社会招聘。中型以上项目应配备专职技术、财务、合同预算、材料等业务人员。项目经理部政工人员的配备，按有关文件规定执行。

4. 项目经理部的各类业务管理人员除直接接受项目经理的领导，按岗位经济责任制实施项目管理外，还应按岗位工作标准的要求，接受主管职能部门的业务指导与监督。

5. 项目劳务层的确定（必须资质证明齐全，包括特殊工种上岗证及用工三证齐全）

（1）项目后勤服务人员，由商务经理与劳资（人事）部门沟通，由项目经理确定，一般在企业自有职工中选择调用。

（2）现场劳务层，商务经理与劳资（人事）部门协商，由项目经理确定。一般采取以下三种形式确定：

1）以本企业自有职工队伍（或劳务公司派出的专业承包队）为劳务层；

2）以成建制、有资质等级的外部施工队伍为主体的劳务层；

3）自有职工队伍为骨干，外部劳务队伍作补充的混合型劳务层。

6. 项目竣工后，有关职能部门会同项目经理部及时办理工程决算，在两个月内办理好工程决算并审计完毕，兑现项目承包合同。

7. 项目经理及班子成员全面完成承包合同，按合同规定的条款予以奖励，对做出突出贡献的项目班子或个人，给予重奖。

8. 项目经理部所有员工实行工作日报制，每天下午 5 时将工作日报表交主管领导，日报表要求内容真实，工作项目准确，填写工整。

9. 工程竣工后，项目经理部自行解体，人员返回原职能部门（或人才资源公司）。

思 考 与 练 习

一、单选题

1. 某建设工程项目的规模不大，参与单位不多，为提高管理效率，避免出现矛盾指令，宜采用（　　）模式。

A. 线性组织结构   B. 混合组织结构

C. 矩阵组织结构   D. 职能组织结构

2. 线性组织结构的特点是（   ）。

A. 每一个工作部门只有一个直接的下级部门

B. 每一个工作部门只有一个直接的上级部门

C. 谁的级别高，就听谁的指令

D. 可以越级指挥或请示

3. 业主将工程项目的设计、施工以及设备和材料采购的任务分别发包给多个设计单位、施工单位和设备材料供应厂商，并分别与各承包商签订合同的模式是指（   ）。

A. 平行承包模式   B. 联合体承包模式

C. 项目总承包   D. 总分包模式

4. 平行承包模式的缺点之一是（   ）。

A. 不利于质量控制   B. 不利于业主选择承建单位

C. 不利于投资控制   D. 不利于进度控制

5. 在项目管理的组织形式中，矩阵式组织形式适用于（   ）。

A. 大型复杂的项目   B. 小型的项目

C. 中型的项目   D. 专业性强的项目

二、多选题

1. 下列关于项目管理组织模式的说法中，正确的有（   ）。

A. 职能组织结构中每一个工作部门只有一个指令源

B. 矩阵组织系统中有两个指令源

C. 大型线性组织系统中的指令路径太长

D. 线性组织结构中可以跨越管理层级下达指令

E. 矩阵组织适用于大型组织系统

2. 下列关于线性组织结构模式的描述，正确的有（   ）。

A. 指令路径较短   B. 指令源是唯一的

C. 不允许跨部门下达指令   D. 只适用于大型工程项目

E. 允许越级指挥

3. 关于矩阵组织结构模式的特点及其应用的表述，不正确的是（   ）。

A. 矩阵组织结构是一种较新型的组织结构模式

B. 矩阵组织结构适宜用于大的组织系统

C. 每一个工作部门只有唯一的指令源

D. 每一个工作部门有多个指令源

E. 我国多数的企业、学校、事业单位均采用这种组织结构模式

4. 平行承包模式具有下列优点：（   ）。

A. 利于合同管理   B. 利于缩短工期

C. 利于质量控制   D. 利于投资控制

E. 利于业主选择承建单位

5. 直线职能制是吸收了（   ）组织机构的优点而形成的一种组织结构形式。

A. 矩阵制　　　　　　　　　B. 事业部制

C. 直线制　　　　　　　　　D. 职能制

E. 指挥部

三、简答题

1. 工程项目组织的基本结构是什么？

2. 工程项目组织有哪些特点？

3. 工程项目组织机构设置时应遵循哪些原则？

4. 工程项目承发包模式有哪几种？它们各自的优点和缺点是什么？

5. 一般的工程项目组织结构形式有哪几种？它们各自的优点和缺点是什么？

6. 请绘出矩阵制组织形式的框图，并简述之。

7. 简述施工项目经理部的运作机制。

8. 什么是项目经理责任制？

参 考 答 案

一、单选题

1. A；2. B；3. A；4. C；5. A

二、多选题

1. BCE；2. BC；3. AB；4. BCE；5. CD

三、简答题（略）

第3章　工程项目施工成本管理

【教学提示】

工程项目施工成本管理应从投标报价开始，直至竣工结算完成为止，贯穿于项目实施的全过程。成本管理是项目管理的一个关键性目标，体现了企业的经济效益和市场竞争力。本节内容包括工程项目施工成本管理概述、施工成本计划、施工成本控制、施工成本核算、施工成本分析、施工成本考核等。

【教学要求】

通过本章的学习，要求掌握施工成本构成，施工成本管理内容和流程，施工成本计划编制方法，赢得值法，成本核算办法和成本分析方法。熟悉施工成本管理重要性、成本分析和考核等内容。要求会编制成本计划，会用赢得值法进行成本控制，会用基本方法进行成本分析。

3.1　工程项目施工成本管理概述

3.1.1　施工成本管理概述

3.1.1.1　施工成本概述

1. 施工成本概念

施工成本是指在工程项目的施工过程中所发生的全部生产费用的总和，包括消耗的原材料、辅助材料、构配件等费用，周转材料的摊销费或租赁费，施工机械的使用费或租赁费，支付给生产工人的工资、奖金、工资性质的津贴等，以及进行施工组织与管理所发生的全部费用支出。

2. 施工成本构成

施工成本由直接成本和间接成本组成，如图 3-1 所示。

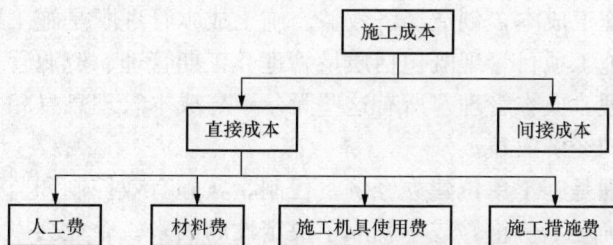

图 3-1　按施工成本组成分解

（1）直接成本。直接成本是指施工过程中耗费的构成工程实体或有助于工程实体形成的各项费用支出，是可以直接计入工程对象的费用，包括人工费、材料费、施工机具使用费和施工措施费等。

1) 人工费。人工费是指直接从事建筑安装工程施工的生产工人开支的各项费用,包括工资、奖金、工资性质的津贴、生产工人辅助工资、职工福利费、生产工人劳动保护费等。

2) 材料费。材料费包括施工过程中耗用的构成工程实体的原材料、辅助材料、构配件、零件、半成品使用和周转材料的摊销及租赁费用。

3) 机械使用费。机械使用费包括施工过程中使用自有施工机械所发生的机械使用费和租用外单位施工机械的租赁费,以及施工机械安装、拆卸和进出场费。

4) 其他直接费。其他直接费是指直接费以外的在施工过程中发生的具有直接费用性质的其他费用。它包括施工过程中发生的材料二次搬运费、临时设施摊销费、生产工具使用费、检验试验费、工程定位复测费、工程点交费、场地清理费等。

(2) 间接成本。间接成本是为施工准备组织和管理施工生产的全部费用的支出,是非直接用于也无法直接计入工程对象,但为进行工程施工所必须发生的费用。包括临时设施摊销费用,施工管理人员的工资、奖金、职工福利费、劳动保护费,固定资产折旧费及修理费,物料消耗费,低值易耗品摊销费,取暖费,水电费,办公费,差旅费,财产保险费,工程保修费,排污费等。

3.1.1.2　施工成本管理概念及重要性

施工成本管理就是要在保证工期和质量满足要求的情况下,采取相应管理措施,包括组织措施、经济措施、技术措施、合同措施把成本控制在计划范围内,并进一步寻求最大程度的成本节约。

企业追求的目标,是所完成的工程项目不仅质量好、工期短、建设单位满意,同时投入少、产出大、企业获利丰厚。所以,施工成本管理是施工项目管理的核心,是衡量施工单位管理水平高低的综合性指标。具体作用表现在以下三方面:

(1) 加强施工成本管理,提高施工单位市场竞争力。

施工图预算=工程实际成本+期间费用+利润,成本在工程项目价格中占了很大比重,一般会占到60%~70%。价格是衡量施工单位竞争力的一个标尺。一般来说,在建筑市场上投标价越低越容易中标。加强工程项目施工成本管理,提高劳动生产率、降低材料物资消耗、提高机械设备利用率,使成本低于同行业平均成本水平,取得最大的成本差价,扩大利润空间,在市场竞争中取得优势。

(2) 提高施工成本管理水平,为企业创造经济效益。

施工项目经理部是企业最基本的管理组织,其全部行为的本质就是运用项目管理原理和各种科学方法来降低施工成本,创造经济效益。施工成本管理既是施工项目管理的起点,也是项目管理的终点。施工项目管理既包括质量管理、工期管理、资源管理、安全管理,又包括合同管理、分包管理、成本管理。所有这些无一不与成本管理息息相关。成本管理水平的高低直接影响着企业的经济效益。

(3) 项目成本管理是施工单位建立经济责任制、实施有效控制和监督的手段。

项目一旦中标,确定了价格,成本就成了决定性的因素。企业会以承包责任制的方式把降低成本这个任务下放到项目经理部。企业通过建立以成本管理为核心的经济责任制,对施工项目的实际运行进行控制和监督,保证其正常运转。施工单位对工程项目的绩效评价,首先是对成本管理绩效的评价。以施工成本管理为重心的工程项目管理绩效评价,是施工单位内部干部人事制度、工资分配制度、专业技术职称评聘制度、人才培训制度等一系列制度的环境条件。

3.1.2　施工成本管理内容

1. 施工成本预测

施工成本预测就是根据成本信息和工程项目的具体情况，运用一定的方法，对未来的成本水平及其可能发展趋势做出科学估计，通常是对工程项目计划工期内影响其成本变化的各个因素进行分析，比照近期已完工程项目或将完工程项目的成本（单位成本），预测这些因素对施工成本的影响程度，预测出工程的单位成本或总成本。通过成本预测，可以在满足项目建设单位和本企业要求的前提下，选择成本低、效益好的最佳成本方案。

2. 施工成本计划

施工成本计划是以货币形式编制施工项目在计划期内的生产费用、成本水平、成本降低率以及为降低成本所采取的主要措施和规划的书面方案，它是建立施工成本管理责任制、开展成本控制和核算的基础，是降低成本的指导文件，是设立目标成本的依据。可以说，施工成本计划是目标成本的一种形式。

3. 施工成本控制

施工成本控制是指在施工过程中，对影响施工成本的各种因素加强管理，并采取各种有效措施，将施工中实际发生的各种消耗和支出严格控制在成本计划范围内，随时揭示并及时反馈，严格审查各项费用是否符合标准，计算实际成本和计划成本之间的差异并进行分析，进而采取多种措施，消除施工中的损失浪费现象。

工程项目施工成本控制应贯穿于项目从投标阶段开始直至保修金返还为止的全过程，它是企业全面成本管理的重要环节。施工成本控制可分为事先控制、事中控制和事后控制。在项目的施工过程中，需按动态控制原理对实际施工成本的发生过程进行有效控制。

4. 施工成本核算

施工成本核算包括两个基本环节：一是按照规定的成本开支范围对施工费用进行归集和分配，计算出施工费用的实际发生额；二是根据成本核算对象，采用适当方法，计算出该施工项目的总成本和单位成本。施工成本管理需要正确及时地核算施工过程中发生的各项费用，计算施工项目的实际成本。施工成本核算所提供的各种成本信息，是成本预测、计划、控制、分析和考核等各个环节的依据。

5. 施工成本分析

施工成本分析是在施工成本核算的基础上，对成本的形成过程和影响成本升降的因素进行分析，以寻求进一步降低成本的途径，包括有利偏差的挖掘和不利偏差的纠正。施工成本分析贯穿于施工成本管理的全过程，其是在成本的形成过程中，主要利用工程项目成本核算资料（成本信息），与计划成本（目标成本）、预算成本以及类似工程项目的实际成本等进行比较，了解成本变动情况，同时也要分析主要技术经济指标对成本的影响，系统地研究成本变动的因素，检查成本计划的合理性，并通过成本分析，深入揭示成本变动的规律，寻找降低施工成本的途径，以便有效地进行成本控制。

6. 施工成本考核

施工成本考核是指在工程项目完成后，对施工成本形成中的各责任者，按施工成本目标责任制的有关规定，将成本的实际指标与计划、定额、预算进行对比和考核，评定施工成本计划的完成情况和各责任者的业绩，并以此给予相应的奖励和处罚。通过成本考核，做到有奖有惩，赏罚分明，才能有效地调动每一位员工在各自施工岗位上努力完成目标成本的积极性，为降低施工成本和增加企业积累，做出自己的贡献。

施工成本管理的每一个环节都是相互联系和相互作用的。成本预测是成本决策的前提，成本计划是成本决策所确定目标的具体化。成本控制则是对成本计划的实施进行控制和监督，保证决策成本目标的实现，而成本核算又是对成本计划是否实现的最后检验，它所提供的成本信息又对下一个施工成本预测和决策提供基础资料。成本考核是实现成本目标责任制的保证和实现决策目标的重要手段。

3.2　施工成本计划

3.2.1　施工成本计划类型

对于一个工程项目而言，其成本计划是一个不断深化的过程。在不同阶段形成深度和作用不同的成本计划，按其作用可分为三类。

（1）竞争性成本计划，即工程项目投标及签订合同阶段的估算成本计划。这类成本计划以招标文件中的合同条件、投标者须知、技术规程、设计图纸或工程量清单等为依据，以有关价格条件说明为基础，结合调研和现场考察获得的情况，根据本企业的工料消耗标准、水平、价格资料和费用指标，对本企业完成招标工程所需要支出的全部费用的估算。在投标报价过程中，虽也着力考虑降低成本的途径和措施，但总体上较为粗略。

（2）指导性成本计划，即选派项目经理阶段的预算成本计划，是项目经理的责任成本目标。它以合同标书为依据，按照企业的预算定额标准制订的预算成本计划，且一般情况下只是确定责任总成本指标。

（3）实施性成本计划，即项目施工准备阶段的施工预算成本计划，它以项目实施方案为依据，落实项目经理责任目标为出发点，采用企业的施工定额通过施工预算的编制而形成的实施性施工成本计划。

以上三类成本计划互相衔接和不断深化，构成了整个工程施工成本的计划过程。其中，竞争性成本计划带有成本战略的性质，是项目投标阶段商务标书的基础，而有竞争力的商务标书又是以其先进合理的技术标书为支撑的。因此，它奠定了施工成本的基本框架和水平。指导性成本计划和实施性成本计划，都是战略性成本计划的进一步展开和深化，是对战略性成本计划的战术安排。

3.2.2　施工成本计划的程序

施工成本计划工作，不应仅仅把它看作是几张计划表的编制，更重要的是工程项目成本管理的决策过程，即选定技术上可行、经济上合理的最优降低成本方案。同时，通过成本计划把目标成本层层分解，落实到施工过程的每个环节，以调动全体职工的积极性，有效地进行成本控制。编制成本计划的程序，因项目的规模大小、管理要求不同而不同。大中型项目一般采用分级编制方式，即先由各部门提出部门成本计划，再由项目经理部汇总编制全项目的成本计划；小型项目一般采用集中编制方式，即由项目经理部先编制各部门成本计划，再汇总编制全项目的成本计划。无论采用哪种方式，其编制的基本程序如下：

1. 搜集和整理资料
2. 估算计划成本，即确定目标成本

工程项目目标成本是在相关成本资料分析、预测，以及劳动力、材料、机械设备等资源优化的基础上，项目经理部经过努力可以实现和必须实现的成本。它是施工单位要求项目经济实施成本管理和控制工作的目标，故应在工程开工前编制完成。其具体编制与确定步骤如下：

（1）施工单位下达项目目标成本。项目施工承包合同签订以后，施工企业根据合同造价、施工图和招标文件中的工程量清单以及成本预测结果等，确定正常情况下的企业管理费、财务费用和制造成本（工程项目直接成本）。然后，将其中的制造成本确定为项目经理可控成本，下达并形成项目经理的责任目标成本。

（2）项目经理估算降低成本的目标值。项目经理根据承包合同、企业下达的项目目标成本以及成本预测结果，通过主持编制项目管理实施规划、施工预算，寻求降低成本的各种途径，初步估算出项目降低成本的目标值。编制降低成本目标值的具体方法可以采用施工预算法、定额估算法、成本习性法、按实计算法等。其中，在编制施工预算时，项目经理部应当以施工方案和技术组织措施为依据，按照本企业的管理水平、消耗定额、作业效率等进行工料分析；应当反映市场价格及其变化趋势。如果某些环节或分部分项工程的施工条件尚不明确，可按照类似工程施工经验或招标文件所提供的计量依据，计算其暂估费用。

（3）确认项目目标成本。项目经理部根据最经济合理的施工方案和企业的施工定额，将项目合同价减去税金、目标利润和成本降低目标值后，即可得出项目的目标成本。如果这个目标成本不高于企业下达的目标成本，便可确认为该项目的计划成本，否则，应重新编制。

$$计划成本（目标成本）＝合同价－税金－成本降低额$$

（4）计算项目的计划成本降低额和计划成本降低率。计算公式如下：

$$计划成本降低额＝预算成本－计划成本$$

$$计划成本降低率＝计划成本降低额/预算成本×100\%$$

3. 编制成本计划草案

对大中型项目，经项目经理部批准下达成本计划指标后，各职能部门应充分发动群众进行认真的讨论，在总结上期成本计划完成情况的基础上，结合本期计划指标，找出完成本期计划有利和不利因素，提出挖掘潜力、克服不利因素的具体措施，以保证计划任务的完成。为了使指标真正落实，各部门应尽可能将指标分解落实下达到各班组及个人。

4. 综合平衡，编制正式成本计划

上述施工成本计划的编制程序如图 3-2 所示。

3.2.3　施工成本计划的编制方法

1. 按施工成本组成编制施工成本计划

施工成本可以按成本组成分解为直接成本和间接成本，直接成本又可进一步分解为人工费、材料费、机械使用费和其他直接费，如图 3-1 所示。

2. 按项目组成编制施工成本计划

大中型工程项目通常是由若干单项工程构成的，而每个单项工程包括了多个单位工程，每个单位工程又是由若干个分部分项工程所构成。因此，首先要把工程项目施工成本分解到单项工程和单位工程中，再进一步分解到分部工程和分项工程中，如图 3-3 所示。

在完成施工成本目标分解之后，接下来就要具体地分配成本，编制分项工程的成本支出计划，从而得到详细的成本计划表，见表 3-1。

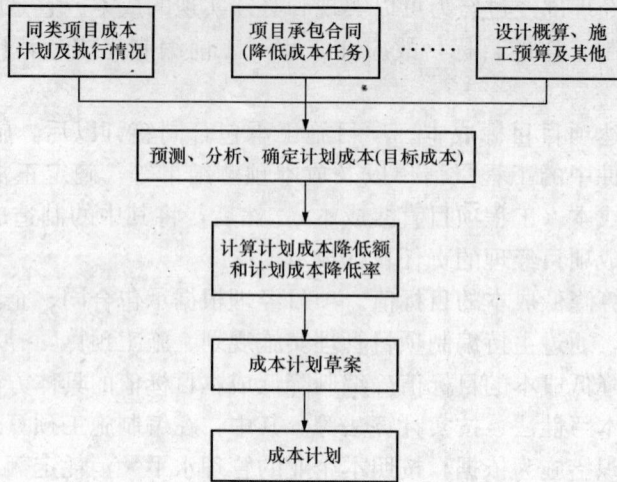

图 3-2　成本计划编制程序框图

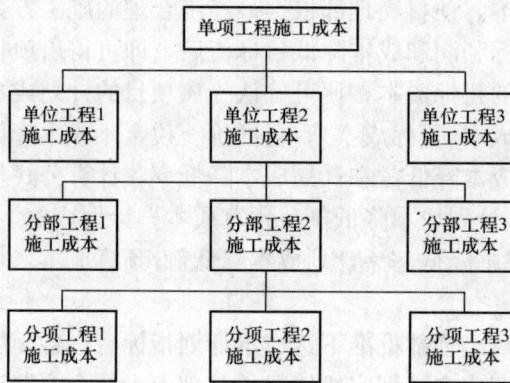

图 3-3　按项目组成分解

表 3-1　　　　　　　　　　　　　　　　分项工程成本计划表

分项工程编码	工程内容	计量单位	工程数量	计划综合单价	本分项总计
1	2	3	4	5	6

3. 按工程进度编制施工成本计划

按工程进度编制的施工成本计划表示方式有两种：一种是在时标网络图上按月编制的成本计划，如图 3-4 所示；另一种是利用时间—成本累积曲线（S 形曲线）表示，如图 3-5 所示。

时间—成本累积曲线的绘制步骤如下。

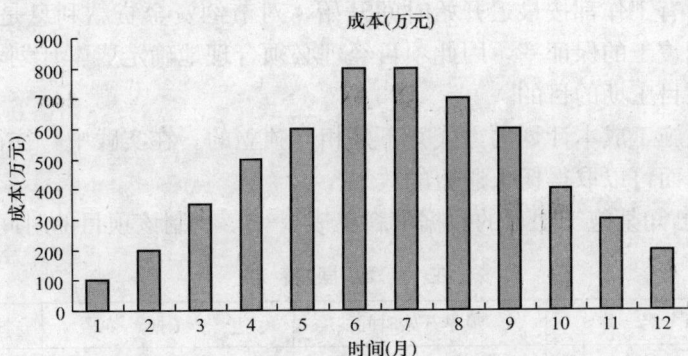

图 3-4　时标网络图上按月编制的成本计划

（1）确定工程项目进度计划，编制进度计划的横道图。

（2）根据每单位时间内完成的实物工程量或投入的人力、物力和财力，计算单位时间（月或旬）成本，在时标网络图上按时间编制成本支出计划，如图 3-4 所示。

（3）计算规定时间 t 计划累计支出的成本额，其计算方法为：各单位时间计划完成的成本额累加求和。可按式（3-1）计算

$$Q_t = \sum_{n=1}^{t} q_n \qquad\qquad (3-1)$$

式中　Q_t——某时间 t 内计划累计支出成本额；

　　　q_n——单位时间 n 的计划支出成本额；

　　　t——某规定计划时刻。

（4）按各规定时间的 Q_t 值，绘制 S 形曲线，如图 3-5 所示。

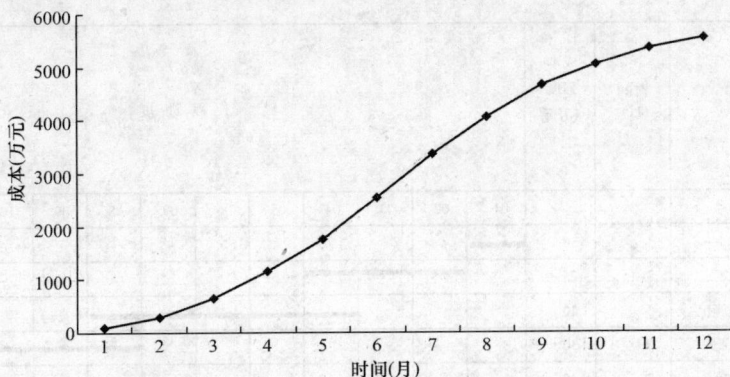

图 3-5　时间—成本累积曲线（S 形曲线）

每一条 S 形曲线都对应某一特定的工程进度计划。因为在进度计划的非关键线路中存在许多有时差的工序或工作，因而 S 形曲线（成本计划值曲线）必然包络在由全部工作都按最早开始时间和全部工作都按最迟开始时间所组成的"香蕉图"内。项目经理可根据编制的成本支出计划来合理安排资金，同时项目经理也可以根据筹措的资金来调整 S 形曲线，即通过调整非关键线路上的工序的最早或最迟开工时间，力争将实际的成本支出控制在计划范围内。

一般而言，所有工作都按最迟开始时间开始，对节约资金贷款利息是有利的；但同时，也降低了项目按期竣工的保证率，因此项目经理必须合理地确定成本计划，达到既节约成本支出，又能控制项目工期的目的。

以上三种编制施工成本计划的方式并不是相互独立的。在实践中，往往是将这几种方式结合起来使用，从而可以取得扬长避短的效果。

【例 3 - 1】 已知某施工项目的数据资料见表 3 - 2，绘制该项目的时间—成本累积曲线。

表 3 - 2 工 程 数 据 资 料

编码	项 目 名 称	最早开始时间	工期	成本强度（万元/月）
11	场地平整	1	1	30
12	基础施工	2	3	25
13	主体工程施工	4	5	40
14	砌筑工程施工	8	3	30
15	屋面工程施工	10	2	40
16	楼地面施工	11	2	30
17	室内设施安装	11	1	40
18	室内装饰	12	1	30
19	室外装饰	12	1	20
20	其他工程		1	20

解

（1）确定施工项目进度计划，编制进度计划的横道图，如图 3 - 6 所示。

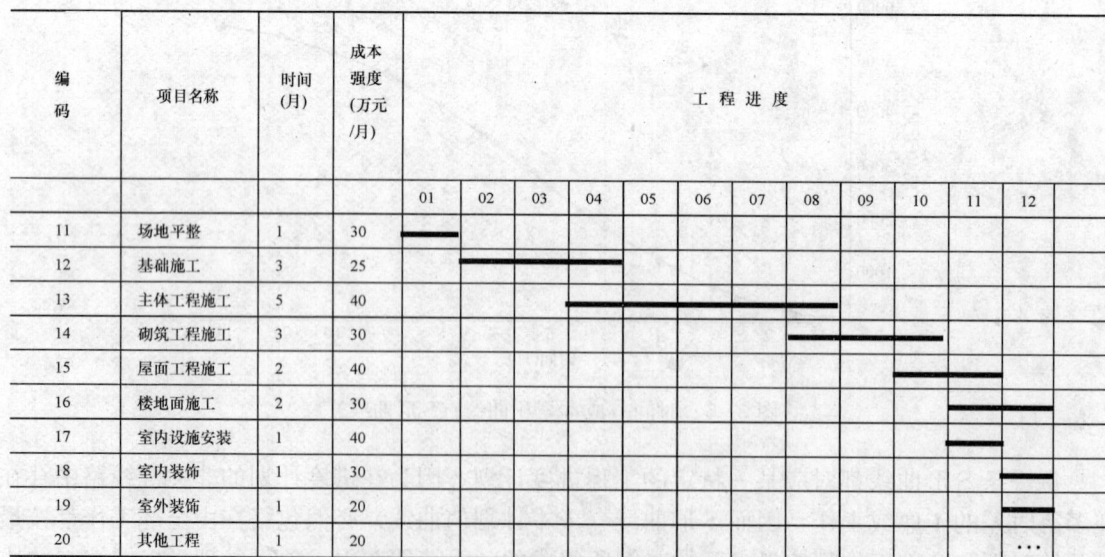

编码	项目名称	时间（月）	成本强度（万元/月）	工 程 进 度											
				01	02	03	04	05	06	07	08	09	10	11	12
11	场地平整	1	30	—											
12	基础施工	3	25		—	—	—								
13	主体工程施工	5	40				—	—	—	—	—				
14	砌筑工程施工	3	30								—	—	—		
15	屋面工程施工	2	40										—	—	
16	楼地面施工	2	30											—	—
17	室内设施安装	1	40											—	
18	室内装饰	1	30												—
19	室外装饰	1	20												—
20	其他工程	1	20												...

图 3 - 6 进度计划横道图

（2）在横道图上按时间编制成本计划，如图 3 - 7 所示。

图 3-7 横道图上按月编制的成本计划

（3）计算规定时间 t 内计划累计支出的成本额。

根据式 $Q_t = \sum_{n=1}^{t} q_n$，可得如下结果：

$Q_1 = 30$，$Q_2 = 55$，$Q_3 = 80$，$Q_4 = 145$，$Q_5 = 185$，…，$Q_{12} = 545$，$Q_{12} = 625$

（4）绘制 S 形曲线，如图 3-8 所示。

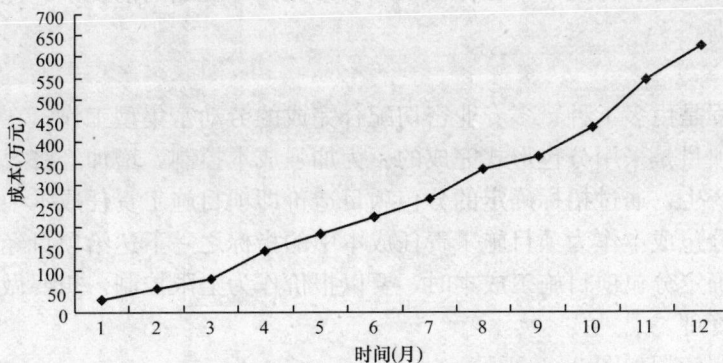

图 3-8 时间—成本累积曲线（S 形曲线）

3.3 施 工 成 本 控 制

3.3.1 施工成本控制依据

1. 工程承包合同

工程承包合同明确规定了合同双方的权利义务和合同价，合同价是成本控制的依据，超出意味着亏损，因此成本控制要以工程承包合同为依据，围绕降低工程成本这个目标，从预算成本和实际成本两方面，努力挖掘增收节支潜力，以求获得最大的经济效益。

2. 施工成本计划

施工成本计划是根据施工项目具体情况制订的施工成本控制方案，既包括预定的具体成本控制目标，又包括实现控制目标的措施和规划，是施工成本控制的指导文件。

3. 进度报告

进度报告有助于管理者及时发现工程实施中存在的问题，在事态还未造成重大损失之前采取有效措施，尽量避免损失。进度报告提供了每一时刻工程实际完成量、工程施工成本和实际支付情况等重要信息，施工成本控制正是通过实际情况与施工成本计划相比较，找出两者之间的差别，分析偏差产生的原因，从而采取措施改进以后的工作。

4. 工程变更与索赔资料

在项目的实施过程中，由于各方面的原因，工程变更是很难避免的。如更改工程有关部分的标高、基线、位置和尺寸；增减合同中约定的工程量；增减合同中约定的工程内容；改变工程质量、性质或工程类型；改变有关工程的施工顺序和时间安排等。一旦出现变更，工程量、工期、成本都必将发生变化，从而使得施工成本控制工作变得更加复杂和困难。因此，施工成本管理人员就应当通过对变更当中各类数据的计算、分析，随时掌握变更情况，包括已发生工程量、将要发生工程量、工期是否拖延、支付情况等重要信息，判断变更以及变更可能带来的索赔额度等。

5. 施工组织设计

施工组织设计与成本控制有着密切的关系，施工组织设计的内容有工程概况、施工条件分析、施工方案、施工进度计划和施工平面图等，其中施工方案的确定，如施工机械选择、施工工艺等直接影响着项目成本，在保证工程质量和满足工期的前提下，优化施工方案是成本控制的重要依据。

6. 分包合同

由于建筑工程是由多工种、多专业密切配合完成的劳动密集型工作，在施工过程中，有部分专业工程或项目是采用分包形式完成的。为加强成本控制，增加经济效益，分包项目一般通过招标方式产生，通过招标确定的分包项目造价即项目施工责任成本中分包项目的分包成本。原则上，分包成本作为项目施工责任成本中的指标之一下达给项目经理部，不再进行变动。因此，在确定分包项目施工成本时，要以报价作为上限控制，想要做好成本控制，必须加强分包合同管理。

施工成本控制依据如图 3-9 所示。

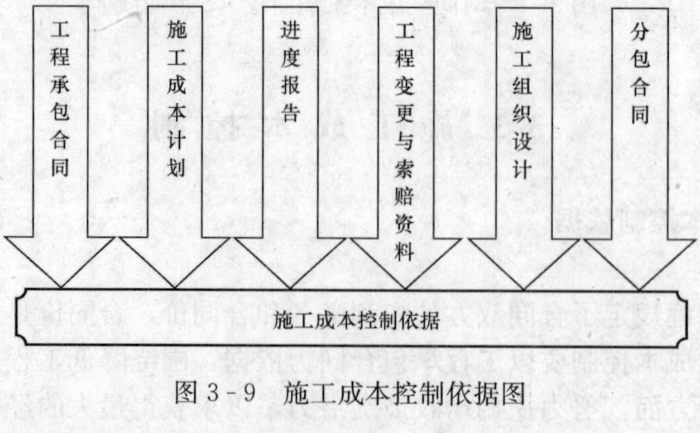

图 3-9 施工成本控制依据图

3.3.2 施工成本控制程序

施工成本控制由于过程管理工作的对象不同，所采取的控制方法和手段也有所不同，但作为控制系统所运用的控制技术，本质上都是一样的。控制的基本程序包括以下几个步骤：

确定计划成本、目标分解、工程实施、收集实际成本数据、实际值与目标值比较、分析、采取纠偏措施。成本控制程序如图 3 - 10 所示。

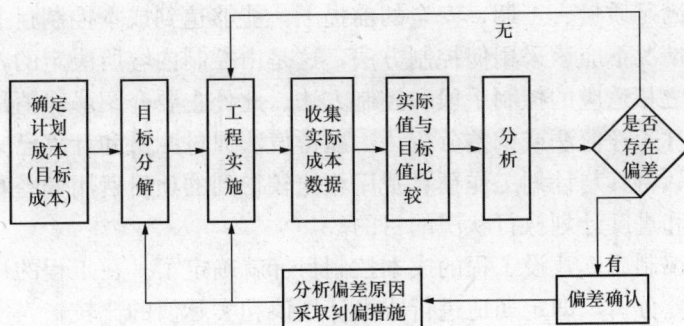

图 3 - 10　施工成本控制程序图

1. 确定计划成本

在施工项目开工前，公司或委托人要与项目经理部经理签订《项目管理目标责任书》。目标成本在项目管理目标责任书中明确落实，然后以文件的形式下达项目经理部实施。

2. 目标分解

目标成本确定以后，以此为上限，由项目经理部分配到各职能部门、班组，签订成本承包合同，然后由各职能部门或班组提出保证成本计划完成的具体措施，确保承包成本目标的实现。

3. 工程实施

成本目标确定后，项目开始实施。

4. 收集实际成本数据

在实施过程中，由于外部环境和内部系统各种因素变化的影响，实际成本可能偏离了目标成本。为了最终实现目标成本，控制人员要收集项目实际情况和其他相关项目的信息，将各种成本数据和其他相关项目信息进行整理、分类和综合，提出项目状态报告。

5. 实际值与目标值比较

按照某种确定的方式将施工成本计划值与实际值逐项进行比较，以发现施工成本是否超支。

6. 分析偏差

对比较的结果进行分析，以确定偏差的严重性及偏差产生的原因。这一步是施工成本控制的核心，其主要目的在于找出产生偏差的原因，从而采取有针对性措施，减少或避免相同原因的再次发生或减少由此造成的损失。

7. 采取纠偏措施

当施工项目的实际施工成本出现了偏差，应当根据工程的具体情况、偏差分析的结果，采取适当的措施，以期达到使施工成本偏差尽可能小的目的。纠偏是施工成本控制中最具实质性的一步，只有通过纠偏，才能最终达到有效控制施工成本的目的。

3.3.3　施工成本控制方法

成本控制的方法是施工项目进行成本控制的手段，是能否顺利进行成本控制的关键。随着市场经济的发展和科学技术的进步，成本控制的方法也在不断改进和发展，形成了一个比较完善的科学方法体系。

成本控制的方法很多，如控制图法、赢得值法、质量成本控制、价值工程、索赔控制等。应该说只要在满足质量、工期、安全的前提下，能够达到成本控制目的的方法都是好方法。但是，在什么情况下应该采用何控制方法，这是由控制内容所决定的，因此，要根据不同的情况，选择与之相适应的控制手段和控制方法。此处主要介绍赢得值法。

赢得值法，又称为挣值法或偏差分析法。赢得值法通过测量和计算已完工作预算费用与已完工作实际费用，将其与计划工作预算费用相比较得到的项目费用偏差和进度偏差，从而达到判断项目费用和进度计划执行状况的目的。

资金使用计划编制后，建设工程的成本控制目标就确定了。在工程的进展中，应当以此为依据进行费用偏差分析，即定期地进行成本计划值和实际值的比较，当实际值偏离计划值时，分析产生偏差的原因，采取适当的纠偏措施进行控制；同时，可根据已完工程的实际费用，对工程项目进行重新认识，预测建设工程费用的支出趋势，提出改进和预防措施对成本进行控制，如图 3-11 所示。

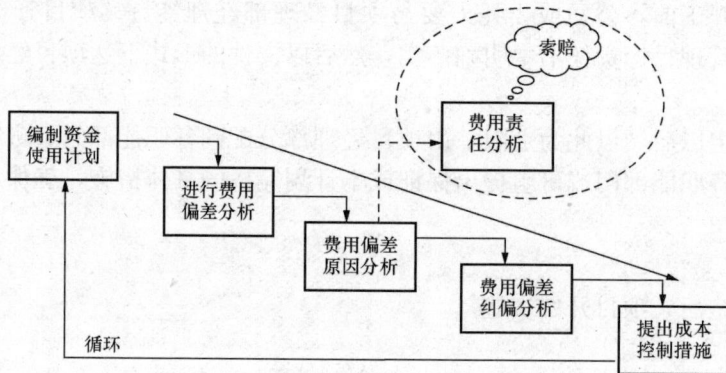

图 3-11　费用偏差分析流程图

3.3.3.1　赢得值法分析流程

赢得值法（Earned Value Management，EVM）作为一项先进的项目管理技术，最初是美国国防部于 1967 年首次确立的。主要涉及三个参数、四个指标。

1. 赢得值法的三个基本参数

（1）已完工作预算费用。已完工作预算费用（Budgeted Cost for Work Performed，BCWP），是指在某一时间已经完成的工作（或部分工作），以批准认可的预算为标准所需要的资金总额，由于建设单位正是根据这个值为施工单位完成的工作量支付相应的费用，也就是施工单位获得（挣得）的金额，故称赢得值或挣值。

$$已完工作预算费用(BCWP)=已完成工作量×预算(计划)单价 \qquad (3-2)$$

（2）计划工作预算费用。计划工作预算费用（Budgeted Cost for Work Scheduled，BCWS），即根据进度计划，在某一时刻应当完成的工作（或部分工作），以预算为标准所需要的资金总额，一般来说，除非合同有变更，BCWS 在工程实施过程中应保持不变。

$$计划工作预算费用(BCWS)=计划工作量×预算(计划)单价 \qquad (3-3)$$

（3）已完工作实际费用。已完工作实际费用（Actual Cost for Work Performed，ACWP），即到某一时刻为止，已完成的工作（或部分工作）所实际花费的总金额。

$$已完工作实际费用(ACWP)＝已完成工作量×实际单价 \quad (3-4)$$

2. 赢得值法的四个评价指标

在这三个基本参数的基础上，可以确定赢得值法的四个评价指标，它们也都是时间的函数。

(1) 费用偏差 (Cost Variance，CV)。

$$费用偏差(CV)＝已完工作预算费用(BCWP)－已完工作实际费用(ACWP) \quad (3-5)$$

当费用偏差 (CV) 为负值时，即表示项目运行超出预算费用；当费用偏差 (CV) 为正值时，表示项目运行节支，实际费用没有超出预算费用。

(2) 进度偏差 (Schedule Variance，SV)。

$$进度偏差(SV)＝已完工作预算费用(BCWP)－计划工作预算费用(BCWS) \quad (3-6)$$

当进度偏差 (SV) 为负值时，表示进度延误，即实际进度落后于计划进度 (计划工作未完)；当进度偏差 (SV) 为正值时，表示进度提前，即实际进度快于计划进度 (实际工作超前)。

(3) 费用绩效指数 (CPI)。

$$费用绩效指数(CPI)＝已完工作预算费用(BCWP)÷已完工作实际费用(ACWP)$$
$$(3-7)$$

当费用绩效指数 (CPI)<1 时，表示超支，即实际费用高于预算费用；当费用绩效指数 (CPI)>1 时，表示节支，即实际费用低于预算费用。

(4) 进度绩效指数 (SPI)。

$$进度绩效指数(SPI)＝已完工作预算费用(BCWP)÷计划工作预算费用(BCWS)$$
$$(3-8)$$

当进度绩效指数 (SPI)<1 时，表示进度延误，即实际进度比计划进度拖后；当进度绩效指数 (SPI)>1 时，表示进度提前，即实际进度比计划进度快。

费用 (进度) 偏差反映的是绝对偏差，结果很直观，有助于费用管理人员了解项目费用出现偏差的绝对数额，并据此采取一定措施，制订或调整费用支出计划和资金筹措计划。但是，绝对偏差有其不容忽视的局限性。如同样是 10 万元的费用偏差，对于总费用 1000 万元的项目和总费用 1 亿元的项目而言，其严重性显然是不同的。因此，费用 (进度) 偏差仅适合于对同一项目做偏差分析。费用 (进度) 绩效指数反映的是相对偏差，它不受项目层次的限制，也不受项目实施时间的限制，因而在同一项目和不同项目比较中均可采用。

赢得值法基本参数关系如图 3-12 所示。

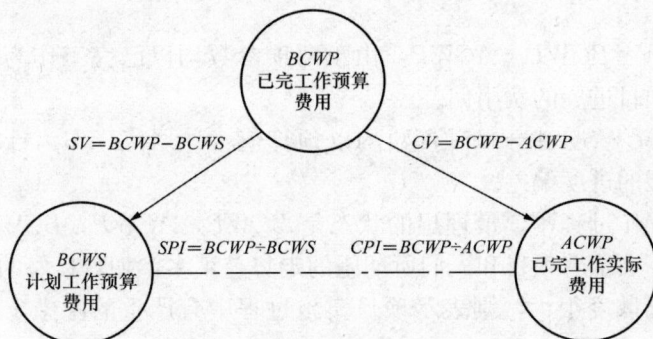

图 3-12　赢得值法基本参数关系

3.3.3.2　费用偏差的表达方法

为了清楚、形象地表达费用偏差和进度偏差，更好地进行费用偏差分析，我们可以借助相应的图表直观地加以反映，常用的图表形式有：横道图法、表格法以及 S 形曲线法。

（1）横道图法。用横道图进行费用偏差分析，是用不同的横道标识已完工作预算费用（$BCWP$）、计划工作预算费用（$BCWS$）和已完工作实际费用（$ACWP$），横道的长度与其金额成正比例。

横道图法具有形象、直观、一目了然等优点，它能够准确表达出费用的绝对偏差。但这种方法反映的信息少，一般在项目的较高管理层应用。

（2）表格法。表格法是进行偏差分析最常用的一种方法。它将项目编号、名称、各费用参数以及费用偏差数综合归纳入一张表格中，并且直接在表格中进行比较。由于各偏差参数都在表中列出，使得费用管理者能够综合地了解并处理这些数据。用表格法进行偏差分析具有如下优点：

①灵活、适用性强。可根据实际需要设计表格，进行增减项，应用方便。

②信息量大。可以反映偏差分析所需的资料，从而有利于费用控制人员及时采取针对性措施，加强控制。

③表格处理可借助于计算机，从而节约大量数据处理所需的人力，并大大提高速度。

（3）S 形曲线法。在项目实施过程中，以上三个参数可以形成三条曲线，即计划工作预算费用（$BCWS$）、已完工作预算费用（$BCWP$）、已完工作实际费用（$ACWP$）曲线，如图 3-13 所示。

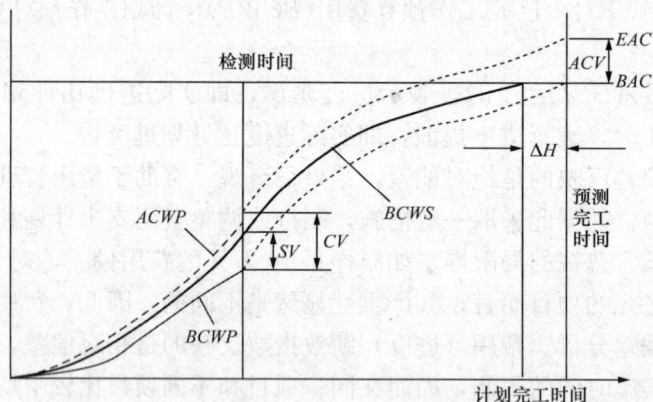

图 3-13　赢得值法评价曲线

图 3-13 中，$CV=BCWP-ACWP$，由于两项参数均以已完工作为计算基准，所以两项参数之差，反映项目进展的费用偏差。

$SV=BCWP-BCWS$，由于两项参数均以预算值（计划值）作为计算基准，所以两者之差，反映项目进展的进度偏差。

在项目的实际操作过程中，最理想的状态是 $BCWP$，$ACWP$，$BCWS$ 三条 S 曲线靠得很紧密，平稳上升，预示着项目和人们所期望的走势差不多，朝着良好的方向发展。如果三条曲线的偏离度和离散度很大，则表示项目实施过程中有严重的隐患，或已经发生了严重问题。

【例 3 - 2】 某工程项目施工合同于 2010 年 12 月签订，约定的合同工期为 20 个月，2011 年 1 月开始正式施工，大托建筑工程公司按合同工期要求编制了混凝土结构工程施工进度时标网络计划，如图 3 - 14 所示，并经监理工程师审核批准。

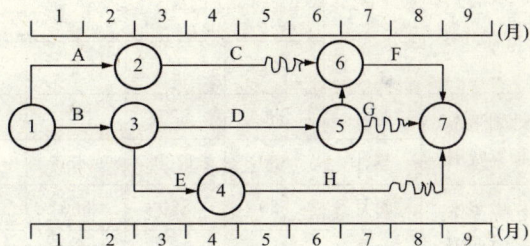

图 3 - 14 施工进度时标网络计划图

该项目的各项工作均按最早时间安排，且各项工作每月所完成的工程量相等。各项工作的计划工程量和实际工程量，见表 3 - 3。工作 D、E、F 的实际工作持续时间与计划工作持续时间相同。

表 3 - 3 各项工作的计划工程量和实际工程量

工 作	A	B	C	D	E	F	G	H
计划工程量（m³）	8600	9000	5400	10000	5200	6200	1000	3600
实际工程量（m³）	8600	9000	5400	9200	5000	5800	1000	5000

合同约定，混凝土结构工程综合单价为 1000 元/m³，按月结算。结算价按项目所在地混凝土结构工程价格指数进行调整，项目实施期间各月的混凝土结构工程价格指数见表 3 - 4。

表 3 - 4 项目实施期间各月的混凝土结构工程价格指数

时 间	2010 12 月	2011 1 月	2011 2 月	2011 3 月	2011 4 月	2011 5 月	2011 6 月	2011 7 月	2011 8 月	2011 9 月
混凝土结构工程价格指数（％）	100	115	105	110	115	110	110	120	110	110

施工期间，由于建设单位原因使工作 H 的开始时间比计划的开始时间推迟 1 个月，并由于工作 H 工程量的增加使该工作持续时间延长了 1 个月。

要求：

（1）按施工进度计划编制资金使用计划（即计算每月和累计计划工作预算费用），简要写出其步骤，并绘制该工程的时间费用累计曲线。

（2）计划工作 H 各月的已完工作预算费用和已完工作实际费用。

（3）计算混凝土结构工程已完工作预算费用和已完工作实际费用，计算结果填入表中。

（4）列式计算 8 月末的费用偏差和进度偏差（用费用额表示）。

解

1. 将各工作计划工程量与单价相乘后，除以该工作持续时间，得到各工作每月计划工作预算费用，再将时标网络计划中各工作分别按月纵向汇总得到每月计划工作预算费用，然后逐月累加得到各月累计计划工作预算费用。计算结果见表 3 - 5。

表 3-5　　　　　　　　　　　　某混凝土结构施工计划与结果　　　　　　　　　　　　万元

项　目		费 用 数 据								
		1	2	3	4	5	6	7	8	9
计划工作预算费用	每月	880	880	690	690	550	370	530	310	—
	累计	880	1760	2450	3140	3690	4060	4590	4900	—
已完工作预算费用	每月	880	880	660	660	410	355	515	415	125
	累计	880	1760	2420	3080	3490	3845	4360	4775	4900
已完工作实际费用	每月	1012	924	726	759	451	390.5	618	456.5	137.5
	累计	1012	1936	2662	3421	3872	4262.5	4880.5	5337	5474.5

根据上述步骤，在时标网络图上按时间编制费用计划如图 3-15 所示。

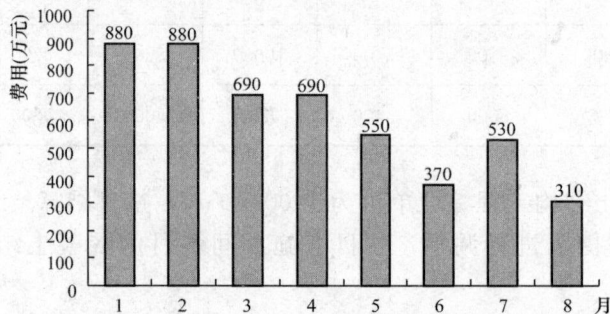

图 3-15　时标网络图上按月编制的费用计划

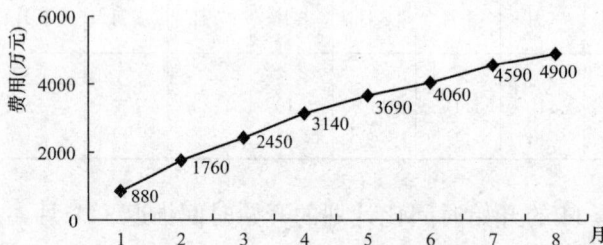

图 3-16　时间费用累计曲线

根据图 3-15，绘制的 S 形曲线如图 3-16 所示。

2. H 工作 6 月至 9 月份每月完成工程量为：$5000m^3/4$ 月 = $1250m^3/$ 月

① H 工作 6 月至 9 月已完工作预算费用均为：1250（$m^3/$月）× 1000（元$/m^3$）= 125 万元

② H 工作已完工作实际费用：

6 月份：125 万元 × 110% = 137.5 万元

7 月份：125 万元 × 120% = 150.5 万元

8 月份：125 万元 × 110% = 137.5 万元

9 月份：125 万元 × 110% = 137.5 万元

3. 计算结果见表 3-5。

4. 费用偏差 = 已完工作预算费用 - 已完工作实际费用 = 4775 万元 - 5337 万元 = -562 万元，超支 562 万元。

到 8 月末，进度偏差 = 已完工作预算费用 - 计划工作预算费用 = 4775 万元 - 4900 万元 = -125 万元，时间拖后，费用超支 125 万元。

3.4　施 工 成 本 核 算

3.4.1　施工成本核算概述

1. 施工成本核算概念及意义

（1）施工成本核算概念。施工成本核算是对施工中各项费用支出和成本的形成进行核算，项目经理部作为施工项目的成本中心，项目经理部应根据财务制度和会计制度的有关规定，在企业职能部门的指导下，建立项目成本核算制，明确项目成本核算的原则、范围、程序、方法内容、责任及要求，并设置核算台账，记录原始数据。

（2）施工成本核算的意义。

1）通过工程成本核算，将企业发生的各项费用按照成本开支范围和它的用途并按一定程序计算各项施工成本，及时、准确的反映各项工程和企业的实际成本水平，为企业制订经营战略提供根据。

2）通过施工成本核算，可以及时了解施工过程中人力、物力、财力的耗费，检查各项费用的耗用情况和间接费用定额的执行情况，分析成本升降的原因，挖掘降低工程成本的潜力，发挥竞争优势，增强企业核心竞争力。

3）通过施工成本核算，可以计量施工企业内部各所属施工单位的经济效益和各项承包工程合同的盈亏，分清各个单位的成本责任，同时结合相应的奖惩制度，有利于强化企业内部约束和激励机制。

4）通过施工成本核算，积累各种不同类型的施工成本及经济技术资料，为制订成本控制提供依据，同时也为企业准确制订工程报价提供依据，有利于提高中标率。

2. 施工成本核算对象

施工成本一般以单位工程为成本核算对象，但也可以按照承包工程项目的规模、工期、结构类型、施工组织和施工现场等情况，结合成本管理要求，灵活划分成本核算对象。一般来说有以下几种划分办法：

（1）一个单位工程由几个施工单位共同施工时，各施工单位都应以同一单位工程为成本核算对象，各自核算自行完成的部分。

（2）规模大、工期长的单位工程，可以将工程划分为若干部位，以分部位的工程作为成本核算的对象。

（3）同一建设项目，由同一施工单位施工，并在同一施工地点，属同一结构类型，开竣工时间相近的若干单位工程，可以合并作为一个成本核算对象。

（4）改建、扩建的零星工程，可以将开竣工时间相接近、属于同一建设项目的各个单位工程合并作为一个成本核算对象。

（5）土石方工程、打桩工程，可以根据实际情况和管理需要，以一个单项工程为成本核算对象，或将同一施工地点的若干个工程量较少的单项工程合并作为一个成本核算对象。

成本核算对象确定后，各种经济、技术资料归集必须与此统一，一般不要中途变更，以免造成项目成本核算不实，结算漏账和经济责任不清的弊端。这样划分成本核算对象是为了细化项目成本核算和考核项目经济效益。

3.4.2　施工成本核算办法

通过工程项目实际成本的核算，可以真实地反映出施工单位在一定时期，每项工程在一定时期及整个施工周期内成本的真实水平，然后与预算成本对比，就能正确提示成本的节超情况，从而为工程成本管理提供信息，促进施工管理水平的不断提高。为此，工程实际成本核算应完成以下任务：正确计算工程的实际成本，真实反映工程成本水平，为确认当期施工活动成果和总结竣工工程施工管理经验教训提供依据。

成本的核算过程，实际上也是各项成本项目的归集和分配过程。成本的归集是指通过一定的会计制度以有序的方式进行成本数据的收集和汇总，而成本的分配是指将归集的间接成本分配给成本对象的过程，也称间接成本的分摊或分派。

1. 人工费核算

内包人工费，按月估算计入工程项目单位工程成本。外包人工费，按月凭项目经济员提供的"包清工工程款月度成本汇总表"预提计入项目单位工程成本。上述内包、外包合同履行完毕，根据分部分项的工期、质量、安全、场容等验收考核情况，进行合同结算，以结账单按实调整项目的实际值。

2. 材料费核算

（1）工程耗用的材料，根据限额领料单、退料单、报损报耗单、大堆材料耗用计算单等，由项目料具员按单位工程编制"材料耗用汇总表"，据以计入项目成本。

（2）钢材、水泥、木材价差核算。

1）标内代办。指"三材"差价列入工程预算账单内作为造价组成部分。由项目成本员按价差发生额，一次或分次提供给项目负责统计的统计员报出产值，以便收回资金。单位工程竣工结算，按实际消耗来调整实际成本。

2）标外代办。指由建设单位直接委托材料分公司代办三材，其发生的"三材"差价，由材料分公司与建设单位按代办合同口径结算。项目经理部只核算实际耗用超过设计预算用量的那部分量差及应负担市场部高进高出的差价，并计入相应的单位工程成本。

（3）一般价差核算。

1）提高项目材料核算的透明度，简化核算，做到明码标价。

2）钢材、水泥、木材、玻璃按实际价格核算，高于预算费用的差价，高进高出，谁用谁负担。

3）装饰材料按实际采购价作为计划价核算，计入该项目成本。

4）项目对外自行采购或按定额承包供应材料，如砖、瓦、砂、石、小五金等，应按实际采购价或按议价供应价格结算，由此产生的材料成本差异节超，相应增减成本。

3. 周转材料费核算

（1）周转材料实行内部租赁制，以租费的形式反映消耗情况，按"谁租用谁负担"的原则，核算其施工成本。

（2）按周转材料租赁办法和租赁合同，由出租方与项目经理部按月结算租赁费。租赁费按租用的数量、时间和内部租赁单价计入施工成本。

（3）周转材料在调入移出时，项目经理部都必须加强计量验收制度，如有短缺、损坏，一律按原价赔偿，计入项目成本（短损数＝进场数－退场数）。

（4）租用周转材料的进退场运费，按其实际发生数，由调入项目负担。

（5）对 U 形卡、脚手扣件等零件除执行租赁制外，考虑到其比较容易散失的因素，故按规定实行定额预提摊销，摊销数计入施工成本，相应减少次月租赁基数及租费。单位工程竣工，必须进行盘点，盘点后的实物数与前期逐月按控制定额摊销后的数量差，按实调整清算计入成本。

（6）实行租赁制的周转材料，一般不再分配负担周转材料差价。

4. 结构件费核算

（1）项目结构件的使用必须要有领发手续，并根据这些手续，按照单位工程使用对象编制"结构件耗用月报表"。

（2）项目结构件的单价，以项目经理部与外加工单位签订的合同为准，计算耗用金额进入成本。

（3）根据实际施工形象进度、已完施工产值的统计、各类实际成本三者在月度时点的三同步原则（配比原则的引申与应用），结构件耗用的品种和数量应与施工产值相对应。结构件数量金额账的结存数，应与项目成本员的账面余额相符。

（4）结构件的高进高出价差核算同材料费高进高出价差核算一致。

（5）如发生结构件的一般价差，可计入当月施工成本。

（6）部位分项分包，如铝合金门窗、卷帘门、轻钢龙骨石膏板、平顶屋面防水等，按照企业通常采用的类似结构件管理和核算方法，项目经济员必须做好月度已完工程部分验收记录，正确计报部位分项分包产值，并书面通知项目成本员及时、正确、足额计入成本。

（7）在结构件外加工和部位分包施工过程中，项目经理部通过自身努力获取经营利益或转嫁压价让利风险所产生的利益，均应受益于施工项目。

5. 机械使用费核算

（1）机械设备实行内部租赁制，以租赁费形式反映其消耗情况，按"谁租用谁负担"原则，核算其项目成本。

（2）按机械设备租赁办法和租赁合同，由企业内部机械设备租赁市场与项目经理部按月结算租赁费。租赁费根据机械使用台班、停滞台班和内部租赁单价计算，计入项目成本。

（3）机械进出场费，按规定由承租项目负担。

（4）项目经理部租赁的各类中小型机械，其租赁费全额计入项目机械费成本。

（5）根据内部机械设备租赁运行规则要求，结算原始凭证由项目指定专人签证开班和停班数，据以结算费用。现场机、电、修等操作工奖金由项目考核支付，计入项目机械成本并分配到有关单位工程。

（6）向外单位租赁机械，按当月租赁费用全额计入项目机械费成本。

6. 其他直接费核算

施工过程中实际发生的其他直接费，有时并不"直接"，凡能分清受益对象的，应直接计入受益成本核算对象的"工程施工—其他直接费"，如与若干个成本核算对象有关的，可先归集到项目经理部的"其他直接费"总账科目（自行增设），再按规定的方法分配计入有关成本核算对象的"工程施工—其他直接费"成本项目内。分配方法可参照费用计算基数，以实际成本中的直接成本（不含其他直接费）扣除"三材"差价为分配依据。即人工费、材料费、周转材料费、机械使用费之和扣除高进高出价差。

（1）施工过程中的材料二次搬运费，按项目经理部向劳务分公司汽车队托运包天或包月租费结算，或以汽车公司的汽车运费计算。

（2）临时设施摊销费按项目经理部搭建的临时设施总价（包括活动房）除项目合同工期求出每月应摊销额，临时设施使用一个月摊销一个月，摊完为止。项目竣工搭拆差额（盈亏）按实调整实际成本。

（3）生产工具用具使用费。大型机动工具、用具等可以套用类似内部机械租赁办法以租费形式计入成本，也可按购置费用一次摊销法计入项目成本，并做好在用工具实物借用记录，以便反复利用。工具用具的修理费按实际发生数计入成本。

（4）除上述以外的其他直接费内容，均应按实际发生的有效结算凭证计入项目成本。

7. 施工间接费核算

施工间接费用核算应注意的问题：

（1）要求以项目经理部为单位编制工资单和奖金单列支工作人员薪金。项目经理部工资总额每月必须正确核算，以此计提职工福利费、工会经费、教育经费、劳保统筹费等。

（2）劳务分公司所提供的炊事人员代办食堂承包、服务、警卫人员提供区域岗点承包服务以及其他代办服务费用计入施工间接费。

（3）内部银行的存贷款利息，计入"内部利息"（新增明细子目）。

（4）施工间接费，先在项目"施工间接费"总账归集，再按一定的分配标准计入受益成本核算对象（单位工程）"工程施工—间接成本"。

8. 分包工程成本核算

（1）包清工程，纳入"人工费—外包人工费"内核算。

（2）部位分项分包工程，纳入结构件费内核算。

（3）双包工程，是指将整幢建筑物以包工包料的形式包给外单位施工的工程。可根据承包合同取费情况和发包（双包）合同支付情况，即上下合同差，测定目标盈利率。月度结算时，以双包工程已完工程价款作收入，应付双包单位工程款作支出，适当负担施工间接费预结降低额。为稳妥起见，拟控制在目标盈利率的 50％ 以内，也可月结成本时作收支持平，竣工结算时，再接实调整实际成本，反映利润。

（4）机械作业分包工程，是指利用分包单位专业化的施工优势，将打桩、吊装、大型土方、深基础等施工项目分包给专业单位施工的形式。对机械作业分包产值的统计的范围是：只统计分包费用，而不包括物耗价值。机械作业分包实际成本与此对应包括分包结账单内除工期费之外的全部工程费。总体反映其全貌成本。

同双包工程一样，总分包企业合同差，包括总包单位管理费，分包单位让利收益等在月结成本时，可先预结一部分，或月结时作收支持平处理，到竣工结算时，再作项目效益反映。

（5）上述双包工程和机械作业分包工程由于收入和支出比较容易辨认（计算），所以项目经理部也可以对这两项分包工程，采用竣工点交办法，即月度不结盈亏。

（6）项目经理部应增设"分建成本"成本项目，核算反映双包工程、机械作业分包工程的成本状况。

（7）各类分包形式（特别是双包），对分包单位领用、租用、借用本企业物资、工具、设备、人工等费用，必须根据经管人员开具的、且经分包单位指定专人签字认可的专用结算单据，如"分包单位领用物资结算单"及"分包单位租用工具设备结算单"等结算依据入账，抵作已付分包工程款。同时，要注意对分包资金的控制，分包付款、供料控制，主要应依据合同及要料计划实施制约，单据应及时流转结算，账上支付款（包括抵作额）不得突破合同。要注意阶段控制，防止资金失控，引起成本亏损。

3.5　施 工 成 本 分 析

施工成本分析，就是根据会计核算、业务核算和统计核算提供的资料，对施工成本的形成过程和影响成本升降的因素进行分析，以寻求进一步降低成本的途径；另一方面，通过成本分析，可从账簿、报表反映的成本现象看清成本的实质，从而增强施工成本的透明度和可控性，为加强成本控制，实现项目成本目标创造条件。

3.5.1　施工成本分析概述

1. 施工成本分析的原则

（1）要实事求是。在成本分析当中，一定要有充分的事实依据，对事物进行实事求是的评价，并要尽可能做到措辞恰当，能为绝大多数人所接受。

（2）要用数据说话。成本分析要充分利用统计核算、业务核算、会计核算和有关辅助记录（台账）的数据进行定量分析，尽量避免抽象的定性分析。因为定量分析对事物的评价更为精确，更令人信服。

（3）要注重时效。也就是成本分析及时，发现问题及时，解决问题及时。否则，就有可能贻误解决问题的最好时机，甚至造成问题成堆，积重难返，发生难以挽回的损失。

（4）要为生产经营服务，成本分析不仅要揭露矛盾，而且要分析矛盾产生的原因，并为克服困难献计献策，提出积极有效的解决矛盾的合理化建议。这样的成本分析，必然会深得人心，从而受到项目经理和有关项目管理人员的配合和支持，使施工成本分析更健康地开展下去。

2. 施工成本分析的内容

从成本分析应为生产经营服务的角度出发，施工成本分析的内容应与成本核算对象的划分同步。如果一个工程项目包括若干个单位工程，并以单位工程为成本核算对象，就应对单位工程进行成本分析；与此同时，还要在单位工程成本分析的基础上，进行施工项目的成本分析。

施工成本分析与单位工程成本分析尽管在内容上有很多相同的地方，但各有不同的侧重点。从总体上说，施工成本分析的内容应该包括以下两个方面：

（1）随着项目施工的进展而进行的成本分析，包括分部分项工程成本分析、月（季）度成本分析、年度成本分析和竣工成本分析。

（2）按成本项目进行的成本分析，包括人工费分析、材料费分析、机械使用费分析、其他直接费分析和间接成本分析。

3.5.2　施工成本分析方法

1. 比较法

比较法，又称"指标对比分析法"，就是通过技术经济指标的对比，检查目标的完成情况，分析产生差异的原因，进而挖掘内部潜力的方法。这种方法，具有通俗易懂、简单易行、便于掌握的特点，因而得到了广泛的应用，但在应用时必须注意各技术经济指标的可比性。比较法的应用，通常有以下形式：

（1）将实际指标与目标指标对比。以此检查目标的完成情况，分析完成目标的积极因素和影响目标完成的原因，以便及时采取措施，保证成本目标的实现。

（2）本期实际指标和上期实际指标对比。通过这种对比，可以看出各项技术经济指标的动态情况，反映施工项目管理水平的提高程度。

（3）与本行业平均水平、先进水平对比。通过这种对比，可以反映项目的技术管理和经济管理与其他项目的平均水平和先进水平的差距，进而采取措施赶超先进水平。

以上三种对比，可以在一张表上同时反映。

【例3-3】 某项目本年度"三材"的目标为100 000元，实际节约120 000元，上年节约95 000元，本企业先进水平节约130 000元。根据上述资料编制分析表，见表3-6。

表3-6　　　　　　　实际指标与目标指标、上期指标、先进水平对比表　　　　　　　　元

指标	本年目标数	上年实际数	企业先进水平	本年实际数	差异数		
					与目标比	与上年比	与先进比
"三材节约额"	100 000	95 000	130 000	120 000	+20 000	+25 000	−10 000

2. 因素分析法

因素分析法，又称连锁置换法或连环替代法。这种方法可以用来分析各种因素对成本形成的影响程度。在进行分析时，首先要假定众多因素中的一个因素发生了变化，而其他因素不变，然后逐个替换，并分别比较其计算结果，以确定各个因素的变化对成本的影响程度。

因素分析法的计算步骤如下：

（1）确定分析对象（即所分析的技术经济指标），并计算出实际与目标（或预算）数的差异。

（2）确定该指标是由哪几个因素组成的，并按其相互关系进行排序。

（3）以目标（或预算）数量为基础，将各因素的目标（或预算）数相乘，作为分析替代的基数。

（4）将各个因素的实际数按照上面的排列顺序进行替换计算，并将替换后的实际数保留下来。

（5）将每次替换计算所得的结果与前一次的计算结果相比较，两者的差异即为该因素对成本的影响程度。

（6）各个因素的影响程度之和应与分析对象的总差异相等。

【例3-4】 某工程浇筑一层结构商品混凝土，目标成本364 000元，实际成本为383 760元，比目标成本增加19 790元。根据表3-7的资料，用"因素分析法"分析其成本增加原因。

表3-7　　　　　　　　　　商品混凝土目标成本与实际成本对比表

项目	单位	计划	实际	差额
产量	3m	500	520	+20
单价	元	700	720	+20

续表

项目	单位	计划	实际	差额
损耗率	%	4	2.5	−1.5
成本	元	364 000	383 760	+19 760

解　（1）分析对象是浇筑一层结构商品混凝土的成本，实际成本与目标成本的差额为 19 760 元。

（2）该指标是由产量、单价、损耗率三个因素组成的，其排序见表 3 - 7。

（3）以目标数 364 000 元（＝500×700×1.04）为分析替代的基础。

（4）第一次替代：产量因素，以 520 替代 500，得 378 560 元，即 520×700×1.04＝378 560 元。

第二次替代：单价因素，以 720 替代 700，并保留上次替代后的值，得 389 376 元，即 520×720×1.04＝389 376 元。

第三次替代：损耗率因素，以 1.025 替代 1.04，并保留上两次替代后的值，得 38 760 元，即 520×720×1.025＝383 760 元。

（5）计算差额：第一次替代与目标数的差额＝378 560−364 000＝14 560 元。

第二次替代与第一次替代的差额＝389 376−378 560＝10 816 元。

第三次替代与第二次替代的差额＝383 760−389 376＝−5616 元。

产量增加使成本增加了 14 560 元，单价提高使成本增加了 10 816 元，而损耗率下降使成本减少了 5616 元。

（6）各因素的影响程度之和＝14 560＋10 816−5616＝19 760 元，与实际成本与目标成本的差额相等。

为了使用方便，企业也可以通过运用因素分析表来求出各因素的变动对实际成本的影响程度，其具体形式见表 3 - 8。

表 3 - 8　　　　　　　　**商品混凝土成本变动因素分析表**

顺序	连环替代计算	差异（元）	因素分析
目标数	500×700×1.04		
第一次替代	520×700×1.04	14 560	由于产量增加 120m³，成本增加 14 560 元
第二次替代	520×720×1.04	10 816	由于单价提高 20 元，成本增加 10 816 元
第三次替代	520×720×1.025	−5616	由于损耗率下降 15%，成本减少 5616 元
合计	14 560＋10 216−5616＝19 760	19 760	

必须说明，在应用"因素分析法"时，各因素的排列顺序应该固定不变。否则，就会得出不同的计算结果，也会产生不同的结论。

3. 差额计算法

差额计算法是因素分析法的一种简化形式，它利用各个因素的目标与实际的差额来计算其对成本的程度。

【例 3 - 5】 某施工项目某月的实际成本降低额比目标数提高了 2.40 万元。见表 3 - 9。

表 3 - 9 计划成本和实际成本

项目	单位	计划成本	实际成本	成本降低额
预算成本	万元	300	320	+20
成本降低率	%	4	4.5	+0.5
成本降低额	万元	12	14.40	+2.40

根据以上资料，应用差额计算法分析预算成本和成本降低率对成本降低额的影响程度。

解 （1）预算成本增加对成本降低额的影响程度

$$(320-300)\times 4\% = 0.80(万元)$$

（2）成本降低率提高对成本降低额的影响程度

$$(4.5\% - 4\%)\times 320 = 1.60(万元)$$

以上两项合计：0.80 + 1.60 = 2.40（万元）

3.6 施 工 成 本 考 核

3.6.1 施工成本考核概念

施工成本考核的目的，在于贯彻落实责权利相结合的原则，促进成本管理工作的健康发展，更好地完成施工成本目标。

在施工成本管理中，项目经理和所属部门、施工队直到生产班组，都有明确的成本管理责任，而且有定量的责任成本目标。通过定期和不定期的成本考核，既可对他们加强督促，又可调动他们成本管理的积极性。

项目成本管理是一个系统工程，而成本考核则是系统的最后一个环节。如果对成本考核工作抓得不紧，或者不按正常的工作要求进行考核，前面的成本预测、成本控制、成本核算、成本分析都将得不到及时正确的评价。这不仅会挫伤有关人员的积极性，而且会给今后的成本管理带来不可估量的损失。

施工成本考核，可以分为两个层次：一是企业对项目经理的考核；二是项目经理对所属部门、施工队和班组的考核（对班组的考核，平时以施工队为主）。通过以上的层层考核，督促项目经理、责任部门和责任者更好地完成自己的责任成本，从而形成实现项目成本目标的层层保证体系。

3.6.2 施工成本考核内容

根据以上原则，确定施工成本考核的内容。

1. 企业对项目经理考核的内容

（1）项目成本目标和阶段成本目标的完成情况。

（2）建立以项目经理为核心的成本管理责任制的落实情况。

（3）成本计划的编制和落实情况。

（4）对各部门、各施工队和班组责任成本的检查和考核情况。

（5）在成本管理中贯彻责权利相结合原则的执行情况。

2. 项目经理对所属各部门、各施工队和班组考核的内容

（1）对各部门的考核内容。

1）本部门、本岗位责任成本的完成情况；

2）本部门、本岗位成本管理责任的执行情况。

（2）对各施工队的考核内容。

1）对劳务合同规定的承包范围和承包内容的执行情况；

2）劳务合同以外的补充收费情况；

3）对班组施工任务单的管理情况，以及班组完成施工任务后的考核情况。

（3）对生产班组的考核内容（平时由施工队考核）。

以分部分项工程成本作为班组的责任成本。以施工任务单和限额领料单的结算资料为依据，与施工预算进行对比，考核班组责任成本的完成情况。

3.6.3　施工成本考核实施

1. 施工成本考核采取评分制

具体方法为：先按考核内容评分，然后按七与三的比例加权平均。即：责任成本完成情况的评分为七，成本管理工作业绩评分为三。这是一个假设的比例，工程项目可以根据自己的具体情况进行调整。

2. 施工成本考核要与相关指标的完成情况相结合

具体方法为：施工成本考核的评分是奖罚的依据，相关指标的完成情况为奖罚的条件。也就是在根据评分计奖的同时，还要参考相关指标的完成情况加奖或扣罚。

与成本考核相结合的相关指标，一般有进度、质量、安全和现场标化管理。以质量指标的完成情况为例说明如下：

1）质量达到优良，按应得奖金加奖 20%；

2）质量合格，奖金不加不扣；

3）质量不合格，扣除应得奖金的 50%。

3. 强调施工成本的中间考核

项目成本的中间考核，可从两方面考虑：

1）月度成本考核。一般是在月度成本报表编制以后，根据月度成本报表的内容进行考核。在进行月度成本考核的时候，不能单凭报表数据，还要结合成本分析资料和施工生产、成本管理的实际情况，然后才能做出正确的评价，带动今后的成本管理工作，保证项目成本目标的实现。

2）阶段成本考核。项目的施工阶段，一般可分为基础、结构、装饰、总体等四个阶段。如果是高层建筑，可对结构阶段的成本进行分层考核。

阶段成本考核的优点，在于能对施工告一段落后的成本进行考核，可与施工阶段其他指标（如进度、质量等）考核结合得更好，也更能反映施工项目的管理水平。

4. 正确考核工程项目的竣工成本

工程项目的竣工成本，是在工程竣工和工程款结算的基础上编制的，它是竣工成本考核的依据。

工程竣工，表示项目建设已经全部完成，并已具备交付使用的条件（即已具有使用价值）。而月度完成的分部分项工程，只是建筑产品的局部，并不具有使用价值，也不可能用

来进行商品交换，只能作为分期结算工程进度款的依据。因此，真正能够反映全貌而又正确的项目成本，是在工程竣工和工程款结算的基础上编制的。

由此可见，工程项目的竣工成本是项目经济效益的最终反映。它既是上缴利税的依据，又是进行职工分配的依据。由于施工项目的竣工成本关系到国家、企业、职工的利益，必须做到核算正确，考核正确。

5. 施工成本的奖罚

工程项目的成本考核，如上所述，可分为月度考核、阶段考核和竣工考核三种。对成本完成情况的经济奖罚，也应分别在上述三种成本考核的基础上立即兑现，不能只考核不奖罚，或者考核后拖了很久才奖罚。因为职工所担心的，就是领导对贯彻责权利相结合的原则执行不力，忽视群众利益。

由于月度成本和阶段成本都是假设性的，正确程度有高有低。因此，在进行月度成本和阶段成本奖罚的时候不妨留有余地，然后再按照竣工成本结算的奖金总额进行调整（多退少补）。

施工成本奖罚的标准，应通过经济合同的形式明确规定。这就是说，经济合同规定的奖罚标准具有法律效力，任何人都无权中途变更，或者拒不执行。另一方面，通过经济合同明确奖罚标准以后，职工群众就有了争取目标，因而也会在实现项目成本目标中发挥更积极的作用。

在确定施工成本奖罚标准的时候，必须从本项目的客观情况出发，既要考虑职工的利益，又要考虑项目成本的承受能力。在一般情况下，造价低的项目，奖金水平要定得低一些；造价高的项目，奖金水平可以适当提高。具体的奖罚标准，应该经过认真测算再行确定。

此外，企业领导和项目经理还可对完成项目成本目标有突出贡献的部门、施工队、班组和个人进行随机奖励。这是项目成本奖励的另一种形式，不属于上述成本奖罚范围。而这种奖励形式，往往能起到立竿见影的效用。

【综合案例】

某培训中心项目的成本管理

某培训中心项目位于浙江省，工程总建筑面积为 $4080m^2$，建筑主体为六层，工程建筑总高度为 21m。质量目标：优良，承包合同价款：1200 万元，采用单价合同。从 2012 年 10 月 1 日起开始施工，工期 180 天。用成本管理程序分析该项目成本状况。

1. 成本计划

（1）确定计划成本。在工程项目开工前，公司与项目经理签订了《项目管理目标责任书》。该施工项目总计划成本 946 万元。成本目标在项目管理目标责任书中明确落实，然后以文件的形式下达项目经理部实施。

（2）目标分解。目标成本确定以后，以此为上限，由项目经理部分配到各职能部门、班组，签订成本承包合同，然后由各承包者提出保证成本计划完成的具体措施，确保计划成本。表 3-10 是某培训中心项目计划成本汇总。

表 3 - 10 某培训中心项目计划成本汇总表 万元

序号	分部工程	人工费	材料费	机械使用费	其他直接费	间接费用	合计
1	打桩工程	13.90	82.85	25.41	3.54	16.34	142.04
2	基础工程	14.22	70.87	7.73	2.67	11.40	106.89
3	主体结构工程	54.91	318.26	30.82	8.12	48.59	460.70
4	门窗工程	4.73	33.61	2.38	1.00	5.68	47.40
5	内外装饰工程	17.85	57.46	3.69	1.65	12.16	92.81
6	水电安装工程	12.45	64.19	6.40	1.70	11.42	96.16
	合计	118.06	627.24	76.43	18.68	105.59	946.00

2. 成本控制

计划成本确定后,项目开始实施。2013 年 2 月 1 日,项目经理组织相关人员对前几个月的工作进行了统计检查,有关情况见表 3 - 11。

表 3 - 11 某培训中心项目成本汇总表 万元

序号	分部工程	已完工程实际成本 (ACWP)	计划工作预算成本 (BCWS)	已完工程预算成本 (BCWP)
1	门窗工程	24.90	16.10	16.10
2	内外装饰工程	40.25	44.41	50.15
3	水电安装工程	40.81	41.19	49.19
…	…	…	…	…

根据以上表所列成本数据,应用赢得值法计算得到各分部工程的四个评价指标见表3 - 12。

表 3 - 12 某培训中心赢得值的四个评价指标计算表 万元

分部工程	各分部工程赢得值法四个评价指标计算	结 论
门窗工程	$CV = BCWP - ACWP = 16.10 - 24.90 = -8.8 < 0$	表示项目实际费用超出预算费用
	$SV = BCWP - BCWS = 16.10 - 16.10 = 0$	表示实际进度等于计划进度
	$CPI = BCWP \div ACWP = 16.10 \div 24.90 = 0.65 < 1$	表示超支,即实际费用超出预算费用
	$SPI = BCWP \div BCWS = 16.10 \div 16.10 = 1$	表示实际进度等于计划进度
内外装饰工程	$CV = BCWP - ACWP = 50.15 - 40.25 = 9.9 > 0$	表示项目实际费用没有超出预算费用
	$SV = BCWP - BCWS = 50.15 - 44.41 = 5.74 > 0$	表示进度提前,即实际进度快于计划进度
	$CPI = BCWP \div ACWP = 50.15 \div 40.25 = 1.25 > 1$	表示节支,即实际费用低于预算费用
	$SPI = BCWP \div BCWS = 50.15 \div 44.41 = 1.13 > 1$	表示进度提前,即实际进度比计划进度快
水电安装工程	$CV = BCWP - ACWP = 49.19 - 40.81 = 8.38 > 0$	表示项目实际费用没有超出预算费用
	$SV = BCWP - BCWS = 49.19 - 41.19 = 8 > 0$	表示进度提前,即实际进度快于计划进度
	$CPI = BCWP \div ACWP = 49.19 \div 40.81 = 1.21 > 1$	表示节支,即实际费用低于预算费用
	$SPI = BCWP \div BCWS = 49.19 \div 41.19 = 1.19 > 1$	表示进度提前,即实际进度比计划进度快

　　根据赢得值法分析的结论，可以进一步找出产生费用偏差的原因，并采取相应的成本控制措施，见表 3-13。

表 3-13　　　　　　　　　　　费用偏差原因分析和成本控制措施表

分部工程	指标	赢得值分析结论	原因分析	成本控制措施
门窗工程	$CV<0$ $SV=0$ $CPI<1$ $SPI=1$	项目实际费用超出预算费用；实际进度等于计划进度	门窗工程施工中发现，设计图纸提供的门窗表与各层平面图中门窗数量不符，投标报价时，按设计图纸门窗表计算工程量，少算了部分异形窗的工程量。且该事项索赔不成立，由此导致门窗分部工程实际成本高于计划成本	应注重投标报价阶段施工图纸的研究和工程量的计算，避免自身责任原因导致成本增加
内外装饰工程	$CV>0$ $SV>0$ $CPI>1$ $SPI>1$	表示项目实际费用没有超出预算费用；进度提前	项目经理部负责的主要装饰施工内容为墙面抹灰和作料，以及部分公共部位的墙地砖。因建设单位要求吊顶上部墙面不做粉刷，实际施工工程量比预算工程量略有减少，施工实际成本低于计划成本	维持现有的成本水平
水电安装工程	$CV>0$ $SV>0$ $CPI>1$ $SPI>1$	表示项目实际费用没有超出预算费用；进度提前	项目经理部经过多家询价比价，在满足建设单位和设计要求的前提下，采购价格低于投标报价。特别是管线、洁具、电气设备	维持现有的成本水平

3. 成本核算

　　2013 年 4 月 1 日，工程项目如期完工。为了最终实现计划成本，成本管理人员收集项目施工过程发生的实际成本数据，并进行了成本核算，表 3-14 是某培训中心项目实际成本汇总。

表 3-14　　　　　　　　　　　　某培训中心项目实际成本表　　　　　　　　　　　　　　万元

序号	分部工程	人工费	材料费	机械使用费	其他直接用	间接费用	合计
1	打桩工程	14.62	80.02	20.71	3.72	17.77	136.84
2	基础工程	15.18	78.14	9.28	3.76	12.53	118.89
3	主体结构工程	65.76	337.32	33.36	11.17	49.84	497.45
	合计	95.56	495.48	63.35	18.65	80.14	753.18

4. 成本分析

　　在施工过程中，由于外部环境和内部系统各种因素变化的影响，实际成本偏离了计划成本。将施工成本计划值与实际值逐项进行比较，以发现施工成本是否超支。表 3-15 是某培训中心项目计划成本与实际成本对比表。

表 3 - 15　　　　　**某培训中心项目计划与实际成本对比表**　　　　　万元

序号	分部工程名称	计划成本	实际成本	实际成本降低额	实际成本降低率（%）
1	打桩工程	142.04	136.84	5.20	3.66
2	基础工程	106.89	118.89	—12	—11.23
3	主体结构工程	460.7	497.45	—36.75	—7.98
	合计	709.63	753.18	—43.55	—6.14

5. 成本考核

原合同中规定：

（1）奖励条款。

1）实际完成工程成本降低率在上交公司的降低指标（3%）以内，以实际成本降低额的 35%计奖，超过降低指标的部分，上浮 20 个百分点，按 55%提取奖励。

2）结算增加效益部分公司单独计奖。

（2）处罚条款。

1）工程质量和工期未达到施工承包合同要求的罚金在项目经理部的奖金中列支。

2）安全事故的罚款从项目经理部的奖金中扣除。

3）文明施工不达标的罚款从项目经理部的奖金中列支。

4）工程已竣工，工程款未能按时收回（保修金除外），按拖欠款总额的 1%扣减奖金额。

5）工程出现亏损，扣除平时预发的全部奖金，并按 30%扣发项目经理部管理人员的工资。

该工程项目施工成本降低额为 —43.55 万元，成本降低率为 —6.14%，按照处罚规定，扣除平时预发的全部奖金，并按 30%扣发项目经理部管理人员的工资。

思 考 与 练 习

一、单选题

1. 施工成本管理的目的是（　　）。

A. 提高劳动生产率　　　　　　　　B. 提高施工质量

C. 寻求最大限度的成本节约　　　　D. 减少日常开销

2. 对大中型工程项目，按项目组成编制施工成本计划时，其总成本分解的顺序是（　　）。

A. 单项工程成本——→单位（子单位）工程成本——→分部（子分部）工程成本——→分项工程成本

B. 单位（子单位）工程成本——→单项工程成本——→分部（子分部）工程成本——→分项工程成本

C. 分项工程成本——→分部（子分部）工程成本——→单位（子单位）工程成本——→单项工程成本

D. 分部（子分部）工程成本──→分项工程成本──→单项工程成本──→单位（子单位）工
程成本

3. 某工程 10 月份计划工作预算费用 50 万元，已完工程预算费用 45 万元，已完工程实际费用 48 万元，该工程 10 月底施工成本偏差和进度偏差分别是（　　）。

A. 成本超支 3 万元，进度拖延 5 万元

B. 成本超支 3 万元，进度拖延 3 万元

C. 成本节约 2 万元，进度提前 5 万元

D. 成本节约 2 万元，进度提前 3 万元

4. 应用 S 形曲线法进行施工成本偏差分析时，已完工作实际成本曲线与已完工作预算成本曲线的竖向距离表示施工（　　）。

A. 进度累计偏差　　　　　　　　　　B. 成本累计偏差

C. 进度局部偏差　　　　　　　　　　D. 成本局部偏差

5. 施工成本控制的各工作步骤中，最核心的工作是（　　）。

A. 分析　　　　　　　　　　　　　　B. 预测

C. 比较　　　　　　　　　　　　　　D. 纠偏

6. 某分项工程的混凝土成本数据见表 3-16。应用因素分析法分析各因素对成本的影响程度，可得到的正确结论是（　　）。

表 3-16

项目	单位	目标	实际
产量	立方	800	850
单价	元	600	640
损耗率	%	5	3

A. 由于产量增加 50，成本增加 21 300 元

B. 由于单价提高 40，成本增加 35 020 元

C. 实际成本与目标成本的差额为 56 320 元

D. 由于损耗下降 2%，成本减少 9600 元

二、多选题

1. 根据项目管理的需要，成本计划又可按（　　）分别编制施工成本计划。

A. 施工成本组成　　　　　　　　　　B. 目标成本要求

C. 项目组成　　　　　　　　　　　　D. 工程进度

E. 风险分析

2. 施工项目的成本计划按其作用可分为（　　）。

A. 单位工程成本计划　　　　　　　　B. 分部分项工程成本计划

C. 竞争性成本计划　　　　　　　　　D. 指导性成本计划

E. 实施性成本计划

3. 工程项目施工成本控制的依据有（　　）。

A. 施工组织设计　　　　　　　　　　B. 工程造价

C.　工程承包合同　　　　　　　　　　D.　进度报告

E.　工程变更

4.　工程项目施工成本分析的基本方法有（　　　）。

A.　统计核算法　　　　　　　　　　　B.　比较法

C.　因素分析法　　　　　　　　　　　D.　差额计算法

E.　比率法

5.　施工成本分析，就是根据（　　　）提供的资料，对施工成本的形成过程和影响成本升降的因素进行分析，以寻求进一步降低成本的途径。

A.　业务核算　　　　　　　　　　　　B.　统计核算

C.　会计核算　　　　　　　　　　　　D.　费用核算

E.　成本核算

三、简答题

1.　请简述施工成本组成。

2.　请简述施工成本计划编制的方法。

3.　什么是赢得值法？它的三个基本值是什么？请简述。

参 考 答 案

一、单选题

1. C；2. C；3. A；4. D；5. C；6. D

二、多选题

1. ACD；2. CDE；3. ACDE；4. BCD；5. ABC

三、简答题（略）

第4章 工程项目进度控制

【教学提示】

本章主要介绍了工程项目进度控制的内涵、目标；重点介绍了工程项目进度计划的编制方法、原则、依据和步骤；进度计划控制的几种重要方法，包括横道图比较法、前锋线比较法、"切割线"比较法、S形曲线比较法和"香蕉"曲线比较法。

【教学要求】

通过对本章的学习，要求能够理解进度和工程项目总进度计划的概念；了解工程项目进度控制的内涵、目标；掌握横道图比较法、前锋线比较法、"切割线"比较法、S形曲线比较法和"香蕉"曲线比较法的基本原理。

4.1 工程项目进度控制概述

在工程建设中，怎样保证项目的进展按计划运行是项目控制的任务。世界上没有不需要控制的项目，因为理想的、完美无缺的计划是没有的，不受干扰并完全均衡地组织、分毫不差地按计划运行也是不可能的。这是因为工程项目的实施都是处在一个开放的动态条件下，环境的变化、业主目标的修正、技术设计的不确定性、施工方案的缺陷及其他风险因素的存在，使得原计划必须不断地动态调整，以适应新的变化，才能最终满足计划工期的要求。解决实施中发现的实际与原计划差异的矛盾及新的变化带来的新的矛盾和问题都是控制。

对工程项目的控制贯穿于项目实施的全过程，而且首先应认识到对项目的控制越早，对计划（标准）的实现越有保障。其次，对控制工作而言，不能只看成是少数人的事情，而应该是全体参与人员的责任。此外，还必须加大主动控制，即在实施前或偏离前已预测到偏离的可能，主动采取对策，防止偏差的发生。

4.1.1 工程项目进度控制的内涵

对于工程项目来说，项目进度控制主要指将项目的可行性研究、宗地购置、策划、设计、施工及交付使用等各阶段的工作内容、工作程序、持续时间和衔接关系，根据进度总目标及优化资源的原则编制进度计划，并将该计划付诸实施。在实施过程中，运用各种手段和方法，依据合同文件和有关规定要求，采用先进合理的技术、组织、经济、控制等措施，不断检查调整自身的进度计划，在确保工程项目质量、安全和费用可控的前提下，按照合同规定的或有关规定要求的项目建设期限以及预订的计划目标去完成项目建设任务。

工程项目进度控制直接关系到工程开发项目成为真正商品进入市场的时间，关系到工程企业的经济利益，同时也关系到消费者的利益。工程项目的运作时间较长，一般为3~5年，这期间政策性因素、原材料成本因素、劳动力成本因素、销售形势的变化等，都会对项目的运作成本产生影响。但出于资金安排和销售的需要，项目开工后，工程企业不会轻易变更事前拟订的开盘时间和交房时间，尤其是商品房开发过程中已经支付定金的购房人，这就要求工程必须在开盘前完成主体施工，在交房前完成项目竣工验收。

工程项目的进度控制得好与不好，将直接影响到整个项目的成本投入，包括设计成本、建造成本、销售成本及其他相关隐性成本及机会成本等。工程企业控制开发项目的进度，不仅能够确保其按预定的时间交付使用，及时发挥投资效益，而且有益于维持国家良好的经济秩序，因此，应采用科学的方法和手段来控制工程开发项目的建设进度。

4.1.2　工程项目进度控制的目标

工程项目进度控制的主要目标是在项目的实施阶段对项目目标进行控制。工程项目进度目标的控制是工程企业项目控制的任务。在项目的实施阶段，项目进度控制目标包括：设计前准备阶段的工作进度、设计工作进度、招标工作进度、施工前准备工作进度、工程施工（土建和设备安装）进度、工程物资采购工作进度、项目动用前的准备工作进度等。

在进行工程项目进度目标控制前，首先应分析和论证上述各项工作的进度目标实现的可能性以及上述各项工作进度的相互关系。若项目进度目标不可能实现，则项目控制者应提出调整项目进度目标的建议，提请项目决策者审议。

在工程项目进度目标论证时，往往没有掌握比较详细的设计资料，也缺乏比较全面的有关工程发包的组织、施工组织和施工技术方面的资料，以及其他有关项目实施条件的资料。因此，进度目标论证并不是单纯的进度规划的编制工作，它涉及许多工程实施的条件分析和工程实施策划方面的问题。

大型工程项目进度目标论证的核心工作是通过编制进度纲要论证目标实现的可能性。进度纲要的主要内容包括：项目实施的总体部署，总进度规划，各子系统进度规划，确定里程碑事件（主要阶段的开始和结束时间）的计划进度目标，进度目标实现的条件和应采取的措施等。

4.2　工程项目进度计划的编制方法

4.2.1　工程项目进度计划编制的基础知识

4.2.1.1　进度

进度通常是指项目实施结果的进展情况，在项目实施过程中要消耗时间（工期）、劳动力、材料、成本等才能完成项目的任务。当然项目实施结果应该以项目任务的完成情况，如工程的数量来表达。但由于项目对象系统（技术系统）的复杂性，常常很难选定一个恰当的、统一的指标来全面反映项目的进度。有时时间和费用与计划都吻合，但项目实物进度（工作量）未达到目标，则后期就必须投入更多的时间和费用。

在现代项目控制中，人们已赋予进度以综合的含义，它将项目的任务、工期、成本、资源等有机地结合起来，形成一个综合的指标，能全面反映项目各活动（工作）的实施情况。进度控制已不是传统的工期控制，而且还将工期与项目实物、成本、劳动消耗、资源等统一起来。

进度控制的目的就是按期完工，其总目标和工期控制是一致的，但在进度控制过程中，它不仅追求时间上相一致，而且追求劳动效率的一致性。进度与工期这两个概念既相互联系，又有区别。工期作为进度的一个指标，进度控制首先表现为工期控制，有效的工期控制才能达到有效的进度控制。但不能只用工期来表达进度，那是不全面的，有可能产生误导。若进度延误了，最终工期目标也不可能实现；在项目实施中，对计划的有关活动进行调整，当然工期也会发生变化。本章重点放在工期控制上。

4.2.1.2　工程项目进度计划

一、工程项目施工总进度计划

（一）工程项目施工总进度计划的概念

对于大型工程建设项目，往往由若干个单项工程或单位工程组成、形成一个建筑群，即群体项目。为了保证项目目标的实现，便于工程项目的组织与实施，必须对建设项目进行分解，并将分解的各项工作落实到各个施工队伍或组织去完成。由于建设项目的整体性与系统性，项目分解的各项工作之间存在技术、组织、空间及职能控制等界面关系，因此，对于大中型工程建设项目的施工应依据总体规划和统筹安排的原则，首先编制施工总进度计划。施工总进度计划应着重于施工项目控制的综合性、整体性和协调性。

施工总进度计划是施工现场各项控制性活动在时间上的体现。它是以建设项目为对象，根据规定的工期和施工条件，在施工部署中的施工方案和施工流程的基础上，对全工地的所有施工活动在时间进度上的安排。其作用在于确定各个单项工程、单位工程及其主要工种工程、准备工作和全工地性工程（包括平整场地、铺设道路、水电气管线等）的施工顺序、施工期限、相互在时间和空间上的搭接关系及其开工的日期，从而确定施工中所需劳动力、材料、成品、半成品、生产设备、施工机械的需要数量和调配情况，以及现场临时设施的数量、水电供应数量和能源、交通的需要数量等。

（二）工程项目施工总进度计划的特点

1. 综合性

施工总进度计划是施工项目最高层次的进度计划，反映施工项目总体施工安排和部署，满足施工项目的总进度目标要求，是各个分进度目标的有机结合，具有一定的内在规律。

2. 整体性与协调性

施工总进度计划要反映下级计划的彼此联系，解决各单项工程、单位工程、各个分包合同之间的界面关系。如住宅小区中，住宅与文教、娱乐、商业服务设施及基础设施先后顺序、搭接关系必须在保证交付进度的前提下，进行合理安排。

3. 复杂性

施工总进度计划不仅涉及施工项目内部队伍组织、资源调配和专业配合，还涉及市场条件、社区、政府等的协调问题，并且满足自然条件的限制，因而牵涉面广、关系错综复杂。

施工进度计划是施工项目控制规划或施工组织设计的主要内容，也是施工现场控制的中心内容。如果施工总进度计划编制不合理，将会导致人力、物力的运用不平衡，工期延误，甚至还会影响施工项目的质量、成本和安全。因此，施工总进度计划的合理与协调是施工项目按期交付使用、降低施工成本、确保施工现场生产秩序的重要保障。

（三）工程项目施工总进度计划的编制原则

1. 系统规划，突出重点

在安排项目总进度时，要全面考虑，分清主次，明确重点，同期进行的子项目（单项工程及单位工程）不宜过多，以免分散资源。重点是指那些工程量大、工期长、质量要求高、施工难度大，对其他子项目施工影响大、对整个项目的顺利完成及交付业主使用起关键性作用的子项目。

2. 组织流水施工

流水施工组织方法能使施工活动有节奏、连续地施工，均衡消耗资源，因而能产生较好的技术经济效果。在编制项目总进度计划时，应尽可能吸收和采用流水施工的基本思想和原理。

3. 分期实施、尽早满足项目交付使用要求

对于大型工程项目，应根据一次规划、分期实施的原则，集中精力分期分批施工，以便项目尽早投入使用，尽快发挥投资效益。在总进度安排中，要妥善处理好前期动用和后期施工的关系、每期工程中主体工程与辅助工程之间的关系、地下工程与地上工程之间的关系、场外工程与场内工程之间的关系。

4. 注意对施工总平面空间布置得影响

按照规范要求、工程项目中各单项工程平面应布置紧凑，以节省占地面积，缩短道路、管线的长度。因此，应对相邻单项工程的开工时间和施工顺序予以调整，以避免或减少相互影响，使施工总平面及空间得到合理布置。

（四）工程项目施工总进度计划编制依据

（1）施工合同。合同工期、分期分批子工程的开竣工日期，关于工期提前、延误、调整的约定，以及标前施工组织设计。

（2）施工进度目标。为了追求保险的进度目标，企业领导可能有自己的施工进度目标，一般比合同目标更短。

（3）工期定额。工期定额通常是承发包双方签订合同的依据，在编制施工总进度计划时，应以此为最大工期标准，力争缩短而绝对不能超过定额规定的工期。

（4）有关技术经验资料。主要指设计文件，可供参考的施工档案资料（如类似工程的实际进度情况）、地质资料、环境资料和统计资料等。

（5）施工部署与主要工程施工方案。施工总进度计划是施工部署在时间上的体现，所以它的编制应在施工部署与主要工程施工方案确定以后进行。

（五）工程项目施工总进度计划的编制步骤

（1）收集编制依据。

（2）确定进度编制目标。应在充分研究经营策略的前提下，确定一个比合同工期和指令工期更积极可靠（更短）的工期作为编制施工总进度计划的目标工期。

（3）计算工程量。施工总进度计划的工程量综合性比较大，编制计划者可从图纸计算得到。因为企业投标报价需要计算工程量，现在有些招标文件就附有工程量清单，所以也可利用这些工程量。

（4）确定各单位工程的施工期限和开、竣工日期。影响单位工程施工期限的因素很多，主要是：建筑类型、结构特征和工程规模，施工方法，施工经验和控制水平，资源供应情况以及施工现场的地形、地质条件等。因此，各单位工程的工期应综合考虑上述因素并参考有关工程定额（或指标），类似工程根据实际情况决定。

（5）安排各单位工程的搭接关系。在不违背工艺关系（如设备安装与土建工程）的前提下，主要考虑资源平衡（如主要工种工人的连续作业）的需要，搭接越多，总工期越短。在具体安排时着重考虑以下几点。

1）根据施工要求兼顾施工可能，尽量分期分批安排施工，明确每个施工阶段的主要单位工程开、竣工时间。

2）同一时期安排开工项目不适过多，其中施工难度大、工期长的应尽量先安排开工。

3）每个项目的施工准备、土建施工、设备安装、试生产在时间上要合理衔接。

4）土建、设备安装应组织连续、均衡的流水施工。

（6）编制施工总进度计划表。首先根据各单位工程（或单项工程）的工期与搭接关系，编制初步计划；然后按照流水施工与综合平衡的要求，调整进度计划得出施工总进度计划；最后依据总进度计划编制分期分批施工工程的开工日期、完工日期及工期一览表，资源需要量表等。

（7）编写说明书。施工总进度计划的编制说明书内容有：本施工总进度计划安排的总工期；工期提前率（与合同工期比较）；施工高峰人数、平均人数及劳动力不均衡系数；本计划的优缺点；本计划执行的重点和措施；有关责任的分配等。

二、工程项目单位工程施工进度计划

（一）工程项目单位工程施工进度计划概念

单位工程施工进度计划是工程施工项目实施性施工进度计划，是在工程项目施工总进度计划的指导下，以单位工程为对象进行工作分解，在既定施工方案的基础上根据施工总进度计划确定的开工、竣工时间或合同规定的工期要求，根据各种资源供应条件，遵守各施工过程的合理顺序及组织施工的原则，用横道图或网络计划，对单位工程从开始施工到全部竣工，确定其全部施工过程在时间上和空间上的安排和相互间配合关系。

（二）工程项目单位工程施工进度计划的编制依据

（1）项目控制目标责任。"项目控制目标责任书"中的六项内容均与单位工程施工进度计划有关，但最主要的还是其中"应达到的项目进度目标"。这个目标既不是合同目标，也不是定额工期，而是项目控制的责任目标，不但有工期，而且有开工时间和竣工时间等。总之，凡是项目控制目标责任书中对进度的要求，均是编制单位工程施工进度计划的依据。

（2）施工总进度计划。单位工程施工进度计划应执行施工总进度计划中的开、竣工时间，工期安排，搭接关系以及说明书。在实施中如需调整，不能打乱总计划的部署，且应征得施工总进度计划审批者（企业经理或技术主管）的批准。

（3）施工方案。施工方案的选择先于施工进度计划确定，它所包含的内容都对施工进度计划有约束作用。其中，施工方法直接影响施工进度的快慢；施工顺序就是施工进度计划的编制次序；机械设备的选择，既影响所涉及的子项的持续时间，又影响总工期，对施工顺序亦有制约。

（4）主要材料和设备的供应能力。施工进度计划编制的过程中，必须考虑主要材料和机械设备的供应能力。主要检查供应能否满足进度要求，这就需要反复平衡。一旦进度确定，则供应能力必须满足进度的需要。

（5）施工人员的技术素质及劳动效率。施工项目的活动大多以人工为主，机械为辅，施工人员的技术素质高低，影响着速度和质量。作业人员技术素质必须满足规定要求，不能以"壮工"代替"技工"。作业人员的劳动效率要客观实际，并应考虑社会平均先进水平。

（6）施工现场条件、气候条件和环境条件。这些条件的摸底调查，是编制施工计划的要求，也是以后施工调整的需要。

（7）已建成的同类工程实际进度及经济指标。这项依据既可参照、模仿，又可用来分析本计划的水平高低。

（三）工程项目单位工程施工进度计划的编制步骤

（1）熟悉图纸和有关资料，调查施工条件。

（2）施工过程项目划分。任何一个建筑物的建造，都由许多施工过程组成。因建筑物类型、建造地点和时间的不同，每一建筑物所要完成的施工过程数量和内容也各不相同。

1）施工过程的粗细程度。为使计划简明，便于执行，原则上应尽量减少施工过程的数目，能合并的项目尽可能合并。关键是找到工作量大、工作持续时间长的主导施工过程。

2）施工过程应与施工方法一致。应结合施工方法进行划项，以保证进度计划能够完全符合施工进展的实际情况，真正起到指导施工的作用。

（3）编排合理的施工顺序。确定施工顺序是为了按照施工的技术规律和合理的组织关系，解决各项目之间在时间上的先后顺序和搭接关系，以期做到保证质量、安全施工、充分利用空间、争取时间，实现合理安排工期的目的。

施工顺序是在施工方案中确定的施工起点流向、施工阶段程序的基础上，按照所选的施工方法和施工机械的要求确定的。确定施工顺序时，必须根据工程的特点、技术上和组织上的要求以及施工方案等进行研究，不能拘泥于某种僵化的顺序。

（4）计算各施工过程的工程量。施工过程确定后，根据施工图及有关工程量计算规划，按划分的施工段的分界线，分层分段计算各个施工过程的工程量，以便安排进度。工程量计算应与所采用的施工方法一致；工程量的计量单位应与采用定额的单位一致。

（5）确定劳动力和机械需要量。计算劳动量和机械需要量时，应根据现行施工定额，并考虑实际施工水平，使作业班组有超额完成的可能性，以调动其工作积极性。

1）对普通分项工程的劳动量或机械台班需要量，可由式（4-1）确定。

$$P_i = \frac{Q_i}{S_i} = Q_i H_i \tag{4-1}$$

式中　　P_i——某分项工程劳动量或机械台班需要量；

　　　　Q_i——某分项工程的工程量；

　　　　S_i——完成某分项工程的产量定额；

　　　　H_i——完成某分项工程的时间定额。

2）对于零星工程的组合分项工程，可先由式（4-2）确定其平均产量定额，然后按式（4-1）确定其劳动量或机械需要量。

$$\overline{S} = \frac{\sum_{n=1}^{n} Q_i}{\frac{Q_1}{S_1} + \frac{Q_2}{S_2} + \cdots + \frac{Q_i}{S_i} + \cdots + \frac{Q_n}{S_n}} \tag{4-2}$$

式中　　S——某组合分项工程平均产量定额；

　　　　Q_i——第 i 零星工程的工程量；

　　　　S_i——第 i 零星工程的产量定额，$1 \leqslant i \leqslant n$；

　　　　n——组合分项工程的零星工程数量。

（6）分项工程工作持续时间。

1）定额计算法。这种方法是根据施工项目需要的劳动量或机械台班量，按配备的劳动人数或机械台数计算其工作持续时间，计算公式如式（4-3）所示。

$$t_i = \frac{Q_i}{S_i R_i N_i} = \frac{P_i}{R_i N_i} \tag{4-3}$$

式中　t_i——某分项工程的工作持续时间；

　　　S_i——计划产量定额；

　　　P_i——该分项工程的劳动量；

　　　R_i——该分项工程所配备的班组作业人数或机械台数；

　　　N_i——每天采用的工作班制。

施工班组人数的确定。在确定班组人数时，应考虑最小劳动组合人数、最小工作面和可能安排的施工人数等因素。最小劳动组合即某一施工过程进行正常施工所必需的最低限度的班组人数；可能安排的人数指施工单位所能配备的人数；最小工作面即施工班组为保证安全生产和有效地操作所需的工作空间。

工作班制的确定。一般情况下，当工期允许、劳动力和机械周转使用不紧迫、施工工艺无"连续"施工要求时，可采用一班制施工；当工期较紧或为了提高机械的使用率，或工艺上要求连续施工时，某些施工过程可考虑二班制甚至三班制施工。

2）经验估算法。针对采用新工艺、新技术、新结构和新材料等无定额可循的工程分项，首先根据经验进行最乐观时间（a）、最可能时间（b）、最悲观时间（c）的估计，然后按式（4-4）确定工作持续时间。

$$t = \frac{a + 4b + c}{6} \tag{4-4}$$

3）倒排计划法。倒排计划法是根据流水施工方式及要求工期，先确定工作持续时间，再确定班组人数（或机械台数）及工作班制。

（7）编制施工进度计划图（表）。应优先使用网络图，有时也可使用横道图。注意要编制说明，要进行进度计划风险分析并制订控制措施。

（8）编制劳动力和物资等资源计划。有了施工进度计划之后，还需要依据它编制劳动力、主要材料、预制件、半成品及机械设备需要量计划，资金收支计划。施工过程就是资源的消耗过程，要以资源支持施工，这些计划统称为施工进度计划的支持性计划。

4.2.2　工程项目施工进度计划的编制方法

4.2.2.1　横道图

横道图是一种传统方法，它的横坐标是时间标尺，各工作的进度线与之相对应，这种表达方式简便直观、易于控制使用，依据它直接进行统计计算可得到资源需要量计划。

横道图的基本形式如图4-1所示。它的纵坐标按照项目实施的先后顺序自上而下表示各工作的名称、编号，为了便于计划的审查与使用，在纵坐标上也可以表示出各工作的工程量、劳动量（或机械量）、工作队人数（或机械台数）和工作持续时间等内容。图中的横道线段表示任务计划各工作的开展情况，工作持续时间、开始与结束时间，一目了然。它实质上是图和表的结合形式，在工程中广泛应用，很受欢迎。

当然，横道图的使用也有局限性，主要是工作之间的逻辑关系表达不清楚，不能确定关键工作，不能充分利用计算机等，尤其是项目包含的工作数量较多时，这些缺点表现的更加突出。所以，它适用于一些简单的小项目；适用于工作划分范围很大的总进度计划；适用于

工程活动	1999	2000			2001				2002				2003				2004			
	3 4	1	2	3	4	1	2	3	4	1	2	3	4	1	2	3	4	1	2	3	4
初步设计	△ 批准8.1					△ 开工5.1									△ 封锁11.10				△ 交工11.15		
技术设计																					
施工图设计																					
拆建																					
拆迁																					
施工招标																					
设备订货																					
设备堆场																					
施工准备																					
土方工程																					
基础工程																					
主体工程																					
设备支装																					
设备调试																					
装饰工程																					
室外工程																					
附属工程																					
验收																					

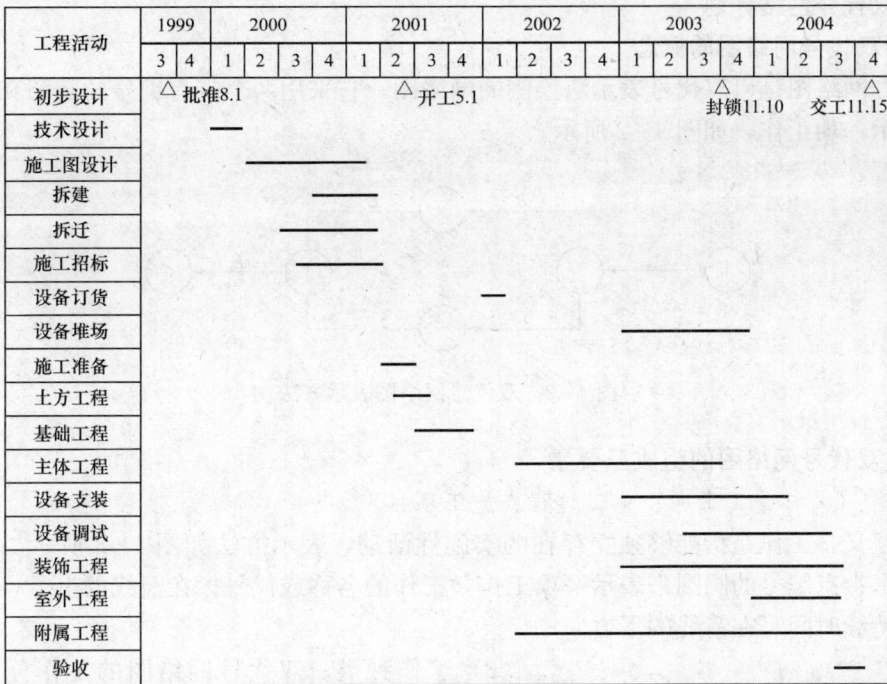

图 4-1　×××项目进度计划

注："△"为里程碑事件。

工程活动及其相互关系还分析得不很清楚的项目初期的总体计划。

4.2.2.2　网络计划技术

网络计划技术是利用网络计划进行生产组织与管理的一种方法，用网络图的形式来反映和表达计划的安排。在建筑工程施工中，网络计划技术主要用来编制工程项目施工的进度计划和建筑施工企业的生产计划，并通过对计划的优化、调整和控制，达到缩短工期、提高效率、降低消耗的施工目标。

网络计划的优点是把施工过程中的各有关工作组成了一个有机的整体，因而能全面而明确地反映出各工作之间的相互制约和相互依赖关系。它可以进行各种时间计算，能在计划中找出影响工程进度的关键工作，便于管理人员集中精力抓施工中的主要矛盾。通过利用网络计划中各工作的机动时间，可以更好地运用和调配人力与设备，节约人力、物力，达到降低成本的目的。

在计划的执行过程中，当某一工作因故提前或拖后时，能从计划中预见到它对其他工作及总工期的影响程度，便于及早采取措施，利用有利的条件并有效地消除不利的因素。此外，它还可以利用计算机，对复杂的计划进行绘图、计算、检查、调整与优化。所以，网络计划技术已不仅仅是一种编制计划的方法，而且还是一种科学的工程管理方法。它有助于管理人员合理地组织生产，知道管理的重点应放在何处，怎样缩短工期，在哪里挖掘潜力，如何降低成本等。

但网络计划也存在一定缺点，如在计算劳动力、资源消耗量时，与横道图相比较为困难，同时没有横道图简单和直观。

一、双代号网络计划

（一）双代号网络图的概念

双代号网络图是以双代号表示法绘制的网络图，它采用两个带有编号的圆圈和一条中间箭线来表示一项工作，如图4-2所示。

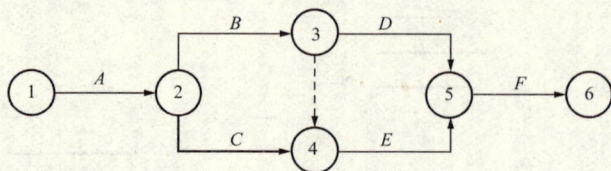

图4-2　双代号网络图表示方法

（二）双代号网络图的组成三要素

1. 工作（又称施工工序、施工过程或施工项目）

（1）定义：工作是指能够独立存在的实施性活动，表示方法如图4-3所示，它用一条箭线和两个带有编号的圆圈来表示一项工作，工作的名称或代号标在箭线的上方，完成该工作所需的持续时间写在箭线的下方。

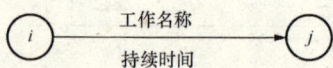

图4-3　双代号网络图工作表示方法

（2）工作种类。双代号网络图的工作分为三种类型，即①既消耗时间又消耗资源的工作（如浇筑混凝土等）；②只消耗时间不消耗资源的工作（如混凝土养护、油漆的干燥等）；③既不消耗时间又不消耗资源的工作。

其中①、②称为实工作，③称为虚工作。虚工作表示一项虚拟的工作，所以没有工作名称和工作持续时间，常用虚箭线表示，也可用实箭线表示，但其工作持续时间必须用"0"标出，如图4-4所示。

图4-4　虚工作的表示方法

（3）虚工作的作用。

1）联系作用：它是指用虚箭线正确表达工作之间的相互依存关系。

2）区分作用：它是指双代号网络图中每一项工作都必须用一条箭线和两个带有编号的圆圈表示，两项工作的编号相同时，应使用虚工作加以区分，如图4-5所示。

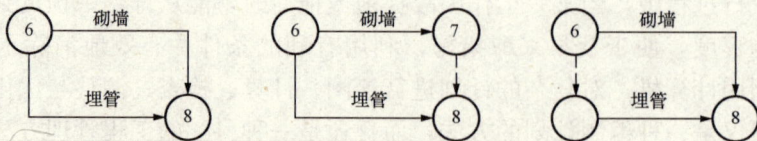

图4-5　用虚工作区分两个相同编号的工作

3）断路作用：它是用虚箭线断开无联系的工作，即在双代号网络图中，把无联系的工作连接上时，应增加虚工作将其断开。例如图4-6所示。

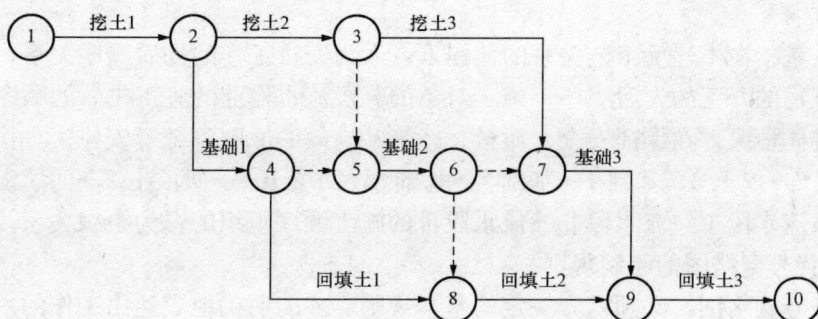

图 4-6　用虚箭线断开无联系的工作

如图 4-6 中所示①→②，③→⑦等表示实工作；③→⑤，④→⑤，⑥→⑦等表示虚工作。

（4）工作之间的相互关系。

网络图中一项工作和其他工作之间的相互关系可分为有直接关系的工作和无直接关系的工作，其中有直接关系的工作可分为紧前工作、平行工作和紧后工作。其中紧排在本工作之前的工作我们称为该工作的紧前工作；紧排在本工作之后的工作我们称为该工作的紧后工作；与本工作平行进行的工作我们称为该工作的平行工作。

如图 4-6 所示工作"挖土 2"和"基础 1"是"基础 2"的紧前工作，"挖土 3"和"基础 2"是平行工作，"基础 3"和"回填土 2"是"基础 2"的紧后工作，"回填土 1"和"挖土 2"是无直接关系的工作。

2. 节点（又称节点或事项）

（1）定义。网络图中箭线两端带有编号的圆圈，称作节点。节点只表示工作开始或结束的时刻，既不消耗时间，也不消耗资源。如图 4-6 中所示③→⑦工作，③表示挖土 3 的开始时刻，⑦表示挖土 3 的结束时刻。

（2）节点编码要求。

节点用〇表示，圆圈中编上正整数号码，称为节点编码；在同一个网络图中不得有相同的节点编码；节点的编码应满足箭尾编码小于箭头编码。

3. 线路（又称路线）

线路是指双代号网络图中从起始节点顺着箭杆的方向到终点节点各条路径的全程。其中工期最长的线路称为关键线路，其余线路称为非关键线路。位于关键线路上的工作称为关键工作，常用粗实线或双箭线表示，关键工作外的其他工作都称为非关键工作。

（三）网络图常见逻辑关系的分类

网络图中工作之间相互制约或依赖的关系称为逻辑关系。其逻辑关系包括工作关系和组织关系。

1. 工艺关系

工艺关系是指生产工艺上客观存在的先后顺序关系，或者是非生产性工作之间有工作程序决定的先后顺序关系。例如，建筑工程施工时，先施工基础，后施工主体；先施工结构，后施工装修。工艺关系是不能随意改变的。如图 4-6 所示，挖土 1→基础 1→回填土 1 为工艺关系。

2. 组织关系

组织关系是指在不违反工艺关系的前提下，人为安排工作的先后顺序关系。例如，建筑群中各个建筑物的开工的先后顺序；施工对象的分段流水作业的施工先后的顺序等。组织顺序可以根据具体情况，在保证安全、质量、经济、高效的原则下统筹安排。如图 4-6 所示，挖土 1→挖土 2→挖土 3；基础 1→基础 2→基础 3；回填土 1→回填土 2→回填土 3 等是分段流水作业按照流水段Ⅰ→流水段Ⅱ→流水段Ⅲ的施工顺序组织的，为组织关系。

（四）双代号网络图的绘制规则

绘制双代号网络图，必须遵守一定的基本规则，才能明确地表达出工作的内容，准确地表达工作间的逻辑关系，并且使所绘出的图易于识读和操作。具体绘制规则如下：

（1）必须正确表达各项工作之间的逻辑关系，同时尽量减少虚工作。

例如图 4-7 所示：B、C 工作在 A 工作完成后进行。

（2）一个网络图中只能有一个起始节点和一个结束节点。如有几项工作同时开始，或几项工作同时结束，通常可分别表示成图 4-8 所示形式。

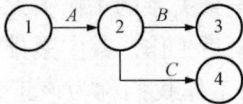

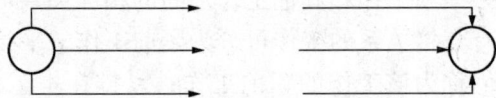

图 4-7   图 4-8　一个起始节点和一个结束节点

起点节点：只有外向箭线，而无内向箭线的节点；终点节点：只有内向箭线，而无外向箭线的节点。

（3）尽量减少不必要的箭线和节点，如图 4-9 所示。

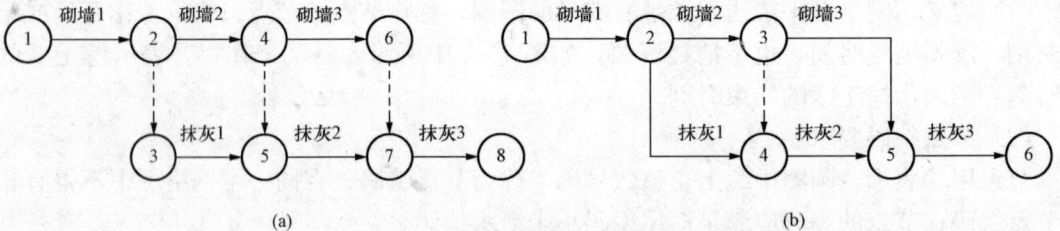

(a)   (b)

图 4-9　网络图的简化示意

(a) 有多余节点和虚箭线的网络图；(b) 简化后的网络图

（4）网络图中不允许出现循环回路。如图 4-10 所示，出现了②→④→③→②和③→⑤→④→③两天循环回路，这是不允许的。

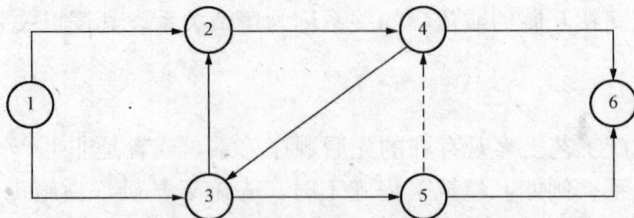

图 4-10　循环回路

（5）不允许出现相同编号的工序或工作。如图 4-11（a）所示为错误用法，可通过增设节点及虚箭线来加以区分，如图（b）所示为正确用法。

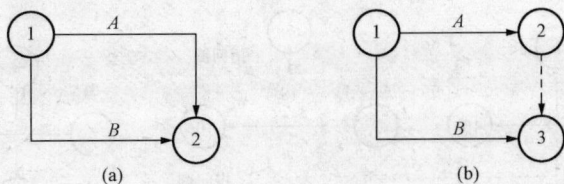

图 4-11 相同编号的工作及修改方法

（6）不允许出现双向箭头或无箭头的工作。如图 4-12 所示，②→④工作出现双向箭头，③→④工作无箭头。

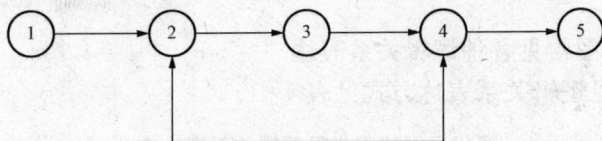

图 4-12 双向箭头或无箭头的工作

（7）网络图编号一般应从小到大依次进行，为考虑有插入工作的需要，编号可以不连接，通常可视具体情况在网络图的适当部位留有增添编号的余地。

（8）严禁有无箭尾节点或无箭头节点的箭线，如图 4-13 所示。

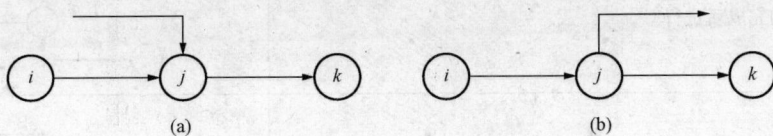

图 4-13 无箭尾节点或无箭头节点的箭线

(a) 无箭尾节点；(b) 无箭头节点

（9）当双代号网络图的某些节点有多条外向箭线或多条内向箭线时，在不违反"一项工作只有唯一的一条箭线和相应的一对节点编号"的前提下，为使图形简洁，可使用母线法绘制，当箭线线型不同时，可在母线上引出的支线上标出，如图 4-14 所示。

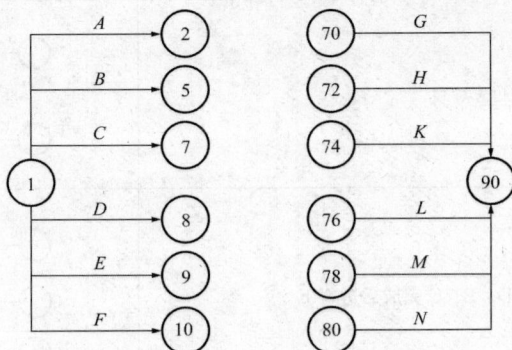

图 4-14 母线法

（10）绘制网络图时，箭线不宜交叉；当交叉不可避免时，可用过桥法、指向法或断路法来表示。如图 4-15 所示。

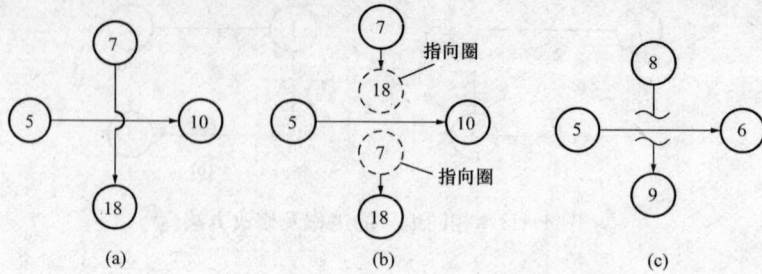

图 4-15　绘制网络图时避免箭线交叉的方法
（a）过桥法；（b）指向法；（c）断路法

（五）双代号网络图常见各种逻辑关系表达

双代号网络图常见逻辑关系表达方式见表 4-1。

表 4-1　　　　　　　　　　双代号网络图常见逻辑关系表达方式

序号	工作之间的逻辑关系	网络图中的表示方法
1	A 完成后进行 B；B 完成后进行 C	
2	A、B 均完成后进行 C	
3	A 完成后进行 B 和 C	
4	A 完成后进行 C；A、B 均完成后进行 D	
5	A、B 均完成后同时进行 C、D	
6	A、B、C 完成后进行 D；B、C 完成后进行 E	

续表

序号	工作之间的逻辑关系	网络图中的表示方法
7	A、B 均完成后进行 D；A、B、C 均完成后进行 E；D、E 均完成后进行 F	
8	A、B 完成后进行 C；B、D 完成后进行 E	
9	A、B 两项工作分成三个施工段组织流水施工，A_1 完成后进行 A_2 和 B_1；A_2 完成后进行 A_3；A_2 和 B_1 完成后进行 B_2；A_3 和 B_2 完成后进行 B_3	

（六）绘制双代号网络图应该注意的事项

绘制双代号网络图一般按各工种进展顺序由起始事件向结束事件逐步完成，绘制完成后必须检查逻辑关系。检查方法：从后向前逐一判断某工作的紧前工作是否必要，在没必要的地方，即逻辑关系发生混乱的地方，采用"断路法"将错误的逻辑关系切断，同时增加必要的虚工作。（断路法就是用虚箭线在线路上隔断无逻辑关系的各项工作）。

例如某基础工程由挖基槽、砌基础和回填土三个施工工序组成，分别由三个施工队按顺序施工，整个工程划分为 Ⅰ、Ⅱ、Ⅲ 三个施工段进行流水施工，各分项工程在各施工段上的持续时间依次为：6 天、4 天、2 天，试绘制其双代号网络图。

按各工种进展顺序逐步完成所得的初步网络计划如图 4-16 所示。

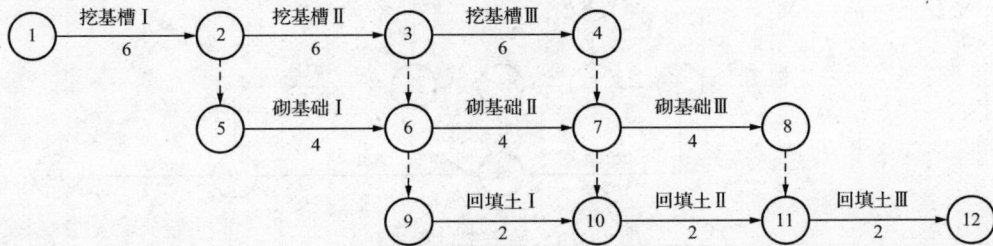

图 4-16　初步所得网络图

逻辑关系错误：回填土Ⅱ与挖基槽Ⅲ无逻辑关系；回填土Ⅰ与挖基槽Ⅱ无逻辑关系，应加以改正。其他逻辑关系均正确。改正后网络图如图 4-17 所示。

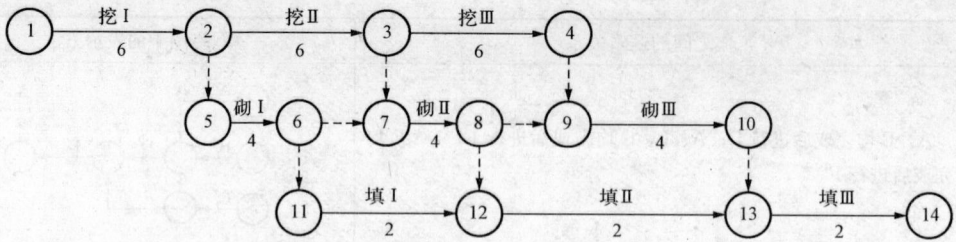

图 4-17　逻辑关系正确的网络图

去掉不必要的虚工作后如图 4-18 所示。

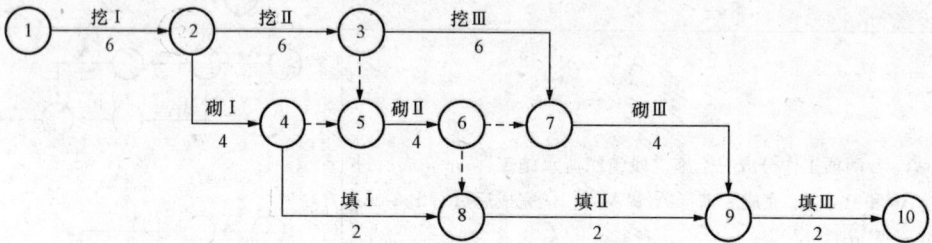

图 4-18　最终所得网络图

结论：出现三层及三层以上的双代号网络图时，一般会发生逻辑关系上的错误，应加以改正，如果是两层甚至一层一般不会发生逻辑关系的错误，因此在绘制双代号网络图时，应尽量减少其竖向层数，如此既可以大大减少更多的逻辑修改，同时也可以降低错误的发生。

（七）双代号网络图的排列

在绘制网络计划的实际应用中，我们要求网络计划按一定的次序组织排列，使其条理清晰、形象直观。主要有以下几种：

1. 按施工过程排列

按施工过程或者按施工工序排列是将同一施工过程或者同一施工工序排列在同一条水平线上的方法。例如，某基础工程分为挖土方、砌基础和回填土三个施工过程，若按三个施工段组织流水施工，其网络计划的排列形式如图 4-19 所示。

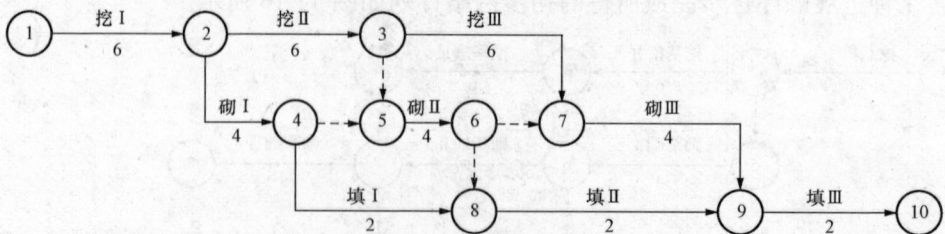

图 4-19　按施工过程排列

2. 按施工段排列

按施工段排列正好与按施工过程排列相反，它是将同一施工段上的各施工过程排列在同一水平线上的方法，如图 4-20 所示。

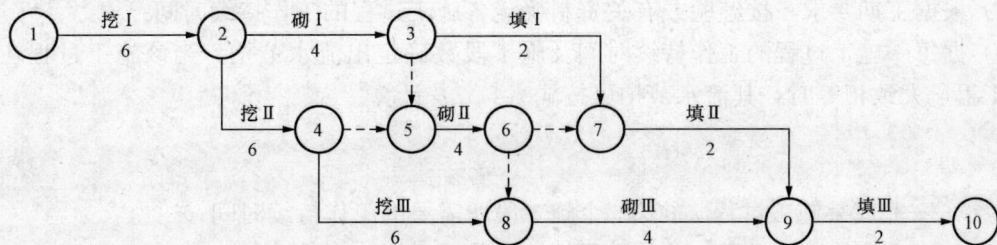

图 4-20　按施工段排列

3. 按楼层排列

按楼层排列是将同一楼层内的相关工作排列在同一条水平线上的方法。内装修工程常以楼层为施工层，例如某三层房屋室内装修的网络图，如图 4-21 所示。

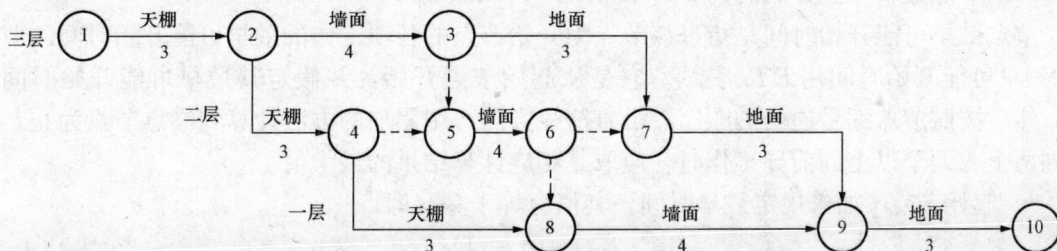

图 4-21　按楼层排列

（八）双代号网络计划时间参数的计算

双代号网络计划时间参数包括工作持续时间、节点时间参数、工作时间参数和工期。

1. 工作持续时间 D（duration）

工作持续时间是指一项工作从开始到完成所需的时间，常用大写字母 D 表示。

（1）定额计算法。该法是根据施工项目需要的劳动量或机械台班量，按配备的劳动人数或机械台数计算其工作持续时间，计算公式见式（4-5）。

$$t_{i-j}=\frac{Q_{i-j}}{S_{i-j}R_{i-j}N_{i-j}}=\frac{P_{i-j}}{R_{i-j}N_{i-j}} \tag{4-5}$$

式中　t_{i-j}——工作 $i-j$ 的工作持续时间；

S_{i-j}——工作 $i-j$ 的计划产量定额；

P_{i-j}——工作 $i-j$ 的劳动量；

R_{i-j}——工作 $i-j$ 所配备的班组作业人数或机械台数；

N_{i-j}——某工作 $i-j$ 每天采用的工作班制。

（2）经验估算法。对采用新工艺、新材料、新技术和新设备等无定额可循的工作，首先根据经验进行最乐观时间（a）、最可能时间（b）和最悲观时间（c）的估计，然后按式（4-6）确定工作持续时间。

$$t=\frac{a+4b+c}{6} \tag{4-6}$$

（3）工期计算法。对已经确定了工期的项目，往往采用倒排进度法。其流水节拍的确定步骤如下：

1）根据工期要求，按经验或有关资料确定各施工过程的工作持续时间；

2）据每一施工过程的工作持续时间及施工段数确定出流水节拍。当该施工过程在各段上的工程量大致相等时，其流水节拍可按式（4-7）计算。

$$t_i^j = \frac{T_j}{m_j} \tag{4-7}$$

式中 t_i^j——完成某施工过程 j 的第 i 个施工段所需要的工作持续时间；

T_j——完成某施工过程 j 总共需要的工作持续时间；

m_j——某施工过程 j 所划分的施工段数。

2. 节点时间参数

节点时间参数又称事件时间参数，包括节点最早可能开始时间和节点最迟必须完成时间。

（1）节点最早可能开始时间 ET（earliest event time）。

节点最早可能开始时间是指以该节点为开始节点的各项工作的最早可能开始时间。节点 i 的最早可能开始时间用 ET_i 表示。它是从起始节点开始，并假定其最早可能开始时间为零，然后按照节点编号递增的顺序，沿着箭线方向，用累加的方法计算到终点节点为止，当遇到两个或两个以上的前导工作时，应取其相应计算结果的最大值。

1）起始节点 i 如未规定最早时间，其值应等于零，即

$$ET_i = 0(i=1) \tag{4-8}$$

2）当节点 j 有 n 条内向箭线时，其最早开始时间为

$$ET_j = \max\{ET_i + D_{i-j}\} \tag{4-9}$$

终点节点 n 的最早时间即为网络计划的计算工期，即 $T_c = ET_n$。

（2）节点最迟必须完成时间 LT（latest event time）。

节点最迟必须完成时间是指以该节点为完成节点的各项工作的最迟必须完成时间。节点 i 的最迟必须完成时间用 LT_i 表示。它是从结束节点开始，并假定其最迟必须完成时间等于其最早可能开始时间，然后按照节点编号递减的顺序，自终点节点开始，逆着箭线方向，用累减的方法计算到起始节点为止，当遇到两个或两个以上的后续工作时，应取其相应计算结果的最小值。

1）终点节点的最迟必须完成时间应等于网络计划的计算工期，即

$$LT_n = ET_n \tag{4-10}$$

2）当节点 i 有 n 条外向箭线时，其最迟必须完成时间为

$$LT_i = \min\{LT_j - D_{i-j}\} \tag{4-11}$$

3. 工作时间参数

（1）工作最早可能开始时间 ES（earliest start time）和最早可能完成时间 EF（earliest finish time）。

工作最早可能开始时间是指在各紧前工作全部完成后，该工作有可能开始的最早时刻。工作最早可能完成时间是指在各紧前工作全部完成后，该工作有可能完成的最早时刻。

计算方法如下：

$$ES_{i-j} = ET_i \tag{4-12}$$

$$EF_{i-j} = ES_{i-j} + D_{i-j} \tag{4-13}$$

式中　ES_{i-j}——工作 $i-j$ 的最早可能开始时间；

　　　EF_{i-j}——工作 $i-j$ 的最早可能完成时间。

（2）工作最迟必须开始时间 LS（latest start time）和最迟必须完成时间 LF（latest finish time）。

工作最迟必须开始时间是指在不影响整个任务按期完成的前提下，该工作必须开始的最迟时刻。工作最迟必须完成时间是指在不影响整个任务按期完成的前提下，该工作必须完成的最迟时刻。

计算方法如下：

$$LF_{i-j} = LT_j \tag{4-14}$$

$$LS_{i-j} = LF_{i-j} - D_{i-j} \tag{4-15}$$

式中　LS_{i-j}——工作 $i-j$ 的最迟必须开始时间；

　　　LF_{i-j}——工作 $i-j$ 的最迟必须完成时间。

（3）工作总时差 TF（total float）。

工作总时差是指在不影响计划总工期的前提下，该工作可以利用的机动时间。总时差等于工作最迟必须开始时间与最早可能开始时间或者最迟必须完成时间与最早可能完成时间之间的差值。

计算方法如下：

$$TF_{i-j} = LS_{i-j} - ES_{i-j} = LF_{i-j} - EF_{i-j} \tag{4-16}$$

式中　TF_{i-j}——工作 $i-j$ 的总时差，其他同上。

（4）工作自由时差 FF（free float）。

工作自由时差是指在不影响其紧后工作最早开始的前提下，该工作所具有的机动时间。自由时差等于其紧后工作最早可能开始时间与该工作最早可能完成时间之间的差值。

计算方法如下：

$$FF_{i-j} = ES_{j-k} - EF_{i-j} = ET_j - EF_{i-j} \tag{4-17}$$

式中　FF_{i-j}——工作 $i-j$ 的自由时差；其他同上。

（5）工作时间参数的标注形式。

工作时间参数的标注形式，如图 4-22 所示。

4. 工期 T

工期指完成一项任务所需要的时间，一般有以下三种工期。

（1）计算工期（calculated project duration）：根据网络计划的时间参数计算所得的工期，即关键线路各工作持续时间之和，用 T_c 表示。

图 4-22　工作时间参数的标注形式

（2）要求工期（required project duration）：根据业主的指令或合同规定的工期，用 T_r 表示。

（3）计划工期（planed project duration）：根据要求工期和计算工期所确定的作为实施目标的工期，用 T_p 表示。

当网络计划规定了要求工期时，网络计划的计划工期应小于或等于要求工期，即

$$T_p \leqslant T_r \tag{4-18}$$

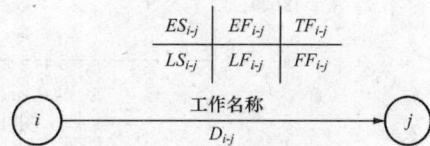

当网络计划未规定要求工期时，网络计划的计划工期应等于计算工期，即网络计划的终点节点的事件最早可能开始时间，如网络计划的终点节点的编号为 n，则

$$T_p = T_c = ET_n \qquad\qquad (4-19)$$

（九）关键线路的确定方法

网络图中总时差为零的工作称为关键工作，由关键工作组成的线路称为关键线路，或者说网路图中工期最长的线路为关键线路，关键线路上的工作称为关键工作，关键工作或关键线路用粗箭线、双箭线或彩色箭线表示。关键线路具有以下特点：

（1）关键线路的线路时间，代表整个网络图的计划总工期，延长关键线路上任何工作的作业时间都会导致整个总工期的延长。

（2）在同一个网络图中，至少存在一条关键线路。

（3）缩短某些关键工作的作业时间，都有可能将关键线路转化为非关键线路。

【例 4-1】　　计算图 4-23 各工作的时间参数。

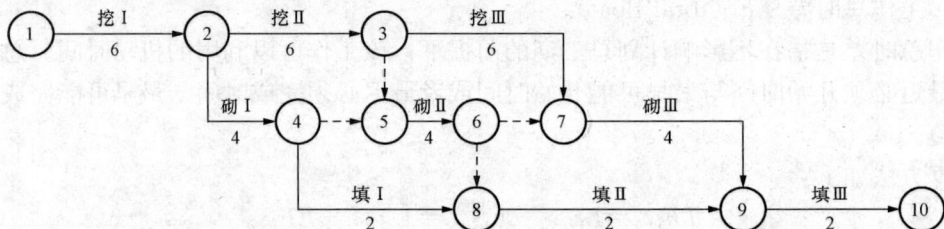

图 4-23

解　1. 计算结果如图 4-24 所示，计算过程略

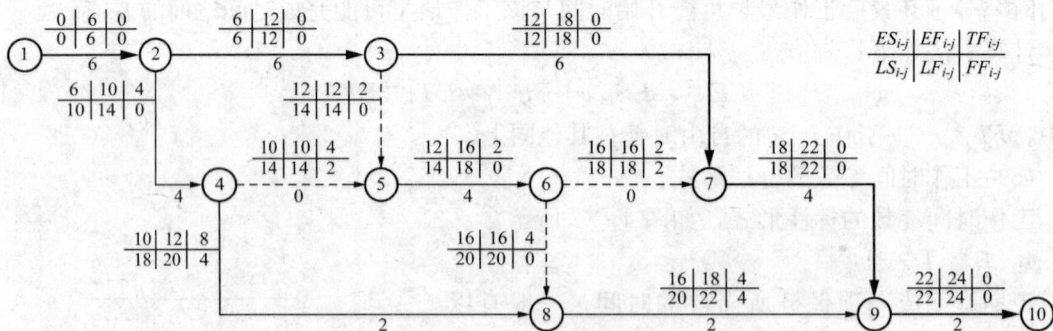

图 4-24　工作时间计算图

2. 确定关键工作及关键线路

关键工作为：①→②，②→③，③→⑦，⑦→⑨，⑨→⑩。

关键线路为：①→②→③→⑦→⑨→⑩

3. 确定网络计划计算工期

$$T_c = EF_{9-10} = 24$$

通过［例 4-1］的计算，我们可以归纳总时差 TF 和自由时差 FF 所具有的特性：

①总时差 $TF=0$，则自由时差 $FF=0$；

②总时差 $TF \geqslant$ 自由时差 $FF \geqslant 0$；

③自由时差 FF 为一个工作所具有的机动时间，使用了该工作的机动时间（自由时差 FF）时，不会影响该工作的紧后工作的最早开工时间。如［例 4-1］中，若工作④→⑧使用了自由时差 $FF_{4-8}=4$ 天，即作业时间由原 2 天，增加 4 天变为 6 天，其对紧后工作⑧→⑨的最早开工时间 $ES_{8-9}=16$，没有影响。

④总时差 TF 为一条线路所具有的机动时间，即为线路时差 PL_s。如［例 4-1］中，线路①→②→④→⑧→⑨→⑩的线路时间 $T_s=16$ 天，计算工期 $T_c=24$ 天，则 $PL_s=T_c-T_s=24-16=8$ 天，而该线路的总时差体现在工作④→⑧的总时差 $TF_{4-8}=8$ 天。

⑤一条线路的自由时差之和即为该线路的总时差。在线路①→②→④→⑧→⑨→⑩中自由时差之和 $\sum FF=FF_{1-2}+FF_{2-4}+FF_{4-8}+FF_{8-9}+FF_{9-10}=0+0+4+4+0=8$ 天，其该线路总时差 $TF=8$ 天，分别分配于工作④→⑧和工作⑧→⑨各 4 天，并以自由时差的形式体现，即 $FF_{4-8}=4$ 天，$FF_{8-9}=4$ 天。

二、单代号网络计划

（一）单代号网络计划的概念

用一个圆圈或方框表示一项工作，工作名称或内容以及工作所需要的时间都写在圆圈或方框内，用箭线表示工作之间的先后顺序和逻辑关系。圆圈或方框依次编上号码，作为各工作的代号，因一个节点表示一项工作，所以这种表达方法称为单代号网络图，如图 4-25 所示。

（二）单代号网络计划的组成三要素

1. 工作（节点、工序）

在单代号网络计划中，工作又称为节点或者工序，单代号网络计划的工作分为两种：一种是既消耗时间又消耗资源的工作，例如混凝土的搅拌，墙体的砌筑等；另一种是只消耗时间不消耗资源的工作，例如油漆的干燥，混凝土的养护等。

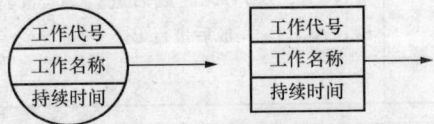

图 4-25　单代号网络图的表示方法

2. 箭线

单代号网络计划中的箭线仅表示工作之间的逻辑关系，它既不消耗时间，也不消耗资源。箭线应画成水平直线、折线或斜线。在单代号网络计划中无虚箭线即无虚工作。

3. 线路

单代号网络计划中，从起始节点到结束节点各条路径的全程称为线路，其中工期最长的线路称为关键线路，关键线路用粗箭线或双箭线表示。

（三）单代号网络计划的绘制规则

①单代号网络图必须正确表达已确定的逻辑关系。

②单代号网络图中，既不允许出现循环回路，也不允许出现重复编号的工作。

③单代号网络图中，不能出现双向箭头或无箭头的连线。

④单代号网络图中，不能出现没有箭头或箭尾节点的箭线。

⑤绘制单代号网络图时，箭线不宜交叉，当交叉不可避免时，可采用过桥法。

⑥在单代号网络图中，只允许有一个原始节点，当有两个及两个以上首先开始的工作时，要设置一个虚拟的原始节点，并在其内标注"开始"二字或者"S_t"。

⑦在单代号网络图中，只允许有一个结束节点，当有两个及两个以上最后结束的工作

时，要设置一个虚拟的结束结点，并在其内标注"结束"二字或者"F_{in}"。

（四）单代号网络图常见逻辑关系的表达

单代号网络图逻辑关系的表达见表 4-2。

表 4-2　　　　　　　　　　　单代号网络图逻辑关系表达

序号	工作之间的逻辑关系	网络图中的表示方法
1	A 工作完成后进行 B 工作；B 工作完成后进行 C 工作	
2	A、B 均完成后进行 C；B、D 均完成后进行 E	
3	A 完成后进行 C；A、B 均完成后进行 D；B 完成后进行 E	
4	A、B 两项工作分成三个施工段，分段流水施工：A_1 完成后进行 A_2、B_1；A_2 完成后进行 A_3、B_2；A_2、B_1 完成后进行 B_2；A_3、B_2 完成后进行 B_3	

（五）单代号网络计划时间参数的计算

单代号网络计划时间参数的计算与双代号网络计划相同。其标注形式如图 4-26 所示。

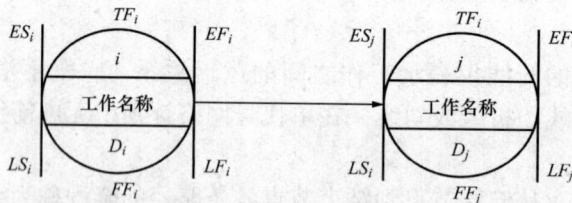

图 4-26　单代号网络计划时间参数的标注形式

【例 4-2】　某工程分为三个施工段，施工过程及其延续时间为：砌围护墙及隔墙 12 天，内外抹灰 15 天，安铝合金门窗 9 天，喷刷涂料 12 天。拟组织瓦工、抹灰工、木工和油工四个专业队组进行施工，试绘制单代号网络图，并计算其工作时间参数。

解　单代号网络图及其工作时间参数计算结果如图 4-27 所示。

三、双代号时标网络计划

（一）双代号时标网络计划的特点

双代号时标网络计划，简称时标网络计划，它是以时间坐标为尺度表示工作时间，其箭线的长度和所在位置表示工作的时间进程的一种网络计划，如图 4-28 所示。

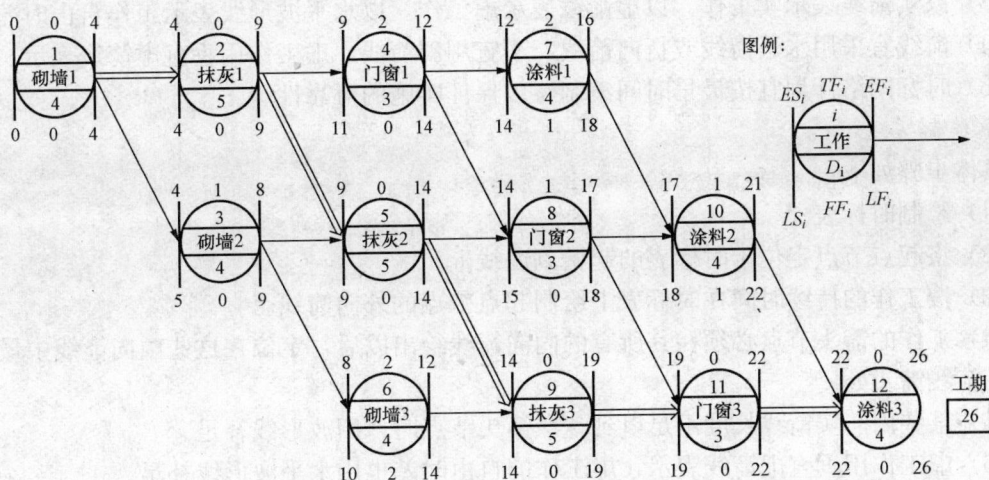

图 4 - 27 单代号网络计划时间参数计算示例

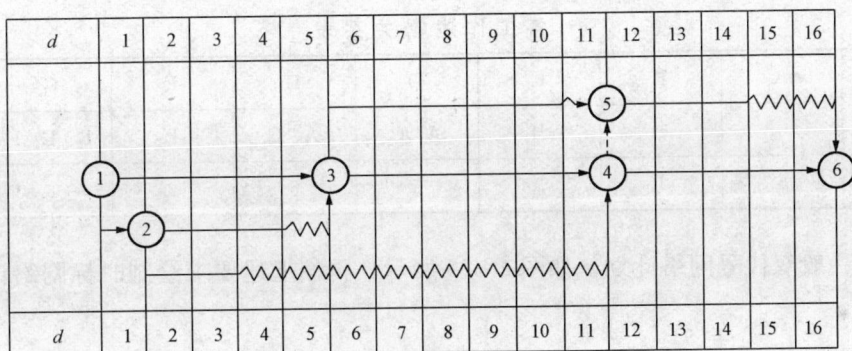

图 4 - 28 双代号时标网络计划

时标网络计划具有以下特点：

①它兼有网络图和横道图二者的优点，能很清楚地反映出各工作在开始时间上的安排；

②时标网络计划能在时标表上直接显示出各项工作的开始与完成时间，工作时差及关键线路；

③时标网络图在绘制中受到时间的限制，因此不易产生循环回路之类的逻辑错误；

④可以利用时标网络直接统计资源的需要量，以便进行资源优化和调整；

⑤由于箭线受时标的约束，故绘图不易，修改也较难，宜利用计算机程序软件进行该种计划的编制与管理。

（二）双代号时标网络图绘制的步骤

1. 绘制要求

（1）时标网络计划需绘制在带有时间坐标的表格上。其时间单位应在编制计划之前根据需要确定，可以小时、天、周、旬、月等为单位，构成工作时间坐标体系，也可同时加注日历，更能方便使用。时间坐标可以标注在图的顶部、底部，或上下都标注。

（2）节点中心必须对准时间坐标的刻度线，以避免误会。

（3）以实箭线表示实工作，以虚箭线表示虚工作，以水平波形线表示工作自由时差。

（4）箭线宜采用水平箭线或折向箭线，不宜用斜箭线，虚工作用垂直虚箭线表示。

（5）时标网络计划宜按最早时间编制，以保证实施的可靠性。

2. 绘制方法

具体步骤如下：

（1）绘制时标表。

（2）将起点节点定位于时标表的起始刻度线上。

（3）按工作的持续时间在时标表上绘制起点节点的外向箭线。

（4）工作的箭头节点必须在其所有的内向箭线绘出以后，定位在这些内向箭线中最迟完成的实箭线箭头处。

（5）某些内向实箭线长度不足以到达该箭头节点时，用波形线补足。

（6）虚工作用垂直虚箭线表示，虚工作的自由时差也用水平波形线补足。

（7）用上述方法自左至右依次确定其他节点的位置。

【例 4 - 3】　根据表 4 - 3 给出的逻辑关系绘制双代号时标网络计划。

表 4 - 3 　　　　　　　　　　**各 工 作 逻 辑 关 系 表**

工作名称	A	B	C	D	E	F	G	H
紧前工作	—	—	B	A、C	A、C	B	D、E、F	E、F
持续时间	5	1	3	5	6	2	3	5

先绘制一般双代号网络计划，如图 4 - 29 所示；再按上述要求绘制时标网络计划，如图 4 - 30 所示。

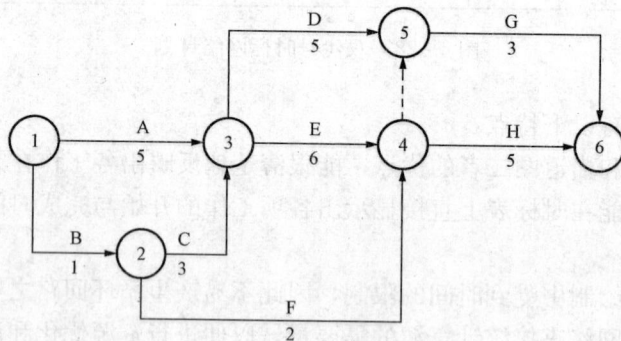

图 4 - 29　双代号网络计划

（三）双代号时标网络计划关键线路与时间参数的判定

1. 关键线路的判定

自终点节点起逆箭线方向向起始节点观察，凡自始至终不出现波形线（自由时差）的线路，即为关键线路。在图 4 - 30 中，关键线路为①→③→④→⑥。关键线路要用粗箭线、双箭线或彩色箭线明确表达。

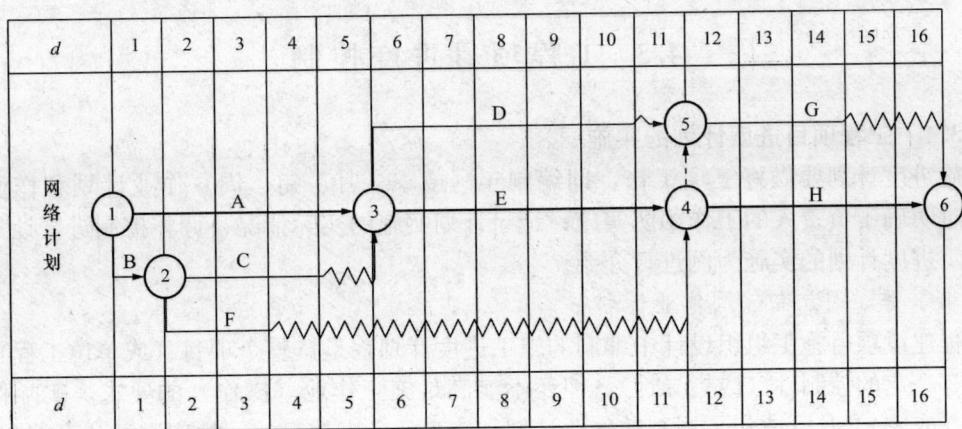

图 4 - 30 据图 4 - 29 绘制的时标网络计划

2. 工作最早时间和计算工期的判定

每条水平箭线箭尾、箭头所对应的时标值，分别就是该工作的最早开始时间和最早完成时间。

时标网络计划的计算工期，就是其终点节点与起点节点所在位置时标值之差。

3. 时差的判定与计算

（1）工作自由时差的判定。

在时标网络计划中，工作自由时差等于其紧后工作最早可能开始时间与本工作的最早完成时间之间的差值（即波形线在时间坐标轴上的水平投影长度）。图 4 - 30 中，C 工作的自由时差为 1 天，F 工作的自由时差为 8 天，G 工作的自由时差为 2 天。

（2）工作总时差的计算。

工作总时差不能从图上直接判定，需进行计算，计算应逆箭线自右至左进行，计算如下：

$$TF_{i-j} = \min\{TF_{j-k}\} + FF_{i-j} \tag{4-20}$$

式中　TF_{j-k}——工作 $i-j$ 的紧后工作的总时差；

FF_{i-j}——工作 $i-j$ 的自由时差。

图 4 - 30 中，H 工作的总时差为 0，G 工作的总时差为 $0+2=2$ 天，F 工作的总时差为 $0+8=8$ 天，E 工作的总时差为 0，D 工作的总时差为 $2+1=3$ 天，C 工作的总时差为 $0+1=1$ 天，B 工作的总时差为 $1+0=1$ 天，A 工作的总时差为 0，虚工作的总时差为 $2+0=2$ 天。

4. 工作最迟时间的判定

由于工作最早时间和总时差已知，故最迟时间可按下述公式计算：

$$TF_{i-j} = LF_{i-j} - EF_{i-j} \Rightarrow LF_{i-j} = EF_{i-j} + TF_{i-j} \tag{4-21}$$

$$TF_{i-j} = LS_{i-j} - ES_{i-j} \Rightarrow LS_{i-j} = ES_{i-j} + TF_{i-j} \tag{4-22}$$

图 4 - 30 中，F 工作的最迟开始时间为 $1+8=9$ 天末（即第 10 天），最迟结束时间为 $3+8=11$ 天末。计算完成后，可将工作总时差值标注在相应的波形线或实箭线之上。

4.3　工程项目进度控制

4.3.1　工程项目进度计划的实施

实施进度计划要做好三项工作，即编制年（或季、月、旬、周）作业计划和作业任务书，通过明确了负责人的工作团队实施；记录计划实施的实际情况；调整控制进度计划。下面以施工进度计划的实施为例进行介绍。

1. 年、季、月、旬、周作业计划

工程建设项目施工组织设计中编制的施工进度计划，是按整个项目（或单位工程）编制的，具有一定的控制性（或指导性），但还不能满足施工作业（操作）的要求。实际作业时是按年（或季）、月（或旬、周）的作业计划和施工任务书执行的，故应进行认真编制。

作业计划除依据施工进度计划编制外，还应依据现场情况及年（季）、月（旬、周）的具体要求编制。作业计划以贯彻施工进度计划、明确当期任务及满足作业要求为前提。

对于大型工程建设项目，工期往往几年，这就需要编制年（季）度施工进度计划，以实现施工总进度计划。对于单位工程来说，月（旬、周）计划有实施作业的作用要求，因此要具体编制成作业计划，应在单位工程施工进度计划的基础上卡段细化编制。

年、季、月、旬、周施工进度计划应逐级落实，最终通过施工任务书由班组实施。

2. 工程项目施工任务书

工程项目施工任务书是向作业班组下达施工任务的一种工具，表达形式见表 4-4。施工任务书的背面是考勤表，限额领料单随施工任务书下达并流转，它是进行材料管理和核算的有效手段。施工任务书是一份计划文件，也是一份核算文件，又是作业实施的原始记录。它把作业计划下达到班组，并将计划执行与技术管理、质量管理、安全管理、成本核算、原始记录、资源管理等融为一体。

表 4-4　　　　　　　　　　　　　　　**工程建设项目施工任务书**

任务书编号：　　　执行班组：	开工	竣工	天数	
	计划			
单位工程名称：　　签发日期　年　月　日	实际			

定额编号	部位/项目	计量单位	计　　划				实　　际			措施及要求	
			工程量	时间定额	每工产量	定额工日	工程量	定额工日	实际用工		
										验收意见	
										效率	定额用工
											实际用工
											工效

　　　　　　　　工长：　　　　　　　　　　　　　　　　　　班组长：

工程建设项目施工任务书一般由工长根据计划要求、工程数量、定额标准、工艺标准、技术要求、质量标准、安全措施、节约措施等为依据进行编制。在编制时涉及定额以外的项目和用工，由工长、定额员及工人班组长进行"三结合"估工。

任务书下达班组时，由工长进行交底。交底内容包括：任务、操作规程、施工方法、质量、安全、节约措施、材料使用、施工计划、奖罚要求等，做到任务明确，报酬预知，责任到人。

项目施工班组接到任务书后，应做好分工，安排完成。执行中要保质量、保进度、保安全、保节约、保工效提高。任务完成后，班组自检，向工长报请验收。工长验收时查数量、查质量、查安全、查用工、查节约，然后回收任务书，交项目经理部登记，以备结算、统计，然后存档。

3. 生产调度

在项目施工进度计划的实施过程中，应跟踪计划的实施，进行监督，当发现进度计划执行受到干扰时，应采取调度措施。

调度工作主要对进度控制起协调作用。协调配合关系，排除施工中出现的各种矛盾，克服薄弱环节，实现动态平衡。调度工作的内容包括：检查作业计划执行中的问题，找出原因，并采取措施解决；督促供应单位按进度要求供应资源；控制施工现场临时设施的使用；按计划进行作业条件准备；传达决策人员的决策意图；发布调度令等。调度工作要求做到及时、灵活、准确、果断。

4. 实施进度计划中的几个问题

(1) 工程项目施工进度计划执行过程中对进度、开工及延期开工、暂停施工、工期延误、工程竣工等出现的问题，应按施工合同中的具体规定进行处理。

(2) 编制统计报表。在项目施工进度计划实施的过程中，应跟踪形象进度对工程量，总产值，耗用的人工、材料和机械台班等的数量进行统计分析，编制统计报表。以上统计内容应按企业制订的统计表格进行取量和填表，按规定上报。这是基础统计数据，应力求准确。工程计量应在施工合同中具体约定。

(3) 工期索赔。原则上讲，由于非承包人原因导致工期拖延时，承包人有权进行工期索赔。常见情况有：

1) 当发包人未能按合同规定提供项目施工条件，如未及时交付设计图纸、技术资料、场地、道路等，或非承包人原因发包人指令停止施工，或其他不可抗力因素作用等原因，造成工程中断或工程进度放慢，使工期拖延，承包人均可提出索赔。

2) 由于发包人或工程师指令修改设计、增加或减少工程量、增加或删除部分工程、修改施工进度计划、变更施工顺序等造成的工期延长，可进行工期索赔。

3) 当出现不可预见的外部障碍时，如在项目施工期间，即使是一个有经验的承包人也很难预见到地质条件与业主提供的预计资料不同，出现未预见到的地下水、淤泥或岩石等，导致工期拖延，可进行索赔。

索赔工期的资料要准确，要有说服力。分析工期索赔值就是探讨干扰事件对工期的影响，对此可以通过原网络计划与可能状态的网络计划对比得到，而分析的重点是两种状态的关键线路长度。分析的基本思路如下：假设工程施工一直按原网络计划确定的施工顺序和工期进行，现发生了干扰事件，使某些工程活动（工作）受到干扰，如延长持续时间、改变某些活动之间的逻辑关系，或者网络中增加了新的工程活动。将这些影响代入原网络中，重新进行网络分析，得到新工期，新工期与原工期之差即为干扰事件对工期的影响，即为工期索赔值。显然，如果受干扰的活动在关键线路上，则该活动的持续时间增加值即为总工期的延长值；如果受干扰的活动在非关键路线上，当该活动的持续时间增加值未超过其总时差，则这个干扰事件对工期无影响，这种情况不能提出工期索赔。

（4）分包工程的实施。分包人应根据项目施工进度计划编制分包工程施工进度计划并组织实施。项目经理部应将分包工程施工进度计划纳入项目进度计划控制范畴，并协助分包人解决项目进度控制中的相关问题，主要是"帮"。

4.3.2 工程项目进度计划控制的方法

工程项目进度计划控制的方法主要是对比法，即实际进度与计划进度相对比较。通过比较发现偏差，以便调整或修改计划，保证进度目标的实现。

计划检查是对执行情况的总结，实际进度一般都是记录在原进度计划图表上的，故因计划图表形式的不同而产生了各种检查方法。

1. 横道图比较法

横道图比较法就是在项目实施过程中针对各项工作任务，检查实际进度执行情况，并把收集到的信息，经过整理后直接用横道双线（彩色线或其他线型）并列标于原计划的横道单线下方（或上方），进行直观比较的方法。例如某工程的实际施工进度与计划进度比较，见表 4 - 5。

表 4 - 5　　　　　　　　　　　　　　横 道 图 比 较 法

序号	工作名称	持续时间（周）	进度（周）														
			1	2	3	4	5	6	7	8	9	10	11	12	13	14	15	16
1	土方	2																
2	基础	6																
3	主体结构	4																
4	围护	3																
5	屋面地面	4																
6	装饰工程	6																

检查日期

通过这种比较，控制人员能很清晰和方便地观察出实际进度与计划进度的偏差。需要注意的是，横道图比较法中的实际进度可用持续时间或任务量（如劳动消耗量、实物工程量、已完工程价值量等）的累计百分比表示。但由于计划图中的进度横道线只表示工作的开始时间、持续时间和完成时间，并不表示计划完成量，所以在实际工作中要根据工作任务的性质分别考虑。

2. 前锋线比较法

前锋线比较法主要适用于双代号时标网络图计划。该方法是从检查时刻的时间标点出发，用点画线依次连接各工作任务的实际进度到达点（前锋），最后回到检查的时间点为止，形成实际进度前锋线，按前锋线判定工程项目进度偏差，如图 4 - 31 所示。

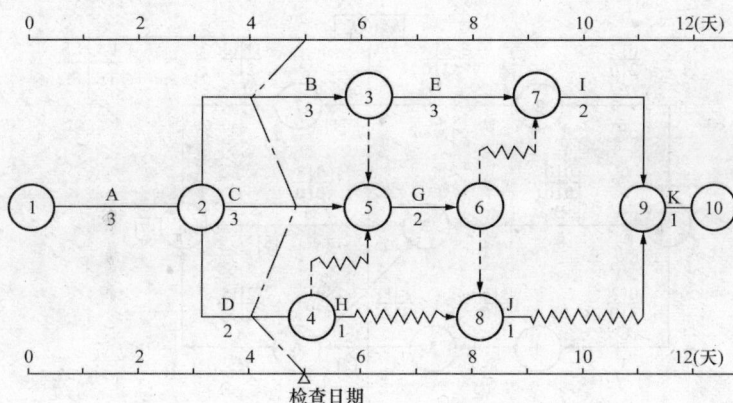

图 4 - 31　前锋线比较法

简单地讲，前锋线比较法就是通过实际进度前锋线，比较工作实际进度与计划进度偏差，进而判定该偏差对总工期及后续工作影响程度的方法。当某工作前锋落在检查日期左侧，表明该工作实际进度拖延，拖延时间为两者之差；当该前锋落在检查日期右侧，表明该工作实际进度超前，超前时间为两者之差。

实际进度前锋线的确定有两种方法：

(1) 按工作已完成的工程量标定。工作的持续时间（即实箭线长度）同工作的实物工程量是正比关系，这种情况下可以采用比例法确定实际进度的前锋。例如当某时刻某工作的实物工程量完成几分之几时，该工作实际进度的前锋就从箭尾节点起，由左至右标到其长度的几分之几，这个实际进度前锋就找到了。实施阶段进度控制中，这种情况最常见。

(2) 按工作尚需时间标定。有时某些工作难以用实物工作量来确定其持续时间，只好估算，如三时估算法。当检查进度状况时，仍用三时估算法从现在时刻到其完成所需的时间，从箭线的实箭线的右端反过来自右向左进行标定。

前锋线比较法形象直观，便于采取措施，但最后应针对项目计划做全面分析（主要利用工作总时差），以判定实际进度情况对应的工期。即只需在检查日期将实际进度前锋线拉直，就可知道总工期的对应情况。

3. "切割线" 比较法

"切割线" 比较法就是利用切割线进行实际进度记录，如图 4 - 32 所示，点画线为 "切割线"。在第 10 天进行记录时，D 工作尚需 1 天（方括号内的数）才能完成；G 工作尚需 8 天才能完成；L 工作尚需 2 天才能完成。这种检查可利用表 4 - 6 进行其他参数分析计算，判定实际进度状况。判断比较会有三种情况：

(1) 若工作尚有总时差与原有总时差相等，则说明该项工作的实际进度与计划进度相一致；

(2) 若工作尚有总时差小于原有总时差，但仍为正值，则说明该工作的实际进度比计划进度拖后，产生的偏差值为两者之差，但不影响总工期；

(3) 若工作尚有总时差为负值，则说明不正常，影响总工期，应当调整。

判断进度进展情况是：D、L 工作正常，G 拖期 1 天，故应调整计划，追回损失的时间。当然，图 4 - 32 比较简单，G 工作是关键工作，所以它的延误将导致整个计划拖期。

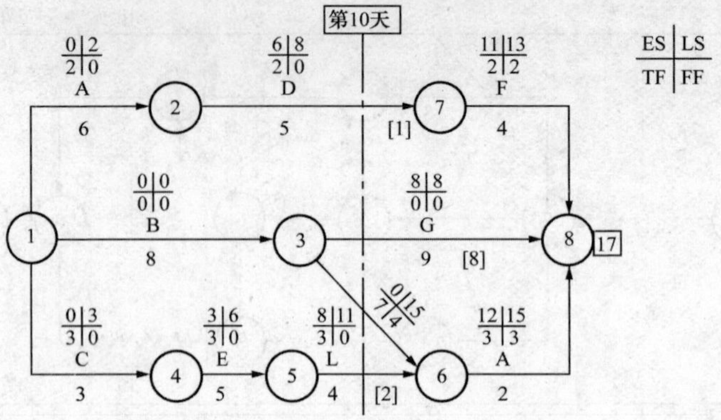

图 4-32　"切割线"比较法

表 4-6　　　　　　　　　　网络计划进行到第 10 天的检查结果分析

工作编号	工作名称	检查时尚需时间	到计划最迟完成前尚有时间	原有总时差	尚有总时差	情况判断
2—7	D	1	13－10＝3	2	3－1＝2	正常
3—8	G	8	17－10＝7	0	7－8＝－1	拖期一天
5—6	L	2	15－10＝5	3	5－2＝3	正常

4. S 形曲线比较法

S 形曲线能直观地反映工程实际进度与计划进度所存的偏差,并对后期工程进度进行有效的预测。S 形曲线是以横坐标表示时间,纵坐标表示工作量完成情况的曲线图,如图 4-33 所示。

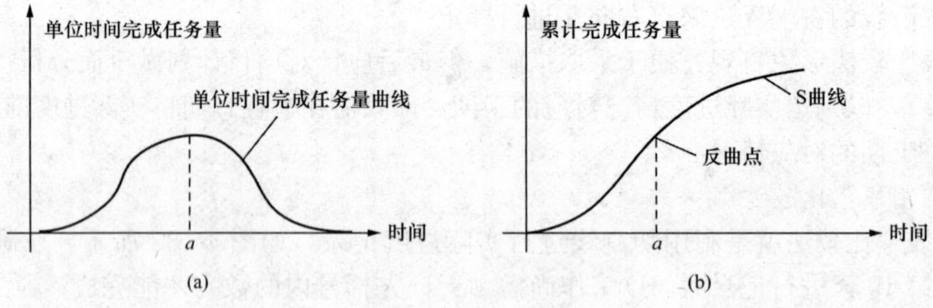

图 4-33　S 形曲线图

工作量的具体表达方式可以采用实物工程量。工时消耗、费用支出额或相应的百分比来表示,并按工程建设进度计划绘出计划进度的 S 形曲线。随着建设进度定期检查计划实际完成程度,并绘制实际进度的 S 形曲线。通过计划进度 S 形曲线与实际进度 S 形曲线的比较,即可以获得进度控制的有关信息,以便分析进度延迟或提前的原因,制订相关的控制对策,如图 4-34 所示。

(1)实际进度与计划进度比较情况。对应于任意检查日期,如果相应的实际进度曲线上的一点,位于计划 S 形曲线左侧,表示此时实际进度比计划进度超前,位于右侧则表示实际

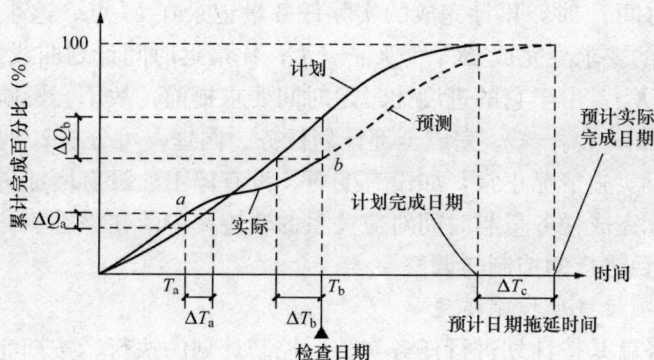

图 4-34　S 形曲线比较图

进度比计划进度滞后。

（2）实际进度比计划进度超前或滞后的时间。ΔT_a 表示 T_a 时刻实际进度超前的时间，ΔT_b 表示 T_b 时刻实际进度滞后的时间。

（3）实际比计划超出或拖欠的工作任务量。ΔQ_a 表示 T_a 时刻超额完成的工作任务量，ΔQ_b 表示在 T_b 时刻拖欠的工作任务量。

（4）预测工作进度。若工程按原计划速度进行，则此项工作的总计拖延时间的预测值为 ΔT_c。

5. "香蕉"曲线比较法

因为在工程建设项目的实施过程中，开始和收尾阶段，单位时间内投入的资源量较小，中间阶段单位时间内投入的资源量较多，所以随着时间进展累计完成的任务量应该呈 S 形变化。"香蕉"曲线是两种 S 曲线组合成的闭合曲线，其一是以网络计划中各项工作的最早开始时间安排进度而绘制的 S 曲线，称为 ES 曲线；其二是以各项工作的最迟开始时间安排进度而绘制的 S 曲线，称为 LS 曲线。ES 曲线和 LS 曲线都是计划累计完成任务量曲线。由于两条 S 形曲线都是同一项目的，其计划开始时间和完成时间都相同，因此，ES 曲线与 LS 曲线是闭合的，如图 4-35 所示。

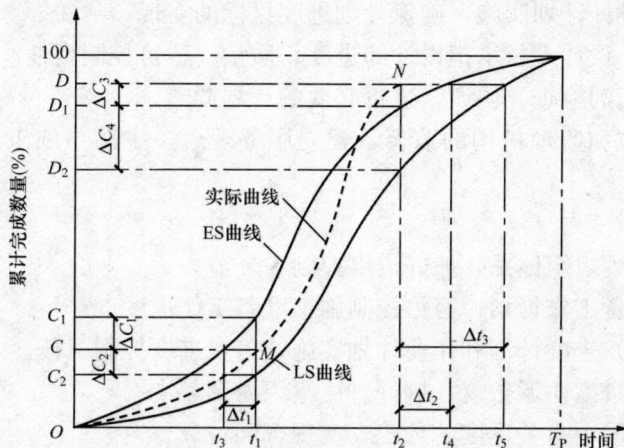

图 4-35　"香蕉"曲线比较法

当计划进行到时间 t_1 时，累计完成的实际任务量记录在 M 点。这个进度比最早时间计划曲线（ES 曲线）的要求少完成 $\Delta C_1 = OC_1 - OC$；比最迟时间计划曲线（LS 曲线）的要求多完成 $\Delta C_2 = OC - OC_2$。由于它的进度比最迟时间要求提前，故不会影响总工期，只要控制得好，有可能提前 $\Delta t_1 = Ot_1 - Ot_3$ 完成全部计划任务。同理，可分析 t_2 时的进度状况。

若工程建设项目实施情况正常，如没有变更、没有停工、没有增加资源投入等，实际进度曲线即累计的实际完成任务量与时间对应关系的轨迹，应落在该香蕉曲线围成的区域内。

4.3.3　工程项目进度的控制与调整

4.3.3.1　工程项目进度控制措施

进度控制的任务就是按计划进行任务实施，控制计划的执行，按期完成工程项目实施任务，最终实现进度目标。控制计划的执行就是在实施过程中，不断检查和监督各种进度计划的执行情况，通过连续地报告、审查、计算、比较，力争将实际执行结果与原计划之间的偏差减少到最低限度。关键工作环节是计划执行中的跟踪检查和出现偏差时及时采取措施予以调整。

1. 设计进度控制

设计进度必须满足施工要求，材料和设备供货应依据设计文件的要求进行。所以，设计进度控制显得尤为重要，应对设计进度、材料设备供应进度和施工进度进行平衡、协调，有机衔接。

（1）设计进度控制的关键点，包括：

1）初步设计及技术设计文件的提交时间。

2）关键设备和材料请购文件的提交时间。

3）施工图设计文件的提交时间。

4）各专业设计的进度协调。

5）设计进度与施工进度的协调。

6）设计总时间。

（2）设计进度控制措施，包括：

1）设计项目经理部应设置进度控制人员控制进度。

2）严格按各种设计计划实施，确保计划进度目标的实现。

3）实行责任制，设计人员承担设计的进度、质量、造价控制责任。

4）加强设计进度的检查、协调，进行必要的计划调整。

5）接受建设单位和监理机构的监督，建立服务观念，主动与施工单位搞好进度协调，确保施工进度。

2. 施工进度控制

（1）建立进度管理组织体系，抓好进度控制各环节。

（2）编制施工准备工作计划，努力控制施工准备工作进度。

（3）按施工（总）进度计划和作业计划实施，落实进度控制责任。

（4）召开好各种进度协调会议，搞好进度组织协调。

（5）严格履行合同中有关进度的约定，实现合同目标。

（6）加强风险管理，在进度风险分析的基础上采取风险管理措施，减少进度失控的风险量。

（7）重视信息技术在进度控制中的作用，促进信息加速交流，提高沟通效率。

（8）加强进度记录和跟踪检查，不断纠正进度偏差。

（9）适时对进度计划进行科学调整，动态提供进度控制新目标。

（10）密切与建设单位、设计单位、监理单位、供货单位等各方的联系，畅通沟通渠道，搞好协作，共同进行进度控制。

3. 供应进度控制

（1）建立材料、设备供应保证体系，建立有效的供应网络和供应信息系统。

（2）严格执行采购及运输合同提出的进度目标。

（3）严格按供应计划实施，确保采购目标实现。

（4）要求合同供货商提供制造进度计划，保证按合同进度供应。

（5）编制材料设备的催交计划，做好催货工作。

（6）根据采购合同约定的交货条件制订设备、材料运输计划并实施。

（7）对设计变更导致的材料设备供应的各种变化，要采取应急措施，确保按需要时间供应。

以上进度控制措施，按职能可归纳为组织、管理、经济及技术措施四类。

4.3.3.2 工程项目进度的调整

工程项目实施过程中，工期经常发生延误。发生工期延误后，通常应采取积极的措施赶工，以弥补或部分地弥补已经产生的延误。主要通过调整后期计划，采取措施赶工，修改原网络进度计划等方法解决进度延误问题。发现工期延误后，任其发展，或不及时采取措施赶工，拖延的影响会越来越大，最终必然会损害工期目标和经济效益。有时刚开始仅一周多的工期延误，如任其发展或采取的是无效的措施，到最后可能会导致拖期一年的结果，所以进度调整应及时有效。调整后编制的进度计划应及时下达执行。

1. 偏差对工期的影响分析

工作出现进度偏差时，需要分析该偏差对后续工作及总工期产生的影响。偏差所处的位置及其大小，对后续工作和总工期的影响是不同的。工作进度偏差的影响分析方法主要是利用网络计划中工作总时差和自由时差的概念进行判断：若偏差大于总时差，对总工期有影响；若偏差未超过总时差而大于自由时差，对总工期无影响，只对后续工作的最早开始时间有影响；若偏差小于该工作的自由时差，对进度计划无任何影响。

2. 进度计划调整的内容

当发现进度延误时，应根据项目进度实际情况具体确定下列内容的一项或数项进行计划调整：工程量，起止时间，工作关系，资源供应，必要的目标修改。

3. 进度计划调整的方法

（1）利用网络计划的关键线路进行调整。对于工期的调整而言，无论是进度控制过程中计划的调整，还是初始进度计划的调整都是利用网络计划的关键线路进行的。

1）关键工作持续时间的缩短，可以减小关键线路的长度，即可以缩短工期，要有目的的去压缩那些能缩短工期的某些关键工作的持续时间，解决此类问题往往要求综合考虑压缩关键工作的持续时间对质量、安全的影响，对资源需求的增加程度等多种因素，从而对关键工作进行排序，优先压缩排序靠前，即综合影响小的工作的持续时间。这种方法的实质是"工期"优化。

2）如果通过工期优化还不能满足工期要求时，必须调整原来的技术或组织方法，即改变某些工作间的逻辑关系。例如，从组织上可以把依次进行的工作改变为平行或互相搭接的以及分成几个施工区（段）进行流水施工的工作，都可以达到缩短工期的目的。

3）工期—成本调整。若遇工期延误，又要求赶工，通常都会引起生产费用的增加。在保证工期目标的前提下，如何使相应增加费用的数额最小呢？

关键线路上的关键工作有若干个，在压缩它们持续时间的先后问题上，显然也有次序排列的问题需要解决。按照直接费用增加代价小则优先压缩的原则，通过依次选择并压缩网络计划关键线路及后来出现的新关键线路上各项关键工作的持续时间（关键工作压缩幅度要求保证本工作仍为关键工作），最终满足要求工期。

（2）利用网络计划的时差进行调整。非关键工作都有时差。进度计划的资源优化，就是利用时差进行的。在进度计划执行过程中，时差具有特殊的意义，尤其是自由时差，如果你不利用（比如把部分工料机抽出以支援别的工作等），那当其结束后就不存在了。能否合理有效地利用工作的自由时差，关键是计划管理人员要有这个意识。

1）资源有限工期最短调整。任何进度计划的实施都受到资源的限制，计划工期的任何时段，如果资源需要量超过资源最大供应量，那这样的计划是没有任何意义的，它不具有实际的可操作性，不能被执行。受资源供给限制的网络计划调整是利用非关键工作的时差来进行，具体方法是以追求总工期延长最小为前提，在总时差的限度内移动非关键工作，使资源用量逐步下降到最大供应量以下。

2）工期固定资源均衡调整。项目均衡实施，是指在进度开展过程中所完成的工作量和所消耗的资源量尽可能保持的比较均衡。反映在支持性计划中，是工作量进度动态曲线、劳动力需要量动态曲线和各种材料需要量动态曲线尽可能不出现短时期的高峰和低谷。工程的均衡实施优点很多，可以节约实施中的临时设施等费用支出，经济效果显著。使资源均衡的网络计划调整方法是利用非关键工作的时差来进行，具体方法是以工期不变为原则，在总时差的限度内移动非关键工作，削减资源需求峰值，直至非关键工作不能移动为止。

【例4-4】　进度计划检查与调整案例

某工程项目的施工进度计划如图4-36所示，是按各工作的正常工作持续时间和最早时间绘制的双代号时标网络计划。图中箭线下方括号外和括号内数字分别为该工作的正常工作持续时间和最短工作持续时间。第五天收工后检查施工进度完成情况发现：A工作已完成，

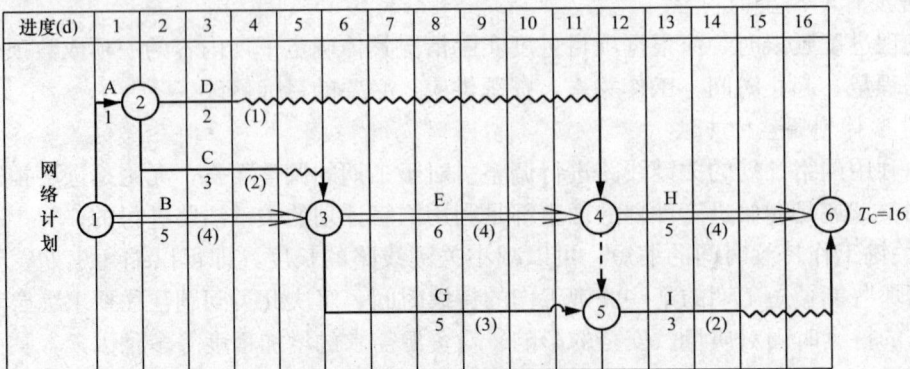

图4-36　原时标网络施工进度计划

D 工作尚未开始，C 工作进行 1 天，B 工作进行 2 天。

已知：工期优化调整时，综合考虑对质量、安全、资源等影响后，压缩工作持续时间的先后次序为 D、I、H、C、E、B、G。

问题：请分析此工程进度是否正常？若工期延误，试按原工期目标进行进度计划调整。

解　（1）绘制实际进度前锋线，了解进度计划执行情况，如图 4 - 37 所示。

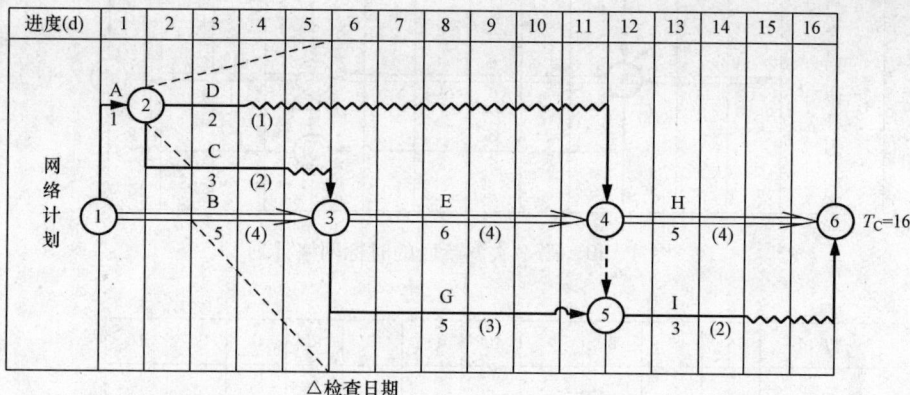

图 4 - 37　实际进度前锋线检查

（2）进度检查结果的分析。工作 D、C、B 的总时差（紧后工作总时差与本工作自由时差即波形线之和的最小值）分别为 8、1、0 天，而检查日期分别滞后 4、3、3 天，故工作 C、B 对工期有影响，分别影响 2、3 天。

（3）根据上述检查结果的分析结论，第五天收工后实际进度工期延误 3 天，未调整前的时间网络计划，即实际进度网络计划如图 4 - 38 所示。实际进度的网络计划绘制很简单，只须按检查日期，将实际进度前锋线拉直即可，显然它与按总时差分析的结论是一致的。

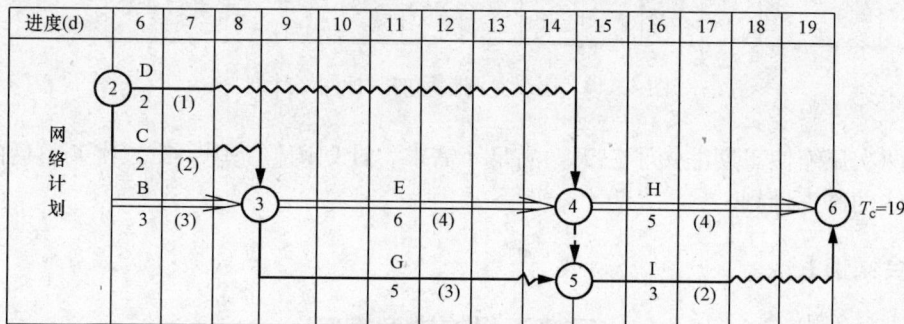

图 4 - 38　未调整前的时标网络计划

（4）应压缩工期为：$\Delta T = T_c - T_r = 19 - 16 = 3$（天）。

第一步压缩：如图 4 - 38 所示，关键工作为 B、E、H，依工作排序首先压缩 H 工作持续时间 1 天，至最短工作持续时间 4 天。注意，压缩后需使压缩之工作仍成为关键工作，否则需要减少压缩时间，即进行"松弛"，这里 H 工作仍是关键工作，如图 4 - 39 所示。

第二步压缩：如上图所示，可压缩的关键工作为 B、E，压缩 E 工作持续 2 天至最短工作持续时间（需使之仍成为关键工作），如图 4 - 40 所示。

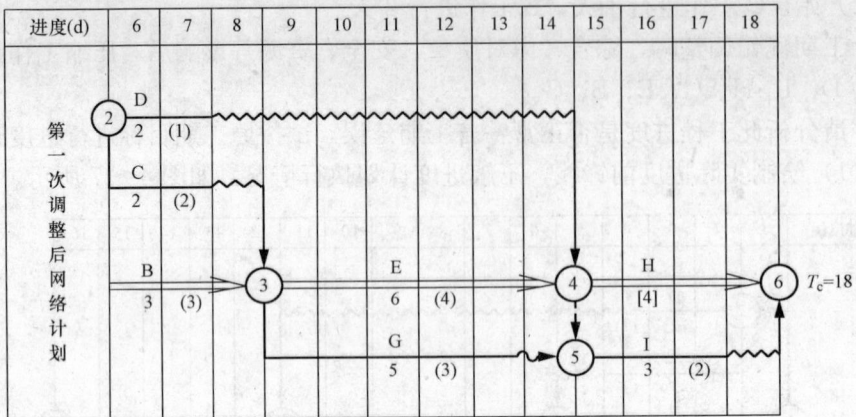

图 4 - 39　第一次调整后的时标网络计划

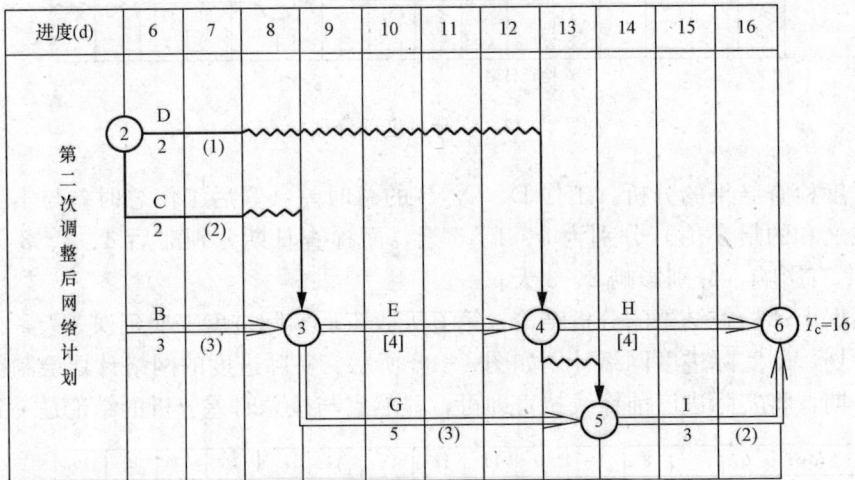

图 4 - 40　第二次调整后的时标网络计划

　　通过两次压缩使工期缩短了三天，满足了需求，计划调整完毕，第二次调整后的网络计划就是最终的修正计划。

【综合案例】

三峡工程的进度控制

一、工程概况

　　三峡工程是一个具有防洪、发电、船运等综合效益的巨型水利枢纽工程。枢纽主要由大坝、水电站厂房、通航建筑物三部分组成。其中大坝最高坝高 181m；电站厂房共装机 26 台，总装机容量 18 200MW；通航建筑物由双线连续五级船闸、垂直升船机、临时船闸及上下游引航道组成。三峡工程规模宏伟，工程量巨大，其主体工程土石方开挖约 1 亿 m^3，土石方填筑 4000 多万 m^3，混凝土浇筑 2800 多万 m^3，钢筋 46 万 t，金属结构安装约 26 万 t。

　　根据审定的三峡工程初步设计报告，建设工期为 17 年，工程分三个阶段实施。其中：

第一阶段工程工期为 5 年（1993～1997）。主要控制目标是：1997 年 5 月导流明渠进水；1997 年 10 月导流明渠通航；1997 年 11 月实现大江截流；1997 年年底基本建成临时船闸。

第二阶段工程工期 6 年（1998～2003）。主要控制目标是：1998 年 5 月临时船闸通航；1998 年 6 月二期围堰闭气开始抽水；1998 年 9 月形成二期基坑；1999 年 2 月左岸电站厂房及大坝基础开挖结束，并全面开始混凝土浇筑；1999 年 9 月永久性船闸完成闸室开挖，并全面进入混凝土浇筑阶段；2002 年 5 月二期上游基坑进水；2002 年 6 月永久性船闸完建开始调试，2002 年 9 月二期下游基坑进水；2002 年 11 月～12 月三期截流；2003 年 6 月大坝下闸水库开始蓄水，永久船闸通航；2003 年 4 季度第一批机组发电。

第三阶段工程工期 6 年（2004～2009）。主要控制目标是：2009 年年底全部机组发电和三峡枢纽工程完建。

二、进度管理

1. 管理特点

针对三峡工程特点、进度计划编制主体及进度计划涉及内容的范围和时段等具体情况，确定三峡工程进度计分三个层次进行管理，即业主层、监理层和施工承包商层。通常业主在工程进度控制上要比监理更宏观一些，但鉴于三峡工程的特性，三峡工程业主对进度的控制要相对深入和细致。这是因为工程规模大、工期长，参与工程建设的监理和施工承包商多。参与工程建设的任何一家监理和施工承包商所监理的工程项目和施工内容都仅仅是三峡工程一个阶段中的一个方面或一个部分，而且业主在设备、物资供应及标段交接和协调上的介入，形成了进度计划管理的复杂关系。

施工承包商在编制进度计划时，受其自身利益及职责范围的限制，除原则上按合同规定实施并保证实现合同确定的阶段目标和工程项目完工时间外，在具体作业安排上、公共资源使用上是不会考虑对其他施工承包商的影响的。也就是说各施工承包商的工程进度计划在监理协调之后，尚不能完全、彻底地解决工程进度计划在空间上、时间上和资源使用上的交叉和冲突矛盾。为满足三峡工程总体进度计划要求，各监理单位控制的工程进度计划还需要协调一次，这个工作自然要由业主来完成，这也就是三峡工程进度计划为什么要分为三个大层次进行管理的客观原因和进度计划管理的特点。

2. 管理措施

（1）统一进度计划编制方法。业主根据合同要求制订统一的工程进度计划编制办法，在办法里对进度计划编制的原则、内容、编写格式、表达方式，进度计划提交、更新的时间及工程进度计划编制使用的软件等做出统一规定，通过监理转发给各施工承包商，照此执行。

（2）确定工程进度计划编制原则。三峡工程进度计划编制必须遵守以下原则，即分标段工程进度计划编制必须以工程承包合同、监理发布的有关进度计划指令以及国家有关政策、法令和规程规范为依据；分标段工程进度计划的编制必须建立在合理的施工组织设计的基础上，并做到组织、措施及资源落实；分标段工程进度计划应在确保工程质量，合理使用资源的前提下，保证项目在合同规定工期内完成；采用的有关指标既要先进，又要留有余地；分项工程进度计划和分标段进度计划的编制必须服从三峡工程实施的总进度计划要求。

（3）统一进度计划内容要求。三峡工程进度计划内容主要有两部分，即上一工程进度计划完成情况报告和下一步工程进度计划说明，具体如下：

对上一工程进度计划执行情况进行总结，主要包括以下内容：主体工程完成情况；施工手段形成；施工道路、施工栈桥完成情况；混凝土生产系统建设或运行情况；施工工厂的建设和生产情况；工程质量、安全和造价等完成情况；边界条件满足情况。

对下一步进度计划需要说明的主要内容有：为完成工程项目所采取的施工方案和施工措施；按要求完成工程项目的进度和工程量；主要物资材料计划耗用量；施工现场各类人员和下一时段劳动力安排计划；物资、设备的订货、交货和使用安排；工程价款结算情况以及下一时段预计完成的工程投资额；其他需要说明的事项；进度计划网络。

（4）统一进度计划提交、更新的时间。三峡工程进度计划提交时间规定如下：分标段总进度计划要求施工承包商，在接到中标通知书的 35 天内提交，年度进度计划在前一年的 12 月 5 日前提交。

三峡工程进度计划更新仅对三峡工程实施阶段的总进度计划和三峡工程分项工程及三峡工程分标段工程总进度计划和年度进度计划进行，并有具体的时间要求。

（5）统一软件、统一格式。为便于进度计划网络编制主体间的传递、汇总、协调及修改，首先对工程进度计划网络编制使用的软件进行了统一。即三峡工程进度计划网络编制统一使用 Primavera Project Planner for Windows（简称 P3）软件。同时业主对 P3 软件中的工作结构分解、作业分类码、作业代码及资源代码做出了统一规定。通过工作结构分解的统一规定对不同进度计划编制内容的粗细做出具体要求，即三峡工程总进度计划中的作业项目划分到分部分项工程；分标段进度计划中的作业项目划分到单元工程（检验批），甚至工序。通过作业分类码、作业代码及资源代码的统一规定，实现进度计划的汇总、协调和平衡。

3. 进度控制

（1）贯彻执行总进度计划。业主对三峡工程进度的控制首先是通过招标文件中的开工、完工时间及阶段目标来实现的。监理则是在上述基础上对工期、阶段目标进一步分解和细化后，编制出分标段和分项工程进度计划，以此作为对施工承包商上报的分标段工程进度计划的审批依据，确保施工按进度计划执行。施工承包商分标段工程总进度计划，是在确定了施工方案和施工组织设计后，对招标文件要求的工期、阶段目标进一步分解和细化编制而成，它提交给监理用来响应和保证业主的进度要求；施工承包商的分标段工程年度、季度、月度和周进度计划则是告诉监理和业主，如何具体组织和安排生产，并实现进度计划目标的。这样一个程序可保证三峡工程总进度计划一开始就可以得到正确的贯彻。

上述过程仅仅是进度控制的开始，还不是进度控制的全部，作为完整的进度控制还需要将进度实际执行情况进行反馈，然后对原有进度计划进行调整，做出下一步计划，这样周而复始，才可能对进度起到及时、有效地控制。

（2）控制手段。三峡工程用于工程进度控制的具体手段是：建立严格的进度计划协商会议和审批制度；对进度计划执行进行考核，并实行奖罚；定期更新进度计划，及时调整偏差；通过进度计划滚动（分标段工程年度、季度、月度及周进度计划编制）编制过程的远粗、近细，实现对工程进度计划动态控制；对三峡工程总进度计划中的关键项目进行重点跟踪控制，达到确保工程建设工期的目的；业主根据整个三峡工程实际进度，统一安排而提出的指导性或目标性的年度、季度总进度计划，用于协调整个三峡工程进度。

三、进度计划编制支持系统

（1）计算机网络建设。为提高工作效率、加强联系并及时互通信息，由业主出资在坝区设计、监理、施工承包商和业主之间建立了计算机局域网，选择 Lotus Notes 作为信息交换和应用平台，这些基础建设为进度计划编制和传递提供了强有力的手段。

（2）混凝土施工仿真系统。三峡水利枢纽主要由混凝土建筑物组成，其混凝土工程量巨大，特别是第二阶段工程中的混凝土量更是峰高量大。在进度计划编制安排混凝土施工作业程序时，靠过去的手工排块方法，很难在短时间内得出一个较优的混凝土施工程序。在编制进度计划时，为了能够及时、高效地得到一个较优的混凝土施工程序，业主与电力公司成都勘测设计研究院，共同研制三峡二阶段工程厂坝混凝土施工仿真系统和永久船闸混凝土仿真系统，用于解决上述问题。

（3）工程进度日报系统。要做好施工进度动态控制并及时调整计划部署，就必须建立传递施工现场施工信息的快速通道。针对此问题，业主组织人力利用 Notes 开发三峡工程日报系统。该系统主要包括实物工程量日完成情况、大型施工设备工作状况、工程施工质量及安全统计结果、物资（主要是水泥和粉煤灰）仓储情况等。利用该系统，业主和监理等有关单位就可及时掌握和了解到工程进展状况，再通过分析和加工处理，就可为下一步工作提供参考和决策依据。

思 考 与 练 习

一、单选题

1. 两项工作只有一段时间是平行进行的为（   ）。

A. 平行关系 　　　　　　　　　　 B. 顺序关系

C. 搭接关系 　　　　　　　　　　 D. 紧连顺序关系

2. 工程项目进度计划工期优化的目的是为了压缩（   ）。

A. 计划工期 　　　　　　　　　　 B. 计算工期

C. 合同工期 　　　　　　　　　　 D. 总工期

3. 施工方进度控制的任务是（   ）。

A. 控制整个项目实施阶段的进度

B. 依据设计任务委托合同对设计工作进度的要求控制设计工作进度

C. 依据施工任务委托合同对施工进度的要求控制施工进度

D. 依据供货合同对供货的要求控制供货进度

4. 以下说法正确的是（   ）。

A. ES_i 表示工作 i 的最早完成时间

B. EF_i 表示工作 i 的最早开始时间

C. LF_i 表示工作 i 的最迟完成时间

D. LF_i 表示工作 i 的最迟开始时间

5. 在工程施工过程中，检查实际进度时发现工作 M 的总时差由原计划的 5 天变为 -2 天，则说明工作 M 的实际进度（   ）。

A. 拖后 2 天，影响工期 2 天

B. 拖后 5 天，影响工期 2 天

C. 拖后 7 天，影响工期 2 天

D. 拖后 7 天，影响工期 7 天

二、多选题

1. 下列活动中，属于项目进度管理过程的是（   ）。

A. 资源消耗计划　　　　　　　　　B. 工作定义

C. 工作时间估计　　　　　　　　　D. 费用计划

E. 进度控制

2. 下列有关时标网络图的表述中正确的是（   ）。

A. 它只是一个网络计划，不是水平进度计划

B. 它能在图上直接显示出各项工作的开始和完成时间

C. 它可以确定同一时间对工料机的需要量

D. 时标网络图将网络图和横道图结合了起来，既表示逻辑关系，又表示工作时间

E. 时标网络计划都以天为时间单位

3. 下列关于关键路线法的表述，正确的是（   ）。

A. 线路上所有工作持续时间之和为该线路的总持续时间

B. 总持续时间最长的线路称为关键线路

C. 网络计划中关键路可能不止一条

D. 网络计划执行过程中关键线路问题是固定不变的

E. 关键工作的实际进度提前或拖后，不会对总工期产生影响

4. 在进行工期优化时，选择缩短持续时间的关键工作应考虑（   ）。

A. 选择持续时间最长的关键工作

B. 缩短持续时间对质量和安全影响不大的工作

C. 缩短有充足备用资源的工作

D. 缩短持续时间增加费用最少的工作

E. 缩短一些不重要的关键工作的持续时间

5. 工程项目进度计划控制的方法主要有（   ）。

A. 横道图比较法

B. 前锋线比较法

C. "切割线"比较法

D. S 形曲线比较法

E. "香蕉"曲线比较法

三、简答题

1. 试述"工期"与"进度"的联系与区别。

2. 什么是"里程碑事件"？试列举工程项目中常见的 5 个"里程碑事件"。

3. 实际进度前锋线如何确定？用它怎样检查进度计划执行情况？

4. 工程项目进度计划控制的方法有哪些？

5. 若实际累计完成任务量曲线落在"香蕉"区域之外，进度就一定拖期吗？

6. 某工程项目双代号时标网络计划执行到第四周末，检查实际进度如图 4 - 41 前锋线所示，请分析该工程进度情况，并绘出相应的网络计划。

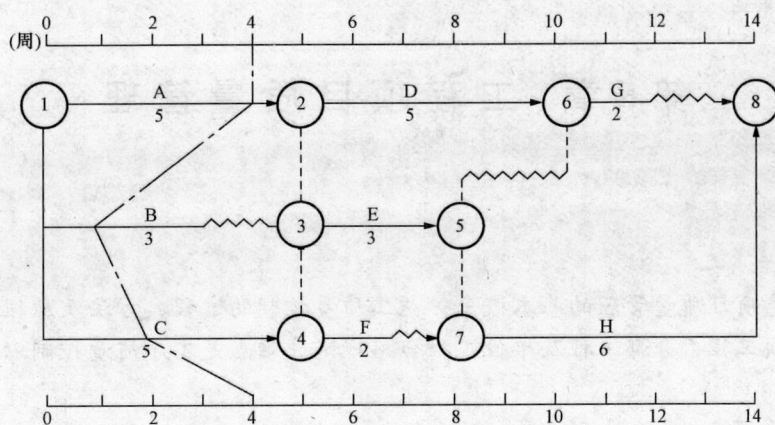

图 4 - 41　某工程实际进度前锋线

参 考 答 案

一、单选题

1. C；2. B；3. C；4. C；5. B

二、多选题

1. BCE；2. BCD；3. ABC；4. BCD；5. ABCDE

三、简答题（略）

第 5 章 工程项目质量管理

【教学提示】

本章重点是项目质量管理的基本概念；施工质量控制的过程、方法及原理；施工质量验收检验批、分项工程、分部工程及单位工程合格规定。难点是工序质量控制以及质量控制点的设置。

【教学要求】

通过本章学习，要求了解工程项目质量的定义、特点，理解工程项目质量管理与质量控制的关系，掌握质量管理的原则和施工阶段质量控制过程、原理和方法，掌握施工质量验收检验批、分项工程、分部工程及单位工程合格规定。

5.1 工程项目质量管理概述

5.1.1 工程项目质量与质量管理

1. 工程项目质量

工程项目质量是国家现行的有关法律、法规、技术标准、设计文件及工程合同中对工程的安全、使用、经济、美观等特性的综合要求。工程项目一般都是按照合同条件承包建设的，因此，工程项目质量是在"合同环境"下形成的。合同条件中对工程项目的功能、使用价值及设计、施工质量等的明确规定都是业主的"需要"，因而都是质量的内容。

从功能和使用价值来看，工程项目质量又体现在适用性、可靠性、经济性、外观质量与环境协调等方面。由于工程项目是根据业主的要求而兴建的，不同的业主也就有不同的功能要求，所以，工程项目的功能与使用价值的质量是相对于业主的需要而言，并无一个固定和统一的标准。

工程项目质量取决于由工作分解结构（Work Breakdown Structure，WBS）所确定的项目范围内所有的阶段、子项目、各工作单元的质量，即项目的工作质量。要保证项目质量，首先应保证工作质量。

2. 工程项目质量的形成过程

建设工程项目质量是按照建设项目建设程序，经过建设项目可行性研究、项目决策、工程设计、工程施工、工程验收等各个阶段而逐步形成的，而不仅仅决定于施工阶段。

（1）工程项目决策阶段。此阶段的主要工作包括建设项目发展策划、可行性研究、建设方案论证和投资决策。这个过程的质量职能在于识别建设意图和需求，对建设项目的性质、建设规模、使用功能、系统构成和建设标准要求等进行筹划、分析、论证，为整个建设项目的质量总目标，以及建设项目内各建设工程项目的质量目标提出明确要求。此阶段要充分反映业主对质量的要求和意愿。

（2）工程项目的勘察设计阶段。建设工程项目设计的任务在于按照业主的建设意图、决策要点、法律法规和强制性标准的要求，将建设工程项目的质量目标具体化。通过建设工程的方案设计、初步设计、技术设计和施工图设计等环节，对建设工程项目各细部的质量特性指标进行明确定义，即确定质量目标值，为建设工程项目的施工安装作业活动及质量控制提供依据。设计阶段决定着工程项目建成后的使用功能和价值。

（3）工程项目的施工阶段。建设工程项目质量目标实现的最重要和最关键的过程是在施工阶段，包括施工准备过程和施工作业技术活动过程，其任务是按照质量策划的要求，制订企业或工程项目内控标准，实施目标管理、过程监控、阶段考核、持续改进的方法，严格按图纸施工。正确合理地配备施工生产要素，把特定的劳动对象转化成符合质量标准的建设工程产品。这一阶段将直接影响工程的最终质量。

（4）工程项目的竣工验收阶段。此阶段对施工阶段的施工质量通过运行、检查、评定、考核等，检查质量目标是否达到，体现了工程质量的最终结果、最后把关。

3. 工程项目质量的特点

（1）影响因素多。建设工程项目投资大、周期长，有很多人为因素与自然因素影响项目的质量。如勘察阶段的不缜密，造成工程项目与地质条件不符；设计阶段的粗心大意，导致结构受力不合理；施工阶段盲目追求经济利益、偷工减料、施工工艺、施工方案、施工环境、施工人员素质、管理制度、技术措施、操作方法、工艺流程等都会影响工程项目的质量。

（2）工程质量离散、变异性大。由于工程项目的建设具有不可重复性，某一处或某一部位质量好，如果不注意，另一处的质量不好。如果某一关键部位质量不好，就可能造成整个单项工程质量不好，或引起整个工程项目的质量变异。

（3）工程质量隐蔽性强。项目在施工过程中，由于工序交接多，中间产品多，隐蔽工程多，若不及时检查并发现其存在的质量问题，事后只能看表面质量，容易将不合格品看成合格品。

（4）工程质量终检局限性大。项目建成后，不可能像某些工业产品，可以拆卸或解体来检查内在的质量，项目最终验收时难以发现工程内在的、隐蔽的缺陷。

4. 工程项目质量管理

质量管理是指项目组织在质量方面进行的指挥和控制活动。在质量方面的指挥和控制活动，通常包括制订质量方针和质量目标以及质量策划、质量控制、质量保证和质量改进。

从质量管理的定义可以说明，质量管理是质量管理主体围绕着使产品质量能满足不断更新的质量要求而开展的策划、组织、计划、实施、检查和监督、审核等所有管理活动的总和。它是项目各级职能部门领导的职责，而由组织最高领导负全责，应调动与质量有关的所有人员的积极性，共同做好本职工作，才能完成质量管理的任务。进行项目质量管理的目的是确保项目按规定的要求满意地实现，它包括使项目所有的功能活动能够按照原有的质量及目标要求得以实施。工程项目的质量管理是一个系统过程，在实施过程中，应创造必要的资源条件，使之与项目质量要求相适应。项目各参与方都必须保证其工作质量，做到工作流程程序化、标准化和规范化，围绕一个共同的目标——实现项目质量的最佳化，开展质量管理工作。

5.1.2　质量管理的原则、内容和程序

1. 工程项目质量管理的原则

在工程项目建设过程中，对其质量管理应遵循以下几项原则：

（1）坚持以顾客为关注焦点。顾客是组织的生存基础。没有顾客组织将无法生存。工程质量是建筑产品使用价值的集中体现，用户最关心的就是工程质量的优劣。因此在项目施工中必须树立以顾客为关注焦点，切实保证质量。

（2）坚持以人为控制核心。人是质量的创造者。一方面质量控制应该"以人为本"，把人作为质量控制的动力，充分发挥人的积极性、创造性。只有这样工程质量才能达到目标。另一方面工程质量是项目各方面、各部门、各环节工作质量的集中反映。提高工程项目质量依赖于上自项目经理下至一般员工的共同努力。所以，质量控制必须坚持"以人为控制核心"，做到人人关心质量，人人做好质量控制工作。

（3）坚持预防为主原则。预防为主是指要重点做好质量的事前控制、事中控制，同时严格对工作质量、工序质量和中间产品质量的检查。这是确保工程质量的有效措施。对于工程项目的质量，我们长期以来采取事后检验的方法，认为严格检查，就能保证质量，实际上这是远远不够的。应该从消极防守的事后检验变为积极预防的事先管理。因为好的项目是由好的决策、好的规划、好的设计、好的施工所产生的，而不是检查出来的。必须在建设项目质量形成的全过程中，事先分析影响产品质量的各种因素，找出主导因素，采取各种措施加以重点控制，使质量问题消灭在发生之前或萌芽状态，做到防患于未然。

（4）坚持和提升质量标准。质量标准是评价工程质量的尺度，数据是质量控制的基础。质量控制必须建立在有效的数据基础上，必须依靠能够确切反映客观实际的数字和资料，否则就谈不上科学的管理。一切用数据说话，就需要用数理统计方法，对工程实体或工作对象进行科学的分析和整理，从而研究工程质量的波动情况，寻求影响工程质量的主次原因，采取改进质量的有效措施，掌握保证和提高工程质量的客观规律。

在很多情况下，我们评定工程质量，虽然也按规范标准进行检测计量，也有一些数据，但是这些数据往往不完整，不系统，没有按数理统计要求积累数据，抽样选点，所以难以汇总分析，有时只能统计加估计，抓不住质量问题，不能表达工程的内在质量状态，也不能有针对性地进行质量教育，提高企业素质。所以必须树立起"用数据说话"的意识，从积累的大量数据中，找出控制质量的规律性，以保证工程项目的优质建设。

工程质量是否持续符合质量要求，必须通过严格检查加以控制。同时只有努力提升质量标准的水平，才能保证组织的质量竞争力和增强顾客的满意度。

（5）坚持持续的过程控制。围绕质量目标坚持持续的过程控制是项目质量管理的基础。过程指的就是工程质量产生、形成和实现的过程。建筑安装工程质量，是勘察设计质量、原材料与半成品成品质量、施工质量、使用维护质量的综合反映。为了保证和提高工程质量，质量控制不能仅限于施工过程，而必须贯穿于从勘察设计到使用维护的全过程，要把所有影响工程质量的环节和因素控制起来，有机地协调好各个过程的接口问题，坚持持续不断的改进和管理，使过程的质量风险降至最低。

2. 项目质量管理的主要内容

（1）识别相关过程，确定管理及控制对象。如勘察设计、设备材料采购、施工安装、试运行等过程。

（2）规定管理及控制标准，即详细说明控制对象应达到的质量要求。

（3）制订具体的管理及控制方法，例如控制程序、管理规定、作业指导书等。

（4）提供相应的资源。

（5）明确所采用的检查和检验方法。

（6）按照规定的检查和检验方法进行实际检查和检验。

（7）分析检查结果和实测数据，对照标准查找原因，采取措施改进。

3. 项目质量管理的程序

（1）进行质量策划，确定质量目标。

（2）编制质量计划。

（3）实施质量计划。

（4）总结项目质量管理工作，提出持续改进的要求。

这个程序实际上就是我们通常所说的 PDCA 管理循环过程。PDCA 循环原理是能使任何一项活动有效进行的一种合乎逻辑的工作程序，特别是在质量管理中得到了广泛的应用。

计划（Plan）阶段。计划阶段的主要工作任务是确定质量目标、活动计划和管理项目的具体实施步骤。本阶段的具体工作是分析状态，找出质量问题及控制对象；分析产生质量问题的原因和影响因素；从各种原因和因素中确定影响质量的主要原因或影响因素；针对质量问题及影响质量的主要因素制订改善质量的措施及实施计划，并预计效果。

实施（Do）阶段。实施阶段主要工作任务是根据计划阶段制订的计划措施，组织贯彻执行。本阶段要做好计划措施的交底和组织落实、技术落实和物质落实。必须抓好控制点设置，加强重点控制和例外控制。

检查（Check）阶段。检查阶段的主要工作任务是检查实际执行情况，并将实际效果与预期目标对比，进一步找出存在的问题。检查得到的信息一定要全面准确，信息反馈要及时。

处理（Action）阶段。处理阶段的主要工作任务是对检查的结果进行总结和处理。具体工作包括总结经验，纳入标准或制度。即通过对实施情况的检查，明确有效果的措施，制订相应的工作文件、工艺规程、作业标准以及各种质量管理的工作制度，总结好的经验，防止发生问题。

将遗留问题转入下一个控制循环。通过检查，找出存在的质量缺陷；找出效果仍不显著或效果仍不符合要求的措施。把它们作为遗留问题，进入下一个循环，为下一期计划提供数据资料和依据。

5.1.3　项目质量管理体系

1. 项目质量管理体系的建立

质量管理体系是以保证和提高建设项目质量为目标，运用系统的概念和方法，把企业各部门、各环节的质量管理职能和活动合理地组织起来，形成一个有明确任务、职责、权限而互相协调、互相促进的有机整体。一般应做好下列工作：

（1）建立和健全专职的质量管理机构，明确各级各部门的职责分工。一般公司设置质量管理部门；分公司和项目部建立质量管理小组或配备专职检查人员；班组要有不脱产的质量管理员。同时各级各部门都按各自分工明确相应的质量职责，形成一个横向到边，纵向到底的完整的质量管理组织系统。

（2）建立灵敏的质量信息反馈系统。企业内来自对材料，构配件的检测、工序控制、质量检查、施工工艺、技术革新和合理化建议等方面；企业外来自材料、构件和设备供应部门、用户、协作单位、上级主管部门以及国内外同行业的情况等。为此要抓好信息流转环节，注意和掌握数据的检测、收集、处理、传递和储存。

（3）实现管理业务标准化、管理流程程序化。质量管理的许多活动都是重复发生的，具有一定的规律性。应按照客观要求分类归纳，并将处理办法订成规章制度，使管理业务标准化。把管理业务处理过程所经过的各个环节、各管理岗位、先后工作步骤等，经过分析研究，加以改进，制订管理程序，使其程序化。

2. 项目质量管理体系的运行

质量管理体系运转的基本形式也是 PDCA 循环原理。在质量管理体系中，PDCA 循环是一个动态的循环，它可以在组织的每一过程中展开，也可以在整个过程的系统中展开。通过四个阶段把生产经营过程的质量管理活动有机的联系起来。

质量管理活动的全部过程就是反复按照 PDCA 循环不停地、周而复始地运转，每完成一次循环，解决一定质量问题，质量水平就提高一步，管理循环不停地运转，质量水平也就随之不断提高。

5.2 工程项目质量计划

5.2.1 质量计划的概念和作用

1. 质量计划的概念

国家标准 GB/T 19000—2008《质量管理体系 基础和术语》对质量计划的定义是："对特定的项目、产品、过程或合同，规定由谁及何时应使用哪些程序和相关资源的文件"。对工程项目而言质量计划主要是指针对特定的项目所编制的规定程序和相应资源的文件。

质量计划应明确指出所开展的质量活动，并直接或间接通过相应程序或其他文件，指出如何实施这些活动。在合同环境下，质量计划是企业向顾客表明质量管理方针、目标及具体实现的方法、手段和措施，体现企业对质量责任的承诺和实现的具体步骤。

2. 质量计划的作用

质量计划是一种工具，它可以起到以下作用。

（1）在组织内部，通过建设项目的质量计划，使产品的特殊质量要求能通过有效的措施得以满足，是质量管理的依据。

（2）在合同情况下，供方可向顾客证明其如何满足特定合同的特殊质量要求，并作为用户实施质量监督的依据。

5.2.2 质量计划的编制

1. 质量计划的编制依据

（1）合同有中有关产品（或过程）的质量要求。

（2）与产品（或过程）有关的其他要求（质量标准、规范）。

（3）质量管理体系文件。

（4）组织针对项目的其他要求。如果项目开展创优活动，则应把质量计划与创优计划整合在一起为宜，这样可以提高质量管理和创优活动的效率。

2. 质量计划的编制

建设项目的质量计划是针对具体项目的特殊要求，以及应重点控制的环节，所编制的对设计、采购、施工安装、试运行等质量控制方案。编制质量计划，可以是单独一个文件，也可以是由一系列文件所组成。质量计划最常见的内容之一是创优计划，包括各种高等级的质量目标，特殊的实施措施等。

开始编制质量计划时，可以从总体上考虑如何保证产品质量，因此，可以是一个带有规划性的较粗的质量计划。随着设计、施工安装的进展，再相应编制各阶段较详细的质量计划，如设计控制计划、施工控制计划、安装控制计划和检验计划等。质量计划应随设计、施工、安装的进度做必要的调整和完善。

质量计划可以单独编制，也可以作为建设项目其他文件（如项目实施计划、设计实施计划等）的组成部分。在现行的施工管理体制中，对每一个特定工程项目需要编写施工组织设计，作为施工准备和施工全过程的指导性文件。质量计划与施工组织设计的相同点是：其对象均是针对某一特定项目，而且均以文件形式出现。但两者在内容和要求上不完全相同，因此，不能互相替代，但可以将两者有机结合起来。同时，质量计划应充分考虑与施工方案、施工措施的协调与接口要求。

为编好质量计划，应注意以下问题：

（1）组织管理层应当亲自及时组织和指导，项目经理必须亲自主持和组织质量计划的编制工作。

（2）可以建立质量计划编制小组。小组成员应具备丰富的知识，有实践经验，善于听取不同的意见，有较强的沟通能力和创新精神。当质量计划编制完成后，在公布实施时，小组即可解散。

（3）编制质量计划的指导思想是：始终以用户为关注焦点，建立完善的质量控制措施。

（4）准确无误地找出关键质量问题。

（5）反复征询对质量计划草案的意见。

5.2.3 质量计划的内容及实施

1. 质量计划的内容

在已经建立质量管理体系的情况下，质量计划的内容必须全面体现和落实企业质量管理体系文件的要求（也可引用质量体系文件中的相关条文），编制程序、内容和编制依据要符合有关规定，同时结合本工程的特点，在质量计划中编写专项管理要求。质量计划的基本内容一般应包括：①编制依据。②工程概况。③质量目标和要求。④质量管理组织机构和职责、人员及资源配置计划。⑤所需的过程文件。⑥有关阶段（如设计、采购、施工、试运行等）适用的试验、检查、检验和评审大纲。⑦记录的要求。⑧所采取的措施。⑨随项目的进展而修改和完善质量计划的程序。

2. 质量计划的实施

质量计划由项目经理部编制后，报组织管理层批准。一旦批准生效，必须严格按计划实施。在质量计划实施过程中应进行监控，及时了解计划执行的情况及偏离的程度，制订实施纠偏措施，以确保计划的有效性。如果用户明确提出编制质量计划要求，则在实施过程中如对质量计划有较大修改时需征得用户的同意。如果项目要开展创优活动，则应把质量计划与创优计划整合在一起为宜，这样可以提高质量管理和创优活动的效率。

5.3 工程项目质量控制

建设工程项目质量控制是质量管理的一部分，致力于满足质量要求。即在明确的质量目标条件下，通过行动方案和资源配置的计划、实施、检查、监督来实现预期目标的过程。

在建设项目实施过程中，项目建设参与各方包括建设单位、设计单位、施工单位和材料设备供应单位均必须进行建设项目质量控制。

5.3.1 工程项目质量控制概述

1. 工程项目质量控制的目标

工程项目质量控制的目标就是确保产品的质量能满足顾客、法律法规等方面所提出的要求。

2. 工程项目质量控制的工作内容

建设工程项目质量控制的工作内容就是为达到建设项目质量要求所采取的作业技术和管理活动。作业技术是直接产生产品或服务质量的条件，但并不是具备相关的作业技术能力，都能产生合格的质量，在社会化大生产的条件下，还必须通过科学的管理，来组织和协调作业技术活动的过程，以充分发挥其质量形成能力，实现预期质量目标。因此，作业技术方法的正确选择和作业技术能力的充分发挥，就是质量控制的致力点，包含了技术和管理两方面。

3. 工程项目质量控制的基本原理

质量控制的基本原理包括动态控制原理和三阶段控制原理。

（1）动态控制原理。GB/T 50326—2006《建设工程项目管理规范》规定：项目经理部应依据质量计划的要求，运用动态控制原理进行质量控制。

动态控制原理是项目目标控制的众多方法论中最基本的方法论之一，是一个动态循环过程。具体来说，动态控制原理的工作步骤如下。

1）项目目标动态控制的准备工作。将项目的目标（如成本、进度和质量目标）进行分解，以确定用于目标控制的计划值（如计划成本、计划进度和质量标准等）。

2）在项目实施过程中（如设计过程中、招投标过程中和施工过程中等）对项目目标进行动态跟踪和控制。①搜集项目目标的实际值，如实际成本、实际施工进度和施工的质量状况等；②定期（如每两月或每月）进行项目目标而计划值和实际值的比较；③通过项目目标的计划值和实际值的比较，如有偏差，则采取纠偏措施进行纠偏。

3）如有必要（即原定的项目目标不合理，或原定的项目目标无法实现），进行项目目标的调整，目标调整后控制过程再回复到第一步。

项目目标动态控制中的三大要素是目标计划值、目标实际值和纠偏措施。目标计划值是目标控制的依据和目的，目标实际值是进行目标控制的基础，纠偏措施是实现目标的途径。

项目质量控制的对象可能是建设项目设计过程、单位工程、、分部分项工程或检验批。以一个分部分项工程为例，动态控制过程的工作包括以下几个方面：

1）确定控制对象应达到的质量要求；

2）确定所采取的检验方法和检验手段；

3）进行质量检验；

4）分项实测数据和标准之间产生偏差的原因；

5）采取纠偏措施；

6）编制相关质量控制报告等。

（2）三阶段控制原理。三阶段控制原理即通常所说的事前控制、事中控制和事后控制。

1）事前质量控制。要求预先进行周密的质量计划，包括质量策划、管理体系、岗位设置，把各项质量职能活动，包括作业技术和管理活动建立在有充分能力、条件保证和运行机制的基础上。对于建设工程项目，尤其施工阶段的质量控制，就是通过施工质量计划或施工组织设计或施工项目管理实施规划的制订过程，运用目标管理的手段，实施工程质量事情预控。

事前质量控制的另一层含义是按质量计划进行质量活动前的准备工作状态的控制。比如对于施工企业开工前、实施作业前的准备工作状态的控制，具体包括：①技术准备。熟悉和审查项目有关资料、图样；调查分析项目的自然条件、技术经济条件；确定施工方案及质量保证措施；确定计量方法和质量检验技术等。②物质准备。对原材料、构配件的质量进行检查与控制；对施工机械设备进行检查与验收，其技术性能不符合质量要求的不能使用。③组织准备。建立项目组织机构及质量保证体系；对项目参与人员分层次进行培训教育，提高其质量意识和素质；建立与保证质量有关的岗位责任制等。④现场准备。不同的项目，现场准备的内容也不相同。一般包括平面控制网、水准点的建立；"五通一平"，生产、生活临时设施等的准备；组织材料、机具进场；拟订有关试验、技术进步计划等。

2）事中质量控制。事中质量控制也称作业活动过程质量控制，是指质量活动主体的自我控制和他人监控的控制方式。自我控制是第一位的，即作业者在作业过程中对自己质量活动行为的约束和技术能力的发挥，以完成预定质量目标的作业任务；他人监控是指作业者的质量活动过程和结果，接受来自企业内部管理者和来自企业外部有关方面的检查检验，如工程监理机构、政府质量监督部门等的监控。

事中质量控制虽然包含自控和监控两大环节，但其关键还是增强质量意识，发挥操作者自我约束、自我控制，即坚持质量标准是根本的，他人监控是必要的补充，没有前者或用后者取代前者都是不正确的。因此，有效进行过程质量控制，也就在于创造一种过程控制的机制和活力。

3）事后质量控制。事后质量控制也称为事后质量把关，以使不合格的工序或产品不流入后道工序、不流入市场。事后质量控制的任务就是对质量活动结果进行评价、认定；对工序质量偏差进行纠正；对不合格产品进行整改和处理。

从理论上分析，对于建设工程项目如果计划预控过程所制订的行动方案考虑得越周密，事中自控能力越强、监控越严格，实现质量预期目标的可能性就越大。理想的状况是希望做到各项作业活动"一次成功"、"一次交验合格率100％"。但要达到这样的管理水平和质量形成能力是相当不容易的，即使坚持不懈的努力，也还可能出现质量偏差，这是因为在作业过程中不可避免地会存在一些计划时难以预料的因素。

对于施工项目，事后质量控制具体体现在施工质量验收各个环节的控制方面。

4. 工程项目质量控制的方法

工程项目质量控制运用数理统计方法，可以科学地掌握质量状态，分析存在的质量问题，了解影响质量的各种因素，达到提高工程质量和经济效益的目的。常用的数理统计方法有直方图法、排列图法、控制图法、因果分析法、统计调查表法、分层法、相关图法等。

（1）因果分析图。因果分析图，按其形状又称树枝图或鱼刺图，也叫特性要因图。所谓特性，就是工程实施中出现的质量问题。所谓要因，也就是对质量问题有影响的因素或原因。

因果分析图是一种用来逐步深入地研究和讨论质量问题，寻求其影响因素，以便从重要的因素着手进行问题解决的一种工具。图 5-1 是分析混凝土强度达不到设计强度时所使用的因果分析图。可以看出，因果分析图常从人、机、料、法、环五大原因入手，一步一步地，像顺藤摸瓜一样地去寻找影响质量特性的中原因和小原因，直到找出可以有针对性地制订相应的对策的主要原因为止。

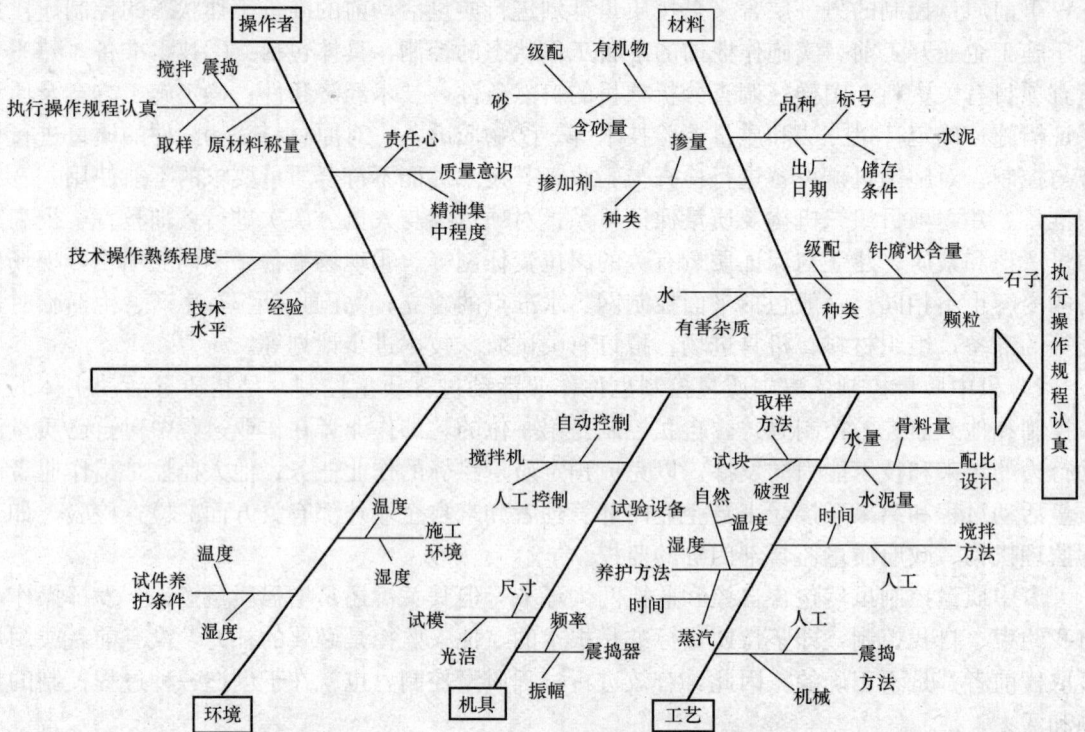

图 5-1　混凝土强度不足的因果分析图

（2）控制图。控制图也称管理图，它反映工序随时间变化而发生的质量波动的状态，如图 5-2 所示。子样平均值（也可以是极差）即中心线，它随时间而变化，但这种变化是否正常仍不能判断，因此必须引入判断线。判断线可根据数理统计方法计算得到。这种带有判断线的图就是控制图，其判断线称为控制界限。控制图是用来区分质量波动是属于偶然因素引起的正常波动，还是系统因素引起的异常波动，从而判断整道工序是否处于控制状态的一种有效工具。

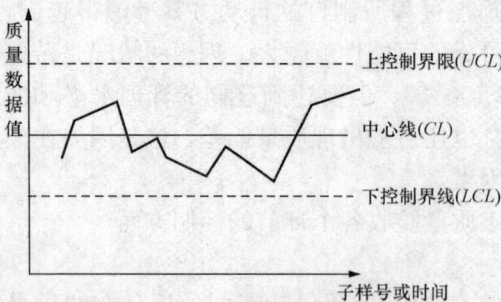

图 5-2　质量控制图示意

控制图包括三条线：上控制界限（Upper Control Limit）、中心线（Certral Line）和下控制界限（Lower Control Limit）。将反映控制对象质量状态的质量特性值在控制图上打点，若点子全部落在上、下控制界限内，且点子的排列无缺陷（如链、倾向、接近、周期等），则可判定工序处于控制状态，否则认为工序存在系统因素，必须查明，予以消除。可见，控制界限是判定工序质量是否发生变异，是否存在系统因素的尺度。因此，确定控制界限是制作控制图的关键。控制界限可根据数理统计原理得到。目前采用较多的是"三倍标准差法"，即以中心线为基准向上下移动三倍标准差值后作为上下控制界限。

正态分布中，数据落在控制界限以内的概率为 99.73%；落在控制界限以外的概率为 0.27%，属小概率事件。若只做了几次或几十次检查或检验，数据应在上下控制界限内波动，这才是正常波动。一旦点子超出控制界限或排列有缺陷，即认为维持正常作业的良好状态和标准作业条件被破坏的可能性极大。因此，就应对工序做仔细观察、调查研究，查清产生异常的原因，采取措施，消除异常因素，使工序恢复和保持良好的状态，避免大量产生不合格品，真正起到"预防为主"和"控制"的作用。

（3）分层法。由于工程质量形成的影响因素多，因此，对工程质量状况的调查和质量问题的分析，必须分门别类地进行，以便准确地找出问题及其原因，这就是分层法的基本思想。

例如，一个焊工班组有 A、B、C 三位工人实施焊接作业，共抽检 60 个焊接点，发现有 18 个不合格，占 30%。究竟问题在哪里？根据分层调查的统计数据表 5-1 可知，主要是作业工人 C 的焊接质量影响了总体的质量水平。

表 5-1 分层调查的统计数据表

作业工人	抽检点数	不合格点数	个体不合格率	占不合格点数百分率
A	20	2	10%	11%
B	20	4	20%	22%
C	20	12	60%	67%
合计	60	18	—	100%

5.3.2 建设单位项目质量控制的内容和措施

1. 建设单位质量控制的含义

建设单位进行的项目控制，其含义具体为：

（1）项目质量控制的目的是建设项目质量符合建设要求、有关技术规范和标准；

（2）项目质量控制的关键工作是建立建设项目质量目标系统；

（3）项目质量控制将以动态控制原理为指导进行质量计划值与实际值的比较；

（4）项目质量控制可采取组织、技术、经济合同措施；

（5）有必要进行计算机辅助建设项目质量控制。

2. 建设单位项目质量控制的主要工作内容

项目质量控制的主要工作内容包括：

（1）确定项目质量要求和标准（包括设计、施工、工艺、材料和设备等方面）；

（2）编制或组织编制设计竞赛文件，确定有关设计质量方面的评选原则；

（3）审核各设计阶段的设计文件（图纸与说明等）是否符合质量要求和标准；

（4）确定或审核招标文件和合同文件中的质量条款；

（5）审核或检测材料、成品、半成品和设备的质量；

（6）检查施工质量，组织或参与分部、分项工程和各隐蔽工程验收和竣工验收；

（7）审查或组织审查施工组织设计和施工安全措施；

（8）处理工程质量、安全事故的有关事宜；

（9）确认施工单位选择的分包单位，并审核施工单位的质量保证体系。

5.3.3　工程施工质量控制的内容和措施

项目质量管理的任务是用企业的工作质量来保证建设项目的实物质量。因此，工程施工阶段的工作质量控制是工程质量控制的关键环节。工程施工是一个从对投入原材料的质量控制开始，直到完成工程质量检验验收和交工后服务的系统过程，分施工准备、施工、竣工验收和回访保修四个阶段。

1. 施工准备阶段的质量控制

施工准备是指工程项目开工前的全面施工准备和施工过程中各分部分项工程施工作业前的施工准备。此外，还包括季节性的特殊施工准备。

施工准备是属于工作质量范畴，然而它对建设工程产品质量的形成产生重要的影响。

（1）施工技术资料、文件准备的质量控制。

1）施工项目所在地的自然条件及技术经济条件调查资料。对施工项目所在地的自然条件和技术经济条件的调查，是为选择施工技术与组织方案收集基础资料，并以此作为施工准备工作的依据。具体收集的资料包括：地形与环境条件、地质条件、地震级别、工程水文地质情况，气象条件以及当地水、电、能源供应条件、交通运输条件、材料供应条件等。这些资料应做到周密、详细、科学、妥善保存。

2）施工组织设计。施工组织设计是对施工的各项活动做出全面的构思和安排，指导施工准备和组织施工的全面性技术经济文件。施工组织设计中，对质量控制起主要作用的是施工方案。对施工方案要进行两方面的控制：一是选定施工方案后，制订施工进度时，必须考虑施工顺序、施工流向，主要分部分项工程的施工方法，特殊项目的施工方法和技术措施能否保证工程质量；二是制订施工方案时，为了防止施工方案的片面性，必须拟订几个施工方案，进行技术经济比较，使工程项目满足符合性、有效性和可靠性要求，取得施工工期短、成本低、安全生产、效益好的经济质量。

3）国家及政府有关部门颁布的有关质量管理方面的法律法规性文件及质量验收标准。质量管理方面的法律法规，规定了工程建设参与各方的质量责任和义务，质量管理体系建立的要求、标准，质量问题处理的要求、质量验收标准等，要认真收集并学习这些文件，这些是进行质量控制的重要依据。

4）工程测量控制资料。施工现场的原始基准点、基准线、参考标高及施工控制网络等数据资料，是施工之前进行质量控制的一项基础工作，这些数据资料是进行工程测量控制的重要内容，应按规定收集、整理和保管。

5）设计交底和图纸审核的质量控制。

设计图纸是进行质量控制的重要依据。为使施工企业熟悉有关的设计图纸，充分了解拟建项目的特点、设计意图和工艺与质量要求，减少图纸的差错，消灭图纸中的质量隐患，应做好设计交底和图纸审核工作。

工程施工前，由设计单位向施工单位有关人员进行设计交底，交底后，由施工单位提出图纸中的问题和疑点，以及要解决的技术难题。经协商研究，拟订出解决的办法。

图纸审核是设计单位和施工单位进行质量控制的重要手段。图纸审核包括内审和会审两种方式。内审指施工单位及项目经理部的图纸审核；图纸会审由建设单位或监理单位主持，设计单位、施工单位参加，并写出会审纪要。图纸审查必须抓住关键，特别注意构造和结构的审查，必须形成图纸审查与修改文件，并作为档案保存。

（2）施工分包单位的选择。

对分包商资格与能力的控制是保证工程施工质量的重要方面。确定分包内容、选择分包单位及分包方式既直接关系到施工总承包方的利益和风险，更关系到建设工程质量的保证问题。因此，施工总承包企业必须有健全有效的分包选择程序，同时，按照我国现行法规的规定，在订立分包合同前，施工单位必须将所联络的分包商情况，报送项目监理机构进行资格审查。

对各种分包商选用的控制应根据其规模和控制的复杂程度区别对待，一般通过分包合同对分包服务进行动态控制。评价及选择分包方式应考虑的原则有：

1）有合法的资质，外地单位经本地主管部门核准；

2）与本组织或其他组织合作的业绩、信誉；

3）分包方质量管理体系对按要求如期提供稳定质量的产品的保证能力；

4）对采购物资的样品、说明书或检验、试验结果进行评定。

（3）质量教育与培训。通过教育培训和其他措施提高员工的能力，增强质量和顾客意识，使员工满足所从事的质量工作对能力的要求。

项目经理部应着重以下几方面的培训：①质量意识教育；②充分理解和掌握质量方针和目标；③质量管理体系有关方面的内容；④质量保持和持续改进意识；⑤施工期间需要的相关操作技能。

可以通过考试、实际操作等方式检查培训的有效性。还应保留员工的教育、培训及技能认可的记录。

2. 施工阶段的质量控制

施工阶段的质量控制是指施工作业技术活动的投入与产出过程的质量控制，其内涵包括全过程施工生产及其中的分部分项工程的作业过程。

施工阶段质量控制的内容涉及范围包括：技术交底，工程测量，材料，机械设备，环境，计量，工序，特殊过程，工程变更，质量事故处理等。

（1）技术交底。技术交底是指单位工程、分部、分项工程正式施工前，对参与施工的有关管理人员、技术人员和工人进行不同重点和技术深度的技术性交代和说明。其目的是使参与项目施工的人员对施工对象的设计情况、建筑结构特点、技术要求、施工工艺、质量标准和技术安全措施等方面有一个较详细的了解，做到心中有数，以便科学地组织施工和合理地安排工序，避免发生技术错误或操作错误。

（2）测量控制。工程测量的质量控制应注意：编制控制方案；由技术负责人管理；保存测量记录；保护测量点线。还应注意对原有基准点、基准线、参考标高、控制网的复测和测量结果的复核。

（3）材料质量控制。材料的质量是工程项目质量的基础，加强材料的质量控制是工程质量的重要保证。材料的选择不当和使用不正确，会严重影响工程质量或造成工程质量事故。因此，在施工过程中，必须针对工程项目的特点和环境要求及材料的性能、质量标准、适用范围等多方面综合考察，慎重选择和使用材料。

1）对供货方质量保证能力进行评定。对供货方质量保证能力评定原则包括：①材料供应的表现状态，如材料质量、交货期等；②供货方质量管理体系对于按要求如期提供产品的能力；③供货方的顾客满意程度；④供货方交付材料之后的服务和支持能力；⑤其他如价格、履约能力等。

2）建立材料管理制度，减少材料损失、变质。对材料的采购、加工、运输、储存建立管理制度，可加快材料的周转，减少材料占用量，避免材料损失、变质，按质、按量、按期满足工程项目的需要。

3）对原材料、半成品、构配件进行标识。①进入施工现场的原材料、半成品、构配件要按型号、品种，分区堆放，予以标识；②对有防潮、防湿要求的材料，要有防雨防潮措施，并有标识；③对容易损坏的材料、设备，要做好防护；④对有保质期要求的材料，要定期检查，以防止过期，并做好标识；⑤标识应具有可追溯性，即应标明其规格、产地、日期、批号、加工过程、安装交付后的分布和场所。

4）加强材料检查验收。用于工程的材料，进场时应有出厂合格证和材质化验单；凡标志不清或认为质量有问题的材料，需要进行追踪检验，以保证质量；凡未经检验和已经验证为不合格材料的原材料、半成品、构配件和工程设备不能投入使用。

5）发包人提供的原材料、半成品、构配件和设备。发包人提供的原材料、半成品、构配件和设备用于工程时，项目组织应对其做出专门的标识，接受时进行验证，储存或使用时给予保护和维护，并得到正确的使用。若上述材料验证不合格，不得用于工程。发包人有责任提供合格的原材料、半成品、构配件和设备。

6）材料质量抽样和检验方法。材料质量抽样应按规定的部位、数量及采选的操作要求进行。材料质量的检验项目分为一般材料试验项目和其他试验项目。一般项目即通常进行的试验项目，如水泥的强度等级，钢筋的屈服强度、延伸、冷弯；其他试验项目是根据需要而进行的试验项目，如水泥的安定性、凝结时间，钢筋的化学成分、耐冲击韧性。材料质量检验方法有书面检验、外观检验、理化检验和无损检验等。

（4）机械设备质量控制。机械设备的质量控制应注意：按计划进行调配；满足施工需要；配套合理使用；操作人员应进行确认并持证上岗；搞好维修与保养。

（5）施工环境的质量控制。环境因素主要包括工程技术环境、工程管理环境和劳动环境等。环境因素对工程施工的影响一般难以避免。要消除其对施工质量的不利影响，主要是采取预测预防的控制方法，还应建立环境管理体系，实施环境监控。

（6）计量控制。施工中的计量工作，包括施工生产时的投料计量、施工生产过程中的监测计量和对项目、产品或过程的测试、检验、分析计量等，其正确性与可靠性直接关系到工程质量的形成和客观的效果评价。

计量工作的主要任务是统一计量单位，组织量值传递，保证量值的统一。这些工作有利于控制施工生产工艺过程，促进施工生产技术的发展，提高工程项目的质量。因此，计量是保证工程项目质量的重要手段和方法，也是施工项目开展质量管理的一项重要基础工作。

为了做好计量控制工作，应抓好如下几项工作：建立计量管理部门和配备计量人员；建立健全和完善计量管理的规章制度；积极开展计量意识教育；按规定控制计量器具的使用、保管、维修和检验。

（7）工序控制。工序是产品制造过程的基本环节，也是组织生产过程的基本单位。一道工序，是指一个（或一组）工人在一个工作地对一个（或几个）劳动对象（工程、产品、构配件）所完成的一切连续活动的总和。例如，混凝土工程由搅拌、运输、浇灌、振捣、养护等工序组成。

工序质量包含两个相互关联的内容。一是工序活动条件的质量，即每道工序投入的人、材料、机械设备、方法和环境是否符合要求。二是工序活动效果的质量，即每道工序施工完成的工程产品是否达到有关质量标准。

在施工过程中，测得的工序特性数据是有波动的，产生波动的原因有两种，因此，波动也分为两类。一类是操作人员在相同的技术条件下，按照工艺标准去做，可是不同的产品却存在着波动。这种波动在目前的技术条件下还不能控制，在科学上是由无数类似的原因引起的，所以称为偶然因素，如构件允许范围内的尺寸误差、季节气候的变化、机具的正常磨损等。另一类是在施工过程中发生了异常现象，如不遵守工艺标准，违反操作规程、机械、设备发生故障。仪器仪表失灵等，这类因素称为异常因素。这类因素经有关人员的共同努力，在技术上是可以避免的。工序管理就是去分析和发现影响施工中的每道工序质量的这两类因素中的异常因素，并采取相应的技术和管理措施，使这些因素被控制在允许范围内，从而保证每道工序的质量。工序管理的实质是工序质量控制，即让工序处于稳定受控状态。

工序质量控制是为把工序质量的波动限制在要求的界限内所进行的质量控制活动。工序质量控制的最终目的是要保证稳定地生产合格产品。具体地说工序质量控制是使工序质量的波动处于允许的范围之内，一旦超出允许范围，立即对影响工序质量波动的因素进行分析，针对问题，采取必要的组织、技术措施，对工序进行有效的控制，使之保证在允许范围内。工序质量控制的实质是对工序因素的控制，特别是对主导因素的控制。

工序质量监控的对象是影响工序质量的因素，特别是对主导因素的监控，其核心是管因素、管过程，而不单纯是管结果。其重点内容包括：

1）合理设置工序质量控制点。控制点是指为了保证工序质量而必须进行控制的重点，或关键部位，或薄弱环节。如人的行为，关键的操作，施工顺序，材料的质量和性能，常见的质量通病，新技术、新材料、新工艺的应用等。这里是说，控制应抓住主要矛盾进行，使工序施工过程处于良好的控制状态。

2）严格遵守工序施工的工艺规程。任何施工操作人员，必须熟悉本工种的施工工艺和操作规程，并严格认真地按施工工艺和操作规程进行施工。

3）控制工序活动条件的质量。工序活动条件很多，其中最主要的影响要素有劳动者、材料、施工机械设备、施工方法和施工环境。这五大要素的质量要处于被控制状态，才能保证工序质量的正常、稳定。

4）及时检查工序活动效果的质量。工序质量是否符合规定标准，用工序活动成果进行评价。为此必须经常不断地对工序施工过程进行质量检验工作，对工序质量状况进行综合分析与统计，及时掌握工序质量动态。一旦发现变异，应立即进行研究处理，让工序质量自始至终满足规范和标准要求。

（8）工程质量检查。施工过程中的质量检查主要是指工序施工中或上道工序完工即将转入下道工序所进行的质量检查，目的是通过判断工序内容是否符合设计或标准要求，决定该工序是否继续进行（转交）或停止。具体形式有：

1）施工操作质量的巡视检查。有些质量问题是由于操作不当所致，也有些操作不符合规程的工程质量要求，虽然表面上似乎影响不大，却隐藏着潜在的危害。所以，在施工过程中，必须加强对操作质量的巡视检查，对违章操作、不符合工程质量要求的要及时纠正，以防患于未然。

2）工序质量交接检查。严格执行自检、互检、交接检的质量检查制度。各工序按施工技术标准进行质量控制，每道工序完成后进行检查。各专业工种相互之间，应进行交接检查，并形成记录。未经监理工程师（或建设单位技术负责人）检查认可，不得进行下道工序施工。

3）隐蔽验收检查。隐蔽验收检查是指将被其他工序施工所隐蔽的分部、分项工程，在隐蔽前所进行的检查验收。实践证明，坚持隐蔽验收检查是防止隐患，避免质量事故的重要措施。隐蔽工程验收后，要办理隐蔽签证手续，列入工程档案。

4）工程施工预检。预检是指工程在未施工前所进行的预先检查。预检是确保工程质量，防止可能发生偏差造成重大质量事故的有力措施。内容包括：

①工程位置：检查定位桩、轴线桩和水平桩。

②基础工程：检查轴线、标高、预留孔洞、预埋件的位置。

③砌体工程：检查墙身轴线、楼房标高、砂浆配合比及预留孔洞位置和尺寸。

④混凝土结构工程：检查模板尺寸、标高、支撑、预埋件、预留孔等，检查钢筋型号、规格、数量、锚固长度、保护层等，检查混凝土配合比、外加剂、养护条件等。

⑤主要管线：检查标高、位置、坡度和管线的综合。

⑥预制构件安装：检查构件位置、型号、支撑长度和标高。

⑦电气工程：检查变电、配电位置，高低压进出口方向，电缆沟位置、标高、送电方向。

预检后要办理预检手续，未经预检或预检不合格，不得进行下一道工序施工。

5）"不合格"控制。

①控制措施。对检查发现的工程质量问题和不合格报告提及的问题，应由项目技术负责人组织有关人员确定不合格程度，制订纠正措施。

对已发现或潜在的不合格信息，应分析并记录结果。

对严重不合格或质量事故，必须实施纠正措施。实施纠正措施的结果应由项目技术负责人验证并记录；对严重不合格或质量事故的纠正措施和实施效果应验证，并应报企业管理层。对可能出现的不合格项，应制订预防措施。预防措施的内容和要求可在施工方案、技术交底活动中体现出来。

②施工质量缺陷的处理。缺陷是指"未满足与预期或规定用途有关的要求"。它是一种特定范围的"不合格"，因涉及产品责任，故称为缺陷。对于工程质量缺陷可采用的处理方案有修补处理、返工处理、限制使用、不做处理。

（9）特殊过程和关键过程控制。

特殊过程是指建设项目施工过程或工序施工质量不能通过其后的检验和试验而得到验

证，或者其验证的成本不经济的过程。如防水、焊接、桩基处理、防腐施工、混凝土浇筑等。

关键过程是指严重影响施工质量的过程。如吊装、混凝土搅拌、钢筋连接、模板安拆、砌筑等。

特殊过程和关键过程是施工质量控制的重点，设置质量控制点就是要根据工程项目的特点，抓住这些影响工序施工质量的主要因素。

1) 质量控制点设置原则。①凡对工程的适用性、安全性、可靠性、经济性有直接影响的关键部位设立控制点，如高层建筑垂直度、预应力张拉、楼面标高控制等。②对下道工序有较大影响的上道工序设立控制点，如砖墙粘结率、墙体混凝土浇捣等。③对质量不稳定，经常容易出现不良品的工序设立控制点，如阳台地坪、门窗装饰等。④对用户反馈和过去有过返工的不良工序，如屋面、油毡铺设等。

2) 质量控制点的管理。在操作人员上岗前，施工员、技术员做好交底及记录，在明确工艺要求、质量要求、操作要求的基础上方能上岗。施工中发现问题，及时向技术人员反映，由有关技术人员指导后，操作人员方可继续施工。

为了保证质量控制点的目标实现，要建立三级检查制度，即操作人员每日自检一次，组员之间或班长、质量干事与组员之间进行互检；质量员进行专检；上级部门进行抽查。

针对特殊过程（工序）的过程能力，应在需要时根据事先的策划及时进行确认，确认的内容包括：施工方法、设备、人员、记录的要求，需要时要进行再确认。对于关键过程（工序）也可以参照特殊过程进行确认。

在施工中，如果发现质量控制点有异常情况，应立即停止施工，召开分析会，找出产生异常的主要原因，并用对策表写出对策。如果是因为技术要求不当而出现异常，必须重新修订标准，在明确操作要求和掌握新标准的基础上，再继续进行施工，同时还应加强自检、互检的频次。

（10）工程变更控制。工程项目任何形式上的、质量上的、数量上的变动，都称为工程变更，它既包括了工程具体项目的某种形式上的、质量上的、数量上的变动，也包括了合同文件内容的某种改动。

工程变更可能导致项目工期、成本或质量的改变。因此，必须对工程变更进行严格的管理和控制。主要应考虑以下几个方面：严格按程序变更并办理批准手续；管理和控制那些能够引起工程变更的因素和条件；分析和确认各方面提出的工程变更要求的合理性和可行性；当工程变更发生时，应对其进行管理和控制；分析工程变更而引起的风险。

（11）成品保护。在工程项目施工中，某些分部分项工程已完成，而其他部位还正在施工，如果对已完成部位或成品，不采取妥善的措施加以保护，就会造成损伤，影响工程质量。更为严重的是有些损伤难以恢复原状，而成为永久性的缺陷，造成人、财、物的浪费和拖延工期。

加强成品保护，首先应加强教育，提高全体员工的成品保护意识；其次要合理安排施工顺序，防止施工顺序不当或交叉作业造成相互干扰、污染和损坏，成品形成后可采取有效的保护措施。

成品保护的措施包括：①护：护就是提前保护，防止对成品的污染及损伤。如外檐水刷石大角或柱子要立板固定保护；为了防止清水墙面污染，在相应部位提前钉上塑料布或纸板。②包：包就是进行包裹，防止对成品的污染及损伤。如在喷浆前对电气开关、插座、灯具等设备进行包裹；铝合金门窗应用塑料布包扎。③盖：盖就是表面覆盖，防止堵塞、损伤。如高级水磨石地面或大理石地面完成后，应用苫布覆盖；落水口、排水管安好后加覆盖，以防堵塞。④封：封就是局部封闭。如室内塑料墙纸完成后应立即锁门封闭；屋面防水完成后，应封闭上屋面的楼梯门或出入口。

3. 竣工验收阶段的质量控制

竣工验收阶段的质量控制包括最终质量检验和试验，技术资料的整理，施工质量缺陷的处理，工程竣工验收文件的编制和移交准备，产品防护，撤场计划。这个阶段的质量控制要求主要有以下几点。

（1）最终质量检验和试验。最终质量检验和试验是指对单位工程质量进行的验证，是对建筑工程产品质量的最后把关，是全面考核产品质量是否满足质量计划预期要求的重要手段。最终质量检验和试验必须按施工质量验收规范的要求进行检验和试验，其提供的结果是证明产品符合性的证据。如各种质量合格证书、材料试验检验单、隐蔽工程记录、施工记录和验收记录等。

（2）对查出的质量缺陷应按不合格控制程序进行处理，处理方案包括：修补处理、返工处理、限制使用和不做处理。

（3）应按要求整理竣工资料的规定整理技术资料、竣工资料和档案，做好移交准备。

（4）在最终检验和试验合格后，对产品采取防护措施，防止丢失或损坏。

（5）工程交工后应编制符合文明施工要求和环境保护要求的撤场计划，拆除、运走多余物资，达到清场、地平乃至树活、草青的目的。

4. 回访保修阶段的质量控制

工程项目在竣工验收交付使用后，按照有关规定，在保修期限和保修范围内，施工单位应主动对工程进行回访，听取建设单位或用户对工程质量的意见，对属于施工单位施工过程中的质量问题，负责维修，不留隐患，如属设计等原因造成的质量问题，在征得建设单位和设计单位认可后，协助修补。

施工单位在接到用户来访、来信的质量投诉后，应立即组织力量维修，发现影响安全的质量问题应紧急处理。

5.4　工程项目质量验收

建设工程项目质量验收是对已完工程实体的内在及外观施工质量，按规定程序检查后，确认其是否符合设计及各项验收标准的要求，是否可交付使用的一个重要环节。正确地进行工程项目质量的检查评定和验收，是保证工程质量的重要手段。

施工质量验收包括施工过程的质量验收及工程竣工时的质量验收。

5.4.1　施工过程质量验收

1. 施工质量验收项目的划分

施工质量验收属过程验收，按构成大小分为单位工程、分部工程、分项工程和检验批四种层次的验收。其中检验批是工程验收的最小单位，是分项工程乃至整个建筑工程质量验收的基础。检验批是施工过程中条件相同，并含有一定数量的材料、构配件或安装项目的施工内容。由于其质量基本均匀一致，因此可以作为检验的基础单位，并按批验收。分项工程是质量验收的基本单元，分部工程是在所含全部分项工程验收的基础上进行验收的，它们是在施工过程中随完工随验收，并留下完整的质量验收记录和资料。单位工程作为具有独立使用功能的完整的建筑产品，进行竣工质量验收。

2. 施工过程质量验收的内容

（1）检验批质量的验收。检验批是按同一的生产条件或按规定的方式汇总起来供检验用的，由一定数量样本组成的检验体。一分项工程分成一个或若干个检验批来验收。检验批质量验收合格的规定是：主控项目和一般项目的质量经抽查检验合格；具有完整的施工操作依据、质量检查记录。检验批质量验收的记录表格形式，见表 5 - 2。

表 5 - 2 检验批质量验收记录

工程名称		分项工程名称			验收部位	
施工单位			专业工长		项目经理	
施工执行标准名称及编号						
分包单位		分包项目经理		施工班组长		
质量验收规范的规定		施工单位检查评定记录			监理（建设）单位验收记录	
主控项目	1					
	2					
	3					
	4					
	5					
	6					
	……					
一般项目	1					
	2					
	3					
	……					
施工单位检查评定结果	项目专业质量检查员：				年 月 日	
监理（建设）单位验收结论	监理工程师（建设单位项目专业技术负责人）：				年 月 日	

1）主控项目。主控项目是保证工程安全和使用功能的重要检验项目，是对安全、卫生、环境保护和公众利益起决定性作用的检验项目，是确定该检验批主要性能的项目，所以主控项目内容必须达到要求。主控项目包括的内容有三类：

①重要材料、构件及配件、成品及半成品、设备性能及附件的材质和技术性能等，可通过检查出厂证明及试验数据确认。如钢材、水泥的质量；预制楼板、墙板、门窗等构配件的质量；风机等设备的质量等。

②结构强度、刚度和稳定性等检验数据、工程性能的检测，可通过检查测验记录确认。如混凝土、砂浆的强度；钢结构的焊缝强度；管道的压力试验等。

③一些重要的允许偏差的项目，必须控制在允许偏差限制之内。

2）一般项目。一般项目是除主控项目以外的检验项目，其条文内容要求也是应该达到的，只不过对不影响工程安全和使用功能的少数条文可以适当放宽一些，这些条文虽不像主控项目那样重要，但对工程安全、使用功能、建筑物美观都是有较大影响的。一般项目包括的主要内容有三类：

①允许有一定偏差的项目，放在一般项目中，用数据规定的标准，可以有个别偏差范围，最多不超过 20％的检查点可以超过允许偏差值，但也不能超过允许值的 150％。

②对不能确定偏差值而又允许出现一定缺陷的项目，则以缺陷的数量来区分。如砖砌体预埋拉结筋，其留置间距偏差；混凝土钢筋露筋，露出一定长度等。

③一些无法定量的而采用定性的项目。如碎拼大理石地面颜色协调，无明显裂缝和坑洼；油漆工程中，中级油漆的光亮和光滑项目；管道接口项目，无外露油麻等。这些就要靠监理工程师来掌握了。

（2）分项工程质量的验收。

分项工程质量验收合格的规定是：分项工程所含的检验批均应符合合格质量的规定；分项工程所含的检验批的质量验收记录应完整。分项工程质量的验收是在检验批验收的基础上进行的，是一个统计过程，若没有检验批时也有一些直接的验收内容。分项工程质量验收记录表格形式，见表 5-3。

表 5-3　　　　　　　　　　　　　　分项工程质量验收记录

工程名称		结构类型		检验批数	
施工单位		项目经理		项目技术负责人	
分包单位		分包单位负责人		分包项目经理	
序号	检验批部位、区段	施工单位检查评定结果		监理（建设）单位验收结论	
1					
2					
3					
4					
……					
检查结论	项目专业 技术负责人： 　　　　年　月　日		验收结论	监理工程师（建设单位项目专业技术负责人）： 　　　　年　月　日	

可见，检验批质量验收是基础，分项、分部、单位工程的验收主要是一个逐级统计的过程，并规定从分部工程验收开始有质量控制资料核查、有关安全及功能的抽测以及观感质量的评价等内容。

（3）分部工程质量的验收。分部工程应由总监理工程师（建设单位项目负责人）组织施工单位项目负责人和技术、质量负责人等进行验收；地基与基础、主体结构分部工程的勘察、设计单位工程项目负责人和施工单位技术、质量部门负责人也应参加相关分部工程验收。

分部（子分部）工程质量验收合格应符合下列规定：

1）分部（子分部）工程所含分项工程的质量均应验收合格。

2）质量控制资料应完整。

3）地基与基础、主体结构和设备安装等分部工程有关安全及功能的检验和抽样检测结果应符合有关规定。

4）观感质量验收应符合要求。

分部工程的验收在其所含各分项工程验收的基础上进行。首先，分部工程的各分项工程必须已验收合格，且相应的质量控制资料文件必须完整，这是验收的基本条件。此外，由于各分项工程的性质不尽相同，因此作为分部工程不能简单地组合而加以验收，尚须增加以下两类检查项目。

涉及安全和使用功能的地基基础、主体结构、有关安全及重要使用功能的安装分部工程应进行有关见证取样、送样试验或抽样检测。关于观感质量验收，这类检查往往难以定量，只能以观察、触摸或简单量测的方式进行，并由每个人的主观印象判断，检查结果并不给出"合格"或"不合格"的结论，而是综合给出质量评价。对于"差"的检查点应通过返修处理等补救。

3. 施工过程质量验收不合格的处理

施工过程的质量验收是以检验批的施工质量为基本验收单元。检验批质量不合格可能是由于使用的材料不合格，或施工作业质量不合格，或质量控制资料不完整等原因所致。其处理的方法有：

（1）在检验批验收时，对严重的缺陷应推倒重来，一般的缺陷通过翻修或更换器具、设备予以解决后重新进行验收。

（2）个别检验批发现试块强度等不满足要求等难以确定是否验收时，应请有资质的法定检测单位鉴定，当鉴定结果能够达到设计要求时，应通过验收。

（3）当检测鉴定达不到设计要求但经原设计单位核算仍能满足结构安全和使用功能的检验批，可予以验收。

（4）严重质量缺陷或超过检验批范围内的缺陷，经法定检测单位检测鉴定以后，认为不能满足最低限度的安全储备和使用功能，则必须进行加固处理，虽然改变外形尺寸，但能满足安全使用要求，可按技术处理方案和协商文件进行验收，责任方应承担经济责任。

（5）通过返修或加固后处理仍不能满足安全使用要求的分部工程、单位（子单位）工程，严禁验收。

5.4.2　工程项目竣工质量验收

建设工程项目竣工验收有两层含义，一是指承发包单位之间进行的工程竣工验收，也称工程交工验收；二是指建设工程项目的竣工验收。两者在验收的范围、依据、时间、方式、程序、组织和权限等方面存在不同。

1. 竣工工程质量验收的依据

竣工工程质量验收的依据有：

(1) 工程施工承包合同；

(2) 工程施工图纸；

(3) 施工质量验收统一标准；

(4) 专业工程施工质量验收规范；

(5) 建设法律、法规、管理标准和技术标准。

2. 竣工工程质量验收的要求

单位工程是工程项目竣工质量验收的基本对象，其竣工验收是工程项目投入使用前的最后一次验收，其重要性不言而喻。建筑工程施工质量应按下列要求进行验收。

(1) 工程施工质量应符合各类工程质量统一验收标准和相关专业验收规范的规定；

(2) 工程施工应符合工程勘察、设计文件的要求；

(3) 参加工程施工质量验收的各方人员应具备规定的资格；

(4) 工程质量的验收均应在施工单位自行检查评定的基础上进行；

(5) 隐蔽工程在隐蔽前应由施工单位通知有关单位进行验收，并应形成验收文件；

(6) 涉及结构安全的试块、试件以及有关材料，应按规定进行见证取样检测；

(7) 检验批的质量应按主控项目、一般项目验收；

(8) 对涉及结构安全和功能的重要分部工程应进行抽样检测；

(9) 承担见证取样检测及有关结构安全检测的单位应具有相应资质；

(10) 工程的观感质量应由验收人员通过现场检查共同确认。

3. 竣工工程质量验收的标准

建筑工程的单位（子单位）工程质量验收合格应符合下列规定：

(1) 单位（子单位）工程所含分部（子分部）工程质量验收均应合格；

(2) 质量控制资料应完整；

(3) 单位（子单位）工程所含分部工程有关安全和功能的检测资料应完整；

(4) 主要功能项目的抽查结果应符合相关专业质量验收规范的规定；

(5) 观感质量验收应符合要求。

5.5 工程项目质量问题和质量事故的处理

5.5.1 工程质量问题和质量事故概述

1. 工程质量问题与质量事故的定义

在工程项目中，凡工程质量不符合建筑工程施工质量验收统一标准及各专业施工质量验收规范（或安装工程相关各专业施工及验收规范）、设计图纸要求，以及合同规定的质量要求，程度轻微的称为质量问题；造成一定经济损失或永久性缺陷的，都是工程质量事故。

工程质量事故按危害性分为重大质量事故和一般质量事故。按直接经济损失，工程质量问题和质量事故的划分如下：

（1）直接经济损失在 300 万元以上的为一级重大质量事故。

（2）直接经济损失在 100 万元以上，不满 300 万元的为二级重大质量事故。

（3）直接经济损失在 20 万元以上，不满 100 万元的为三级重大质量事故。

（4）直接经济损失在 10 万元以上，不满 30 万元的为四级重大质量事故。

（5）直接经济损失在 5000 元以上，不满 10 万元的为一般质量事故。

（6）直接经济损失在 5000 元以下的，为质量问题。质量问题可由企业自行处理。

2. 工程质量事故原因

造成质量事故的原因很多，主要有：

（1）违背建设程序。不经可行性论证，不做调查分析就拍板定案；没有搞清工程地质、水文地质就仓促开工；无证设计，无图施工；在水文气象资料缺乏，工程地质和水文地质情况不明，施工工艺不过关的条件下盲目兴建；任意修改设计，不按图纸施工；工程竣工不进行试车运转、不经验收就交付使用等盲干现象，致使不少工程项目留有严重隐患，房屋倒塌事故也时有发生。

（2）工程地质勘察原因。未认真进行地质勘察，提供地质资料、数据有误；地质勘察时，钻孔间距太大，不能全面反映地基的实际情况，如当基岩地面起伏变化较大时，软土层厚薄相差也很大；地质勘察钻孔深度不够，没有查清地下软土层、滑坡、墓穴、孔洞等地层构造；地质勘察报告不详细、不准确等，均会导致采用错误的基础方案，造成地基不均匀沉降、失稳，使上部结构及墙体开裂、破坏、倒塌。

（3）未加固处理好地基。对软弱土、冲填土、杂填土、湿陷性黄土、膨胀土、岩层出露、土洞等不均匀地基未进行加固处理或处理不当，均是导致重大质量问题的原因。必须根据不同地基的工程特性，按照地基处理应与上部结构相结合，使其共同工作的原则，从地基处理、设计措施、结构措施、防水措施、施工措施等方面综合考虑治理。

（4）设计计算问题。设计考虑不周，结构构造不合理，计算简图不正确，计算荷载取值过小，内力分析有误，沉降缝及伸缩缝设置不当，悬挑结构未进行抗倾覆验算等，都是诱发质量问题的隐患。

（5）建筑材料及制品不合格。诸如钢筋物理力学性能不符合标准，水泥受潮结块、过期、安定性不良，砂石级配不合理、有害物含量过多，混凝土配合比不准，外加剂性能、掺量不符合要求时，均会影响混凝土强度、和易性、密实性、抗渗性，导致混凝土结构强度不足、裂缝、渗漏、蜂窝、露筋等质量问题。预制构件断面尺寸不准，支承锚固长度不足，未可靠建立预应力值，钢筋漏放、错位，板面开裂等，必然会出现断裂、垮塌。

（6）施工和管理问题。许多工程质量问题，往往是由施工和管理所造成。例如：

1）不熟悉图纸，盲目施工，图纸未经会审，仓促施工；未经监理、设计部门同意，擅自修改设计。

2）不按图施工。把铰接做成刚接，把简支梁做成连续梁，抗裂结构用光圆钢筋代替变形钢筋等，致使结构裂缝破坏；挡土墙不按图设滤水层，留排水孔，致使土压力增大，造成挡土墙倾覆。

3）不按有关建筑施工验收规范（或安装施工及验收规范）施工。如现浇混凝土结构不按规定的位置和方法任意留设施工缝；不按规定的强度拆除模板；砌体不按组砌形式砌筑，留直槎不加拉结条，在小于 1m 宽的窗间墙上留设脚手眼等。

4）不按有关操作规程施工。如用插入式振捣器捣实混凝土时，不按插点均布、快插慢拔、上下抽动、层层扣搭的操作方法，致使混凝土振捣不实，整体性差；又如，砖砌体包心砌筑，上下通缝，灰浆不均匀饱满，游丁走缝，不横平竖直等都是导致砖墙、砖柱破坏及倒塌的主要原因。

5）缺乏基本结构知识，施工蛮干。如将钢筋混凝土预制梁倒放安装；将悬臂梁的受拉钢筋放在受压区；结构构件吊点选择不合理，不了解结构使用受力和吊装受力的状态；施工中在楼面超载堆放构件和材料等，均将给质量和安全造成严重的后果。

6）施工管理紊乱，施工方案考虑不周，施工顺序错误；技术组织措施不当，技术交底不清，违章作业；不重视质量检查和验收工作等，都是导致质量问题的祸根。

（7）自然条件影响。建设工程项目施工周期长、露天作业多；受自然条件影响大，温度、湿度、日照、雷电、供水、大风、暴雨等都能造成重大的质量事故，施工中应特别重视，采取有效措施加以预防。

（8）建筑结构使用问题。建筑物使用不当，也易造成质量问题。如不经校核、验算，就在原有建筑物上任意加层；使用荷载超过原设计的容许荷载；任意开槽、打洞、削弱承重结构的截面等。

（9）生产设备本身存在缺陷。

5.5.2　工程质量事故分析及处理

5.5.2.1　工程质量事故分析处理的目的

工程质量事故分析处理的主要目的是：

1）正确分析和妥善处理所发生的质量问题，以创造正常的施工条件；

2）保证建筑物、构筑物的安全使用，减少事故损失；

3）总结经验教训，预防事故重复发生；

4）了解结构实际工作状态，为正确选择结构计算简图，结构构造设计，修订规范、规程和有关技术措施提供依据。

5.5.2.2　工程质量事故成因分析

由于影响工程质量的因素众多，一个工程质量问题的实际发生，既可能由于设计计算和施工图纸中存在错误，也可能由于施工中出现不合格或质量问题，也可能由于使用不当，或者由于设计、施工甚至使用、管理、社会体制等多种原因的复合作用。要分析究竟是哪种原因所引起，必须对质量问题的特征表现，以及其在施工中和使用中所处的实际情况和条件进行具体分析。分析方法很多，但其基本步骤和要领可概括如下：

1. 基本步骤

（1）进行细致的现场研究，观察记录全部实况，充分了解与掌握引发质量问题的现象和特征。

（2）收集调查与问题有关的全部设计和施工资料，分析摸清工程在施工或使用过程中所处的环境及面临的各种条件和情况。

（3）找出可能产生质量问题的所有因素。分析、比较和判断，找出最可能造成质量问题的原因。

（4）进行必要的计算分析或模拟实验予以论证确认。

2. 分析要领

分析的要领是进行逻辑推理，其基本原理是：

1）确定质量问题的初始点，即所谓原点，它是一系列独立原因集合起来形成的爆发点。因其反映出质量问题的直接原因，故在分析过程中具有关键性作用。

2）围绕原点对现场各种现象和特征进行分析，区别导致同类质量问题的不同原因，逐步揭示质量问题萌生、发展和最终形成的过程。

3）综合考虑原因复杂性，确定诱发质量问题的起源点即真正原因。工程质量问题原因分析是对一堆模糊不清的事物和现象客观属性和联系的反映，它的准确性和管理人员的能力学识、经验和态度有极大关系，其结果不单是简单的信息描述，而是逻辑推理的产物，其推理也可用于工程质量的事前控制。

3. 事故调查报告

事故发生后，应及时组织调查处理。调查的主要目的，是要确定事故的范围、性质、影响和原因等，通过调查为事故的分析与处理提供依据，一定要力求全面、准确、客观。调查结果，要整理撰写成事故调查报告，其内容包括：

1）工程概况，重点介绍事故有关部分的工程情况；

2）事故情况，事故发生时间、性质、现状及发展变化的情况；

3）是否需要采取临时应急防护措施；

4）事故调查中的数据、资料；

5）事故原因的初步判断；

6）事故涉及人员与主要责任者的情况等。

5.5.2.3　工程质量事故处理方案的确定

工程质量事故处理方案是指技术处理方案，其目的是消除质量隐患，以达到建筑物的安全可靠和正常使用各项功能及寿命要求，并保证施工的正常进行。其一般处理原则是：正确确定事故性质，是表面性还是实质性、是结构性还是一般性、是迫切性还是可缓性；正确确定处理范围，除直接发生部位，还应检查处理事故相邻影响作用范围的结构部位或构件。其处理基本要求是：满足设计要求和用户的期望；保证结构安全可靠，不留任何质量隐患；符合经济合理的原则。

1. 质量事故处理的依据

质量事故的处理需要分析事故的性质、事故的原因、事故责任的界定和事故处理措施研究和落实，这些问题的处理都必须依靠有效、客观、真实的依据为基础。

通常，质量事故处理的依据包括：

（1）施工承包合同、设计委托合同，材料、设备的订购合同。

（2）设计文件、质量事故发生部位的施工图纸。

（3）有关的技术文件，如材料和设备的检验、试验报告，新材料、新技术、新工艺技术鉴定书和试验报告，施工记录，有关的质量检测资料，施工方案，施工进度计划等。

（4）有关的法规、标准和规定。

（5）质量事故调查报告，质量事故发生后对事故状况的观测记录、试验记录和试验。

2. 质量事故处理方案类型

（1）修补处理。这是最常用的处理方案。通常当工程的某个检验批、分项或分部的质量未达到规定的规范、标准或设计要求，存在一定缺陷，但通过修补或更换器具、设备后还可达到要求的标准，又不影响使用功能和外观要求，在此情况下，可以进行修补处理。修补处理的具体方案很多，诸如封闭保护、复位纠偏、结构补强、表面处理等，某些事故造成的结构混凝土表面裂缝，可根据其受力情况，仅作表面封闭保护。某些混凝土结构表面的蜂窝、麻面，经调查分析，可进行剔凿、抹灰等表面处理，一般不会影响其使用和外观。

（2）加固补强。对较严重的问题，可能影响结构的安全性和使用功能，必须按一定的技术方案进行加固补强处理，这样往往会造成一些永久性缺陷，如改变结构外形尺寸，影响一些次要的使用功能等。

（3）返工处理。当工程质量未达到规定的标准和要求，存在着严重质量问题，对结构的使用和安全构成重大影响，且又无法通过修补处理时，可对检验批、分项、分部甚至整个工程返工处理。例如，某防洪堤坝填筑压实后，其实压土的干密度未达到规定值，进行返工处理。又如某公路桥梁工程预应力按规定张力系数为 1.3，实际仅为 0.8，属于严重的质量缺陷，也无法修补，只有返工处理。对某些存在严重质量缺陷，且无法采用加固补强修补处理或修补处理费用比原工程造价还高的工程，应进行整体拆除，全面返工。

（4）不做处理。某些工程质量问题虽然不符合规定的要求和标准，构成质量事故，但视其严重情况，经过分析、论证、法定检测单位鉴定和设计等有关单位认可，对工程或结构使用及安全影响不大，也可不做专门处理。通常不用专门处理的情况有以下几种：

1）不影响结构安全和正常使用。例如，有的工业建筑物出现放线定位偏差，且严重超过规范标准规定，若要纠正会造成重大经济损失，若经过分析、论证其偏差不影响产生工艺和正常使用，在外观上也无明显影响，可不做处理。又如，某些隐蔽部位结构混凝土表面裂缝，经检查分析，属于表面养护不够的干缩微裂，不影响使用及外观，也可不做处理。

2）质量问题，经过后续工序可以弥补。例如，混凝土表面轻微麻面，可通过后续的抹灰、喷涂或刷白等工序弥补，可不做专门处理。

3）法定检测单位鉴定合格。例如，某检验批混凝土试块强度值不满足规范要求，强度不足，若在法定检测单位，对混凝土实体采用非破损检验等方法测定其实际强度已达规范允许和设计要求值时，可不做处理。对经检测未达要求值，但相差不多，经分析论证，只要使用前经再次检测达到设计强度，也可不做处理，但应严格控制施工荷载。

4）出现的质量问题，经检测鉴定达不到设计要求，但经原设计单位核算，仍能满足结构安全和使用功能。

3. 工程质量事故处理方案选择的辅助方法

（1）实验验证。即对某些有严重质量缺陷的项目，可采取合同规定的常规试验方法进一步进行验证，以便确定缺陷的严重程度。例如，混凝土构件的试件强度低于要求的标准不太大（例如 10% 以下）时，可进行加载实验，以证明其是否满足使用要求。又如，公路工程的沥青面层厚度误差超过了规范允许的范围，可采用弯曲实验，检查路面的整体强度等。

（2）定期观测。有些工程，在发现其质量缺陷时，其状态可能尚未达到稳定缺陷仍会继续发展，在这种情况下一般不宜过早做出决定，可以对其进行一段时间的观测，然后再根据情况做出决定。属于这类的质量问题如桥墩或其他工程的基础在施工期间发生沉降超过预计的或规定的标准；混凝土表面发生裂缝，并处于发展状态等。有些有缺陷的工程，短期内其影响可能不十分明显，需要较长时间的观测才能得出结论。

（3）专家论证。对于某些工程质量问题，可能涉及的技术领域比较广泛，或问题很复杂，有时难以决策，这时可提请专家论证。采用这种方法时，应事先做好充分准备，尽早为专家提供尽可能详尽的情况和资料，以便使专家能够进行较充分的、全面和细致的分析、研究、提出切实的意见与建议。

（4）方案比较。这是比较常用的一种方法。同类型和同一性质的事故可先设计多种处理方案，然后结合当地的资源情况、施工条件等逐项给出权重，做出对比，从而选择具有较高处理效果又便于施工的处理方案。例如，结构构件承载力达不到设计要求，可采用改变结构构造来减少结构内力、结构卸荷或结构补强等不同处理方案，可将其每一方案按经济、工期、效果等指标列项并分配相应权重值，进行对比，辅助决策。

【综合案例】

北京三里河南区危改工程的质量管理

1. 工程概况

三里河南区危改工程，位于北京市西城区，总建筑面积为 86 096.97m²，由塔台及 5 栋住宅楼组成。塔台部分为全现浇框架结构；住宅楼部分为全现浇钢筋混凝土剪力墙结构。施工总承包为某建设发展公司。工程于 2000 年 8 月 8 日开工，2001 年 12 月 25 日竣工，质量目标为北京市优质工程。

2. 质量管理

在公司"总部服务控制、项目授权管理、专业施工保障、社会协力合作"的总承包管理模式下，实行项目施工法管理，以 ISO 9001：2000 模式标准建立的质量保证体系和 ISO 14001 环境管理体系来运行，建立了以"精品工程生产线"为核心的项目管理，从而实现本工程质量目标以及对业主、社会和用户的承诺，最终实现公司"用我们的承诺和智慧雕塑时代的艺术品"这个质量方针。

（1）目标管理。

1）项目管理目标的分解。三里河项目根据工程特点和对业主的承诺，制订了以下十大目标。

质量目标：结构创北京市"结构长城杯"，整体创北京市优质工程。

工期目标：2000 年 8 月 8 日～2001 年 12 月 4 日，总工期为 484 天。

安全目标：确保无重大工伤事故，坚决杜绝死亡事故，严格控制轻伤频率在 6‰以内。

文明施工目标：创北京市安全文明样板工地，符合总公司的 CI 战略规定。

经营目标：降低成本，不超出公司核定的工程制造成本和各项消费基金，并协助业主做好整个工程的投资控制。

计算机管理目标：建立项目信息管理网络系统，形成项目内部联网，实现办公自动化，建立项目自己的主页，与公司总部远程联网。采用公司和项目联合开发的施工管理软件，对整个施工过程进行计算机管理，提高项目信息化管理水平。

"四新"及成果总结目标：积极引进"四新"，成立科技攻关小组，科技创新效果超过 178.5 万元，技术进步效益率为 1.6%，"四新"推广应用超过 12 项，完成 6 项以上专项成果总结。

管理目标：在四公司"精品工程生产线"的管理方法指导下，建立健全工程、技术、经营、行政和综合管理五大管理系统，形成一整套具有项目特色的管理模式和运行方式，从而实现精品工程。

环保目标：严格按 ISO 14000 环境管理体系运行和控制，创造良好的施工环境。营造绿色建筑，为保障操作工人和住户的身心健康，工程将采用多种环保（如降噪等）施工措施以及环保型材料。

用户服务目标：协助、服务好业主，处理好与监理、设计、政府部门以及周边的关系，是工程各方形成一个和谐的整体，从而达到项目目标全面实现的目的。建立用户回访、工程保修制度，全面履行对业主、社会以及用户的承诺。工程竣工时为用户提供一套可操作的《用户服务手册》。

2）质量目标的评审。在工程开工前期，为更好地保证精品工程的生产和质量目标的实现，公司要对项目的质量目标进行内部评审，参加评审的部门有质量保证部、市场投标部、合约部、项目核算部、项目管理部、技术发展部以及公司主管领导，并填写《工程项目创优会签单》。

3）质量目标的分解。根据评审后的质量目标，对其进行了分解，即：竣工一次交验合格率 100%；分部工程优良率 100%；分项工程优良率大于 95%；不合格点率低于 6%。

同时对单位工程的 10 个分部工程进行了目标分解，以加强施工过程中的质量控制，从而确保分部、分项工程优良率的目标。

为确保质量目标的实现，项目建立了质量保证体系。

4）精品工程的质量控制要点。结合三里河住宅的特点和要求，经过周密细致的分析，找出了本工程在精品工程生产过程中的质量控制要点：①钢筋锥螺纹、冷挤压连接；②钢筋定位及保护层的控制；③底板大体积混凝土施工；④清水混凝土的成型及混凝土颜色的控制；⑤混凝土的防开裂及养护；⑥车库坡道一次性成型；⑦建筑物外墙上的各种线条的一次成型；⑧地下室外墙、室内卫生间及屋面的防水施工；⑨轻质隔墙板的防开裂；⑩外墙内保温的防开裂；⑪门窗洞口及阳台栏板处的细部节点做法；⑫公用部位的排砖；⑬冬期混凝土的养护；⑭水、暖、电的安装配合；⑮外窗花栏的一次施工。

5）资源的配置。紧紧围绕既定的质量目标及其他各项目标，在公司总部的服务下，对本工程的各项资源进行了优化配置。从具有住宅施工经验的优秀领导班子到其他管理人员，从大型设备、施工机具到项目电脑联网办公、开发，无一不体现总部的服务与管理。

（2）过程监控。

1）培训和考试。长期坚持每周三下午一个小时对项目管理人员进行培训，分阶段组织分包骨干人员进行培训并对相关岗位上的人员进行考试。

2）落实交底制度。施工组织设计、方案和技术交底对工程质量起着重要作用。施工组织设计编写前由项目总工组织，项目有关人员在熟悉图纸和工程特点的基础上集体讨论，集思广益，最后由项目总工组织技术协调方案师进行编写，并报公司总工审批。在编写时强调施工组织设计的战略指导性、方案的"战役"布置性、措施交底的"战斗"可操作性。施工中强调方案的严肃性，严格按方案施工。为了使施工组织设计、方案、技术交底能更好地落实，建立了三级交底制度，即项目总工向项目全体管理人员进行施工组织设计的交底，技术协调部向现场施工责任师及分包管理人员交底；现场施工责任师向分包管理人员交底和施工操作班组交底。

3）组织合同交底。在整个施工过程中，对于每一份新签的合同，都组织合同评审，同时由商务部组织向全体管理人员进行合同交底，让全体管理人员明确其工作内容、权利和职责。

4）分级抽查、随机抽检。公司质量保证部按月、季度对现场实体质量、技术资料和体系运行情况进行检查和指导，及时帮助项目发现工程中存在的问题，并限期整改。另外，质量保证部还设职责人员对项目进行不定期检查，督促项目抓好质量工作。

5）落实"三检制"。在施工中，各工序之间严格执行"三检制"，即自检、互检、交接检，本着检查上道工序，保证本道工序，服务下道工序的原则，做到检查有记录，整改有措施，复查有结果，保证工程精品的实现。

6）坚持样板引路。对每个分项工程，推行样板引路，结构推出样板墙，并经项目经理部、监理工程师验收，做到做法认可，质量认可，施工中以样板为起点，赶超样板，确保过程质量。

7）建立质量例会制度。每周召开质量例会，并形成制度，对每周出现的质量问题进行讲解、分析并提出整改措施，对质量采取预控措施，使质量弊端消除在萌芽状态。同时建立质量会诊制度，针对出现的质量问题采取现场诊断，现场分析，就地提出整改办法。

8）组织观摩交流活动。在项目施工过程中，经常组织项目及分包的管理人员到其他优秀项目上进行学习、交流。积极参加公司及其他社会团体组织的住宅工程经验交流会，吸取其先进的施工方法和管理经验，做到走出去、请进来。同时邀请专家到现场进行讲课，提高项目的管理水平。

9）信息的开发和维护。以网络为支撑，以工程项目信息管理为核心，逐步做到设计、施工信息数据共享；项目自身内部联网，工程、技术、商务、物资、机电等信息及时传递、高度共享；项目与公司总部联网，财务报表及时传递，总部各部门信息及时接受和反馈；各种工程项目档案资料采用电子数据报送；各种办公软件的应用与二次开发。

（3）持续改进。

1）工序质量持续改进。工序是组成施工生产的基本单元，提高工序质量从而奠定精品工程的生产基础。建立质量会诊制度，把重点放在工序施工中可能出现的问题，相应地制订措施，并且加以总结，绝不让同一问题出现两次，做到持续改进。

2）员工工作质量持续改进。人是生产关系中的主要因素，体现以人为本的精神，在精神文明上提高员工的综合素质和内涵，充分展现员工的价值空间，从而不断促进员工人生价值的自我完善，同时推进了员工工作质量的持续改进。

3）系统化总结。在每一项目目标实施完成后，都有系统化总结，并形成施工方法及施工技术总结，实现并完善"三个一"工程，即干一个工程完成一本画册，形成一张光盘，出一本书。

思　考　与　练　习

一、单选题

1. 质量控制和质量管理的关系，主要表现在（　　　）。

A. 作用相同　　　　　　　　　　　B. 职能范围相同

C. 质量控制是质量管理的全部　　　D. 质量控制是质量管理的一部分

2. 作业者在作业过程中对自己质量活动行为的约束和技术能力的发挥，以完成预定质量目标的作业任务，属于（　　）的内容。

A. 事前质量控制　　　　　　　　　B. 事中质量控制

C. 事后质量控制　　　　　　　　　D. 前馈控制

3. 建成后不能投入生产使用，所形成的合格而无用的建筑产品，不具备质量的（　　）。

A. 安全性特征　　　　　　　　　　B. 可靠性特征

C. 适用性特征　　　　　　　　　　D. 经济性特征

4. 通过对施工全过程、全面的质量监督管理、协调和决策，保证竣工项目达到投资决策所确定的质量标准，属于（　　）。

A. 建设单位的质量控制目标　　　　B. 设计单位的质量控制目标

C. 施工单位的质量控制目标　　　　D. 监理单位的质量控制目标

5. 建设工程施工质量计划的编制主体是（　　）。

A. 业主　　　　　　　　　　　　　B. 监理单位

C. 施工承包企业　　　　　　　　　D. 设计单位

二、多选题

1. 在质量管理的 PDCA 循环中，实施职能主要是指（　　）。

A. 制订实现质量目标的行动方案

B. 确定质量记录方式

C. 根据质量管理计划进行行动方案的部署和交底

D. 确定质量控制的工作程序

E. 将质量管理计划的各项规定和安排落实到具体的资源配置和作业技术活动中

2. 建设工程项目质量目标的具体定义过程，体现在（　　）。

A. 建设工程项目决策阶段

B. 建设工程项目设计阶段

C. 承包商根据业主的创优要求及具体情况确定工程的总体质量目标

D. 建设工程项目施工阶段

E. 建设工程项目竣工验收阶段

3. 施工质量的事前预控途径包括（　　）。

A. 施工图纸会审和技术交底

B. 施工分包单位的选择和资质的审查

C. 施工组织设计文件的编制与审查

D. 计量控制

E. 设计变更

4. 以下关于施工质量控制点的说法正确的有（　　）。

A. 建设工程项目的所有部位和环节均应设置质量控制点

B. 质量控制点的设置应由监理工程师决定

C. 质量控制点一经设置好就不会在改变

D. 关键过程和特殊过程均可设置质量控制点

E. 质量控制点的实施主要是通过控制点的动态设置和动态跟踪管理来实现

5. 质量验收的基本单元有（　　）。

A. 单位工程　　　　　　　　　　　　　　B. 单项工程

C. 分部工程　　　　　　　　　　　　　　D. 检验批

E. 分项工程

三、简答题

1. 工程项目质量的定义及工程项目质量的特点是什么？

2. 简述工程项目质量的形成。

3. 质量计划的定义与作用是什么？

4. 简述工程项目质量控制的基本原理。

5. 施工过程中材料质量控制的措施有哪些？

6. 简述工序控制的重点内容有哪些？

7. 简述质量控制点的设置原则。

8. 在施工过程中，如何进行工程质量检查？

9. 检验批、分项工程、分部工程及单位工程质量验收合格的规定是什么？

参 考 答 案

一、单选题

1. D；2. B；3. C；4. A；5. C

二、多选题

1. CE；2. BC；3. ABC；4. DE；5. DE

三、简答题（略）

第6章 工程项目合同管理

【教学提示】

本章重点是首先阐述工程项目合同的概念、特征及分类，以及合同订立的主要方式及工程变更、工程索赔的相关内容。

【教学要求】

通过本章的学习，要求掌握工程项目合同的分类、内容、形式的选择，熟悉工程项目合同订立的主要方式，了解合同谈判与签订过程以及工程变更、工程索赔。

6.1 工程项目合同管理概述

6.1.1 工程项目合同的分类

任何一个工程项目都是一个极为复杂的社会生产过程，首先它可以分为不同的建设阶段，每一个阶段建设内容不同，其次它需要大量投入各种资源。因此，在一个建设项目的实施过程中，会有多个主体分工协作共同完成，这些主体会因为一个项目而形成各式各样的经济关系，而各主体之间的经济关系将靠合同这一特定的形式来维系——工程建设合同应运而生。从这个意义上说，工程项目的建设过程就是一系列合同的签订和履行过程，合同管理是项目管理的主要内容。

1. 合同的概念

合同是平等主体的自然人、法人、其他经济组织之间建立、变更、终止民事法律关系的协议。合同是普遍存在的。在市场经济中，各类经济组织或商品生产经营者之间存在着各种经济往来关系。这些基本的市场经济活动，都需要通过合同来实现和连接，需要用合同来维护当事人的合法权益，维护社会的经济秩序。没有合同，整个社会的生产和生活就不可能有效和正常地进行。

项目合同是指项目业主或其代理人与项目承包人或供应人为完成一个确定的项目所指向的目标或规定的内容，明确相互的权利义务关系而达成的协议。项目合同具有以下特点：

（1）合同是当事人协商一致的协议，是双方或多方的民事法律行为；

（2）合同的主体是自然人、法人和其他组织等民事主体；

（3）合同的内容是有关设立、变更和终止民事权利义务关系的约定，通过合同条款具体体现出来；

（4）合同须依法成立，只有依法成立的合同当事人才具有法律约束力。

2. 合同的内容

合同的内容由合同双方当事人约定。不同种类的合同其内容不一，繁简程度差别很大。签订一个完备周全的合同，是实现合同目的、维护自己合法权益、减少合同争执的最基本的要求。合同通常包括如下几方面内容：

（1）合同当事人。合同当事人指签订合同的各方，是合同的权利和义务的主体。当事人是平等主体的自然人、法人或其他经济组织。但对于具体种类的合同，当事人还"应当具有相应的民事权利能力和民事行为能力"。例如，签订建设工程承包合同的承包商，不仅需要工程承包企业的营业执照（民事权利能力），而且还有与该工程的专业类别、规模相应的资质许可证（民事行为能力）。

（2）合同标的。合同标的是当事人双方的权利、义务共指的对象。它可能是实物、劳务、行为、智力成果、工程项目等。标的是合同必须具备的条款，没有标的的合同是空的，当事人的权利义务无所依托，合同不能成立。标的不明确、具体的合同是无法履行的，合同也不能成立。工程承包合同，其标的是完成工程项目。

合同标的是合同最本质的特征，通常合同是按照标的来分类的。

（3）标的的数量和质量。标的的数量和质量共同定义标的的具体特征。标的的数量一般以数字作为衡量标的的尺度。没有数量或数量的规定不明确，当事人双方的权利义务的多少，合同是否完全履行都无法确定。必须严格按法定计量单位填写，以免当事人产生不同的理解。施工合同的数量主要体现的是工程量的大小。

标的的质量是指质量标准、功能、技术要求、服务条件等，是标的的内在品质和外观形态的综合指标。签订合同时，必须明确质量标准，对质量标准的约定应当明确而具体。对于强制性的标准，当事人必须执行，合同约定的质量不得低于工程强制性标准。对于推荐性的标准，国家鼓励采用。当事人没有约定质量标准，如果有国家标准，则依国家标准执行；如果没有国家标准，则依行业标准执行；没有行业标准，则依地方标准执行；没有地方标准，则依企业标准执行。

（4）价款或酬金。合同价款或酬金即取得标的（物品、劳务或服务）的一方向对方支付的代价，作为对方完成合同义务的补偿。合同中应写明价款数量、付款方式和结算程序。

（5）期限、履行地点和方式。合同期限指履行合同的期限，即从合同生效到合同结束的时间。履行地点指合同标的交付和价款或酬金支付的地点，施工合同的履行地点是工程所在地。履行方式指标的的交付方式和价款或酬金的结算方式。

由于项目活动都是在一定的时间和空间上进行的，离开具体的时间和空间，项目活动是没有意义的，所以合同中应非常具体地规定合同期限和履行地点。

（6）违约责任。合同任何一方因不履行或不适当履行合同规定的义务而侵犯了另一方权利时所应承担的法律责任。当事人可以在合同中约定，一方当事人违反合同时，向另一方当事人支付一定数额的违约金，或者约定违约损害赔偿的计算方法。

违约责任是合同的关键条款之一。没有规定违约责任，则合同对双方难以形成法律约束力，难以确保圆满地履行，发生争执也难以解决。

（7）合同争议的解决方法。在合同履行过程中不可避免地会产生争议，为使争议发生后能够有一个双方都能接受的解决办法，应当在合同条款中对此做出规定。如果当事人希望通过仲裁作为解决争议的方式，则必须在合同中约定仲裁条款，因为仲裁是以自愿为原则的。按现行制度，仲裁属法律行为，仲裁和诉讼都是争议的最终解决方式，只能选择一种。

1）和解。和解是当事人各方坐下来友好协商谈判以解决问题。这是最令人满意的解决索赔问题的方法。谈判可以避免破坏承包商与业主、工程师之间的关系。

谈判解决索赔争议，不仅可以节省大量用于法律程序的费用、时间、人力和精力，而且不会伤害双方的感情。承包商要想获得良好信誉，不能随意采取强硬方式，即使通过司法程序解决争端有十分把握要胜诉，还是选择谈判解决为好，有利于树立良好企业形象。

2）调解。调解是由独立、客观的第三方（如监理工程师）帮助争议双方，在经过和解后，不能达成一致意见时，通过说服工作，促使当事人双方互相作出适当的让步，平息争端，自愿达成一个都可接受的协议。调解不是决断谁负责任，是一种非对抗性的解决索赔争端的方法。

3）仲裁。仲裁亦称"公断"，是当事人双方在争议发生前或争议发生后达成协议，自愿将争议交给第三者作出裁决，并负有自动履行义务的一种解决争议的方式。因为双方是自愿的，故必须有仲裁协议。如果当事人之间有仲裁协议，当争议发生又无法通过和解、调解解决时，则应及时将争议提交仲裁机构仲裁。

4）诉讼。诉讼是指合同当事人依法请求人民法院行使审判权，审理双方之间发生的合同争议，作出有国家强制保证实现其合法权益、从而解决纠纷的审判活动。双方当事人如果未约定仲裁协议，则只能以诉讼作为解决争议的最终方式。

3. 工程合同按计价方式分类

业主与承包方所签订的承发包合同，按计价方式不同，可以划分为总价合同、单价合同和成本加酬金合同三大类。设计委托合同和设备加工订购合同，一般为总价合同；委托监理合同大多为成本加酬金合同；而施工承包合同根据招标准备情况和建设项目特点的不同，选用其中的任何一种。以下仅以施工承包为例，说明三类合同的特点。

（1）总价合同。

1）固定总价合同。承包商按投标时业主接受的合同价格一笔包死。在合同履行过程中，如果业主没有要求变更原定的承包内容，承包商在完成承包任务后，不论其实际成本如何，均应按合同价获得工程款的支付。

采用固定总价合同时，承包商要考虑承担合同履行过程中的主要风险，因此投标报价较高。固定总价合同的适用条件一般为：①工程设计详细，图纸完整、清楚，工程任务和范围明确；②工程结构和技术简单，风险小；③工程量小、工期短，估计在施工过程中环境因素变化小，工程条件稳定并合理；④投标期相对宽裕，承包商可以有充足的时间详细考察现场、复核工程量，分析招标文件，拟订施工计划。

2）调值总价合同。这种合同与固定总价合同基本相同，但合同期较长（1年以上），只是在固定总价合同的基础上，增加合同履行过程中因市场价格浮动对承包价格调整的条款。由于合同期较长，不可能让承包商在投标报价时合理地预见1年后市场价格浮动的影响，因此，应在合同内明确约定合同价款的调整原则、方法和依据。常用的调价方法有：

①文件证明法：合同履行期间，当合同内约定的某一级以上有关主管部门或地方建设行政管理部门颁发价格调整文件时，按文件规定执行。

②票据价格调整法：合同履行期间，承包商依据实际采购的票据和用工量，向业主实报实销与报价单中该项内容所报基价的差额。合同双方应在条款内明确约定允许调整价格的内容和基价。凡未包括在其范围内的项目，尽管受到了物价浮动的影响，也不做调整，按双方应承担的风险来对待。

③公式调价法：常用的调价公式可以概括为如下形式。

$$C = C_0(a_0 + a_1 \times M/M_0 + a_2 \times L/L_0 + \cdots + a_n \times T/T_0) \qquad (6-1)$$

式中　　　　　C——合同价格调整后应予增加或扣减的金额；

　　　　　　　C_0——阶段支付或一次结算时，承包商在该阶段按合同约定计算的应得款；

M、L、T——分别代表合同内约定允许调整价格项目的价格指数（如分别代表材料费、人工费、运输费、燃油费等），分母带下角标"0"的项为签订合同时该项费用的基价，分子项为支付结算时的现行基价；

　　　　　　　a_0——非调价因子的加权系数，即合同价格内不受物价浮动影响或不允许调价部分在合同价格内所占的比例；

a_1，a_2，$\cdots$，a_n——相应于各有关调价项的加权系数，一般通过对工程概算分解而确定，各项加权系数之和应等于 1，即 $a_0 + a_1 + \cdots + a_n = 1$。

3）固定工程量总价合同。在工程量报价单内，业主按单位工程及分项工作内容列出实施工作量，承包商分别填报各项内容的直接费单价，然后再单列间接费、管理费、利润等项内容，最后算出总价，并据此签订合同。合同内原定工作内容全部完成后，业主按总价支付给承包商全部费用。如果中途发生设计变更或增加新的工作内容，则用合同内已确定的单价来计算新增工程量，以便对总价进行调整。

（2）单价合同。单价合同是指承包商按工程量报价单内的分项工作内容填报单价，以实际完成工程量乘以所报单价来计算结算价款的合同。承包商所填报的单价应为计算各种摊销费用后的综合单价，而非直接费单价。合同履行过程中无特殊情况，一般不得变更单价。

单价合同大多用于工期长、技术复杂、实施过程中发生各种不可预见因素较多的大型土建工程，以及业主为了缩短项目建设周期，初步设计完成后就进行施工招标的工程。单价合同的工程量清单所开列的工程量为估计工程量，而非准确工程量。

常用的单价合同有以下三种形式：

1）估计工程量单价合同。承包商在投标时以工程量报价单中开列的工作内容和估计工程量填报相应单价后，累计计算合同价。此时的单价应为计算各种摊销费用后的综合单价，即成品价，不再包括其他费项目。在合同履行过程中，以实际完成工程量乘以单价作为支付和结算的依据。

这种合同较为合理地分担了合同履行过程中的风险。因为承包商所用报价的清单工程量为初步设计估算的工程量，如果实际完成工程量与估计工程量有较大差异时，采用单价合同可以避免业主过大的额外支出或承包商的亏损。另外，承包商在投标阶段不可能准确预见的风险可不必计入合同价内，有利于业主取得较为合理的报价。估计工程量单价合同按照合同工期的长短，也可以分为固定单价合同和可调价单价合同两类，调价方法与总价合同方法相同。

2）纯单价合同。招标文件中仅给出各项工程内的工作项目一览表、工程范围和必要说明，而不提供工程量。投标人只要报出各项目的单价即可，实施过程中按实际完成工程量结算。

由于同一工程在不同的施工部位和外部环境条件下，承包商的实际成本投入不尽相同，因此仅以工作内容填报单价不易准确，而且对于间接费分摊在许多工程中的复杂情况，或有些不易计算工程量的项目内容，采用纯单价合同往往会引起结算过程中的麻烦，甚至导致合同争议。

3）单价与包干混合合同。这种合同是总价合同与单价合同的一种结合形式。对内容简单、工程量准确的部分，采用总价方式承包；对技术复杂、工程量为估算值的部分，采用单价合同方式承包。但应注意，在合同内必须详细注明两种计价方式所限定的工作范围。

（3）成本加酬金合同。成本加酬金合同是将工程项目的实际投资划分成直接成本费和承包商完成工作后应得酬金两部分。实施过程中发生的直接成本费由业主实报实销，另按合同约定的方式给承包商相应报酬。

成本加酬金合同适用于边设计、边施工的紧急工程或灾后修复工程。由于在签订合同时，业主还提供不出可供承包商准确报价的详细资料，因此，合同内只能商定酬金的计算方法。按照酬金的计算方式不同，成本加酬金合同有以下几种形式。

1）成本加固定百分比酬金。签订合同时双方约定，酬金按实际发生的直接成本费乘某一百分比计算。这种合同的工程总造价表达式为

$$C = C_d(1 + P) \tag{6-2}$$

式中　C——总造价；

C_d——实际发生的直接费；

P——双方事先商定的酬金固定百分比。

从式中可以看出，承包商可获得的酬金将随着直接成本费的增大而增大。这种形式虽然在合同签订时简单易行，但不利于实施过程中施工工期的缩短和成本的降低。

2）成本加固定酬金。酬金在合同内约定为某一固定值。表达式为

$$C = C_d + F \tag{6-3}$$

式中　F——双方约定的酬金数额。

这种形式的合同虽然也不能鼓励承包商关心降低直接成本，但从尽快获得全部酬金、减少管理投入出发，承包商会关心缩短工期。

3）成本加浮动酬金。签订合同时，双方预先约定该工程的预期成本和固定酬金，以及实际发生的直接成本与预期成本比较后的奖罚计算办法。计算表达式为

$$C = C_d + F(C_d = C_0) \tag{6-4}$$

$$C = C_d + F + \Delta F(C_d < C_0) \tag{6-5}$$

$$C = C_d + F - \Delta F(C_d > C_0) \tag{6-6}$$

式中　C_0——签订合同时双方约定的预期成本；

ΔF——酬金奖罚部分，可以是百分数，也可以是绝对数，而且奖与罚可以不是相同计算标准。

从理论上讲，这种合同形式对双方都没有太大风险，又能促使承包商关心降低成本和缩短工期，但实践中如何准确地估算作为奖罚标准的预期成本较为困难，也往往是双方谈判的焦点。

4）最高限额成本加最大酬金合同。在这种形式的合同中，首先要确定最高限额成本、报价成本和最低成本，当实际成本没有超过最低成本时，承包方花费的成本费用及应得酬金都可以得到发包方的支付，并与发包方分享节约额；如果实际工程成本在最低成本和报价成本之间，承包方只有成本和酬金可以得到支付；如果实际工程成本在报价与最高限额成本之间，则只有全部成本可以得到支付；实际工程成本超过最高限额，则超过部分，发包方不予支付。

4. 工程项目合同类型选择的依据

工程项目合同类型的选择主要依据的因素有：项目实际成本与项目日常风险评价，双方要求合同类型的复杂程度（技术风险评价），竞价范围，成本价格分析，项目紧急程度（顾客要求），项目周期，承包商（买主）财务系统评价（是否有能力通过合同盈利），合作合同（是否允许其他买主介入）和指定分包范围的限定。

6.1.2 工程建设中的主要合同关系

工程建设是一个综合性极强的社会生产过程，随着社会进步和建筑技术的发展，建筑工业也将实现社会化大生产，并且专业分工越来越细。任何一个项目都会涉及许多个经济主体，而合同就是它们之间联系的纽带和桥梁，因此在一个工程中，相关的合同可能有许多份，从而使得每一个工程均有一个复杂的合同网络，在这个网络中，业主和承包商是两个最主要的节点。

1. 业主的主要合同关系

业主是指既有某项工程建设需求，又具有该项工程的建设资金和各种准建手续，在建筑市场中发包工程项目建设的勘察、设计、施工任务，并取终得到建筑产品达到其经营使用目的的政府部门、企事业单位和个人。所以业主是工程的投资方，是工程的所有者。业主根据对工程的需求，确定工程项目的整体目标。这个目标是所有相关工程合同的核心。要实现工程目标，业主必须将建筑工程的勘察、设计、各专业工程施工、设备和材料供应等工作委托出去，必须与有关单位签订如下合同。

（1）咨询（监理）合同。即业主与咨询（监理）公司签订的合同。咨询（监理）公司负责工程的可行性研究、设计监理、招标和施工阶段监理等某一项或几项工作。

（2）勘察、设计合同。即业主与勘察、设计单位签订的合同。勘察和设计单位负责工程的地质勘察和设计工作。

（3）供应合同。当业主负责提供工程材料和设备时，业主与有关材料和设备供应单位签订供应（采购）合同。

（4）工程施工合同。即业主与工程承包商签订的工程施工合同。一个或几个承包商分别承包土建、机电安装、通风管道、装饰工程、通信工程等施工任务，业主将与不同的承包商分别签订合同。

（5）贷款合同。即业主与金融机构签订的合同，后者向业主提供资金保证。按照资金来源的不同，可能有贷款合同、合资合同等。

按照工程承包方式和范围的不同，业主可能订立几十份合同。例如将工程分专业、分阶段委托，将材料和设备供应分别委托，也可能将上述委托以各种形式合并，如把土建和安装委托给一个承包商，把整个设备供应委托给一个成套设备供应企业。当然，业主还可以与一个承包商订立一个总承包合同，由该承包商负责整个工程的设计、供应、施工，甚至管理等工作。因此，不同合同的工程范围和内容会有很大区别。

2. 承包商的主要合同关系

承包商是指拥有一定数量的建筑设备、流动资金、工程技术经济管理人员及一定数量的工人，取得营业执照和相应资质证书的，能够按照业主的要求提供不同形态的建筑产品并最终得到相应工程价款的建筑施工企业。所以承包商是工程的具体实施者，是工程承包合同的执行者。承包商通过投标接受业主的委托，签订工程承包合同。而承包商为了完成施工任务，也会将他可能不具备的某些专业工程施工能力的工程内容，以及不能自行完成的某些材料和设备和生产和供应任务以合同的形式委托出去，这样，承包商也有自己复杂的合同关系。通常有以下几种：

（1）分包合同。对于一些大的工程或专业化程度相对较高的工程，承包商通常必须与其他承包商合作才能完成业主委托给他的全部施工任务，于是承包商把从业主那里承接到的工程中的某些分项工程或某专业工程分包给另一承包商来完成，这样承包商将与其签订分包合同，这样由分包商来完成总承包商分包给自己的工程，与业主无合同关系，而只向总承包商负责。总承包商则向业主担负全部工程责任，负责工程的管理和所属各分包商工作之间的协调以及各分包商合同责任界面的划分，同时承担协调失误造成的损失，向业主承担工程风险。在投标书上，承包商必须填写拟订分包工程的内容，供业主评审。在工程施工中，选择的分包商，必须经过监理工程师的批准。

（2）物资采购合同。承包商必须保证及时采购与供应工程施工所需的材料与设备，因此他与供应商将签订物资采购合同。物资采购合同应依据施工合同订立，并以转移财物和支付价款为基本内容。

（3）运输合同。这是承包商为解决材料和设备的运输问题而与运输单位签订的合同。

（4）加工合同。即承包商将建筑构配件、特殊构件加工任务委托给加工承揽单位而签订的合同。

（5）租赁合同。在工程建设过程中，承包商需要许多施工设备、运输设备、周转材料。当有些设备、周转材料在现场使用率较低，或自己购置需要大量资金投入而自己又不具备这个经济实力时，可以采用租赁方式，这样承包商就将与租赁单位签订租赁合同。

（6）劳务供应合同。建筑产品往往要花费大量的人力、物力和财力。承包商不可能全部采用固定工来完成工程建设任务，为了满足任务的临时需要，往往要与劳务供应商签订劳务供应合同，由劳务供应商向工程提供劳务。

（7）保险合同。承包商按施工合同要求对工程进行保险，与保险公司签订保险合同。

以上即为承包商为了履行与业主签订的工程承包合同而与其他经济主体签订的经济合同，这些经济主体与项目业主之间没有直接的经济关系。另外，在许多大型工程中，尤其在业主要求总承包的工程中，承包商有可能是几个企业的联营，即联营承包，这时承包商之间还需签订联营合同；施工承包单位有时也与某咨询单位签订合同管理、施工索赔之类的委托合同。

6.1.3 工程项目合同管理的任务

1. 工程项目合同管理的任务

在我国《建筑法》第一条明确规定，"加强对建筑活动的监督管理，维护建筑市场秩序，保证建筑工程的质量和安全，促进建筑业健康发展"，这即为工程合同管理的中心任务。工程项目的各参加者以及与工程项目有关部门，其合同管理工作任务与其所处的角度、所处的阶段有关。

（1）建设行政主管部门在合同管理中的主要任务。各级建设行政主管部门主要从市场管理的角度对建设合同进行宏观管理，管理的主要任务是：

1）宣传贯彻国家有关经济合同方面的法律、法规和方针政策；

2）贯彻国家制定的施工合同示范文本，并组织推行和指导使用；

3）组织培训合同管理人员，指导合同管理工作，总结交流工作经验；

4）对施工合同签订进行审查，监督检查合同履行，依法处理存在问题，查处违法行为；

5）制订签订和履行合同的考核指标，并组织考核，表彰先进的合同管理单位；

6）确定损失赔偿范围；

7）调解建设合同纠纷。

（2）业主在合同管理中的主要任务。业主的主要任务是对合同进行总体策划和总体控制，对招标及合同的签订进行决策，为承包商的合同实施提供必要的条件，委托监理工程师负责监督承包商履行合同。

（3）监理工程师在合同管理中的主要任务。对实行监理的工程项目，监理工程师的主要任务是站在公正的第三者的立场上对建设合同进行管理，其工作任务包括招投标阶段和施工实施阶段的进度管理、质量管理、投资管理和参建方间的组织协调。

1）协助业主组建招标机构，为业主起草招标申请书并协助招标人向当地建设行政主管部门申请办理工程招标的审批工作，以及发布招标公告或投标邀请；

2）对投标人的投标资格进行预审；

3）组织现场勘察和答疑；

4）组织开标会议，参加评标工作，推荐中标人；

5）合同谈判；

6）起草合同文件和各种相关文件；

7）解释合同，监督合同的执行，协调业主、承包商、供应商之间的合同关系，站在公正的立场上正确处理索赔与纠纷；

8）在业主的授权范围内，对工程项目进行进度控制、质量控制、投资控制。

（4）承包商在建设合同管理中的主要任务。

在我国，由于法制不健全、市场竞争激烈、市场不规范以及施工管理水平低、合同意识淡薄等原因，承包单位的合同管理的不足已严重影响了我国的工程管理水平，并对工程经济和工程质量带来负面影响。因此，承包商应将合同管理作为一项具体、细致的工作，作为重点来进行管理。其主要任务有：

1）确定工程项目合同管理组织，包括项目的组织形式、人员分工和职责等。

2）合同文件、资料的管理。为了防止合同在履行中发生纠纷，合同管理人员应加强合同文件的管理，及时填写并保存经有关方面签证的文件和单据。主要有：

①招标文件、投标文件、合同文本、设计文件、规范、标准以及经签证的设计变更通知等；

②建设单位负责供应的设备、材料进场时间以及材料规格、数量和质量情况的备忘录；

③承包商负责的主要建筑材料、成品、半成品、构配件及设备；

④材料代用议定书；

⑤主控项目和一般项目的质量抽样检验报告，施工操作质量检查记录，检验批质量验收记录，分项工程质量验收记录，隐蔽工程检查验收记录，中间交工工程的验收文件，分部工程质量控制资料；

⑥质量事故鉴定书及其采取的处理措施；

⑦合理化建议内容及节约分成协议书；

⑧赶工协议及提前竣工收益分享协议；

⑨与工程质量、预结算和工期等有关的资料和数据；

⑩与业主代表定期会议的纪录，业主或业主代表的书面指令，与业主（监理工程师）的来往信函，工程照片及各种施工进度报表等。

3）建立合同管理系统。合同管理系统是目前国际上一种先进的合同管理技术，它借助于电子计算机存储事件，检索条款，分析手段迅速、可靠，为合同管理人员提供决策支持。随着建筑技术迅速发展、经济能力的不断扩大，工程项目的规模越来越庞大，涉及的方面日益复杂，合同条款也日益复杂，组成合同文件的部分也越来越多。这样若要迅速敏捷地处理合同履行中的问题及纠纷，就必须借助于电子计算机，即必须建立健全合同管理系统。

综上所述，建设工程合同的订立，确立了当事人各方在工程项目中的任务和管理责任，确立了当事人之间的经济法律关系，是各方实施工程管理，享有权利和承担义务的法律依据。因此，业主、监理工程师及承包商，在做好合同管理机构建设和规章建设之后，应当充分重视工程建设项目的招投标及合同签订与履行工作。建设工程合同条款内容是工程建设项目当事人实施工程管理的法定依据。合同各方签订建设工程合同时，必须对工程合同的性质、工程范围和内容、工期、物资供应、付款和结算方式、工程质量标准和验收、安全生产、工程保修、奖罚条款、双方的责任等条款进行认真研究、推敲，力求条款完善、用词严密、内容合理、程序合法、权利和义务明确。合法有效的合同，有利于当事人认真履行，可以预防纠纷的发生；即使发生纠纷，当事人可以请求仲裁机构或人民法院依据合同保护其合法权益。

2. 工程合同管理的工作内容

建设工程合同管理的目的是项目法人通过自身在工程项目合同的订立和履行过程中所进行的计划、组织、指挥、监督和协调等工作，促使项目内部各部门、各环节相互衔接、密切配合，形成合格的工程项目。也是保证项目经营管理活动的顺利进行，提高工程管理水平，增强市场竞争能力，从而达到高质量、高效益，满足社会需要，更好地为发展和繁荣建筑业市场经济的目的。

建设工程合同管理的过程是一个动态过程，是工程项目合同管理机构和管理人员为实现预期的管理目标，运用管理职能和管理方法对工程合同的订立和履行行为施行管理活动的过程。

全过程包括合同订立前的管理、合同订立中的管理、合同履行中的管理和合同纠纷管理。

（1）订立前的管理。合同订立前的管理也称为合同总体规划。合同签订意味着合同生效和全面履行，所以必须采取谨慎、严肃、认真的态度，做好签订前的准备工作。具体内容包括市场预测、资信调查和决策以及订立合同前行为的管理。

作为业主方，主要应通过合同总体策划对以下几方面内容作出决策：与业主签约的承包商的数量、招标方式的确定、合同种类的选择、合同条件的选择、重要合同条款的确定以及其他战略性问题（诸如业主的相关合同关系的协调等）。

作为承包商，其承包合同策划应服从于其基本目标（取得利润）和企业经营战略。具体内容包括投标方向的选择、合同风险的总评价、合作方式的选择等。

（2）合同订立时的管理。合同订立阶段，意味着当事人双方经过工程招标投标活动，充分酝酿、协商一致，从而建立起建设工程合同法律关系。订立合同是一种法律行为，双方应当认真、严肃拟订合同条款，做到合同合法、公平、有效。

（3）合同履行中的管理。合同依法订立后，当事人应认真做好履行过程中的组织和管理工作，严格按照合同条款，享有权利和承担义务。

在此阶段，合同管理人员（无论是业主方还是承包方）的主要工作有以下几方面内容：建立合同实施的保证体系、对合同实施情况进行跟踪并进行诊断分析、进行合同变更管理等。

（4）合同发生纠纷时的管理。在合同履行中，当事人之间有可能发生纠纷，当争议或纠纷出现时，有关双方首先应从整体、全局利益的目标出发，做好有关的合同管理及索赔工作。

6.2   工程项目合同的签订

6.2.1   工程项目合同的内容

1. 施工合同的组成及解释顺序

施工合同由协议书、通用条款、专用条款、附件组成。

（1）协议书是施工合同的总纲性文件。其文字量不大，但它根据工程特点规定了合同当事人双方最主要的权利和义务，规定了组成合同的文件及合同当事人对履行合同义务的承诺，经双方当事人签字盖章后合同成立。其内容可以包括工程概况、工程承包范围、合同工期、质量标准、合同价款、合同文件的组成等。

（2）通用条款是根据有关法规对承发包双方的权利与义务作出的规定，所列条款的约定不区分具体工程的行业、地域、规模等特点，只要属于建筑安装工程均"通用"。它是将共性的一些内容抽象出来编写的一份完整的合同文件。《范本》包括 11 部分（共 47 条）：词语定义及合同文件；双方一般的权利和义务；施工组织设计和工期；质量与检验；安全施工；合同价款与支付；材料设备供应；工程变更；竣工验收与结算；违约、索赔和争议；其他。

（3）专用条款。由于具体工程项目的工作内容各不相同，承发包人各自的能力、施工现场和外部环境条件各异，因此还必须有反映工程具体特点和要求的专用条款的约定。专用条款的条款号与通用条款相一致，《范本》的专用条款部分只为当事人提供了编制具体合同时应包含内容的指南，具体内容由当事人根据实际情况，予以明确、细化或对通用条款进行修改。相同序号的通用条款和专用条款共同组成了对某一方面问题内容完备的约定。

（4）附件则是对合同当事人的进一步明确，并且使得当事人的有关工作一目了然，便于执行和管理。范本包括："承包人承揽工程一览表"、"发包人供应材料设备一览表"、"房屋建筑工程质量保修书"三个标准化附件。如果具体项目为包工包料，则可不使用发包人供应材料设备一览表。

《范本》规定了施工合同文件的组成及解释顺序，为：①施工合同协议书；②中标通知书；③投标书及其附件；④合同专用条款；⑤合同通用条款；⑥标准、规范及有关技术文件；⑦图纸；⑧工程量清单；⑨工程报价单或施工图预算书。

注意，合同履行过程中，双方有关工程的洽商、变更等书面协议或文件视为合同文件，并和协议书具体一样的很高法律效力。

上述合同文件应能够互相解释、互相说明。当合同文件中出现不一致时，上面的顺序就是合同的优先解释顺序。当合同文件中出现含糊或者当事人有不同理解时，按照合同争议的解决方式处理。

2. 发包人和承包人的工作

发包人和承包人分别享有支付价款和工程建造的权利。权利与义务是统一的，发包人和承包人根据专用条款约定的内容和时间，应分阶段或一次完成以下工作。

（1）发包人的义务。

1）办理土地征用、拆迁补偿、平整施工场地等工作，使施工场地具备施工条件，并在开工后继续负责解决以上事项的遗留问题。

2）将施工所需水、电、通信线路从施工场地外部接至专用条款约定的地点，并保证施工期间的需要。

3）开通施工场地与城乡公共道路的通道，以及专用条款约定的施工场地内的主要交通干道，满足施工运输的需要，并保证施工期间的畅通。

4）向承包人提供施工场地的工程地质和地下管网线路资料，保证数据真实，位置准确。

5）办理施工许可证及其他施工所需证件、批件和临时用地、停水、停电、中断道路交通、爆破作业等的申请批准手续。

6）确定水准点和坐标控制点，以书面形式交给承包人，并进行现场交验。

7）组织承包人和设计单位进行图纸会审和设计交底。

8）协调处理施工现场周围地下管线和邻近建筑物、构筑物（包括文物保护建筑）、古树名木的保护工作，并承担有关费用。

9）发包人应做的其他工作，双方在专用条款内约定。

发包人可以将上述部分工作委托给承包人办理，具体内容由双方在专用条款内约定，其费用由发包人承担。发包人不按合同约定完成以上义务，应赔偿承包人的有关损失，延误的工期相应顺延。

（2）承包人的义务。

1）根据发包人的委托，在其设计资质允许的范围内，完成施工图设计或与工程配套的设计，经监理工程师确认后使用，发生的费用由发包人承担。

2）向监理工程师提供年、季、月工程进度计划及相应进度统计报表。

3）根据工程需要提供和维修非夜间施工使用的照明、围栏设施，并负责安全保卫。

4）按专用条款约定的数量和要求，向发包人提供在施工现场办公和生活的房屋及设施，发生费用由发包人承担。

5）遵守有关部门对施工场地交通、施工噪声以及环境保护和安全生产等的管理规定，按规定办理有关手续，并以书面形式通知发包人。发包人承担由此发生的费用，因承包人责任造成的罚款除外。

6）已竣工工程未交付发包人之前，承包人按专用条款约定负责已完工程的成品保护，保护期间发生损失，承包人自费予以修复。要求承包人采取特殊措施保护的工程部位和相应的追加合同价款，在专用条款内约定。

7）按专用条款的约定做好施工现场地下管线和邻近建筑物、构筑物（包括文物保护建筑）、古树名木的保护工作。

8）保护施工场地清洁符合环境卫生管理的有关规定，交工前清理现场达到专用条款约定的要求，承担因自身原因违反有关规定造成的损失和罚款。

9）承包人应做的其他工作，双方在专用条款内约定。

承包人不履行上述各项义务，应对发包人的损失给予赔偿。

6.2.2 工程项目合同订立的主要方式

合同的订立是指当事人之间为了建立具体合同法律关系，通过交互进行意思表示进而达成合意的过程。为规范平等主体之间的市场交易行为，许多国家都建立了合同法律制度，并均在其中对合同订立程序作了明确规定。

根据我国《合同法》和建设工程相关法律法规的规定，工程合同的订立有两种方式。一种是遵循合同的一般订立程序（即要约一承诺）订立工程合同。另一种是通过特殊的方式，即招标投标的方式订立合同，即通过招标公告或招标邀请（要约邀请）一投标（要约）一中标通知书（承诺）一签订书面工程合同四个阶段订立工程合同。目前，在我国建设工程建设领域广泛采用后一种方式订立工程合同。

1. 工程合同的特殊订立程序

（1）招标。建设工程项目的业主或者招标人经过有关部门的批准即可进行建设工程项目招标。业主或者招标人在国家指定的公共媒介上发布招标公告或者向规定数量的特定投标人发出投标邀请，以吸引投标人或者潜在投标人的注意，并向自己发出要约（投标文件）。招标行为具有要约邀请的法律性质。

（2）投标。投标人获得招标信息并做出投标决策后，根据招标文件的要求编制投标文件，在投标截止日期前将投标文件（要约）送达招标人。投标行为具有要约的法律性质。

（3）向中标人发出中标通知书。招标人组织评标委员会对所有的投标文件进行综合评审，择优选取并确定中标人，并向中标人发出中标通知书。中标通知书具有承诺的法律性质。

（4）签订工程合同。在中标通知书发出30日之内，建设工程项目发包人与中标人（承包人）共同签订正式的工程合同。根据我国《合同法》的规定，（建设）工程合同必须采用书面形式并且必须经过特定的法律程序才能生效。

2. 工程合同订立阶段中应注意的合同管理问题

（1）有效避免缔约过失行为。缔约过失责任是指合同订立过程中，一方因违背其依据诚实信用原则所应尽的义务，而致使另一方的信赖利益遭受损失，应承担的民事责任。在建设工程项目招标投标过程中，招标人和投标人应注意尽到自己的相关法律义务，有效避免发生缔约过失行为。

1）招标人的缔约过失行为主要有以下形式：

①招标人变更或者修改招标文件后未履行通知义务。

②招标人违反附随义务，如招标人隐瞒建设工程项目真实情况，招标人发现投标人的投标文件错误（这些错误是投标人疏忽或者其他原因造成的难以完全避免的结果）后没有给予适当确认而恶意地利用投标文件错误进行授标等。

③招标人采用不公正、不合理的招标方式进行招标。

④招标人违反公平、公正和诚实信用原则拒绝所有投标。

⑤招标人泄露或者不正当使用非中标人的技术成果和经营信息。

⑥业主借故不与中标人签订工程合同。

⑦由于招标人的原因终止招标或者导致招标失败。

2）投标人的缔约过失行为主要有以下形式：

①投标人串通投标，如哄抬标价、压低标价。

②投标人以虚假手段骗取中标，如投标人不如实填写资格预审文件，隐瞒足以对招标人授标产生重大影响的自身实际情况（企业信誉、经营情况、管理水平等），虚报企业资质等级，假借其他企业的资质等级，以他人名义投标等。

③中标人借故不与招标人签订工程合同。

设立缔约过失责任制度有助于规范工程合同的订立行为，有效制止在工程合同订立过程中由于当事人一方的缔约过失而给对方造成损失时，受损害方无法有效获得相应赔偿的缺陷，特别有助于制止中标通知书送达中标人后，业主拒绝与中标人或者中标人拒绝与业主签订正式工程合同这两种国内工程合同实践中的普遍的违法行为发生。

（2）工程合同风险的合理分配。风险指危险发生的意外性和不确定性，以及这种危险导致的损失发生与否及损失程度大小的不确定性。建设工程项目由于投资的巨大性、地点的固定性、生产的单件性以及规模大、周期长、施工过程复杂等特点，比一般产品生产具有更大的风险。风险常常造成建设工程项目目标失控，如工期延长、成本增加、计划修改等，最终导致项目经济效益降低，甚至导致项目失败。为有效地控制风险并尽可能减少风险对建设工程项目的影响，在工程合同订立时，合同当事人双方应对建设工程项目风险进行全面分析、研究，然后通过工程合同的定义和分配，将建设工程项目风险转化为工程合同风险。工程合同风险应根据一定的风险分配原则在工程合同当事人双方之间公平合理地进行分配。通过有效的工程合同风险分配，能够有助于工程合同当事人双方根据自己的风险控制优势，有效地将工程合同风险对建设工程项目所造成的影响控制在最低限度，以确保工程合同的顺利履行和建设工程项目的顺利实施。

目前，国际建设工程领域常用的工程合同风险分配原则有可预见性风险分配原则、可管理性风险分配原则。FIDIC 施工合同条件是应用可预见性风险分配原则进行工程风险分配的典型实例，英国新工程施工合同条件（NEC）是应用可管理性风险分配原则进行工程风险分配的典型实例。这两种示范性工程合同的风险分配结果，对我国工程合同风险管理实践具有很好的借鉴价值。

（3）工程合同担保。担保是合同的当事人双方为了全面履行合同，根据法律、行政法规的规定或双方约定，经协商一致而采取的一种具有法律效力的保护措施。我国担保法规定了保证、抵押、质押、留置、定金五种担保形式。我国工程建设领域使用最广泛的担保为定金。目前，我国推行工程合同担保制度还存在诸多问题，现阶段最值得推行的工程合同担保是银行保证。采用银行保证担保形式，被保证人必须在该银行中开户存款，被保证人不能正常履行合同时，银行比较容易赔付并追偿损失。银行保证也是国际工程建设领域中最常用的工程合同担保形式。另外，国际工程建设领域还广泛使用保证金、保留金、信托基金、同业担保、母公司担保等工程合同担保形式。

不论是作为工程合同的当事人还是担保人，工程担保合同的签订均涉及其重大经济利益，工程合同中的债权人在一定程度上转移了合同风险，债务人则被加重了工程合同履行的负担，担保人则多负担了一定经营风险。因此，各方当事人均须审慎签订工程担保合同。在工程担保合同的签订过程中，应注意担保人的担保能力、担保合同的生效条件以及担保内容的完备性。

6.3 工程项目合同管理与索赔

6.3.1 工程变更

1. 工程变更的概念及性质

工程变更一般是指在工程施工过程中，根据合同的约定对施工的程序、工程的数量、质量要求及标准等做出的变更。施工过程中，由于前期勘察、设计的原因，或由于外界自然条件的变化，未探明地下障碍物、管线、文物等，以及施工工艺方面的限制、建设单位的要求改变，均会涉及工程变更。工程变更的要求可能来自建设单位、监理单位、设计单位或施工单位。工程变更大多都会引起合同工期或价款的改变。

有国家资金成分的大中型建设项目必须实行工程量清单计价，近几年施工中经济签证少了，而措施变更多了。随计价方式的改变，对合同管理人员专业技术知识的要求更高了。

工程变更是一种特殊的合同变更。合同变更是指合同成立以后、履行完毕以前由双方当事人依法对原合同的内容所进行的修改。但工程变更与一般合同变更存在一定的差异。一般合同变更的协商，发生在履约过程中合同内容变更之时，而工程变更则较为特殊。总监理工程师签发变更前，应就工程变更引起的工期改变和价款的增减分别与建设单位和施工单位进行协商，力求达成双方都能同意的结果。如不能达成一致，取得共识，暂按监理的建议执行，这种标的变更在前、工期与价款变更协商在后的特点容易导致合同处于不确定的状态。

2. 工程变更的内容

根据示范文本的约定，工程变更包括设计变更和工程质量标准等其他实质性内容的变更。其中设计变更包括：

(1) 更改工程有关部分的标高、基线、位置和尺寸；

(2) 增减合同中约定的工程量；

(3) 改变有关工程的施工时间和顺序；

(4) 其他有关工程变更需要的附加工作。

工程变更只能是在原合同规定的工程范围内的变动，工程师（合同中的工程师指业主代表或监理工程师）应注意不能使工程变更引起工程性质方面有很大的变动，否则应重新订立合同。从法律角度来说，工程变更也是一种合同变更，合同变更应经合同双方协商一致。根据诚实信用的原则，业主显然不能通过合同的约定而单方面的对合同做出实质性的变更。从工程角度来说，工程性质若发生重大的变更而要求承包商无条件地继续施工也是不恰当的，承包商在投标时并未准备这些工程的施工机械设备，需另行购置或运进机具设备，使承包商有理由要求另签合同，而不能作为原合同的变更，除非合同双方都同意将其作为原合同的变更。承包商认为某项变更指示已超出本合同的范围，或工程师的变更指示的发布没有得到有效的授权时，可以拒绝进行变更工作。

3. 工程变更的程序

(1) 工程变更的程序。无论来自哪方的变更要求，工程变更的实施、设计图纸的澄清、修改，都要遵守相应的工作程序。

对于施工单位提出的变更要求，应先向项目监理机构提出变更申请，经审查和各方讨论后，报建设单位决定并转设计单位提出设计变更，再经总监理工程师签认而实施变更。

对于设计单位提出的变更，首先应通知建设单位并附有关文件，建设单位会同监理、施工单位研究后做出决定，再由总监理工程师签认。

建设单位（监理工程师）提出变更要求的，首先通知设计单位进行研究并提出设计变更，监理工程师再对设计变更方案或意见分析讨论，在建设单位做出变更的决定后由总监理工程师签认。

（2）工程变更指令的执行。工程师工程变更指令的发出有两种形式：书面形式和口头形式。

一般情况要求工程师签发书面变更通知令。当工程师书面通知承包商工程变更，承包商才执行变更的工程。所有工程变更必须用书面或一定规格写明。

对于工程师发出的工程变更口头指令，事后忘了补书面指示，承包商（须7天内）应以书面形式证实此项指示，交予工程师签字，工程师若在14天之内没有提出反对意见，应视为认可。

承包人在工程变更确认后的14天内，没有提出变更价款和工期的报告，视为不涉及相应内容的调整。工程师在收到承包人的变更价款和工期报告的14天内，无正当理由不确认或答复时，视为报告已被确认。

按国际惯例，承包商应该无条件地执行其工程变更指示，除非工程师明显超越合同赋予其的权限。不论承包商对变更指令是否有异议，不论工程变更的价款是否已经确定，也不论监理方或业主答应付款的金额是否令承包商满意，承包商都必须无条件地执行指令。即使承包商有意见，在争议处理期间，承包商有义务继续进行正常的工程施工和有争议的变更工程施工，否则可能会构成承包商违约。

4. 工程变更价格调整

（1）工程变更责任分析。工程变更责任分析是工程变更起因与工程变更问题处理的关键。它包括以下内容：

1）设计变更。设计变更会引起工程量的增加、减少，新增或删除分项工程，工程质量和进度的变化，实施方案的变化。对设备变更的责任划分原则为：

①由于业主要求、政府部门要求、环境变化、不可抗力、原设计错误等导致设计修改，必须由业主承担责任。

②由于承包商施工过程、施工方案出现错误、疏忽而导致设计修改，由承包商负责。

③在现代工程中，承包商承担的设计工作逐渐多起来，承包商提出的设计必须经过工程师（或业主）的批准。对不符合业主招标文件中对工程要求的设计，工程师有权不认可。

2）施工方案变更。施工方案变更的责任分析有时比较复杂。有以下几种情况：

①在投标文件中，承包商就在施工组织设计中提出比较完备的施工方案，但施工组织设计不作为合同文件的一部分。施工方案虽然不是合同文件，但它也有约束力。业主向承包商授标前，可要求承包商对施工方案做出说明或修改方案，以符合业主的要求。另外，施工合同规定，承包商应对所有现场作业和施工方法的完备、安全、稳定负全部责任。这一责任表示在通常情况下由于承包商自身原因（如失误或风险）修改施工方案所造成的损失由承包商负责。在施工方案变更作为承包商责任的同时，又隐含着承包商对决定和修改施工方案具有

相应的权利，即业主不能随便干预承包商的施工方案；为了更好地完成合同目标或在不影响合同目标的前提下，承包商有权采用更为科学和经济合理的施工方案，业主也不得随便干预。当然，承包商应承担重新选择施工方案的风险和机会收益。

在工程中，承包商采用或修改实施方案都要经过工程师的批准或同意。如果工程师无正当理由不同意可能会导致一个变更指令。这里的正当理由包括工程师有证据证明或认为使用这种方案，承包商不能圆满完成合同责任；承包商要求变更方案（如变更施工次序、缩短工期），而业主无法完成合同规定的配合责任，如无法按此方案及时提供图纸、场地、资金、设备，则工程师有权要求承包商执行原定方案。

②重大的设计变更常常会导致施工方案的变更。如果设计变更由业主承担责任，则相应的施工方案的变更也由业主负责；反之，则由承包商负责。

③对不利的异常地质条件所引起的施工方案的变更，一般作为业主的责任。一方面，这是一个有经验的承包商无法预料的现场气候条件除外的障碍或条件；另一方面，业主负责地质勘察并提供地质报告，则业主应对报告的正确性和完备性负责。

④施工进度的变更。施工进度的变更非常频繁，在招标文件中，业主给出工程的总工期目标；承包商在投标文件中有一个总进度计划；中标后承包商还要提出详细的进度计划，由工程师批准（或同意）；在工程开工后，每月都可能有进度调整。通常只要工程师（或业主）批准（或同意）承包商的进度计划（或调整后的进度计划），则新的进度计划就有约束力。如果业主不能按照新的进度计划完成应由其完成的责任，如及时提供图纸、施工场地、水电等，则属于业主违约，业主应承担责任。

（2）工程变更价款的确定。确认变更价款时，应维持承包人投标报价单内的竞争性水平。

1）我国施工合同示范文本所确定的工程变更估价原则：

①合同中已有适用于变更工程的价格，按合同已有的价格变更合同价款。

②合同中只有类似于变更工程的价格，可以参照类似价格变更合同价款。

③合同中没有适用或类似于变更工程的价格，由承包人提出适当的变更价格，经工程师确认后执行。

2）建设部 1999 年颁发的《建设工程施工发包与承包价格管理暂行规定》规定变更价款的估价原则：

①中标价或审定的施工图预算中已有与变更工程相同的单价，应按已有的单价计算。

②中标价或审定的施工图预算中没有与变更工程相同的单价时，应按定额相类似项目确定变更价格。

③中标价或审定的施工图预算或定额分项没有适用和类似的单价时，应由乙方编制一次性补充定额单价送甲方代表审定，并报当地工程造价管理机构备案。乙方提出和甲方确认变更价款的时间按合同条款约定，如双方对变更价款不能达成协议，则按合同条款约定的办法处理。

5. 工程变更的管理

（1）工程变更条款的合同分析。对工程变更条款的合同分析应特别注意：

1）工程变更不能超过合同规定的工程范围，如果超过这个范围，承包商有权不执行变更或坚持先商定价格后再进行变更。

　　2）业主和工程师的认可权必须受到限制。业主常常通过工程师对材料、设计等的认可权而提高材料、设计等的质量标准，如果合同条文规定比较含糊或设计不详细，则容易产生争执。但是，如果这种认可权超过合同明确规定的范围和标准，承包商应争取业主或工程师的书面确认，进而提出工期和费用索赔。

　　3）与业主、总（分）包商之间的任何书面信件、报告、指令等都应由合同管理人员进行技术和法律方面的审查，这样才能保证任何变更都在控制中。

　　（2）促成工程师提前做出工程变更。在实际工作中，变更决策时间过长以及变更程序太慢都会造成很大的损失，其表现为两种现象：一种是施工停止，承包商等待变更指令或变更会议决议；另一种是变更指令不能迅速做出，而现场继续施工，造成更大的返工损失。因此，要求变更程序尽量快捷，承包商也应及早发现可能导致工程变更的种种迹象，促使工程师提前做出工程变更。施工中如发现图纸错误或其他问题，需要进行变更，承包商应首先通知工程师，经工程师同意或通过变更程序后再进行变更。否则，承包商可能不仅得不到应有的补偿，而且还会带来麻烦。

　　（3）对工程师发出的工程变更应进行识别。特别是在国际工程中，工程变更不能免去承包商的合同责任。对已收到的变更指令，特别是重大的变更指令或在图纸上做出的修改意见，应予以核实。对超出工程师权限范围的变更，应要求工程师出具业主的书面批准文件。对涉及双方责权利关系的重大变更，必须有业主的书面指令、认可或双方签署的变更协议。

　　（4）迅速、全面落实变更指令。变更指令做出后，承包商应迅速、全面、系统地落实变更指令。这包括：

　　1）承包商应全面修改相关的各种文件，如有关图纸、规范、施工计划、采购计划等，以便能反映最新的变更。

　　2）在相关的各个工程小组和分包商的工作中落实变更指令，提出相应的措施，对新出现的问题做出解释并制订对策，协调好各方面的工作。

　　3）合同变更指令应立即在工程实施中贯彻并体现出来。由于合同变更与合同签订不同，没有一个合理的计划期，变更时间紧，难以详细地计划和分析，使责任落实不全面，容易造成计划、安排、协调方面的漏洞，引起混乱，导致损失。而这个损失往往被认为是由承包商管理失误造成的而得不到补偿。因此，承包商应特别注意工程变更的实施。

　　（5）分析工程变更的影响。合同变更是索赔的机会，应在合同规定的索赔有效期内完成对它的索赔处理。因此，在合同变更过程中就应该记录、收集、整理所涉及的各种文件，如图纸、各种计划、技术说明、规范和业主或工程师的变更指令，以作为进一步分析的依据和索赔的证据。

　　在实际工作中，承包商最好事先能就变更工程价款及工程的谈判达成一致后再进行合同变更。在变更执行前就应明确补偿范围、补偿方法、索赔值的计算方法、补偿款的支付时间等。但在现实中，工程变更的实施、价格谈判和业主批准三者之间存在时间上的矛盾，往往是工程师先发出变更指令要求承包商执行，但价格谈判与工期谈判迟迟达不成协议，或业主对承包商的补偿要求不批准，此时承包商应采取适当的措施来保护自身的利益。可采取的措施如下：

　　1）控制（即拖延）施工进度，等待变更谈判结果，这样不仅损失较小，而且谈判回旋余地较大。

2）争取按承包商的实际费用支出计算费用补偿，如采取成本加酬金方法，这样可避免价格谈判中的争执。

3）应有完整的变更实施记录和照片，请业主、工程师签字，为索赔做准备。在工程变更中，应特别注意由变更引起返工、停工、窝工、修改计划等所造成的损失，注意这方面证据的收集，以便为以后的索赔做准备。

6.3.2 工程索赔

1. 工程索赔的概念

工程索赔是指在工程合同履行过程中，当事人一方因非自身原因而受到经济损失或权利损失时，通过一定的合法程序向对方提出经济或时间补偿要求的行为。索赔是双向的，有利于双方不违约，严格履行合同。工程索赔包括工程的承包商向业主提出的索赔，最常见的是施工索赔；也包括业主向工程承包商提出的索赔。

2. 工程索赔的特点

工程索赔是正当权利的要求，是业主、工程师、承包商之间正常的、大量发生的、普遍存在的合同管理业务。工程索赔具有如下特点：

（1）工程索赔要有证据和以合同或法律条文为依据。工程索赔像到法庭打官司一样，需要有利于自己的证据，还要有合同和法律条文作依据，才能提出索赔请求。

（2）只有实际发生了经济损失或权利损害才可以提出索赔。工程索赔需要事实根据，只有已发生的经济损失或权利损害可以作为索赔的依据，不能用估计要发生的事件作索赔依据。

（3）工程索赔是一种等待确认的行为。工程索赔不同于工程签证。施工中的签证是承发包双方就额外增加的费用补偿或工期延长等达成一致的书面证明材料，是一种补充协议，可作为工程价款结算或最终增减工程造价的直接依据。工程索赔是一种等待确认的行为，在未被对方确认前不具有约束力，索赔要求只有等待对方确认后才能实现。

（4）工程索赔工作贯穿于工程项目建设的始终。工程招投标阶段，招投标双方都应仔细研究工程所在地的法律法规及合同条件，以便为将来索赔提供合同、法律依据。

合同执行阶段，当事人应密切注视对方履行合同的情况，发现对自己伤害的行为，及时提出索赔。同时，也要求自己严格履行合同，不给对方造成索赔机会。

（5）工程索赔是一门工程技术与法律融合的科学艺术。索赔是一种未经对方确认的单方行为，在经过确认（如和解、调解、仲裁或诉讼）后才能实现。工程索赔涉及技术、管理、法律、经济等专业知识。索赔人员要有深厚的专业技术知识和丰富的施工经验，才能提出科学合理、符合实际情况的索赔，只有通晓合同、法律，才能提出有依据的索赔。索赔谈判是与对方直接协商交涉，要求索赔人员懂得人际交往的知识，具有一定的社交公关能力。

3. 工程索赔分类

工程索赔贯穿于工程项目建设的全过程，发生的范围较广，主要类型有：

（1）按索赔目标分类。

1）工期索赔。因非承包商原因造成工期拖延，承包商要求延长合同工期，即工期索赔。工期索赔形式上是对工程合同工期延长的权力请求，可避免因拖延工期遭受业主的反索赔。工期索赔成功，不仅免除延误工期的违约责任，还可能因提前竣工获得工期奖励。

2）费用索赔。费用索赔是要求得到经济补偿。当建设条件改变造成承包商增大支出，承包商就要求业主对超出原计划成本的开支给予补偿，解除不应由承包商承担的支出。

（2）按索赔事件性质分类。

1）工期延误索赔，即因业主未按合同约定时间提供合同规定的建设条件，或因业主（或工程师）指令工程暂停，或因不可抗力等原因造成工期延误，承包商为此提出的索赔。

2）工程变更索赔，即因业主或工程师指令增加或减少工程量、增加附加工程、修改设计、变更工程顺序等，造成工期延长和费用增加，承包商因此提出索赔要求。

3）工程终止索赔，即因业主违约或不可抗力事件造成工程非正常终止，承包商因此蒙受经济损失而向业主提出索赔。

4）工程加速索赔，即业主或工程师指令承包商加快进度，缩短工期引起承包商人力、财力、物资的支出增加而向业主提出的索赔。

5）意外风险、不可预见因素索赔，即工程建设中，由于不可抗拒的自然灾害、意外事故，以及有经验的承包商不能预见的不利现场条件（如地下水、溶洞、地下古墓等）引起的索赔。

6）其他索赔，即因货币贬值、物价上涨、工资上涨、政策法令变化、汇率变化等引起的索赔。

（3）按索赔处理方式分类。

1）单项索赔。单项索赔是针对某一事件发生提出的索赔。影响原合同实施的因素发生时或发生后，合同管理人员立即在规定的索赔有效期内向业主提出索赔报告。单项索赔起因单一、责任清楚，相对容易分析，涉及金额较小，处理及时也较简单。合同双方应尽可能用单项索赔方式处理索赔问题。

2）一揽子索赔。一揽子索赔又称总索赔或综合索赔，一般是在工程竣工或工程移交前，承包商将施工中未解决的单项索赔集中进行综合考虑，提出综合索赔报告，由合同双方当事人在工程交付前后进行最终谈判，以一揽子方案解决索赔问题。

一揽子索赔中，许多干扰因素交织在一起，责任分析和赔偿值计算较困难，赔偿金额较大，双方较难做出让步，索赔谈判和处理较难。一揽子索赔较单项索赔的成功率低。一般在单项索赔问题复杂，有争议，不能立即解决，双方同意继续施工，索赔问题留到工程后期一并解决，或者是业主拖延单项索赔答复，使谈判旷日持久，导致许多索赔事件集中处理。

（4）按索赔的合同依据分类。

1）合同内索赔。索赔内容可以在合同明示条款或默示条款中找到依据。

①合同明示的索赔。合同明示的索赔是承包商的索赔要求在合同中有文字依据，承包商可据此取得经济或工期的补偿。合同文件中有索赔文字规定的条款称为明示条款。

②合同默示的索赔。承包商提出的索赔要求，在合同中虽然无明示条款，但可根据合同某些条款的含义推断出承包商有索赔权力。这种索赔请求同样具有法律效力。这种有补偿含义的条款，在合同管理中称为"默示条款"或"隐含条款"。

2）合同外索赔。索赔内容虽在合同条款中找不到依据，但索赔权利可从有关法律法规中找到依据。合同外的索赔通常表现为属于违约造成的间接损害和违规担保造成的损害，有些可在民事侵权行为中找到依据。

3）道义索赔。道义索赔是指承包商既在合同中找不到索赔依据，业主也未违约或触犯民法，但因损失确实太大自己无法承担而向业主提出的给予优惠性补偿的请求。例如承包商投标时对标价估计不足，工程施工中发现比原先预计的困难大得多，有可能无法完成合同，某些业主为使工程顺利进展，根据实际情况给予一定的补偿。

4. 工程索赔的原因

引起工程索赔有业主违约或工程师指令、施工现场条件变化、政策法令变更等。简述如下：

（1）业主违约和指定分包商（供应商）违约。业主违约主要表现为业主未能按合同规定为承包商提供施工条件，未在规定时间内付款、无理阻挠或干扰工程施工，给承包商造成经济损失或工期拖延。

指定分包商（供应商）未按规定提供服务、供应材料或劳务等。例如供电供水中断（多数工程由业主提供场外供电供水的管线）、业主指定供应的特殊机器设备的供应商未按期到货等。

（2）合同缺陷。建设工程合同缺陷主要表现为合同文件规定不严谨甚至自相矛盾、合同内容遗漏或错误、合同条款可做多种解释。这些问题不仅在商务条款中可能出现，甚至技术规范和图纸中也可能出现缺陷。这时，工程师有权做出解释。但如果承包商执行工程师的解释后引起成本增加或工期延长，承包商提出索赔，工程师应给予证明，业主应给予补偿。

（3）不利自然条件和客观障碍。不利自然条件和客观障碍是指有经验的承包商无法合理预料到的不利自然条件和客观障碍。不利自然条件不包括气候条件，而是指投标时经过现场调查和根据业主提供的资料都无法预料到的其他不利自然条件，如地下水、地质断层、地下暗河、古墓等。客观障碍是指经现场调查无法发现、业主提供的资料中未提到的地下（上）人工建筑物及其他客观存在的障碍物，如市政设施、废弃的建筑物、砌筑物，以及埋在地下的树干、管线等。

人力不可抗拒的灾害主要是指自然灾害，由这类灾害造成的损失应由承保的保险公司承担承担，也是常见的工程索赔之一。

（4）工程师指令。工程师指令承包商加快施工进度、进行合同外的工作、更换某些材料、采取某种措施或暂停施工等，造成承包商增加支出或延误工期，承包商将提出索赔。

（5）合同变更。合同变更常因设计变更、施工方法变更、追加或取消某些工作、合同其他规定的变更等引起。变更可由业主、工程师或承包商提出。在合同范围内的变更，与原合同工程有关，承包商接受，否则承包商可以拒绝。例如承建民用住宅工程，业主要求增加花台，承包商接受；若业主要求增加几千米的场外道路工程，承包商可以拒绝。

（6）国家政策、法律法规变更。国家政策、法律法规变更直接导致原合同签订的法律基础发生变化，直接影响承包商的投标价。合同通常规定，从投标截止日起的前第28天开始，如果工程所在地的法律法规变更导致承包商施工费用增加，业主应补偿承包商的该增加值；相反，则减少工程价款，由业主受益。

（7）其他承包商干扰和其他第三方原因。其他承包商未能按时按序按质进行并完成某项工作，各承包商配合不好而给本承包商的工作造成不良影响，被迫延迟工作。如前面工序的承包商未按要求完成，场地使用、现场交通协调不当等。

其他第三方指与工程有关的除业主、工程师、分包商、其他承包商之外的各方。其他第三方的问题也会对本工程不利。例如，银行付款延误、邮路延误、港口压港、车站压货等。这种原因引起的索赔较难处理，但因影响工期，承包商也会向业主索赔。

5. 施工索赔程序

施工索赔程序指施工索赔事件发生到最终解决全过程所包括的工作内容和工作步骤。施工索赔实质上是承包商与业主对工程风险造成的损失的分担，涉及合同当事人双方的经济利益，是一项繁琐、细致、耗费精力和时间的工作。

施工索赔程序，应按当事人双方签订的施工合同确定。施工索赔程序大致分为以下几个步骤：

（1）发出索赔意向通知。工程施工中，一旦发现或意识到潜在的索赔机会，承包商首先应在合同规定的时间内，将索赔意向书面通知业主或工程师。索赔意向的提出，标志着一项索赔工作的开始。施工索赔的第一个关键环节是抓住索赔机会，及时提出索赔意向。

索赔意向通知，一般包括以下内容：

1）索赔事件发生的时间、原因和情况的简单阐述。

2）索赔理由（依据）。

3）有关索赔证据资料。

4）索赔事件影响分析。

（2）准备索赔资料。施工索赔成功与否，在很大程度上取决于承包商对索赔的解释和证据材料的充分程度。证据不足的索赔，不可能得到业主和工程师的认同。承包商在日常管理工作中就应注意档案材料的管理，以备索赔时从中获取证据资料。这类文件资料主要包括：施工日志、来往信函、气象资料、备忘录、会议纪要、工程照片和声像资料、工程进度计划、工程考核资料、工程报告、投标参考资料和现场勘察备忘录、招标文件、投标文件等。

准备索赔资料这一阶段的主要工作有：

1）跟踪调查干扰事件，搜集资料。

2）分析干扰事件产生的原因，划清责任，确定责任主体，明确干扰事件是否违反合同规定，损失是否在合同规定的赔偿范围内。

3）损害调查和计算。通过施工进度、工程成本实际与计划的比较，分析经济损失和权利损害的范围和大小，据此计算工期和费用索赔值。

4）搜集证据。从干扰事件产生直至结束的全过程，必须保留完整的当时记录，所取得的材料才有强有力的说服力。我国建设工程施工合同示范文本要求合同当事人应积累和准备以下资料：

①业主和工程师指令书、确认书。

②承包商要求、请求、通知书。

③业主提供的水文地质、地下管网资料，施工所需的证件、批件、临时用地占地证明书、坐标控制点资料和图纸。

④承包商的年、季、月度施工计划，施工方案，施工组织设计及业主批准书。

⑤施工规范、质量验收单、隐蔽工程验收单、验收记录。

⑥承包商要求预付款通知，工程量核实确认单。

⑦业主、承包商材料供应清单、合格证书。

⑧竣工验收资料、竣工图。

⑨工程结算书、保修单等。

（3）编写索赔报告。索赔报告是承包商提供给业主和工程师关于索赔的书面文件，全面表达承包商对索赔事件的所有主张、要求和支持索赔的依据。业主通过对索赔报告的分析和评审，做出同意、要求修改、反驳甚至拒绝的决定。索赔报告也是合同当事人进行索赔谈判或调解、仲裁、诉讼的基础资料。编写索赔报告应做到证据充分，损失计算准确，原因分析透彻，内容包括：标题，事实与理由，损失计算和说明干扰事件的资料。

编写索赔报告时应注意以下问题：

1）索赔报告的内容和形式。索赔报告在内容上应简明扼要，条理清晰，易于理解。建设工程索赔文件的内容包括总述部分、论证部分、索赔款项（或工期）计算部分及证据部分。索赔报告的主要内容包括以下几个方面：

①总述部分：概要论述索赔事项发生的日期和过程；承包人为该索赔事项付出的努力和附加开支；承包人的具体索赔要求。

②论证部分：论证部分是索赔报告的关键部分，其目的是说明自己有索赔权，是索赔能否成立的关键。

③索赔款项（或工期）计算部分：如果说索赔报告论证部分的任力是解决索赔权能否成立，则款项计算是为解决能得多少款项。前者定性，后者定量。

④证据部分：要注意引用的每个证据的效力或可信程度，对重要的证据资料最好附以文字说明，或附以确认件。

2）索赔报告的基本要求，实事求是、说服力强、计算准确。

①实事求是。索赔事件是真实的，索赔依据和款项实事求是，不虚构夸大，更不能无中生有。实事求是让业主觉得索赔要求合情合理，不应拒绝。

②说服力强。索赔报告中责任分析清楚、准确，引用合同、法律中的相关条款合理，并应证明干扰事件与损失之间的因果关系。

③计算准确。作为索赔依据的基本数据资料应准确无误，计算结果应反复验证无误。计算数据上的错误，容易让对方对索赔的可信度产生疑问。

（4）提交索赔文件。索赔报告编制完成后，应立即提交给业主和工程师。FIDIC 合同条件规定，承包商在发出工程索赔意向通知后的 28 天内或经工程师同意的合理时间内，提交一份详细的索赔文件。如果干扰对工程影响的持续时间较长，承包商应按工程师要求的合理间隔期间，提交中间报告，并在干扰事件影响结束后的 28 天内提交最终索赔报告。索赔的关键是"索"，承包商不主动索取，业主和工程师不可能主动"赔"。

（5）工程师审核索赔报告。工程师受业主委托对工程项目建设进行监督、控制和协调。工程师按业主授权范围，对承包商的索赔进行审核，判定索赔事件是否成立，判定索赔值计算是否正确合理，并提出初步的处理意见。

（6）索赔处理。在工程师提出的索赔处理的初步意见的基础上，业主和承包商通过谈判协商，取得一致意见解决索赔问题。若初次谈判未达成协议，可商定正式谈判的时间、地点，以便继续讨论并解决索赔问题。如果谈判失败，可邀请中间人调解。调解不成功或当事人不愿调解的，可根据合同规定，将索赔争议提交仲裁机构仲裁，或通过诉讼解决。

工程项目建设中会发生许多索赔事件，当事人各方应争取在最早用最短的时间、在最低的层次、以最大的可能友好协商解决，不要轻易提交仲裁。仲裁和诉讼是复杂的，需花大量人力、物力、财力和时间，对工程建设也会带来不利影响。

实际操作中，影响索赔的因素很多，有时可能事与愿违，产生负面影响。如果大量提交索赔文件，要求经济补偿或延长工期，将使承包商进入业主的黑名单，被列为"喜欢搞索赔"的一类承包商，不良记录在案，结果不仅不利于该项工程建设，其他业主对这样的承包商会多加防范，承包商会为此丧失许多机会。因此索赔前一定要再三权衡利弊。

6. 施工索赔计算

建设工程施工索赔计算包括工期索赔计算和费用索赔计算两部分。

（1）工期索赔。

1）工期索赔的原因。工程施工过程中，有许多影响因素都会使承包商不能在合同工期内完工，造成工期拖延。拖延工期的原因可归为承包商责任和非承包商责任两类。

2）工期索赔处理原则。无论何种原因造成工期延误，首先应确定众多干扰因素中谁是最先发生的原因，它应对工期延误负责，其他并发因素不承担责任。其次是确定初始延误者。如果初始延误者是业主，承包商既可要求得到工期顺延，又可得到经济补偿。最后，若初始延误者为客观因素，在客观因素发生的时间段内，承包商可获得工期顺延，但一般得不到经济补偿。

3）工期索赔的计算。工期索赔值确认的基本思路为：由于干扰事件的发生，打乱原施工组织计划，使工程施工时间延长，将新的进度计划与原计划进行比较，就能得到工期索赔值。

工期索赔中常用的工期索赔值计算方法有新旧计划比较法、比例类推法、直接确认法。

计划比较法是将按照干扰事件发生后编制的计划总工期与原计划总工期比较，其差值即为干扰事件对总工期的影响值，也是承包商的工期索赔值。

比较类推法是按照干扰事件对某些分部分项工程、单位工程或单项工程工期的影响，在确定工期索赔值时，可按工程量或价值量的比例推算。

直接确认法是当干扰事件直接发生在关键工序上或一次性发生在一个项目上，造成总工期延误，可通过施工日志、变更指令等资料记录的延误时间作为工期索赔值。

（2）费用索赔。

1）费用索赔的原因。费用索赔直接关系到承包商施工过程中的回报，即直接影响承包商的收入，是承包商索赔的重点内容。工期索赔很多时候与费用索赔直接相关。产生费用索赔的主要原因有：

①业主违约索赔。由于业主未按施工合同规定提供相应的施工条件，致使承包商成本增大。如未按施工合同要求按期提供合格的工地、场外水电等。

②工程变更指令。

③业主拖延支付工程款或预付款。业主不按施工合同的规定按时向承包商支付工程款和预付款，承包商为此承担的资金利息损失应由业主赔偿。

④工程师指令加速。工程师指令加快施工进度，打乱了承包商原订的施工进度计划，由于赶工增加加班费、新增设备费、材料费、分包商额外成本、现场管理费等，加大了承包商的成本，业主为此要承担承包商的这部分损失。

⑤业主或工程师责任造成工期延长，使费用增加。由于业主或工程师的责任，使工期延长，使承包商的设备费、现场管理费、资金利息等增大，损失利润获取的机会。业主对此应承担赔偿责任。

⑥工程中断或终止。工程中断是工程暂停施工。如果工程中断是工程师或业主的责任或

业主风险造成，业主应负担工程中断使承包商发生的额外费用，如现场看管费、资金占用利息、机械设备搬迁费等。工程终止是业主要求终止合同履行。若工程终止是非承包商的原因造成，业主要负担承包商为此发生的额外费用。

⑦特殊情况。

⑧额外或附加工作。

⑨业主指定分包商违约。

⑩合同缺陷、政策、法律法令变更等。

2）索赔事件的费用项目构成。

①核定索赔数额。核定索赔数额应以事实为根据，所采用的单价、费率、计算过程和最终索赔金额，都应依据监理记录、施工图纸、施工进度计划来确定。索赔应遵守合同原则和市场惯例，采用附加成本的方法计算出合理的索赔数额。

如果索赔事件涉及的是工程量清单中的项目，单价较易确定；若索赔事件涉及的项目无已知的单价和费率，索赔数额的确定就较复杂，需要分析工程项目造价的构成和计算过程，按投标报价的方式确定单价或索赔事件中各细节发生的损失测定。

②单价的确定。当索赔事件与工程量清单中的项目相同，可直接采用工程量清单中的单价；当若索赔事件在工程量清单中有相同或相似的内容，但其单价不适用，可根据工程量清单中相应项目的单价推算确定合适的单价；当索赔事件在工程量清单中没有相同或相似的内容，应采用单价分析方法确定单价或单项费用。

（3）索赔计算。费用索赔应先计算与索赔事件相关的直接费，然后计算该索赔事件应分担的管理费、其他费用、利润等。费用索赔的计算方法与工程项目投标报价计算基本相同，可分为总费用法和分项法两种。

由于承包商只能在索赔事件处理完毕后的一段时间内才能得到索赔费用，索赔事件所需的支出，承包商不得不从银行贷款或用自己的资金垫支，构成了融资成本。合法索赔事项索赔资金的利率，参照金融机构的利率标准，或按平均投资收益率（机会利润）计算。

7. 工程索赔管理

（1）工程索赔管理的任务。工程索赔管理是工程师、承包商进行项目管理的重要内容。工程师应尽量减少索赔事件的发生，公平合理地解决发生的索赔事件。承包商应尽量利用合同条款，力争获得索赔，补偿工程施工中发生的损失。在工程承包合同实施的过程中，工程师的日常工作主要是与承包商交往，承包商的许多工作在开始前必须获得工程师的同意及推荐。承包商、业主和工程师之间的一切往来都应采用书面形式，函件中应尽量引用合同条款及有关事实，并注意做好现场日志，建立文件收发的签收制度，以便明确责任。

工程师在法律上并不是合同当事人，只是作为鉴证人，处于中间人的位置。但为了项目实施，他作为中间人有权依据合同做出客观判断，发出指令并约束双方当事人，甚至业主也无权干涉工程师的决定。任何一方要求工程师采取倾斜性的立场，都属违约。

（2）工程索赔报告的评审和处理。

1）索赔报告的评审。工程师接到承包商的索赔报告后，应立即仔细阅读，认真分析承包商提交的索赔资料。

①分析报告。工程师在不确定该谁负责任的情况下，客观分析干扰事件发生的原因，对照有关合同条款，研究承包商提出的索赔证据，并检查自己和承包商的同期记录。

②划清责任。工程师经过对干扰事件的分析，按照合同条款划清责任界限。若有必要，可要求承包商提供补充资料。尤其是承包商、工程师、业主都负有一定责任的干扰事件的影响，要确定各方应承担合同责任的比例。

③反驳或质疑。工程师在分析索赔报告后，对不合理的索赔进行反驳或提出质疑，以表明业主不承担或少承担这些干扰事件的赔偿责任。

④检查承包商是否遵守了合同有关索赔的约定。例如，承包商应在干扰事件发生后的28天内提交正式索赔意向通知，并在约定的时间内提交正式索赔报告。对于持续影响时间超过28天以上时间的工期延误索赔，当工期索赔条件成立时，每隔28天报送本阶段的索赔报告。承包商超过时限的索赔，是不予受理的。

⑤拟订工期、费用的赔偿额度。工程师对承包商提出的索赔进行审查后，剔除其中不合理部分，计算出合理的工期补偿天数、费用补偿金额。

工程师应在收到承包商提交的索赔报告和有关资料后的28天内给予答复，或要求承包商补充资料，若在28天内未作答复，也未进一步向承包商提出要求，则视同工程师默认承包商提出的索赔要求。

2）索赔的处理。索赔的处理是指工程师接到承包商的索赔报告后，对其进行的评审、核对工作，以及与承包商协商处理办法，当双方不能达成一致意见时独立做出自己的处理决定的过程。

工程师与业主、承包商协商后，向业主和承包商提出《索赔处理决定》。工程师在《索赔处理决定》中应简明陈述索赔事件、索赔理由、补偿金额或工期延长的建议。并将《索赔评价报告》作为《索赔处理决定》的附件。

一般而言，工程师拟订的索赔处理决定不是最终决定，对业主和承包商均不具有强制性的约束力。因此，工程师在草拟索赔处理决定时应考虑到发出这个决定的可能后果，需要有意保留某些事项，防止开始就将所有情况告诉承包商造成被动局面。业主审查《索赔处理决定》并批准同意后，工程师立即签发《索赔处理决定》。承包商同意《索赔处理决定》，该索赔事件宣告结束，否则就形成合同争议。

📖 【综合案例】

某输油管道工程的索赔

某一段输油管道工程，采用包工包料的固定总价合同，投标单位原报价中管线从自己的仓库里提货，距工地5km，但管材订货时改变到达地点，变成火车站库房交货，运输距离地加到15km。同时，在施工过程中已发生了几种原因的临时停工。

1. 6月10日至6月15日，承包商的机械出现故障；
2. 应于6月12日交给承包商的施工图直到6月28日才交给承包商；
3. 6月25日至7月1日施工现场刮风、下大雨，工地不能施工；
4. 上述大风、大雨造成6月30日至7月3日供电线路破坏，直到7月4日才修复正常施工。

[问题]

一、由于管线改变到站，必须引起费用的增加，承包商经过细致认真的计算后，向业主和监理工程师提交了索赔报告，要求管材的运输单价提高10元/t的索赔要求，问该项索赔成立吗？为什么？

　　二、由于背景资料中给出的几种临时停工，承包商在 7 月 5 日向业主与监理工程师提交延长工期 25 天，成本损失费 6 万元/天和利润损失费 0.4 万元/天的索赔要求，共计 160 万元。若每天的成本损失费和利润损失费已经监理工程师核准，请计算此项索赔应该多少？

　　三、施工项目索赔应具备什么样的理由？

　　四、上述事件引起临时停工，工程进度拖延，那么业主给承包商工程进度款的支付中，能扣除竣工拖延工期违约损失赔偿金吗？为什么？

　　[解]

　　一、该项索赔不成立。因为此项工程合同采用包工包料的固定总价合同，材料的采购是由承包商负责的，而管线改变到站仓库，增加了运输距离而属于施工单位自身的风险因素，提出索赔不是正当理由；其次因为是固定总价合同，价格的一切变动因素都由承包商负责。一个有经验的承包者，应该能够化解这种风险。

　　二、临时停工的索赔费用计算

　　1. 6 月 10 日至 6 月 15 日，承包商的机械出现了故障，属于承包商的责任和应承担的风险，不应考虑承包商的索赔要求。

　　2. 6 月 12 日至 6 月 28 日由于业主迟交图纸引起的停工，属于业主应承担的风险，造成的损失理当由主业承担，承包商可以向业主进行索赔，但只能考虑每天 6 万元的成本损失费的索赔要求，不考虑利润损失费的索赔要求，其索赔额为：17 天×6 万元/天＝102 万元。

　　3. 6 月 25 日至 7 月 1 日施工现场刮风、下大雨，而造成的停工，属于双方共同承担的风险，不应该考虑承包商的费用索赔要求。

　　4. 6 月 30 日至 7 月 3 日的停电是承包商无法预见的，且不能克服的条件变化，为业主应该承担的风险，但不考虑承包商的利润要求。索赔额为：4 天×6 万元/天＝24 万元。

　　上述四次临时停工的索赔额为：102 万元＋24 万元＝126 万元。

　　三、施工项目索赔应具备的理由

　　1. 发包人违反合同给承包人造成时间、费用的损失；

　　2. 因工程变更（含设计变更、发包人提出的工程变更、监理工程师提出的工程变更，以及承包人提出并经监理工程师批准的变更）造成的时间、费用损失；

　　3. 由于监理工程师对合同文件的歧义解释、技术资料不确切，或由于不可抗力导致施工条件的改变，造成了时间、费用的增加；

　　4. 发包人提前完成项目或缩短工期而造成承包人的费用增加；

　　5. 发包人延误支付期限造成承包人的损失；

　　6. 合同规定以外的项目进行检验，且检验合格，或非承包人的原因导致项目缺陷的修复所发生的损失或费用；

　　7. 非承包人的原因导致工程暂时停工；

　　8. 物价上涨，法规变化及其他。

　　四、不能扣除。由于上述事件引起的工程进度拖延，不等于竣工工期的拖延，因此业主给承包商工程进度款的支付中，不能扣除竣工拖延工期违约损失赔偿金。上述事件引起的工程进度拖延，对整个工程的进度的影响会最终产生两种结果：

　　一种是能够通过进度计划的调整将延误的工期补回，不会造成整个工程竣工工期延误，因此，不产生拖延工期的违约金，支付中不扣除。

另一种是通过施工方案的调整，仍不能将延误的工期补回来，将会造成整个工程竣工工期延误，但由于是业主原因造成的延误工期，业主应给予承包商工期顺延索赔。因此支付中不能扣除拖延工期违约金。

思 考 与 练 习

一、单选题

1. 根据《招标投标法》的规定，下列施工项目不属于必须招标范围的是（　　）。

A. 企业投资的文件广场

B. 企业投资的廉租住房

C. 企业投资的商品住房

D. 在资质等级许可范围内施工企业建设的自用办公楼

2. 以招标公告的方式邀请不特定的法人或其他组织投标的招标方式是（　　）。

A. 邀请招标　　　　　　　　　　B. 直接发包

C. 公开招标　　　　　　　　　　D. 有限竞争招标

3. 公开招标的优点不包括（　　）。

A. 招标人有较大的选择范围　　　B. 有助于实现公平竞争

C. 只需要发出投标邀请函　　　　D. 在一定程度上可避免贿标行为

4. 采用邀请方式招标，应向（　　）个以上具备承担招标项目的能力、资信良好的特定的法人或其他组织发出投标邀请书。

A. 2　　　　　　　　　　　　　B. 3

C. 4　　　　　　　　　　　　　D. 5

5. 下列不属于建设工程合同的是（　　）。

A. 勘察合同　　　　　　　　　　B. 工程监理合同

C. 设计合同　　　　　　　　　　D. 施工承包合同

6. 我国《建设工程施工合同（示范文本）》由（　　）三部分组成。

A. 协议书、合同条款和工程图纸　　B. 协议书、合同条款和专用条款

C. 合同条款、专用条款和工程图纸　D. 协议书、通用条款和专用条款

7. 建设工程施工承包合同的计价方式主要有（　　）。

A. 固定单价合同、固定总价合同、固定成本加酬金合同

B. 变动单价合同、变动总价合同、变动成本加酬金合同

C. 单价合同、总价合同、成本加酬金合同

D. 单价合同、总价合同、固定成本加费用合同

8. 下列（　　）是按索赔目的和要求分类的。

A. 承包人与分包人之间的索赔　　B. 工期索赔和费用索赔

C. 工程延期索赔　　　　　　　　D. 工程终止索赔

9. 人力不可抗拒的灾害主要是指自然灾害，由这类灾害造成的损失应由（　　）承担，

也是常见的工程索赔之一。

    A. 发包人、承包人共同承担　　　　B. 发包人承担

    C. 承保的保险公司承担　　　　　　D. 承包人承担

10. 因货币贬值、汇率变化、物价和工资上涨、政策法令变化引起的索赔属于（　　）。

    A. 其他索赔　　　　　　　　　　　B. 工程变更索赔

    C. 费用索赔　　　　　　　　　　　D. 工程终止索赔

二、多选题

1. 下列项目中，必须进行招标的有（　　）。

A. 使用外商资金的项目

B. 污水排放项目

C. 大型体育场馆

D. 采用专用技术作为施工主要技术的工程项目

E. 国家融资项目

2. 工程建设项目招标的组织形式有（　　）。

    A. 公开招标　　　　　　　　　　　B. 自行招标

    C. 邀请招标　　　　　　　　　　　D. 委托招标

E. 上级主管部门组织招标

3. 固定总价合同适用的情况是（　　）。

A. 工程设计详细，图纸完整、清楚，工程任务和范围明确

B. 有工程造价管理部门公布的价格调整

C. 工程结构和技术简单，风险小

D. 工程量小、工期短，估计在施工过程中环境因素变化小，工程条件稳定并合理

E. 投标期相对承包商宽裕，可以有充足的时间详细考察现场、复核工程量，分析招标
    文件，拟订施工计划

4. 下列关于建设工程索赔的说法上，正确的有（　　）。

A. 索赔具有双向性

B. 索赔是一种正当的权利要求

C. 承包商向业主索赔的范围非常广泛

D. 承包商既可以索赔费用，也可以索赔工期

E. 索赔其实是一种无中生有的行为，目的是为了使自己利益最大化

5. 有关工程施工的索赔不包括（　　）。

    A. 地质条件变化引起的索赔　　　　B. 暂停施工引起的索赔

    C. 增减工程量的索赔　　　　　　　D. 有关货币贬值引起的索赔

E. 终止合同引起的索赔

6. 建设工程索赔文件的内容包括（　　）。

    A. 证据部分　　　　　　　　　　　B. 论证部分

    C. 总述部分　　　　　　　　　　　D. 次要部分

E. 索赔款项（或工期）计算部分

三、简答题

1. 什么是合同? 合同的主要内容有哪些?

2. 工程计价合同主要有哪几种?

3. 简述如何进行工程项目合同谈判。

4. 简述工程变更的程序。

5. 工程索赔有哪些特征? 工程索赔有哪几类?

6. 试述工程索赔的作用。

7. 合同争议有哪些处理方法? 工程师在工程索赔中有何作用?

8. 施工索赔计算包括哪些内容?

参考答案

一、单选题

1. D; 2. C; 3. C; 4. B; 5. B; 6. D; 7. C; 8. B; 9. B; 10. C

二、多选题

1. BCE; 2. BD; 3. ACDE; 4. ABCD; 5. BDE; 6. ABCE

三、简答题 (略)

第 7 章　工程项目职业健康安全与环境管理

【教学提示】

本章首先介绍了工程项目职业健康安全与环境管理的重要性、目的及特点；安全与环境管理体系的结构及运行模式以及安全计划的编制和实施；接着阐述了安全隐患和安全事故的分类及处理原则；最后介绍了文明施工的内容、意义以及施工环境保护的内容。

【教学要求】

通过本章内容的学习，要求了解工程项目职业健康安全与环境管理的概念，体系产生的背景及具体内容；掌握职业健康安全管理的具体措施；熟悉项目职业健康安全隐患和安全事故的分类及事故处理的程序；熟悉工程项目文明施工和环境保护的要求及具体内容。

7.1　工程项目职业健康安全与环境管理概述

7.1.1　项目职业健康安全与环境管理的重要性及含义

1. 项目职业健康安全与环境管理的重要性

改革开放以来，我国国民经济保持平稳快速发展，固定资产投资规模不断扩大，为建筑业的发展提供了良好的市场环境。许多大型工程勘察设计企业和建筑施工企业加大科技投入，建立企业技术开发中心和管理体系，重视工程技术标准规范的研究，突出核心技术攻关，设计、建造能力显著提高。完成了一系列设计理念超前、结构造型复杂、科技含量高、使用要求高、施工难度大、令世界瞩目的重大工程；超高层大跨度房屋建筑、大型工业设施设计建造与安装、大跨径长距离桥梁建造、高速铁路、大体积混凝土筑坝、钢结构施工、特高压输电等领域技术达到国际领先或先进水平；并且建筑业全社会从业人员达到 4000 万人以上，成为大量吸纳农村富余劳动力就业、拉动国民经济发展的重要产业，在国民经济中的支柱地位不断加强。

但建筑行业在发展过程中仍面临着一系列的问题：

（1）生产劳动密集型特点形成的安全生产条件使其成为高危行业。建筑业每年发生大量的工伤事故，造成重大的人力伤亡和财产损失，严重影响了建筑施工的顺利进行和行业形象，甚至影响了社会稳定和经济发展。

（2）近年来伴随着各类建筑物的构造形式、立面造型多样化，高、大、新、特、奇、难等特点的建筑越来越多，新材料、新工艺、新设备、新技术的不断涌现，对建筑施工安全生产的要求日益严格。

（3）市场竞争日益加剧。在市场竞争日益加剧的情况下，人们往往专注于追求低成本、高利润，而忽视了劳动者的劳动条件和环境的改善，甚至以牺牲劳动者的职业健康安全和破坏人类赖以生存的自然环境为代价。

（4）环境挑战日益增大。地球人口剧增，且人类的生存要求不断提高生活质量，导致人类可以利用的资源日益匮乏。由于资源的开发和利用而产生的废物严重威胁人们的健康，甚至人类的生存。如：森林面积锐减；土地严重沙化；自然灾害频发；淡水资源日益枯竭；"温室效应"造成气候严重失常；臭氧层遭破坏；酸雨频繁，使土壤酸化；化学废物排量剧增。

因此，在建筑行业提高职业健康安全与环境管理水平有着重要意义。

2. 项目职业健康安全管理目的及环境管理目的

（1）职业健康安全管理的目的。工程项目职业健康安全管理的目的是保护产品生产者和使用者的健康与安全，控制影响工作场所内员工、临时工作人员、合同方人员、访问者和其他有关部门人员健康和安全的条件和因素，考虑和避免因使用不当对使用者造成的健康和安全的危害。

（2）环境管理的目的。工程项目环境管理的目的是保护生态环境，使社会的经济发展与人类的生存环境相协调。控制作业现场的各种粉尘、废水、废气、固体废弃物以及噪声、振动对环境的污染和危害，考虑能源节约和避免资源的浪费。

3. 职业健康安全与环境管理具有的特点

（1）建筑产品的固定性和生产的流动性及受外部环境影响因素多，决定了职业健康安全与环境管理的复杂性。稍有考虑不周就会出现问题。

（2）产品的多样性和生产的单件性决定了职业健康安全与环境管理的多样性。由于每一个建筑产品都要根据其特定要求进行施工，因此，对于每个施工项目都要根据其实际情况，制定健康安全与环境管理计划，不可相互套用。

（3）产品生产过程的连续性和分工性决定了职业健康安全与环境管理的协调性。在职业健康安全与环境管理中要求各单位和各专业人员横向配合和协调，共同注意产品生产过程接口部分的健康安全和环境管理的协调性。

（4）产品的委托性决定了职业健康安全与环境管理的不符合性。要求建设单位和生产组织都必须重视对健康安全和环保费用的投入，不可不符合健康安全与环境管理的要求。

（5）产品生产的阶段性决定职业健康安全与环境管理的持续性。在施工项目从立项到投产所经历的各个阶段都要十分重视项目的安全和环境问题，持续不断地对项目各个阶段可能出现的安全和环境问题实施管理。

7.1.2 工程项目职业健康安全与环境管理体系简介

1. 职业健康安全管理体系

（1）职业健康安全管理体系的背景。制定职业健康安全标准是出于两方面的要求：一方面是随着生产的发展，市场竞争日益加剧，社会往往过多地专注于发展生产，而有意无意间忽视了劳动者的劳动条件和环境状况的改善，使得劳动者的条件相对下降。根据国际劳工组织统计：全世界每年发生各类生产伤亡事故约为 2.5 亿起，平均每天 68.5 万起，其中死于生产事故和劳动疾病人数约为 110 万人。预计到 2020 年全世界劳动疾病人数将翻一番。国际社会呼吁：不能以牺牲劳动者的职业健康安全利益为代价去取得经济的发展。劳动者的安全问题被提上了工作日程，很多企业制定了安全标准，很多国家也制定了各自的国家标准，逐渐发展成为寻求一个系统的、结构化的职业健康安全管理模式。另一方面在全球经济一体化潮流推动下也需要一个统一的职业健康安全标准。其中对国际较有影响的是英国标准化协会（BSI）和其他多个组织，参照了 ISO 9000 和 ISO 14000 模式，制定的职业健康安全评价体系（Occupational Healthand Safety Assessment Series，OHSAS）18000 标准。我国作为加入了 WTO 组织的国家，目前各个企业建立职业健康安全管理体系一般均采用我国作为推荐性标准的 GB/T 28001—2011《职业健康安全管理体系要求》。该标准覆盖了国际上的OHSAS 18000 体系标准，因此有利于与国际接轨。

（2）职业健康安全管理体系的构成。《职业健康安全管理体系——要求》（GB/T 28001—2011）在确定职业健康安全管理体系模式时，强调按系统理论管理职业健康安全及其相关事务，以达到预防和减少生产事故和劳动疾病的目的。具体采用了系统化的戴明模型，即通过策划（Plan）、行动（Do）、检查（Check）和改进（Act）四个环节构成一个动态循环并螺旋上升的系统化管理模式。职业健康安全管理体系模式及总体结构分别如图 7-1 和图 7-2 所示。

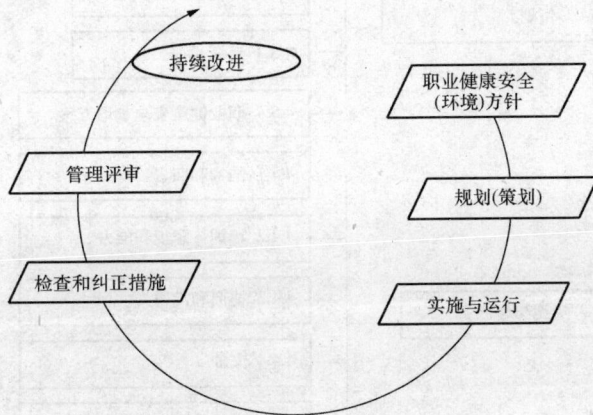

图 7-1　职业健康安全管理体系模式图

2. 环境管理体系

（1）环境管理体系的背景。

近代工业的发展过程中，由于人类过度追求经济增长速度而忽略环境的重要性，导致水土流失、土地沙漠化、水体污染、空气质量下降、全球气候反常、臭氧层耗竭、生态环境严重破坏，环境问题已成为制约经济发展和人类生存的重要因素。

考虑到零散的、被动适应法规要求的环境管理机制不足以确保一个组织的环境行为运行，ISO 国际标准化组织在汲取世界发达国家多年环境管理经验的基础上制定并颁布 ISO 14000 环境管理系列标准。该标准已经成为一套目前世界上最全面和最系统的环境管理国际化标准，并引起世界各国政府、企业界的普遍重视和积极响应。它是一个组织内全面管理体系的组成部分，它包括为制订、实施、实现、评审和保持环境方针所需的组织机构、规划活动、机构职责、惯例、程序、过程和资源。还包括组织的环境方针、目标和指标等管理方面的内容。

随着我国加入 WTO 进程的加快，"入世"后带来的国际间的竞争将是不可避免的，环境管理体系在竞争中所起的作用是不可低估的。我国也相应制定了《中国环境管理体系》（GB/T 24001），该标准能有效促进各类组织提高环境管理水平、达到实现环境目标的目的。

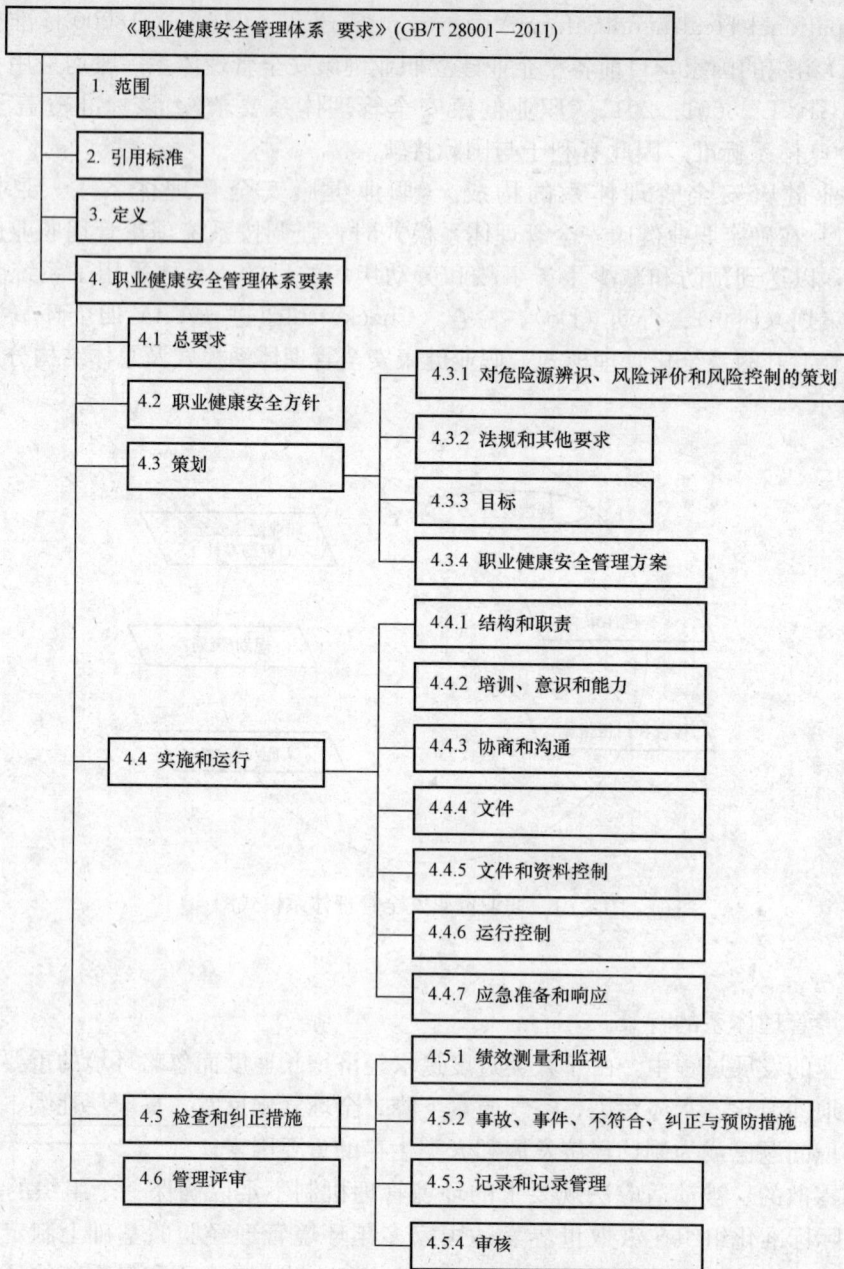

图 7-2　职业健康安全管理体系总体结构图

（2）环境管理体系的构成。环境管理体系的结构系统，采用 PDCA 动态循环、不断上升的螺旋式管理运行模式，其形式与职业健康安全管理体系的运行模式相同。《环境管理体系规范及使用指南》的总体结构如图 7-3 所示。

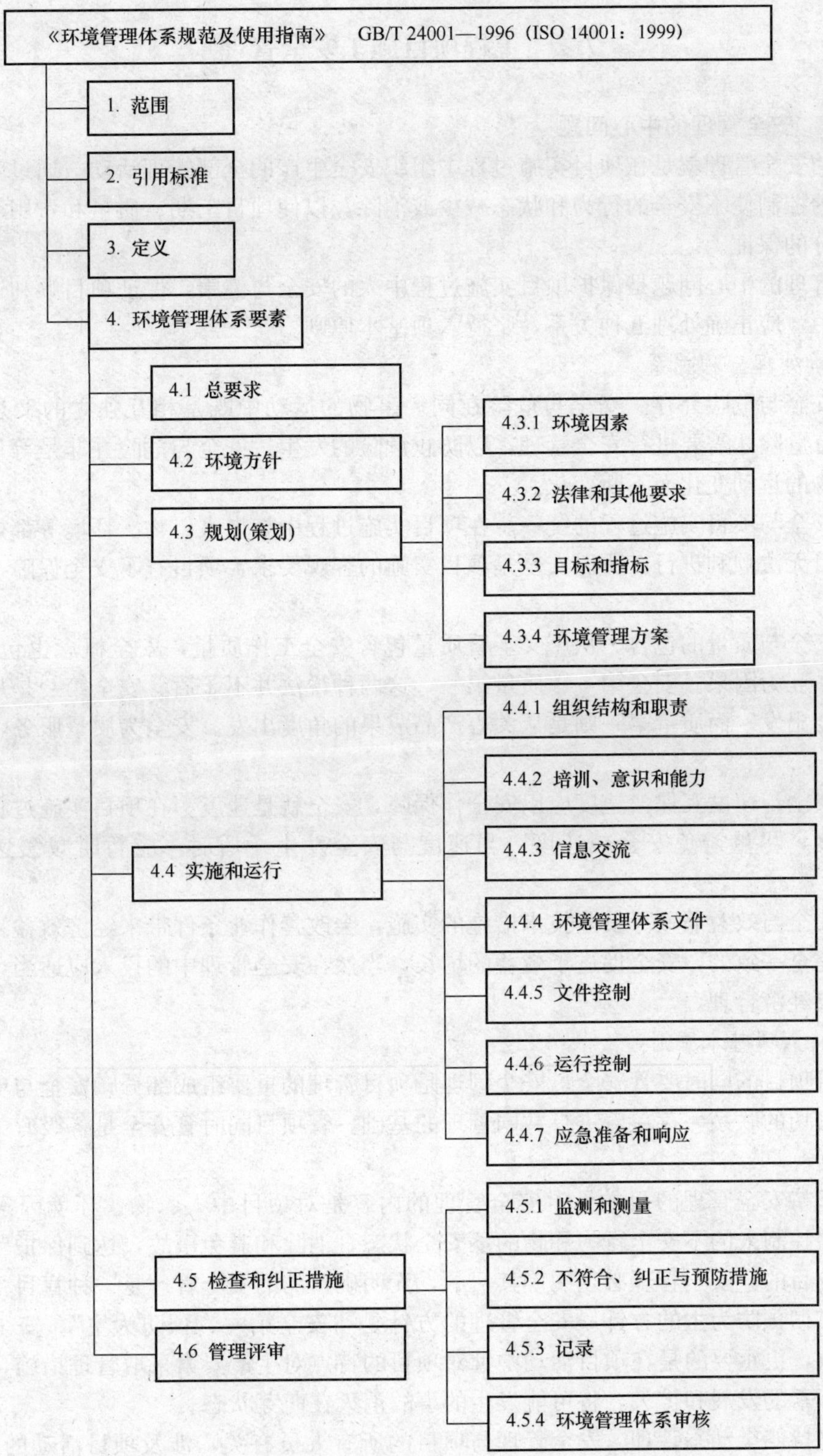

《环境管理体系规范及使用指南》　　GB/T 24001—1996（ISO 14001：1999）

- 1. 范围
- 2. 引用标准
- 3. 定义
- 4. 环境管理体系要素
  - 4.1 总要求
  - 4.2 环境方针
  - 4.3 规划(策划)
    - 4.3.1 环境因素
    - 4.3.2 法律和其他要求
    - 4.3.3 目标和指标
    - 4.3.4 环境管理方案
  - 4.4 实施和运行
    - 4.4.1 组织结构和职责
    - 4.4.2 培训、意识和能力
    - 4.4.3 信息交流
    - 4.4.4 环境管理体系文件
    - 4.4.5 文件控制
    - 4.4.6 运行控制
    - 4.4.7 应急准备和响应
  - 4.5 检查和纠正措施
    - 4.5.1 监测和测量
    - 4.5.2 不符合、纠正与预防措施
    - 4.5.3 记录
    - 4.5.4 环境管理体系审核
  - 4.6 管理评审

图 7 - 3　《环境管理体系规范及使用指南》总体结构图

7.2 工程项目施工安全管理

7.2.1 安全管理的中心问题

项目的安全管理就是在项目实施过程中组织安全生产的全部管理活动。通过对项目实施安全状态的控制使不安全的行为和状态减少或消除，以使项目工期、质量和费用等目标的实现得到充分的保证。

安全管理的中心问题是保护项目实施过程中人的安全与健康，保证项目顺利进行。安全管理过程中，应正确处理五种关系，坚持六项基本原则。

1. 正确处理五种关系

（1）安全与危险并存。安全与危险在同一事物的运动中既是相互独立的又是相互依存的。因为有危险才需要进行安全管理，以防止危险的发生。安全与危险并非是等量并存，而是随着事物的运动变化而不断变化。

（2）安全与项目实施过程的统一。在项目实施过程中如果人、物、环境等都处于危险状态，则项目无法顺利进行。所以安全是项目实施的客观要求，项目有了安全保障才能持续稳定地进行。

（3）安全与质量的包含。从广义上看质量包含安全工作质量，安全概念也包含着质量，交互作用、互为因果。安全第一、质量第一，这两种说法并不矛盾。安全第一是从保护生产要素的角度出发，而质量第一则是从关心产品成果的角度出发。安全为质量服务，质量需要安全保证。

（4）安全与速度互保。速度应以安全作保障，安全就是速度。在项目实施过程中应追求安全加速度，尽量避免安全减速度。当速度与安全发生矛盾时，应暂时减缓速度，保证安全。

（5）安全与效益兼顾。安全技术措施的实施，会改善作业条件带来经济效益。所以安全与效益是完全一致的，安全促进了效益的增长。当然在安全管理中的投入应适当，既要保证安全，又要经济合理。

2. 坚持六项基本原则

（1）管项目的同时要管安全。安全管理是项目管理的重要组成部分，安全与项目实施两者存在着密切的联系，存在着进行共同管理的基础。管项目同时管安全是各级有关人员的安全管理责任。

（2）坚持安全管理的目的性。安全管理的内容是对项目中人、物、环境因素状态的管理，有效地控制人的不安全行为和物的不安全状态，消除和避免事故，达到保护劳动者的安全和健康的目的。安全管理必须明确其目的，无明确目的的安全管理是一种盲目行为。

（3）贯彻预防为主的方针。安全管理的方针是"安全第一、预防为主"。安全管理不仅是处理事故，更重要的是在项目活动中针对项目的特点对生产要素采取管理措施，有效地控制不安全因素的发展和扩大，将可能发生的事故消灭在萌芽状态。

（4）坚持四全动态管理。安全管理与项目的所有人员有关，涉及项目活动的方方面面，涉及项目的全部过程及一切生产要素。因此，应坚持全员、全过程、全方位、全天候的"四全动态管理"。

（5）安全管理重在控制。安全管理的目的是预防、消灭事故，防止或消除事故危害，保护人员的安全与健康。安全管理有多项内容，但对生产因素状态的控制与安全管理目的直接相关。所以对项目中人的不安全行为和物的不安全状态的控制是安全管理的重点。

（6）不断完善、提高。安全管理是一种动态管理。管理活动应适应不断变化的条件，消除新的危险因素，不断地摸索新的规律，总结管理控制的办法与经验，指导新的变化后的管理，从而使安全管理不断地上升到新的高度。

7.2.2　安全计划的内容

针对项目的特点进行安全策划，规划安全作业目标，确定安全技术措施，最终所形成的文件称为安全计划。安全计划应在项目开始实施前制订，在项目实施过程中不断加以调整和完善。安全计划是进行安全控制和管理的指南，是考核安全控制和管理工作的依据。

安全计划应针对项目特点、项目实施方案及程序，依据安全法规和标准等加以编制。主要内容包括：

（1）项目概况。包括项目的基本情况，可能存在的主要的不安全因素等。

（2）安全控制和管理目标。应明确安全控制和管理的总目标和子目标。目标要具体化。

（3）安全控制和管理程序。主要应明确安全控制和管理的工作过程和安全事故的处理过程。

（4）安全组织机构包括安全组织机构形式和安全组织机构的组成。

（5）职责权限。根据组织机构状况明确不同组织层次、各相关人员的职责和权限，进行责任分配。

（6）规章制度。包括安全管理制度、操作规程、岗位职责等规章制度的建立应遵循的法律法规和标准等。

（7）资源配置。针对项目特点，提出安全管理和控制所必需的材料设施等资源要求和具体的配置方案。

（8）安全措施。针对不安全因素确定相应措施。

（9）检查评价。明确检查评价方法和评价标准。

（10）奖惩制度。明确奖惩标准和方法。

安全计划的结果是形成包括安全计划所有内容在内的文件。

7.2.3　施工方案中安全计划的编制

1. 安全计划编制的意义

施工方案（或施工组织设计）是指导施工具体行动的纲领，其安全技术措施是施工方案中的重要组成部分。为强调在工程施工前必须制订安全技术措施，早在 1983 年建设部颁布的《国营建筑企业安全生产工作条例》中就规定："所有建筑工程的施工组织设计（或施工方案）必须有安全技术措施"。《建筑法》第三十八条则规定得更为具体："建筑施工企业在编制施工组织设计时，应当根据建筑工程的特点制订相应的安全技术措施"。

2. 对施工安全计划编制人员的要求

施工安全计划编制人员是施工过程的设计师，必须树立"安全第一"的思想，从会审图纸开始就必须认真考虑施工安全问题，尽可能地不给施工和操作人员留下隐患。编制人员应当充分掌握工程概况、施工工期、场地环境条件，根据工程的结构特点，科学地选择施工方法、施工机械、变配电设施及临时用电线路架设，合理地布置施工平面。安全施工涉及施工的各个环节，因此，施工方案编制人员应当了解施工安全的基本规范、标准及施工现场的安全要求和相应的专业技术知识以后，才能在编制施工方案时确立工程施工安全目标，使措施通过现场人员的认真贯彻达到目标要求。

施工安全计划编制人员，还必须了解施工工程内部及外部给施工带来的不利因素，通过综合分析后，制订具有针对性的安全施工措施，使之起到保证施工进度，确保工程质量和安全，科学、合理、有序地指导施工的作用。

3. 安全技术措施的主要内容

由于建筑工程的结构复杂多变，各施工工程所处地理位置、环境条件不尽相同，无统一的安全技术措施，所以编制时应结合本企业的经验教训，工程所处位置和结构特点，以及既定的安全目标。

安全技术措施编制内容不拘一格，按其施工项目的复杂、难易程度、结构特点及施工环境条件，选择其安全防范重点，但施工方案的通篇必须贯彻"安全施工"的原则。为了进一步明确编制施工安全技术措施的重点，根据多发性事故的类别，应抓住下面六种伤害的防患制订相应的措施，内容要详实，有针对性。这六种伤害防患包括防高空坠落，防物体打击，防坍塌，防触电，防机械伤害和防中毒事故。

7.2.4　施工方案中安全计划的实施

1. 建立安全生产责任制

建立安全生产责任制是做好安全管理工作的重要保证，在工程实施以前，由项目经理部对各级负责人、各职能部门以及各类施工人员在管理和施工过程中，应当承担的责任做出的明确规定。也就是把安全生产责任分解到岗，落实到人。具体表现在以下几个方面：

（1）在工程项目施工过程中，必须有符合项目特点的安全生产制度，安全生产制度要符合国家和地方，以及本企业的有关安全生产政策、法规、条例、规范和标准。参加施工的所有管理人员和工人都必须认真执行并遵守制度的规定和要求。

（2）建立、健全安全管理责任制，明确各级人员的安全责任，这是搞好安全管理的基础。从项目经理到一线工人，安全管理做到纵向到底，一环不漏；从专门管理机构到生产班组，安全生产做到横向到边，层层有责。

（3）施工项目应通过监察部门的安全生产资质审查，并得到认可。其目的是为了严格规范安全生产条件，进一步加强安全生产的监督管理，防止和减少安全事故的发生。

（4）一切从事生产管理与操作的人员，应当依照其从事的生产内容和工种，分别通过企业、施工项目的安全审查，取得安全操作许可证，进行持证上岗。特种工种的作业人员，除必须经企业的安全审查外，还需按规定参加安全操作考核，取得监察部门核发的安全操作合格证。

2. 进行安全教育培训

认真搞好安全教育是工程项目安全管理工作的重要环节，是提高全员安全素质、安全管理水平和防止事故，从而实现安全生产的重要手段。

安全教育与培训的主要内容：

（1）新工人三级安全教育。对新工人（包括合同工、临时工、学徒工、实习和代培人员）必须进行三级安全教育。三级安全教育是指公司、项目经理部、施工班组这三级，是对每个刚进企业的新工人必须接受的首次安全生产方面的基本教育。教育内容包括安全生产方针、政策、法规、标准及安全技术知识、设备性能、操作规程、安全制度、严禁事项及本工种的安全操作规程。

（2）特殊工种的专门教育。特殊工种不同于其他一般工种，它在生产过程中担负着特殊的任务，工作中危险性大，发生事故的机会多，一旦发生事故对企业的生产影响较大。所以对特殊工种作业人员（如电工、焊工、架工、司炉工、爆破工、起重工等）除进行一般安全教育外，还要经过本工程的专业安全技术教育。

（3）经常性的安全生产教育。经常性的安全生产教育，可根据施工企业的具体情况和实际需要，采取多种形式进行。如开展安全活动日、安全活动月、质量安全年等活动，召开安全例会、班前班后安全会、事故现场会、安全技术交底会等各种类型的会议，利用广播、黑板报、工程简报、安全技术讲座等多种形式进行宣传教育工作。

3. 安全技术交底

安全技术交底是指导工人安全施工的技术措施，是项目安全技术方案的具体落实。安全技术交底一般由技术管理人员根据分部分项工程的具体要求、特点和危险因素编写，是操作者的指令性文件，因而，要具体、明确、针对性强，不得用施工现场的安全纪律、安全检查等制度代替，在进行工程技术交底的同时进行安全技术交底。

（1）交底组织。设计图技术交底由公司工程部负责，向项目经理、技术负责人、施工队长等有关部门及人员交底。各工序、工种由项目责任工长负责向各班组长交底。

（2）安全技术交底的基本要求。项目经理部必须实行逐级安全技术交底制度，纵向延伸到班组全体作业人员；技术交底必须具体、明确，针对性强；技术交底的内容应针对分部分项工程施工中给作业人员带来的潜在危害和存在问题；应优先采用新的安全技术措施；应将工程概况、施工方法、施工程序、安全技术措施等向工长、班组长进行详细交底；定期向由两个以上作业队和多工种进行交叉施工的作业队伍进行书面交底；保持书面安全技术交底签字记录。

（3）项目经理部技术交底重点。

1）图纸中各分部分项工程的部位及标高，轴线尺寸，预留洞，预埋件的位置、结构设计意图等有关说明。

2）施工操作方法，对不同工种要分别交底，施工顺序和工序间的穿插、衔接要详细说明。

3）新结构、新材料、新工艺的操作工艺。

4）冬雨季施工措施及在特殊施工中的操作方法与注意事项、要点等。

5）对原材料的规格、型号、标准和质量要求。

6）各种混合材料的配合比添加剂要求详细交底，必要时，对第一使用者负责示范。

7）各工种各工序穿插交接时可能发生的技术问题预测。

（4）交底方法。技术交底可以采用会议口头形式，文字图表形式，甚至示范操作形式，视工程施工复杂程度和具体交底内容而定。各级技术交底应有文字记录。关键项目，新技术项目应作文字交底。

4. 安全技术检查

工程项目安全技术检查的目的是为了消除隐患、防止事故、改善劳动条件及提高员工安全生产意识的重要手段，是安全管理工作的一项重要内容。通过安全检查可以发现工程中的危险因素，以便有计划地采取措施，保证安全生产。施工项目的安全检查应由项目经理组织，定期进行。

（1）安全技术检查的类型。安全技术检查可分为日常性检查、专业性检查、季节性检查、节假日前后的检查和不定期检查。

1）日常性检查。日常性检查即经常的、普遍的检查。企业一般每年进行 1～4 次；工程项目组、车间、科室每月至少进行一次；班组每周、每班次都应进行检查。专职安全技术人员的日常检查应该有计划，针对重点部位周期性地进行。

2）专业性检查。专业性检查是针对特种作业、特种设备、特殊场所进行的检查，如电焊、气焊、起重设备、运输车辆、锅炉压力容器、易燃易爆场所等。

3）季节性检查。季节性检查是指根据季节特点，为保障安全生产的特殊要求所进行的检查。如春季风大，要着重防火、防爆；夏季高温多雨雷电，要着重防暑、降温、防汛、防雷击、防触电；冬季着重防寒、防冻等。

4）节假日前后的检查。节假日前后的检查是针对节假日期间容易产生麻痹思想的特点而进行的安全检查，包括节日前进行安全生产综合检查，节日后要进行遵章守纪的检查等。

5）不定期检查。不定期检查是指在工程或设备开工和停工前，检修中，工程或设备竣工及试运转时进行的安全检查。

（2）安全技术检查的注意事项。

1）安全检查要深入基层、紧紧依靠职工，坚持领导与群众相结合的原则，组织好检查工作。

2）建立检查的组织领导机构，配备适当的检查力量，挑选具有较高技术业务水平的专业人员参加。

3）做好检查的各项准备工作，包括思想、业务知识、法规政策和检查设备、奖金的准备。

4）明确检查的目的和要求。既要严格要求，又要防止一刀切，要从实际出发，分清主、次矛盾，力求实效。

5）把自查与互查有机结合起来，基层以自检为主，企业内相应部门问互相检查，取长补短，相互学习和借鉴。

6）坚持查改结合。检查不是目的，只是一种手段，整改才是最终目的。发现问题，要及时采取切实有效的防范措施。

7）建立检查档案。结合安全检查表的实施，逐步建立健全检查档案，收集基本的数据，掌握基本安全状况，为及时消除隐患提供数据，同时也为以后的职业健康安全检查奠定基础。

8）在制订安全检查表时，应根据用途和目的具体确定安全检查表的种类。安全检查表的主要种类有：设计用安全检查表；厂级安全检查表；车间安全检查表；班组及岗位安全检查表；专业安全检查表等。制订安全检查表要在安全技术部门的指导下，充分依靠职工来进行。初步制订出来的检查表，要经过群众的讨论，反复试行，再加以修订，最后由安全技术部门审定后方可正式实行。

（3）安全技术检查的主要内容。

1）查思想。主要检查企业的领导和职工对安全生产工作的认识。

2）查管理。主要检查工程的安全生产管理是否有效。主要内容包括：安全生产责任制，安全技术措施计划，安全组织机构，安全保证措施，安全技术交底，安全教育，持证上岗，安全设施，安全标识，操作规程，违规行为，安全记录等。

3）查隐患。主要检查作业现场是否符合安全生产、文明生产的要求。

4）查整改。主要检查对过去提出问题的整改情况。

5）查事故处理。对安全事故的处理应达到查明事故原因、明确责任并对责任者作出处理、明确和落实整改措施等要求。同时还应检查对伤亡事故是否及时报告、认真调查、严肃处理。

安全检查的重点是违章指挥和违章作业。安全检查后应编制安全检查报告，说明已达标项目，未达标项目，存在问题，原因分析，纠正和预防措施，见表 7-1。

表 7-1

单位名称	××市××建筑安装 工程有限公司	工程名称	××花苑三期 3 号楼	检查时间	××年×月×日
检查单位	项目部　　参加部门：技术科、安全科、材料科				

【例 7-1】　某工程安全检查报告，见表 7-2。

表 7-2

检查类型：定期安全检查　　　　　　　　　　　　　　　　　　编号×××

检查项目或部位	施　工　现　场
参加检查人员	项目部×××，各科室×××、×××、×××

检查记录：

1. 现场堆物杂乱。钢管、钢筋堆场未设标志牌，未架空或上架。

2. 生活区用电电线乱拖，未按规定架设。

3. 木工机械旁木花堆积，消防设施缺漏。

4. 南边道路不畅。

检查结论及复查意见：

1. 由钢筋班组负责清理现场钢管、钢筋的堆放，设立标志牌，起重工做好配合工作（钢筋班长负责派人一天内完成。）

2. 生活区必须规范架设电线，拆除宿舍内乱拖的电线，没收违章家电（由电工班组落实整治，一天前完成）各宿舍长负责保持合格状态。

3. 木工棚必须在下班前清理干净，补齐消防设施（由包干人×××、×××负责）。

4. 清除南边道路障碍物，保持畅通。

以上四条第二天复查，全部整改完成。

检查负责人：×××　　　　　　复查人：技术科：×××　　　　安全科：×××

复查日期：××年×月×日

7.3　工程项目职业健康安全隐患和事故

7.3.1　项目职业健康安全隐患控制

1. 职业健康安全隐患的概念

职业健康安全事故隐患是指可能导致职业健康安全事故的缺陷和问题，包括安全设施、过程和行为等诸方面的缺陷问题，因此，对检查和检验中发现的事故隐患，应采取必要的措施及时处理和化解，以确保不合格设施不使用、不合格过程不通过、不安全行为不放过，并通过事故隐患的适当处理，防止职业健康安全事故的发生。

2. 职业健康安全隐患的处理

（1）项目经理部应区别"通病"、"顽症"、首次出现、不可抗力等类型，修订和完善安全整改措施。

（2）项目经理部应对检查出的隐患立即发出安全隐患整改通知单。受检单位应对安全隐患的原因进行分析，指定纠正和预防措施。纠正和预防措施应经检查单位负责人批准后实施。

（3）安全检查人员对检查出的违章指挥和违章作业行为向负责人当场指出，限期纠正。

（4）安全员对纠正和预防措施的实施过程和实施效果应进行跟踪检查，保存验证记录。

7.3.2　项目职业健康安全事故的分类及处理

1. 职业伤害事故的分类

职业伤害事故是指因生产过程及工作原因或与其相关的其他原因造成的伤亡事故。

（1）按照事故发生的原因分类。按照我国《企业伤亡事故分类》（GB 6441—1986）标准规定，职业伤害事故分为 20 类，见表 7-3。

表 7-3　　　　　　　　　　　职 业 伤 害 事 故 分 类

序号	事故类别	说　明
1	物体打击	指落物、滚石、锤击、碎裂、崩块、砸伤等造成的人身伤害，不包括因爆炸而引起的物体打击
2	车辆伤害	指被车辆挤、压、撞和车辆倾覆等造成的人身伤害
3	机械伤害	指被机械设备或工具绞、碾、碰、割、戳等造成的人身伤害，不包括车辆、起重设备引起的伤害
4	起重伤害	指从事各种起重作业时发生的机械伤害事故，不包括上下驾驶室时发生的坠落伤害，起重设备引起的触电及检修时制动失灵造成的伤害
5	触电	指电流经过人体导致的生理伤害，包括雷击伤害
6	淹溺	水或液体大量从口、鼻进入肺内，导致呼吸道阻塞，发生急性缺氧而窒息死亡
7	灼烫	指火焰引起的烧伤、高温物体引起的烫伤、强酸或强碱引起的灼伤、放射线引起的皮肤损伤，不包括电烧伤及火灾事故引起的烧伤
8	火灾	在火灾时造成的人体烧伤、窒息、中毒等
9	高处坠落	由于危险势能差引起的伤害，包括从架子、屋架上坠落以及平地坠入坑内等
10	坍塌	指建筑物、堆置物倒塌以及土石塌方等引起的事故伤害

续表

序号	事故类别	说　　明
11	冒顶片帮	指矿井作业面、巷道侧壁由于支护不当、压力过大造成的坍塌（片帮）以及顶板垮落（冒顶）事故
12	透水	指从矿山、地下开采或其他坑道作业时，有压地下水意外大量涌入而造成的伤亡事故
13	放炮	指由于放炮作业引起的伤亡事故
14	火药爆炸	指在火药的生产、运输、储藏过程中发生的爆炸事故
15	瓦斯爆炸	指可燃气体、瓦斯、煤粉与空气混合，接触火源时引起的化学性爆炸事故
16	锅炉爆炸	指锅炉由于内部压力超出炉壁的承受能力而引起的物理性爆炸事故
17	容器爆炸	指压力容器内部压力超出容器壁所能承受的压力引起的物理爆炸，容器内部可燃气体泄漏与周围空气混合遇火源而发生的化学爆炸
18	其他爆炸	化学爆炸、炉膛、钢水包爆炸等
19	中毒和窒息	指煤气、油气、沥青、化学、一氧化碳中毒等
20	其他伤害	包括扭伤、跌伤、冻伤、野兽咬伤等

（2）按事故后果严重程度分类。根据国务院 1991 年 3 月 1 日起实施的《企业职工伤亡事故报告和处理规定》，职业健康安全事故分为轻伤、重伤、死亡、重大死亡事故、急性中毒事故。

1）轻伤事故：造成职工肢体或某些器官功能性或器质性轻度损伤，表现为劳动能力轻度或暂时丧失的伤害，一般每个受伤人员休息 1 个工作日以上，105 个工作日以下。

2）重伤事故：一般指受伤人员肢体残缺或视觉、听觉等器官受到严重损伤，能引起人体长期存在功能障碍或劳动能力有重大损失的伤害，或者造成每个受伤人损失 105 工作日以上的失能伤害。

3）死亡事故：一次事故中死亡职工 1～2 人的事故。

4）重大伤亡事故：一次事故中死亡 3 人以上（含 3 人）的事故。

5）特大伤亡事故：一次死亡 10 人以上（含 10 人）的事故。

6）急性中毒事故：指生产性毒物一次或短期内通过人的呼吸道、皮肤或消化道大量进人体内，使人体在短时间内发生病变，导致职工立即中断工作，并须进行急救或死亡的事故；急性中毒的特点是发病快，一般不超过一个工作日，有的毒物因毒性有一定的潜伏期，可在下班后数小时发病。

（3）依据 2007 年 6 月 1 日起实施的《生产安全事故报告和调查处理条例》规定，按生产安全事故造成的人员伤亡或者直接经济损失，事故分为特别重大、重大、较大、一般事故。

特别重大事故：是指造成 30 人以上死亡，或者 100 人以上重伤（包括急性工业中毒，下同），或者 1 亿元以上直接经济损失的事故。

重大事故：是指造成 10 人以上 30 人以下死亡，或者 50 人以上 100 人以下重伤，或者 5000 万元以上 1 亿元以下直接经济损失的事故。

较大事故：是指造成 3 人以上 10 人以下死亡，或者 10 人以上 50 人以下重伤，或者1000 万元以上 5000 万元以下直接经济损失的事故。

一般事故：是指造成 3 人以下死亡，或者 10 人以下重伤，或者 1000 万元以下直接经济损失的事故。

2. 职业健康安全事故的处理

(1) 职业健康安全事故的处理原则：根据国家法律法规的要求，在进行生产安全事故报告与调查处理过程中，要坚持实事求是、尊重科学的原则，既要及时、准确查明事故原因，明确事故责任，使责任人受到相应的处罚；又要总结经验教训、落实整改和防范措施，防止类似事故再次发生。因此，对生产安全事故必须坚持"四不放过"的原则。即"事故原因不清楚不放过；事故责任者和员工没有受到教育不放过；事故责任者没有处理不放过；没有指定防范措施不放过"的原则。

(2) 职业健康安全事故的处理程序。

1) 迅速抢救伤员并保护好事故现场。事故发生后现场人员不要惊慌失措，要有组织、听指挥，首先抢救伤员和排除险情，制止事故蔓延扩大。同时，为了事故调查分析需要，应该保护好事故现场，采取一切可能的措施防止人为或自然因素的破坏。

2) 组织调查组。在接到事故报告后的单位领导，应立即赶赴现场组织抢救，并迅速组织调查组开展调查。事故根据严重程度组成相应的调查组来进行调查，如伤亡事故由企业主管部门会同企业所在地区的行政安全部门、公安部门、工会组成事故调查组进行调查，与发生事故有直接利害关系的人员不得参加调查组。

3) 现场勘查。在事故发生后，调查组应速到现场进行勘查。现场勘查是技术性很强的工作，涉及广泛的科技知识和实践经验，对事故的现场勘察必须及时、全面、准确、客观。现场勘察的主要内容有现场笔录、现场拍照、现场绘图。

4) 分析事故原因。通过全面的调查来查明事故经过，弄清造成事故的原因包括人、物、生产管理和技术管理等方面的问题，经过认真、客观、全面、细致、准确的分析，确定事故的性质，以及事故中的直接责任者和间接责任者，再根据其在事故发生过程中的作用确定主要责任者。

5) 制订预防措施。根据对事故原因分析，制订防止类似事故再次发生的预防措施；同时，根据事故后果和事故责任者应负的责任提出处理意见。对于重大未遂事故不可掉以轻心，也应严肃认真按上述要求查找原因，分清责任严肃处理。

6) 写出调查报告。调查组应着重把事故发生的经过、原因、责任分析、处理意见以及本次事故的教训和改进工作的建议等写成报告，经调查组全体人员签字后报批，如调查组内部意见有分歧，应在弄清事实的基础上，对照法律法规进行研究、统一认识。对个别同志仍持不同意见的应保留，并在签字时写明自己的意见。

【例 7 - 2】　央视大楼火灾事故分析。

1. 事件简要经过

2009 年 2 月 9 日晚 20 时 27 分，北京市朝阳区东三环中央电视台新址园区在建的附属文化中心大楼工地发生火灾，熊熊大火在三个半小时之后得到有效控制，在救援过程中造成 1 名消防队员牺牲，6 名消防队员和 2 名施工人员受伤。建筑物过火、过烟面积 21 333m²，其中过火面积 8490m²，楼内十几层的中庭已经坍塌，位于楼内南侧演播大厅的数字机房被烧毁。造成直接经济损失 16 383 万元。

2. 事故原因分析

9 日是中国农历正月十五，是传统节日元宵节，人们有闹花灯、放焰火的习俗。根据北京市政府定，这一天也是今年春节期间五环区域内可以燃放烟花爆竹的最后一天。此前，北京已连续 106 天没有有效降水，空气干燥。但北京气象专家 9 日晚说，目前央视新址大楼所在区域的地面风速为每秒 0.9m，属于微风，基本上不会形成风助火势的严重状况。由于风力的影响，大大减小了本次事故的损失。

本次火灾事故的发生主要有以下几方面的原因：

(1) 建设单位：违反烟花爆竹安全管理相关规定，组织大型礼花焰火燃放活动；

(2) 有关施工单位：大量使用不合格保温板，配合建设单位违法燃放烟花爆竹；

(3) 监理单位：对违法燃放烟花爆竹和违规采购、使用不合格保温板的问题监理不力；

(4) 有关政府职能部门：对非法销售、运输、储存和燃放烟花爆竹，以及工程中使用不合格保温板问题监管不力。

7.4　工程项目文明施工及环境保护

文明施工是建筑业的"窗口"，是与城市文明建设息息相关的，它是指保持施工现场整洁、卫生、施工组织科学，施工程序合理的一种施工活动。文明施工搞得好坏，是施工管理素质高低和管理水平高低的体现。只有搞好文明施工，才能充分发挥企业施工管理水平和企业职工的群体意识，创造良好的施工环境，确立企业的社会信誉。

7.4.1　工程项目文明施工的意义

(1) 文明施工能促进企业综合管理水平的提高。保持良好的作业环境和秩序，对促进安全生产、加快施工进度、保证工程质量、降低工程成本、提高经济和社会效益有较大作用。文明施工涉及人、财、物各个方面，贯穿于施工全过程之中，体现了企业在工程项目施工现场的综合管理水平。

(2) 文明施工是适应现代化施工的客观要求。现代化施工更需要采用先进的技术、工艺、材料、设备和科学的施工方案，需要严密组织、严格要求、标准化管理和较好的职工素质等。文明施工能适应现代化施工的要求，是实现优质、高效、低耗、安全、清洁、卫生的有效手段。

(3) 文明施工代表企业的形象。良好的施工环境与施工秩序，可以得到社会的支持和信赖，提高企业的知名度和市场竞争力。

(4) 文明施工有利于员工的身心健康，有利于培养和提高施工队伍的整体素质。文明施工可以提高职工队伍的文化、技术和思想素质，培养尊重科学、遵守纪律、团结协作的大生产意识，促进企业精神文明建设。从而还可以促进施工队伍整体素质的提高。

7.4.2　工程项目文明施工的基本要求

建筑施工工期长，现场材料、设备品种和数量较多，多工种和设备在固定有限的施工现场交替反复进行，建筑施工现场就容易对周围环境带来影响，如大气污染（漂尘、噪声干扰）、安全隐患等；同时也容易对施工现场内正常的生产和生活造成影响，如各施工活动相互干扰。施工材料、设备临时堆放混乱，现场职工休息受到严重干扰等。

通过加强场容管理，不仅能创造安全、整洁、文明、卫生的施工现场环境。而且能保证现场施工合理、有序地进行，提高劳动生产率，降低工程成本，提高经济效益。场容管理不仅是国家政策、法规的强制性活动，也是建筑企业提高项目现场管理水平的自觉性活动。施工现场是建筑企业综合素质的集中体现，是建筑企业的市场形象。在建筑市场竞争日趋激烈的情况下。安全、文明、高效的现场管理已成为建筑企业提高竞争能力的有力保证。

（1）施工现场必须设置明显的标牌，标明工程项目名称、建设单位、设计单位、施工单位、项目经理和施工现场总代表人的姓名、开、竣工日期、施工许可证批准文号等。施工单位负责施工现场标牌的保护工作。

（2）施工现场的管理人员在施工现场应当佩戴证明其身份的证卡。

（3）应当按照施工总平面布置图设置各项临时设施。现场堆放的大宗材料、成品、半成品和机具设备不得侵占场内道路及安全防护等设施。

（4）施工现场的用电线路、用电设施的安装和使用必须符合安装规范和安全操作规程，并按照施工组织设计进行架设，严禁任意拉线接电。施工现场必须设有保证施工安全要求的夜间照明；危险潮湿场所的照明以及手持照明灯具，必须采用符合安全要求的电压。

（5）施工机械应当按照施工总平面布置图规定的位置和线路设置，不得任意侵占场内道路。施工机械进场须经过安全检查，经检查合格的方能使用。施工机械操作人员必须建立机组责任制，并依照有关规定持证上岗，禁止无证人员操作。

（6）应保证施工现场道路畅通，排水系统处于良好的使用状态；保持场容场貌的整洁，随时清理建筑垃圾。在车辆、行人通行的地方施工，应当设置施工标志，并对沟井坎穴进行覆盖。

（7）施工现场的各种安全设施和劳动保护器具，必须定期进行检查和维护，及时消除隐患，保证其安全有效。

（8）施工现场应当设置各类必要的职工生活设施，并符合卫生、通风、照明等要求。职工的膳食、饮水供应等应当符合卫生要求。

（9）应当做好施工现场安全保卫工作，采取必要的防盗措施，在现场周边设立围护设施。

（10）应当严格依照《中华人民共和国消防条例》的规定，在施工现场建立和执行防火管理制度，设置符合消防要求的消防设施，并保持完好的备用状态。在容易发生火灾的地区施工或者储存、使用易燃易爆器材时，应当采取特殊的消防安全措施。

（11）施工现场发生工程建设重大事故的处理，依照《工程建设重大事故报告和调查程序规定》执行。

7.4.3　施工现场环境保护

建设工程是人类社会发展过程中一项规模浩大、旷日持久的生产活动，其不仅改变了自然环境，还不可避免地对环境造成污染和损害。因此，在建设工程生产过程中，要竭尽全力控制工程对资源环境污染和损害程度，采用组织、技术、经济和法律等综合手段，对不可避免的环境污染和资源损害给予治理，保护环境，造福人类，促进社会的可持续发展。

建设工程造成的环境污染主要体现在大气、水、噪声以及固体废弃物。

1. 大气污染的防治

大气污染物的种类很多，其通常以气体状态和粒子状态存在于空气中。气体状态污染物具有运动速度较大，扩散较快，在周围大气中分布比较均匀的特点。粒子状态污染物又称固体颗粒污染物，是分散在大气中的微小液滴和固体颗粒，粒径在 $0.01\sim100\mu m$ 之间，是一个复杂的非均匀体。

施工现场空气污染的防治措施：

（1）施工现场垃圾渣土要及时清理出现场。

（2）高大建筑物清理施工垃圾时，要使用封闭式的容器或者采取其他措施处理高空废弃物，严禁凌空随意抛撒。

（3）施工现场道路应指定专人定期洒水清扫，形成制度，防止道路扬尘。

（4）对于细颗粒散体材料（如水泥、粉煤灰、白灰等）的运输、储存要注意遮盖、密封，防止和减少飞扬。

（5）车辆开出工地要做到不带泥沙，基本做到不洒土、不扬尘，减少对周围环境污染。

（6）除设有符合规定的装置外，禁止在施工现场焚烧油毡、橡胶、塑料、皮革、树叶、枯草、各种包装物等废弃物品以及其他会产生有毒、有害烟尘和恶臭气体的物质。

（7）机动车都要安装减少尾气排放的装置，确保符合国家标准。

（8）工地茶炉应尽量采用电热水器，若只能使用烧煤茶炉和锅炉时，应选用消烟除尘型茶炉和锅炉，大灶应选用消烟节能回风炉灶，使烟尘降至允许排放范围为止。

（9）大城市市区的建设工程已不容许搅拌混凝土。在容许设置搅拌站的工地，应将搅拌站封闭严密，并在进料仓上方安装除尘装置，采用可靠措施控制工地粉尘污染。

（10）拆除旧建筑物时，应适当洒水，防止扬尘。

2. 水污染的防治

施工过程水污染的防治措施：

（1）禁止将有毒有害废弃物作土方回填。

（2）施工现场搅拌站废水，现制水磨石的污水，电石（碳化钙）的污水必须经沉淀池沉淀合格后再排放，最好将沉淀水用于工地洒水降尘或采取措施回收利用。

（3）现场存放油料，必须对库房地面进行防渗处理。如采用防渗混凝土地面、铺油毡等措施。使用时，要采取防止油料跑、冒、滴、漏的措施，以免污染水体。

（4）施工现场 100 人以上的临时食堂，污水排放时可设置简易有效的隔油池，定期清理，防止污染。

（5）工地临时厕所，化粪池应采取防渗漏措施。中心城市施工现场的临时厕所可采用水冲式厕所，并有防蝇、灭蛆措施，防止污染水体和环境。

（6）化学用品，外加剂等要妥善保管，库内存放，防止污染环境。

3. 施工现场的噪声控制

噪声控制技术可从声源、传播途径、接收者防护、严格控制人为噪声、控制强噪声作业的时间等方面来考虑。

（1）声源控制。从声源上降低噪声，这是防止噪声污染的最根本的措施。尽量采用低噪声设备和工艺代替高噪声设备与加工工艺，如低噪声振捣器、风机、电动空压机、电锯等。

在声源处安装消声器消声，即在通风机、鼓风机、压缩机、燃气机、内燃机及各类排气放空装置等进出风管的适当位置设置消声器。

（2）传播途径的控制。在传播途径上控制噪声方法主要有以下几种。

1）吸声：利用吸声材料（大多由多孔材料制成）或由吸声结构形成的共振结构（金属或木质薄板钻孔制成的空腔体）吸收声能，降低噪声。

2）隔声：应用隔声结构，阻碍噪声向空间传播，将接收者与噪声声源分隔。隔声结构包括隔声室、隔声罩、隔声屏障、隔声墙等。

3）消声：利用消声器阻止传播。允许气流通过的消声降噪是防治空气动力性噪声的主要装置。如对空气压缩机、内燃机产生的噪声等。

4）减振降噪：对来自振动引起的噪声，通过降低机械振动减小噪声，如将阻尼材料涂在振动源上，或改变振动源与其他刚性结构的连接方式等。

（3）接收者的防护。让处于噪声环境下的人员使用耳塞、耳罩等防护用品，减少相关人员在噪声环境中的暴露时间，以减轻噪声对人体的危害。

（4）严格控制人为噪声。进入施工现场不得高声喊叫、无故甩打模板、乱吹哨，限制高音喇叭的使用，最大限度地减少噪声扰民。

（5）控制强噪声作业的时间。凡在人口稠密区进行强噪声作业时，须严格控制作业时间，一般晚 10 点到次日早 6 点之间停止强噪声作业。确系特殊情况必须昼夜施工时，尽量采取降低噪声措施，并会同建设单位找当地居委会、村委会或当地居民协调，出安民告示，求得群众谅解。

4. 固体废物的处理

固体废物是生产、建设、日常生活和其他活动中产生的固态、半固态废弃物质。固体废物是一个极其复杂的废物体系，按照其化学组成可分为有机废物和无机废物；按照其对环境和人类健康的危害程度可以分为一般废物和危险废物。

固体废物对环境的危害是全方位的。主要表现在侵占土地，污染土壤，污染水体，污染大气，影响环境卫生。

施工工地常见的固体废物有建筑渣土，废弃的散装建筑材料，生活垃圾，设备、材料等的废弃包装材料，粪便等。施工工地固体废物的主要处理方法有：

（1）回收利用：回收利用是对固体废物进行资源化，减量化的重要手段之一。对建筑渣土可视其情况加以利用。废钢可按需要用做金属原材料。对废电池等废弃物应分散回收，集中处理。

（2）减量化处理：减量化是对已经产生的固体废物进行分选、破碎、压实浓缩、脱水等减少其最终处置量，降低处理成本，减少对环境的污染。在减量化处理的过程中，也包括和其他处理技术相关的工艺方法，如焚烧、热解、堆肥等。

（3）焚烧技术：焚烧用于不适合再利用且不宜直接予以填埋处置的废物，尤其是对于受到病菌、病毒污染的物品，可以用焚烧进行无害化处理。焚烧处理应使用符合环境要求的处理装置，注意避免对大气的二次污染。

（4）稳定和固化技术：利用水泥、沥青等胶结材料，将松散的废物包裹起来，减小废物的毒性和可迁移性，使得污染减少。

（5）填埋：填埋是固体废物处理的最终技术，经过无害化、减量化处理的废物残渣集中到填埋场进行处置。填埋场应利用天然或人工屏障。尽量使需处置的废物与周围的生态环境隔离，并注意废物的稳定性和长期安全性。

【综合案例】

某项目职业健康安全与环境管理措施（方案）的编制

1. 工程概况

本工程建筑面积为 16 780m^2，为钢筋混凝土框剪结构，属一类建筑物，地下一层，地上十七层，地下室及一层层高 5.4m，其余各层 4.5m，建筑总高度为 83.9m；框架抗震等级为二级，抗震设防烈度 6 度，按乙类设防。基础采用大直径人工挖孔灌注桩上做筏板式的复合基础，桩砼强度等级 C25，筏板 C35。框架填充墙采用砌块及普通黏土砖，室内装修根据房间使用功能不同分别采用防水砂浆、乳胶漆墙面及贴瓷砖等。地下室防水采用结构自防水结合外墙外防水方式，屋面为 SBC120 卷材防水。

本工程合同工期 518 天，中标价为××万元，质量评定达到优良工程。

2. 安全管理

（1）安全生产责任制。

1）公司、项目、班组建立安全生产责任制，项目负责人、工长、班组长等生产指挥系统及生产、技术、机械、器材、后勤等有关部门均应按照其职责分工，确定安全生产责任。

2）由项目工会负责对各级、各部门安全生产责任制按照公司规定的检查和考核办法进行检查，并定期进行考核，保留考核结果及兑现情况记录。

3）工程承包合同中应有明确的安全生产工作的具体指标和要求。对由业主指定的分承包方（水电部分），在签订分包合同的同时必须签订安全生产合同，合同前要检查分包单位的营业执照、企业资质、安全资格证等。在安全合同中明确总分包单位各自的安全职责，分包单位向总包单位负责，服从总包单位对施工现场的安全管理。分包单位在其分包范围内建立施工现场安全生产管理制度，并组织实施。

（2）目标管理。

1）伤亡事故控制目标：杜绝重伤死亡之事故，轻伤事故频率控制在 1.5‰以下。

2）安全达标目标：优良。

3）文明施工目标：创××市文明施工样板工地。

对制订的安全管理目标，根据安全责任目标的要求，按照专业管理将目标分解到人，并建立奖罚制度，对分解的责任目标及执行人的执行情况与经济挂钩，每月进行考核并记录。

（3）分部、分项工程技术交底。

1）现场施工应严格执行三级技术交底制度，正式作业前必须进行交底，通过口头讲解，使交底内容更具操作性，并附有文字资料，履行签字手续。

2）安全技术交底内容：一是在施工组织设计及方案基础上，对方案进行细化和补充；二是明确操作者的安全注意事项，保证操作者的人身安全。

3）安全技术交底要严肃认真执行，不能流于形式。

（4）安全检查。

1）公司每季度组织一次，项目每周组织一次定期的安全检查检查要做到"三落实"，落实时间、落实人、落实措施。

2）各级安全检查，主管领导务必组织参加。对发现问题，查出的隐患要及时解决。

3）开展经常性的安全检查活动；各级行政领导、安全部门、专职人员要经常深入现场查找事故隐患，查出的隐患要及时解决。

（5）安全教育。

1）新入厂职工必须经公司、项目、班组进行三级安全教育。

2）企业安全人员每年培训学时不少于 40 学时，施工管理人员每年进行安全培训，考核合格后持证上岗。

（6）特种作业持证上岗。

架子工、起重工、电工、焊工、机械工、塔吊司机等特种作业工种，应按照规定参加上级有关部门进行的培训并经考核合格持证上岗，特种作业人员由专人管理并进行登记造册，记录合格证号码。

（7）工伤事故处理。

现场发生事故均应进行登记，并按照国家有关规定进行逐级上报，建立工伤事故档案，没有发生伤亡事故时，也应如实填写《建设系统伤亡事故月报表》，按照月向上级主管部门上报。

3. 现场安全文明施工的具体措施

（1）脚手架工程。

1）本工程结构脚手架采用满堂红碗扣式脚手架，防护架借助于整体电动提升爬架体系，架体高 16.8m。脚手架外则设置双层密目安全网。

2）脚手架搭设的基本要求：横平竖直，整齐清晰，图形一致，结构牢固，有安全操作空间，不变形，不摇晃。立杆接头交错布置，将其对接接头错开，位于不同高度上，使立柱受荷载的薄弱截面错开。在脚手架的转角，端头及沿纵向每隔 12m 处设十字撑。从底到顶连续布置。斜撑采用单钢管，钢管与地面呈 45°～60°。

3）立柱接杆、扶手接长应用对接扣件，不宜采用旋转扣件。大、小横杆与立柱连接，扶手与立柱连接采用直角扣件。剪刀撑和斜撑与立杆和大横杆的连接应采用旋转扣件。剪刀撑的纵向接长应采用旋转扣件，不宜采用对接扣件，所有扣件开口必须向外，防止闭口缝的螺栓钩挂操作者的衣裤，影响操作和造成事故。

4）在搭设脚手架时，每完成一步都要及时校正立柱的垂直度和大、小横杆的水平度，使脚手架的步距、横距、纵距上下始终保持一致。其搭设进度一般应高于施工面一步，使在操作面上的施工人员有可靠的安全围护。

5）建筑物出入口处设置安全隔离防护，在出入口处的外侧设双层防护棚以保护人员出入安全。

（2）高处作业。

1）从事高处（空）作业人员，要定期做体检，凡有高血压、心脏病、贫血病、精神病等不适应于高处作业的人员，禁止攀高作业。

2）防护用品穿戴整齐，裤脚要扎住，戴好安全帽，不穿光滑的硬底鞋，要有足够强度的安全带，并将绳子牢系在坚固的建筑结构上或金属结构架上。

3）高处作业所用的工具、零件、材料等必须装入袋内，上下时受重不得疏忽，不得在高处往下投扔材料或工具等，不得将易滚滑的工具、材料堆在脚手架上，不准打闹，工作完毕，应及时清理工具、零星材料等。

4）如有靠近电源线路作业时，应先联系停电，确认停电后方可工作，并设置绝缘挡板，作业者最少离开电线 2m 以外。

5）登高前必须办理登高作业许可证，施工负责人对全体人员进行现场安全教育（特殊高空作业）。

6）严禁坐在高处无遮栏处休息、睡觉，防止坠落。

（3）基坑支护。

本工程按照地质资料显示，土质较好且无地下水，因而按照《施工组织设计》中的基础施工措施执行；基坑周边按照临边防护的相关要求实施；对地表渗水及雨水设明沟排水；基坑施工作业人员上下设置专用通道以确保安全。

（4）模板工程。

1）模板配制应保证工程结构和构件各部分形状尺寸和相互位置准确；具有足够的承载能力、刚度和稳定性，能可靠地承受新浇筑混凝土的自重和侧压力，以及在施工过程中所产生的荷载。构造简单、装拆方便，并便于钢筋的绑扎、安装和混凝土的浇筑、养护等要求。施工中梁、板、柱主要采用竹胶大模板，以其他模板为辅。

2）非承重模板墙、柱、梁侧模拆除时，结构混凝土强度不低于 1.2MPa。

3）承重模板（梁板底模）的拆除时间见表 7-4。

4）拆除顺序：先支后拆，后支先拆，先拆非承重模板，后拆承重模板。

5）拆除跨度较大的梁底模时，从跨中开始分别拆向两端。

6）拆模时不要用力过猛，拆下的木模要及时运走清理干净，按规格分类堆放整齐。

（5）"三宝"、"四口"安全保护措施。

1）安全帽。进入施工现场必须按照规定戴好安全帽，每顶安全帽必须有检验部门批量验证和工厂检验合格证。

2）安全网。为了防止落物和减少污染，采用密目安全网对建筑物进行封闭。每张安全网出厂前，必须有国家指定的监督检验部门批量验证和工厂检验合格证。

3）安全带。工地内从事独立悬空作业的人员，必须按照规定佩戴安全带，安全带应符合相应质量标准。

4）预留洞口。边长或直径在 20～25cm 的洞口，可利用混凝土板内钢筋或固定盖板防护；60～150cm 的洞口，可用混凝土板内钢筋贯穿洞径，网格一般不得大于 20cm；150cm 以上的洞口，四周应设护栏，洞口下张安全网，按栏高 1m 设两道水平杆；预制构件的洞口（包括缺件临时形成的洞口），参照上述规定防护或架设脚手板、满铺竹笆，固定防护。

5）楼梯口。分层施工楼梯口应装临时防护；梯段边设临时防护栏杆（用钢管）；顶层楼梯口应随施工安装正式栏杆或临时防护栏杆；临边防护经有关部门验收后，方可使用。

（6）施工用电。

1）编制临时用电施工组织设计，制订安全用电技术措施及电气防火措施。

2）外电线路的安全距离，必须符合 JGJ 46—1999《施工现场临时用电安全技术规范》的具体规定。

3）接地与接零保护系统采用 TN-S 系统。保护零线与工作零线不能混接。

4）配电箱开关箱符合"三级配电两极保护"的要求，做到"一机、一闸、一漏、一箱"的要求，电箱要有门、有锁、有防雨措施。

5）照明专用电路要有漏电保护，室内线路及灯具安装高度不得低于 2.4m，潮湿作业作用 36V 以下安全电压。

6）配电线路的电线不得老化、破皮。使用五芯线或电缆。

7）不能用其他金属丝代替熔丝。

8）用电档案内容齐全由专人管理，电工巡视维修记录填写真实。

（7）塔吊。

1）塔式起重机的指挥人员必须经过培训取得合格证后，方可担任指挥。作业时应与操作人员密切配合。操作人员应严格执行指挥人员的信号，如信号不清或错误时，操作人拒绝执行。如果由于指挥失误而造成事故，应由指挥人员负责。

2）塔式起重机作业时，重物下方不得有人停留或通过。严禁用吊篮载运人员。

3）起重机械必须按规定的起重性能作业，不得超载荷和起吊不明重量的物件。在特殊情况下需超载荷使用时，必须有保证安全的技术措施，经企业技术负责人批准，有专人在现场监护下，方可起吊。

4）起吊重物时绑扎应平稳、牢固，不准斜拉斜吊物品，不准抽吊交错挤压物品，不准起吊埋在土里或冻粘在地上的物品，不得在重物上堆放或悬挂零星物件。

5）司机必须认真做好起重机的使用、维修、保养和交接班的记录工作，定期对机械进行维修保养，做好设备"十字"作业（清洁、润滑、调整、紧固、防腐）。

（8）防火安全。

1）工地建立防火责任制，职责明确。按规定设专职防火干部和专职消防员，建立防火档案并正确填写。

2）按规定建立义务消防队，有专人负责，订出教育训练计划和管理办法。

3）重点部位（危险仓库、油漆间、木库、木工间等）必须建立有关规定，有专人管理，落实责任。按要求设置警告标志，配置相应的消防器材。

4）建立动用明火审批制，按规定划分级别，明确审批手续，并有监护措施。

5）一般建筑各楼层、非重点仓库及宿舍，明确用火审批手续，并有监护措施。

6）焊割作业应严格执行"十不烧"及压力容器使用规定。

7）危险品押运人员、仓库管理人员和特殊工种必须经培训和审证，做到持有效证件上岗。

4. 确保文明施工的环境管理措施

（1）场内规划。

1）场内道路采用 C10 以上混凝土浇筑，厚度不少于 10cm，其宽度不少于 3.0m，办公室前面栽种花草，办公室外面设置××市"文明公约和十不准"规定牌等。

2）施工现场道路平整，不得用模板，木板垫路。搅拌机、砂浆机周围以内放置硬地坪，搅拌机、砂浆机、重型运输处设置 C15 混凝土地面，其厚度不少于 10cm，宽度 2.5m 以上。

3）道路的两边设置防护栏杆，高度 1.2～1.5m，采用警示色标（红白相隔）。

4）施工现场人员在施工现场必须佩证上岗（工人的上岗证，管理人员胸卡）。

5）施工现场按平面布置，西侧设置两幢不少于 40m² 二层活动房作为办公室，办公室墙壁上应悬挂安全责任牌，安全保证体系图，劳资纠纷处理程序图，安全消防文明施工领导小组成员牌，项目组织机构图，质量保证体系图，企业质量方针及目标牌，企业精神牌，防台防汛领导小组成员牌。办公室内保持清洁整齐，办公用品整齐堆放。

6）办公室的活动房采用白色涂料刷白，办公室周围设置花坛。门窗框边刷 15～20cm 蓝色边。墙应刷蓝底蓝头 250～400cm。

7）施工现场悬挂警示牌、大幅宣传标语及宣传画。

8）操作面及楼层的落地灰，砖渣废料必须做到工完场清，物尽其用。应有防尘防漏措施，建筑垃圾集中堆放，及时清运。

（2）场具、料具管理。

1）各种材料、成品、半成品、机械设置的堆放位置的应与施工平面图相符。

2）现场的砂、砾石、碎石应分类堆放，砌 240cm×600cm 围墙隔断堆放，管材、竹竿、树杆、架板、模板、石料、硅、散材等分类堆放，并挂设标识牌。

3）水泥库挂设（长×宽为 300mm×200mm）产品标识牌，内容包括名称、品种、规格、数量、产地、使用性能、出厂日期、材质合格证号、检验状态。水泥按不同种类和厚度等级分别堆放整齐，每堆放高不能超过 15 包。有防潮、防雨水处理措施，水泥纸袋及时打捆归库。

4）钢材按规格分类整齐，并挂设产品识牌（标识牌内容同上），加工的半成品应分门别类搁置在物架上。

5）现场材料库应设货架，分类摆好，挂设标签，库内整洁，行走道畅通。

6）施工机械进场安装好后，小型机具项目验收后，垂直运输设备，塔吊由公司安全科组织有关部门验收，并留记录，验收合格后方可使用。

7）搅拌机、砂浆机、钢筋机械操作场、通道口、井架（龙门架）操作点，进料口及其他按规范要求规定应搭设防护棚，每天使用后的机具应洗干净，做好日常保养，闲置设备立即保养退回基地。

（3）环境卫生。

1）遵守国家，省市有关环境保护法律、条例、细则规定。在施工过程中采取有效的措施。控制施工现场的各种粉尘、废气、废水、固体废弃物以及噪声，振动对环境的污染和危害。

2）各楼层、操作层的建筑垃圾必须及时清运到指定地点。严禁从高处向下抛撒建筑垃圾；严禁将有毒、有害废弃物回填。

3）施工现场男女厕浴尺寸为 18 000mm×6500mm，地面采用防滑地板砖铺设。男厕浴设置 12 个蹲位，女厕浴设置 4 个蹲位，其余的部分刷白。室外配置 4 个洗衣池。

4）厕所卫生应设专人负责，定期进行冲刷清理、消毒，防止蚊鼠滋生。

5）项目部设置职工食堂、工人食堂；食堂内周边采用白色面砖贴的高度 1.5m，地面用防滑地板砖铺设。餐厅地面用水泥砂浆找平，厅内其余的部位采用白色添料刷白。

6）食堂内设置冰箱、消毒柜、灭蚊器等设备，安装纱门和纱窗及通风，排气，排污水设施。

7）炊事用具应清洁卫生、食品储藏柜和菜饭应生、熟分开并有标记。

8）炊事人员应持证（健康证）上岗，穿戴好工作服、帽子，做到"三白"（白衣、白帽、白口罩），并保持清洁整齐，做到文明操作，不赤臂、不光脚，禁止随地吐痰，炊事人员必须做好个人卫生，要坚持四勤（勤理发、勤洗澡、勤换衣、勤剪指甲），炊事员和食堂管理人员应每年进行一次健康检查。

9）职工食堂尺寸为 $7m×17.2m$，工人食堂餐厅为 $34.2m×12.59m$，配置了简易的桌凳，同时设有专用保温水桶，水桶加盖加锁并有标识。配置了垃圾桶（或垃圾篓子），严禁乱丢废物和剩饭菜。

10）食堂周围的场地平整、清洁、排污水畅通，定期灭蚊、灭鼠、灭菌，专人管理达到有关卫生规定。

11）宿舍内通风良好、电源线、电灯、插头均符合安全有关标准，每间宿舍照明控制在每 8 人用 1 个 36V 的灯泡。

12）宿舍内日常用品要放置指定的地方整齐有序，衣物被褥折叠整齐，鞋类摆好，室外设置了晾衣区，不得在室内晾衣物。

思考与练习

一、单选题

1. 我国的安全生产方针是（　　　）。

A. 节约成本　　　　　　　　　　　　　B. 安全第一，预防为主

C. 保证工程质量　　　　　　　　　　　D. 减少事故发生

2. 一次事故中死亡 3 人以上（含 3 人）的事故称为（　　　）。

A. 重大伤亡事故　　　　　　　　　　　B. 特大伤亡事故

C. 死亡事故　　　　　　　　　　　　　D. 重大事故

3. 防止噪声污染的最根本措施是（　　　）。

A. 从声源上降低噪声　　　　　　　　　B. 采用隔声装置

C. 采用声学处理方法　　　　　　　　　D. 对接收者进行防护

4. 伤亡事故按事故的严重程度可分为（　　　）。

A. 轻伤、重伤、死亡、重大死亡、急性中毒

B. 电伤、挫伤、割伤、擦伤

C. 刺伤、撕脱伤、扭伤

D. 物体打击、火灾、机械伤害

E. 倒塌压埋伤、冲击伤

5. 施工安全技术交底就是在建设工程施工前，由（　　　）向施工班组和作业人员进行有关工程安全施工的详细说明，并由双方签字确认。

A. 项目部的技术人员　　　　　　　　　B. 单位工程技术负责人

C. 监理工程师　　　　　　　　　　　　D. 项目部的预算人员

6. 发生安全事故后，首先应该做的工作是立即（　　　）。

A. 进行事故调查　　　　　　　　　　　B. 对事故责任者进行处理

C. 编写事故调查报告并上报　　　　　　D. 抢救伤员，排除险情

二、多选题

1. 属于职业健康安全管理体系的构成内容的是（　　　）。

A. 事故隐患的控制　　　　　　　　　　B. 安全教育和培训

C. 环境方针　　　　　　　　　　　　D. 管理评审

2. 三级安全教育指对于新工人进行的（　　）的三级安全教育。

A. 项目　　　　　　　　　　　　　　B. 公司

C. 项目经理部　　　　　　　　　　　D. 施工班组

3. 符合安全技术交底的要求有（　　）。

A. 交底要具体、明确

B. 技术交底不可以采用口头形式

C. 技术交底可以用施工现场的安全检查制度代替

D. 新技术项目往往要作文字交底

4. 下列属于安全检查主要内容的选项有（　　）。

A. 查制度　　　　　　　　　　　　　B. 查安全技术

C. 查教育培训　　　　　　　　　　　D. 查有无违章现象

5. 四不放过原则是指（　　）。

A. 安全措施计划不编制不放过

B. 事故原因不清楚不放过

C. 事故责任者和员工没有受到教育不放过

D. 事故责任者没有处理不放过

E. 没有制订防范措施不放过

6. 下列关于现场文明施工的基本要求，正确的是（　　）。

A. 施工现场零散材料和垃圾，要及时清理

B. 在车辆、行人通行的地方施工，应当设置施工标志，并对沟、井、坎、穴进行覆盖

C. 施工现场的管理人员在施工现场应佩带证明其身份的证卡

D. 施工现场必须设置明显的标牌，业主单位负责现场标牌的保护工作

E. 应当做好施工现场安全工作，采取必要的防盗措施，在现场周边设立围护

三、简答题

1. 试述职业健康安全与环境管理的内容及特点。

2. 施工项目职业健康安全管理的措施有哪些？

3. 试述职业健康安全事故的处理程序。

4. 施工项目文明施工包括哪些内容？

参 考 答 案

一、单选题

1. B；2. A；3. A；4. A；5. B；6. D

二、多选题

1. AB；2. BCD；3. ABD；4. ABCD；5. BCDE；6. ABCE

三、简答题（略）

第8章 工程项目施工现场管理

【教学提示】

本章重点是工程项目施工现场管理的基本概念；施工平面图的设计内容、方法和步骤；施工平面图的管理。

【教学要求】

通过本章学习，要求了解工程项目施工现场管理的概念、意义、内容、要求、组织体系及施工现场管理的考核；掌握施工平面图的设计内容、方法和步骤及施工平面图的管理；了解临时用水量计算，理解临时给水系统设计，了解临时用电量计算。

8.1 工程项目施工现场管理概述

8.1.1 施工项目现场管理的概念、目标及要求

1. 施工项目现场管理的概念

施工项目现场是指从事工程施工活动经批准占用的场地。它既包括红线以内占用的建筑用地和施工用地，又包括红线以外现场附近，经批准占用的临时施工用地。

施工项目现场管理是指项目经理部按照施工现场管理规定和城市建设管理的有关法规，科学合理地安排使用施工现场，协调各专业管理和各项施工活动，控制污染，创造文明安全的施工环境和人流、物流、资金流、信息流畅通的施工秩序所进行的一系列管理工作。

2. 施工项目现场管理的目标

(1) 无因公死亡、重伤和重大机械设备事故；

(2) 无火灾事故；

(3) 无重大违法犯罪案件；

(4) 无严重污染扰民；

(5) 施工料具无浪费现象；

(6) 无食物中毒和传染疾病；

(7) 无重大质量事故；

(8) 各项管理达标 90 分以上。

3. 施工现场管理的任务和主要内容

施工现场管理的任务就是从签订施工合同之日起，以施工现象为对象，以工期、质量、成本等要求为目标，从事各项施工现场的组织管理工作，直到竣工验收为止。

施工现场管理的主要内容有：

(1) 完成开工前的各项业务及现场施工条件的准备工作；

(2) 完成对施工进度计划的控制、协调与调度工作；

（3）加强对施工现场平面的动态管理工作；

（4）施工任务书的签发，进行班组的施工管理工作；

（5）组织施工项目的竣工验收工作；

（6）组织文明施工。

8.1.2　施工现场管理的要求及考核

1．施工现场管理的要求

施工现场管理的基本要求首先是创造清洁整齐的施工环境，达到保证施工的顺利进行和防止事故发生的目的。目前有的施工周期较长的项目已在可能条件下对现场环境进行绿化，使建筑施工环境有了较大的改变。

其次，通过合理的规划施工用地，分阶段进行施工总平面设计。在满足施工的条件下，施工用地要紧凑布置，尽量不占或少占农田。当场内空间不充分时，应会同建设单位、规划部门和公安交通部门申请，经批准后才能获得并使用场外临时施工用地。施工总平面设计的目的就是对施工场地进行科学规划、合理利用空间，便于工程施工。

最后，现场管理还应当贯穿到施工结束后的清场。施工结束后应将地面上施工遗留的物资清理干净。现场不作清理的地下管道，除业主要求外应一律切断供应源头。凡业主要求保留的地下管道应绘成平面图，交付业主，并做交接记录。

2．施工现场管理的考核

现场管理的检查考核是进行管理控制的有效手段。除现场专职人员的日常专职检查外，现场的检查考核可以分级、分阶段、定期或不定期进行。例如，现场项目管理部门可每周进行一次检查并以例会的方式进行沟通；施工企业基层则可每月进行一次；施工单位的上级公司可每季进行一次；总公司或集团级领导可每半年进行一次。有必要时应组织针对专门问题的检查。

由于现场管理涉及面大、范围广，检查出的问题也常常不是一个部门所能解决的。因此，有的企业把现场管理和质量管理、安全管理等其他管理工作结合在一起进行综合检查，既可节约时间，又可成为一项综合的考评。

现场管理考核的目的是发现问题、总结经验。对现场检查发现的问题应出具整改通知单或不合格通知单。要求出现问题的部门或单位首先分析问题发生的原因，采取改正措施，并且由出具整改通知单或不合格通知单的部门进行复查，是否确已纠正。对于现场管理中的良好经验要及时总结推广。

8.2　工程项目施工平面图设计

工程项目施工平面图是施工组织设计的一项重要内容，实践证明，科学合理的施工平面图设计，对于提高施工生产效率，降低工程建设成本，保证工程质量和施工安全等方面起着十分关键的作用。因此，施工平面图设计的重要性和必要性早已受到工程施工管理人员的普遍关注。

根据项目施工对象和生产规模的不同，施工平面图可分为施工总平面图和单位工程施工平面图。

8.2.1　施工总平面图设计

施工总平面图是表示整个工程施工期间所需各项设施和永久性建筑（已建的和拟建的）

之间的空间关系，按施工部署、施工总进度计划的要求对施工用交通道路、材料仓库、附属生产企业、临时建筑、临时水电管线等做出合理规划。它对指导现场有组织有计划的文明施工具有重大意义。

建设项目的施工过程是一个变化的过程，工地的实际情况随时在变，所以施工总平面图（一般为1：1000～1：2000大比例尺）也应随之做必要的修改。

1. 施工总平面图的内容

（1）原有地形的等高线，测量基准点，作为安排运输、排水、工程定位等工作的依据。

（2）已有的和拟建的地上和地下的房屋、构筑物及其他设施的位置和尺寸。

（3）为施工服务的一切临时设施的布置，其中包括：

1）工地上各种运输业务用的建筑物和运输道路；

2）各种加工厂、半成品制备站及机械化装置等；

3）各种材料、半成品及零件的仓库和堆场；

4）行政管理、生活用的临时性建筑物；

5）临时给水、排水管线、供电线路等；

6）一切安全及防火措施的位置；

7）永久性及半永久性坐标位置。

2. 施工总平面图的设计方法与步骤

（1）运输线路的布置。施工所用的材料进入场地的方式主要靠铁路、公路和水路。当有铁路运输时，则需根据建筑总平面图中永久性铁路专用线的设计，布置主要运输干线，应注意铁路的转弯半径和竖向设计。当通过水路运输时，应考虑码头的吞吐能力，码头数量一般不少于两个，其宽度应大于2.5m。

公路运输规划应先抓干线的修建，布置道路时，应注意以下问题：

1）注意临时道路与地下管网的施工程序及其合理布置。永久性道路的路基应先修好，作为施工时的临时道路，以节约费用。应将临时道路尽量布置在无地下管网或扩建工程范围内。

2）注意保证运输畅通。进出工地应布置两个以上出入口，主要道路应采用双车道，宽度在6m以上，次要道路可采用单车道，宽度不小于3.5m。

3）注意施工机械行驶路线的设置。在道路干线路肩上设宽约4m的施工机械行驶的道路，以保证道路干线的路面不受破坏。大型土方工程机械运输应考虑另行安排专门行走路线。

（2）加工厂（站）的布置。一般建设工程设有预制件、木材、金属结构制作等加工厂。布置这些加工厂时，主要考虑原材料运至加工厂以及工厂加工的成品、半成品运往使用地点的总运输费用最小，还应使加工厂的生产和工程施工互不干扰。大多数情况下，把加工厂集中到一个地区，布置在工地的边缘。这样，既便于管理，又能降低铺设道路、动力管线及给排水管道的费用。

1）混凝土搅拌站和砂浆搅拌站。混凝土搅拌站可采用集中与分散相结合的方式。集中布置可提高混凝土生产率，保证混凝土质量，保证重点工程和大型建筑物的施工要求。但集中布置时，如果运距较远，须备有足够的翻斗汽车，而且同一时间供应几种强度等级的混凝土较难调度，所以最好采取集中与分散相结合的布置方式。

根据建设项目中各单位工程的分布情况，适当设计若干临时搅拌站，分散布置在各单位工程施工场地附近，使其与集中搅拌站有机配合，满足施工中的各项要求。砂浆搅拌站适宜分散布置，随拌随用。

2）钢筋加工厂。对需进行冷加工、对焊、点焊的钢筋骨架和大片钢筋网，通过设置中心加工厂集中加工，这样可以充分发挥加工机械的效能，满足全工地的需要，保证加工质量，降低加工成本。而小型加工件、利用简单机具成型的钢筋加工则可在分散的邻近钢筋加工棚内进行。

3）木材联合加工厂。锯材、标准模板等加工量较大时，设置集中的木材加工厂较好。对于一些非标准构件的加工及模板修理等工作，宜在工地上设置若干个临时加工棚。

(3) 临时房屋的设置。临时房屋布置时，应先充分利用已有的和拟建的永久性的房屋，生活区和生产区应区分开，行政管理用房应布置在施工工地进出口附近。

(4) 仓库的布置。材料若由铁路运入工地时，仓库可沿铁路线布置，但应有足够的卸货场地。

材料若由汽车运入场地时，仓库布置较灵活，此时应考虑尽量利用永久性仓库。仓库位置到各使用地点的距离要适中，以便使运输费用尽可能小。

一般仓库应邻近公路和施工地区布置。钢筋、木材仓库应布置在其加工厂附近。水泥库、砂石场则布置在搅拌站附近；油库、氧气站、危险品库宜布置在僻静、安全之处。

(5) 工地供水系统布置。工地上临时供水系统包括三方面：生产用水、生活用水及消防用水，布置时应尽量利用永久性给水系统。给水系统布置方式有明管和暗管两种，一般采用暗管。暗管布置应与场地平整统一规划。

邻近水池应设置在地势较高处，临时排水主干管道沿主要干道布置。布置方式通常为环形和树状两种。采用何种方式，主要依据单位工程使用点的情况及供水的需要而定。

过冬的临时管道，要加设防冻保温措施。

消防站一般布置在工地的出入口附近，沿道路设置消防栓，间距不大于 100m，消防栓距路边缘不应大于 2m。

(6) 工地供电系统的布置。关于工地电源，应尽量利用施工现场附近原有变电所。如在新辟地区施工，则应考虑临时供电设施架设。

如工地附近现有电源能满足要求，则仅需在建筑工地上设立变电所和变压器，将外来高压电降低为低压电。另外，由于受供电半径的限制，在大型工地上，往往需设置多个变电所。临时输电干线沿主要干道布置成环形线路。当施工现场有几种布置方案时，尚应进行方案比较，择优选用。

3. 施工总平面图的管理

为了加强施工现场管理，必须严格依据施工总平面图要求进行安排和管理，使场容整齐清洁，道路畅通，符合防火安全要求，防止污染，以便创造良好的劳动条件、工作环境和生活环境，从而提高劳动生产率，保证各项工程能均衡有节奏地进行，要制订施工总平面管理办法及检查制度，要经常定期检查评比，结合奖罚办法，保证贯彻执行。施工平面图的管理应注意以下问题：

(1) 经常检查施工总平面图规划执行情况，督促按照总平面图规定兴建临时设施、堆放大宗材料和设备，防止打乱布局，未经主管部门批准，不得任意增添和拆迁仓库及临时设施。

（2）保证道路和排水畅通，对排水沟和临时水道、供电线路，要经常维修。从全局出发，对临时停水、停电和临时断路，要提前申请，经调度室批准后才能进行。

（3）土石方的调运和填挖，应按总平面规划进行，保护全厂性的测量控制桩和水准点。

（4）统筹安排运输道路、地下管网和动力路线的施工顺序和进度。

（5）地下管网、电缆等设施的埋设情况尚未弄清楚时，不得盲目使用土方机械施工。

（6）严禁将施工用的废水就近排入城市管网沟内。

（7）大型施工机械应按规定路线行驶。

（8）当计划平衡被破坏，造成工期拖延或窝工现象等，使总平面图发生变化时，应迅速做出决策，并采取应变措施，进行补救。

（9）制止违反制度，不服从统一管理的现象，及时处理障碍物，对工地事故进行检查，提出改进意见。

（10）做好总平面写实记录，掌握现场动态，定期召开现场总平面管理会议，协调解决问题。

8.2.2　单位工程施工平面图设计

单位工程施工平面图是对一个建筑物或构筑物施工现场的平面规划和空间布置图。它是根据工程规模、特点和施工现场的条件，按照一定的设计原则，来正确地解决施工期间所需的各种临时工程和其他临时设施等，与永久性建筑物和拟建工程之间的合理位置关系。其主要作用表现在：单位工程施工平面图是进行施工现场布置的依据，是实现施工现场有组织、有计划进行文明施工的先决条件，因此也是施工组织设计的重要组成部分。贯彻和执行合理施工平面布置图，会使施工现场井然有序，施工顺利进行，保证进度，提高现场施工效率和经济效益。单位工程施工平面图的绘制比例一般为 1：500～1：1000。

8.2.2.1　单位工程施工平面图设计内容

（1）建筑物总平面图上已建和拟建的地上、地下所有房屋、构筑物及其他设施（道路和各种管线等）的位置和尺寸。

（2）测量放线标桩位置、地形等高线和土方取弃地点。

（3）自行式起重机开行路线，轨道式起重机轨道布置和固定式垂直运输设备位置。

（4）各种加工厂、搅拌站、材料、加工半成品、构件、机具的仓库或堆场。

（5）生产和生活性福利设施的布置。

（6）场内道路的布置和引入的铁路、公路和航道位置。

（7）临时给水管线、供电线路、蒸气及压缩空气管道等布置。

（8）安全及防火设施的位置。

8.2.2.2　单位工程施工平面图设计原则

（1）在保证施工顺利进行的前提下，现场布置尽量紧凑、节约用地。

（2）合理布置施工现场的运输道路及各种材料堆场、加工厂、仓库位置、各种机具的位置；尽量使运距最短，从而减少或避免二次搬运。

（3）力争减少临时设施的数量，降低临时设施的费用。

（4）临时设施的布置，尽量方便工人的生产和生活，使工人至施工区的距离最短，往返时间最短。

（5）符合环保、安全、消防和市容等要求。

（6）根据工程特点，按不同的施工阶段分别设计。

根据上述基本原则并结合施工现场的具体情况，施工平面图的位置可有几种不同的方案，需要进行技术经济比较，从中选出最经济、最安全、最合理的方案。方案比较的技术经济指标一般有：施工用地面积、施工场地利用率、场内运输道路总长度、各种临时管线总长度、临时房屋的面积、是否符合国家规定的技术和防火要求等。

8.2.2.3　单位工程施工平面图设计的步骤

单位工程施工平面图设计一般步骤为：确定起重机械的位置——确定搅拌站、加工棚、仓库、材料及构件堆场的尺寸和位置——布置运输道路——布置临时设施——布置水电管线——布置安全消防设施——调整优化。

1. 起重运输机械位置的确定

起重运输机械的位置直接影响仓库、搅拌站、各种材料和构件等位置及道路和水、电线路的位置等。因此，它的布置是施工现场全局的中心环节，必须首先确定。

（1）有轨式起重机（塔吊）的布置。塔吊的平面位置主要取决于建筑物的平面形状和四周场地条件，一般应在场地较宽的一面沿建筑物的长度方向布置，以充分发挥其效率。布置方式通常有沿建筑物单侧布置、双侧布置和跨内布置，如图 8-1 所示。

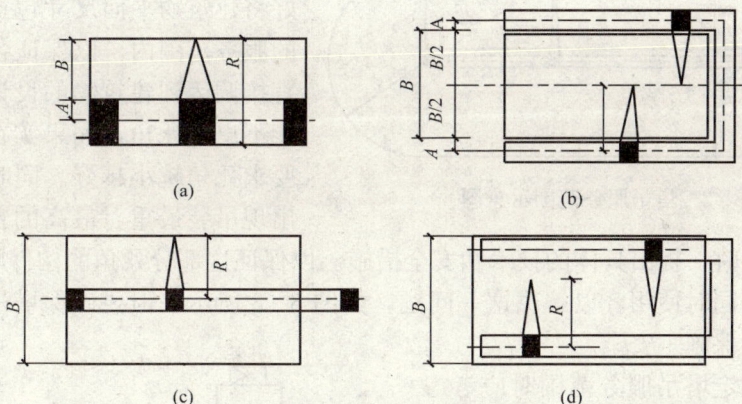

图 8-1　塔式起重机布置方案
(a) 单侧布置；(b) 双侧布置；(c) 跨内单行布置；(d) 跨内环形布置

1) 单侧布置。当建筑物宽度较小，构件重量不大，选择起重力矩在 $450kN \cdot m$ 以下的塔式起重机时，可采用单侧布置方式。其优点是轨道长度较短，并有较宽敞的场地堆放构件和材料。当采用单侧布置时，其起重半径 R 应满足式（8-1）要求，即

$$R \geqslant B + A \qquad (8-1)$$

式中　R——塔式起重机的最大回转半径，m；

　　　B——建筑平面的最大宽度，m；

　　　A——建筑外墙皮至塔轨中心线的距离，m。

一般当无阳台时，A＝安全网宽度＋安全网外侧至塔轨中心线距离；当有阳台时，A＝阳台宽度＋安全网宽度＋安全网外侧至轨道中心线距离。

2) 双侧布置或环形布置。当建筑物宽度较大，构件重量较重时，应采双侧布置或环形

布置，此时起重半径应满足式（8-2）要求

$$R \geqslant B/2 + A \qquad (8-2)$$

式中符号意义同前。

3）跨内单行布置。由于建筑物周围场地狭窄，不能在建筑物外侧布置轨道，或由于建筑物较宽，构件较重时，塔式起重机应采用跨内单行布置才能满足技术要求，此时最大起重半径应满足式（8-3）

$$R \geqslant B/2 \qquad (8-3)$$

式中符号意义同前。

4）跨内环形布置。当建筑物较宽构件较重，塔式起重机跨内单行布置不能满足构件吊装要求，且塔吊不可能在跨外布置时，则选择这种布置方案。塔式起重机的位置和尺寸确定之后，应当复核起重量、回转半径、起重高度等参数是否能满足建筑物吊装技术要求。若复核不能满足要求，则调整上述各公式中的距离，若 A 已是最小安全距离时，则必须采取其他技术措施，最后绘制出塔式起重机的服务范围。它是以塔轨两端有效端点的轨道中点为圆心，以最大回转半径为半径画出两个半圆，连接两个半圆，即为塔式起重机的服务范围，如图8-2所示。

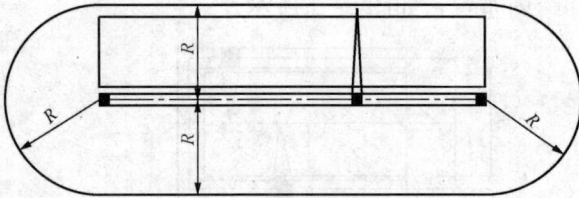

图8-2　塔吊服务范围示意图

在确定塔式起重机服务范围时，最好将建筑物平面尺寸包括在塔式起重机的服务范围内，以保证各种构件与材料直接调运到建筑物的设计部位上，尽可能不出现死角，如果实在无法避免，则要求死角越小越好。同时在死角上应不出现吊装最重、最高的预制构件，并且在确定吊装方案时，提出具体的技术和安全措施。以保证这部分死角的构件顺利安装，有时将塔吊和龙门架同时使用，以解决这一问题，如图8-3所示。但要确保塔吊回转时不能有碰撞的可能，确保施工安全。

此外，在确定塔吊服务范围时应考虑有较宽的施工用地，以便安排构件堆放，搅拌设备出料斗能直接挂钩后起吊，主要施工道路也宜安排在塔吊服务范围内。

（2）自行无轨式起重机械的布置。自行无轨式起重机械分履带式、轮胎式和汽车式三种起重机。它一般不作垂直提升运

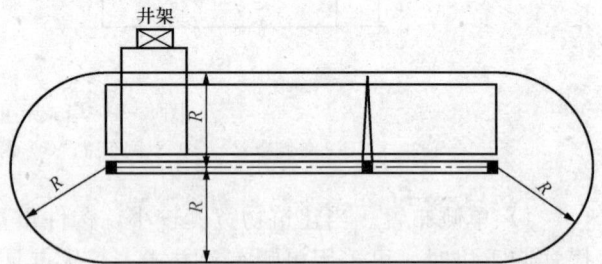

图8-3　塔吊、龙门架配合示意图

输和水平运输之用，专门用于构件卸装和起吊各种构件，适用于装配式单层工业厂房主体结构的吊装，亦可用于混合结构大梁等较重构件的吊装。其吊装的开行路线即停机位置，主要取决于建筑物的平面布置、构件重量、吊装高度和吊装方法等。

（3）固定式垂直运输机械的布置。固定式垂直运输机械（井架、龙门架）的布置，主要根据机械性能、建筑物的平面形状和尺寸、施工段划分的情况、材料来向和已有运输道路情况而定。布置的原则是：充分发挥起重机械的能力，并使地面和楼面的水平运距最小。布置时应考虑以下几个方面：

1）当建筑物各部位的高度相同时，应布置在施工段的分界线附近；

2）当建筑物各部位的高度不同时，应布置在高低分界线较高部位的一侧；

3）井架、龙门架的位置以布置在窗口为宜，以避免砌墙留槎和减少井架拆除后的修补工作；

4）井架、龙门架的数量要根据施工进度，垂直提升的构件和材料数量、台班工作效率等因素确定，其服务范围一般为 50～60m；

5）卷扬机的位置不能距离起重机太近，以便使司机能够看到整个升降过程。一般要求此距离大于建筑物的高度，水平距离距外脚手架 3m 以上；

6）井架应立在外脚手架之外并有一定的距离为宜，一般为 5～6m。

2. 确定搅拌站、仓库、加工棚、材料和构件堆场的位置

搅拌站、仓库、材料、构件和加工棚的位置应尽量靠近使用地点或起重机服务范围内，并考虑到运输机械和装卸料的方便。

（1）搅拌站的布置要求。

1）搅拌站应有后台上料的场地，尤其是混凝土搅拌机，要与砂石堆场、水泥库一起考虑布置，既要互相靠近，又要便于这些大宗材料的运输和装卸。

2）搅拌站应尽可能布置在垂直运输机械附近，以减少混凝土及砂浆的水平运距。当采用塔吊方案时，混凝土搅拌机的位置应使吊斗能从其出料口直接卸料并挂钩起吊。

3）搅拌机应设置在施工道路旁边，使小车、翻斗车运输方便。

4）搅拌站场地四周应设置排水沟，以便有利于清洗机械和排除污水，避免造成现场积水。

5）混凝土搅拌机每台需有 25m² 左右面积，冬季施工时，面积 50m² 左右，砂浆搅拌机每台 15m² 左右面积，冬季施工时 30m² 左右。

（2）加工棚的布置要求。

1）木材、钢筋、水电等加工棚宜设置在建筑物四周稍远处，并有相应的木材、钢筋、水电材料及其成品堆场。

2）石灰及淋灰池可根据情况布置在砂浆搅拌机附近。

3）沥青熬制锅的位置，应选择较空的场地，远离易燃品仓库和堆场，并布置在下风向，在施工平面图上明确定点。

（3）仓库及堆场的布置要求。

1）当采用固定式垂直运输机械时，首层、基础和地下室所有的砖、石等材料宜沿建筑物四周布置，并距坑、槽边不小于 0.5m，以免造成槽（坑）土壁的塌方事故，二层以上的材料、构件应布置在垂直运输机械的附近。当多种材料同时布置时，对大宗的、重量大的先期使用的材料，应尽可能靠近使用地点或起重机附近布置，而少量的、轻的和后期使用的材料，则可布置得远一点。

2）当采用自行有轨式起重机械时，材料和构件堆场位置，应布置在塔式起重机有效服务范围内。

3）当采用自行无轨式起重机械时，材料、构件堆场、仓库及搅拌站的位置，应沿着起重机开行路线布置，且其位置应在起重臂的最大外伸长度范围内。

4）搅拌站所用的材料：水泥、砂、石、水泥罐等都应布置在搅拌机后台附近。当混凝土基础的体积较大时，混凝土搅拌站可以直接布置在其坑边缘附近，待混凝土浇筑完后再转

移，以减少混凝土的运输距离。

3. 现场运输道路的布置

现场主要道路应尽可能利用永久性道路的路基，在土建工程结束之前再铺路面。现场道路布置时应保证行驶畅通，满足材料、构件等运输要求，使道路通到各个仓库及堆场的距离越近越好。应满足消防的要求，使道路靠近建筑物、木料场等易发生火灾的地方；为提高车辆的行驶速度和通行能力，最好围绕建筑物布置一条环形道路，路面宽度一般不小于 3.5m，主要道路宽度不小于 6m，道路两侧一般结合地形设排水沟，沟深不小于 0.4m，沟宽不小于 0.3m，施工现场最小道路宽度见表 8-1。

表 8-1　　　　　　　　　　　　　施工现场最小道路宽度　　　　　　　　　　　　　　m

序号	车辆类型及要求	道路宽度	序号	车辆类型及要求	道路宽度
1	汽车单行道	≥3.0	3	平板拖车单行道	≥4.0
2	汽车双行道	≥6.0	4	平板拖车双行道	≥8.0

4. 临时设施的布置

单位工程的临时设施分为生产性和生活性两类。生产性临时设施主要包括：木工棚、钢筋加工棚、料具仓库和水泵房等。非生产性临时设施，如办公室、工人休息室、开水房、食堂、厕所等。布置生活性临时设施时，应考虑使用方便、有利于施工、合并搭建、保证安全的原则。

（1）生产设施（木工棚、钢筋加工棚）的位置，宜布置在建筑物四周稍远位置，且应有一定的材料、成品的堆放场地；

（2）白灰仓库、大白粉堆放与设备的位置应设在下风向；

（3）防水卷材及胶结料的位置应离开易燃仓库或堆场，易布置在下风向；

（4）办公室应布置在靠近施工现场，设在工地入口处。工人休息室靠近工人作业区，宿舍应布置在安全的上风侧，收发室宜布置在入口处等。临时宿舍、文化福利、行政管理房屋面积参考表见表 8-2。

表 8-2　　　　　　　　　临时宿舍、文化福利、行政管理房屋面积　　　　　　　　m²/人

序号	行政生活福利建筑物名称	最少面积	序号	行政生活福利建筑物名称	最少面积
1	办公室	3.5	5	浴室	0.10
2	单层宿舍	2.6～2.8	6	俱乐部	0.10
3	食堂兼礼堂	0.9	7	门卫室	6～8
4	医务室	0.06（≥30m²）			

5. 水电管网的布置

（1）施工水网的布置。

1）施工用的临时给水管一般由建设单位的干管或自行布置的干管接到用水地点，布置时应力求管网总长度最短，管径的大小和水龙头的数目需视工程规模的大小通过计算确定。管道可置于地下，也可铺设在地面上，视当时的气温条件和使用期限的长短而定，其布置形式有环形、枝形、混合式三种。

2）供水管网应按防火要求布置室外消防栓，消防栓沿道路设置，据道路应不大于 2m，距建筑物外墙不应小于 6m，也不应大于 25m，消防栓的间距不应超过 120m，工地消防栓应设有明显的标志，且周围 3m 以内不准堆放建筑材料。

3）为了排出地下水和地面水，应及时修通永久性下水道，并结合现场地形在建筑物周围设置排泄地面水和地下水沟渠。

（2）施工供电的布置。

1）变压器应布置在现场边缘高压线接入处，离地应大于 3m，四周设有高度大于 1.7m 的铁丝网防护栏，并设有明显的标志。

2）为了维修方便，施工现场一般采用架空配电线路，且要求现场架空线与施工建筑物的水平距离不小于 10m，电线与地面距离不小于 6m，跨越建筑物或临时设施时，垂直距离不小于 2.5m。

3）现场线路应尽量架设在道路的一侧，尽量保持线路水平，以免电杆受力不均，在低压线路中，电杆间距应为 25～40m，分支线及引入线均应由电杆处接出，不得由两杆之间接线。

4）供电线路跨过材料、构件堆场时，应有足够的安全架空距离。

5）各种用电设备的闸刀开关应单机单闸，不允许一闸多机使用，闸刀开关的安装位置应便于操作。

6）配电箱等在室外时，应有防雨措施，严防漏电、短路及触电事故。

建筑施工是一个复杂多变的生产过程，各种施工机械、材料、构件等随着工程的进展而逐渐进场，又随着工程的进展而不断消耗、变动，因此在整个施工过程中，工地上的实际布置情况是随时变动的。图 8-4 为某单位工程施工平面图实例。

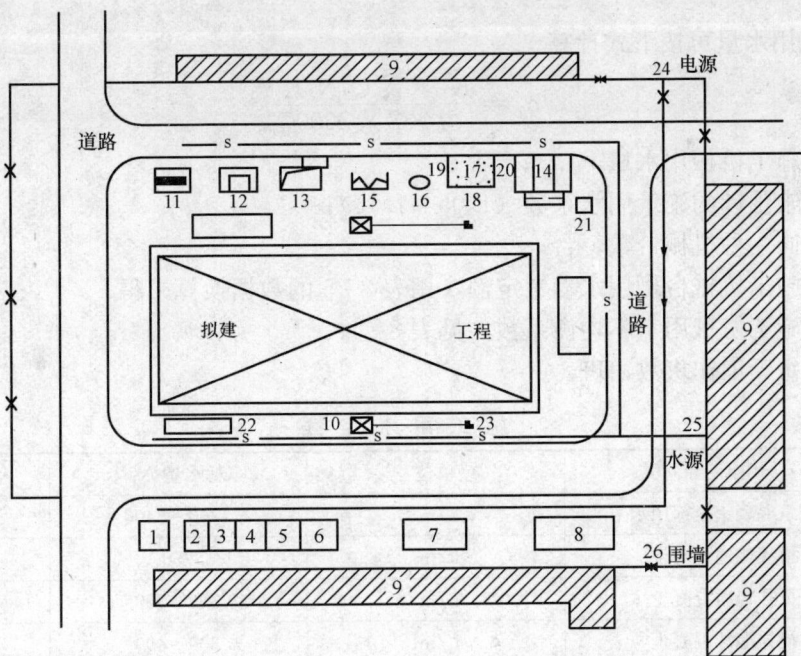

图 8-4　某单位工程施工平面图实例

1—门卫室；2—办公室；3—工具库；4—机修间；5—仓库；6—休息室；7—木工棚及堆场；8—钢筋棚及堆场；9—原有建筑；10—井架；11—脚手架、模板堆场；12—屋面板堆场；13—砂堆；14—淋灰池；15—砂浆搅拌机；16—混凝土搅拌机；17—石子堆场；18——般构件堆场；19—水泥罐；20—消防栓；21—沥青锅；22—砖堆场；23—卷扬机房；24—电源；25—水源；26—临时围墙

8.3　工程项目施工临时用水

在建筑施工中，临时供水设施是必不可少的。为了满足生产、生活及消防用水的需要，要选择布置适当的临时供水系统。工地临时供水设计包括确定用水量、水源选择、设计临时给水系统三部分。

8.3.1　用水量计算

1. 现场施工用水

现场施工用水量可按下式计算

$$q_1 = \frac{K_1 \times \sum Q_1 N_1 K_2}{t \times 8 \times 3600} \tag{8-4}$$

式中　K_1——未预见的施工用水系数，一般取 1.05～1.15；

　　　q_1——施工用水量，L/s；

　　　Q_1——最大年度（或季度、月度）工程量，m^3、m^2、t、…，可由总进度计划及主要工种工程量中求得；

　　　N_1——各项工种工程的施工用水定额，L/m^3、L/m^2、L/t、…，见表 8-3；

　　　K_2——每班用水不均衡系数，见表 8-4；

　　　t——与 Q_1 相应的工作延续时间（天数），按每天一班计。

2. 施工机械用水

施工机械用水量可按下式计算

$$q_2 = \frac{K_1 \times \sum Q_2 N_2 K_3}{t \times 8 \times 3600} \tag{8-5}$$

式中　q_2——施工机械用水量，L/s；

　　　K_1——未预计的施工用水系数（1.05～1.15）；

　　　Q_2——同一种机械台数，台；

　　　N_2——施工机械台班用水参考定额，用表 8-5 的数据换算求得；

　　　K_3——施工机械用水不均衡系数，见表 8-4；

　　　t——每天工作班数，班。

表 8-3　　　　　　　　　　　　　施 工 用 水 定 额

序号	用水对象	单位	耗水量 N_1	备注
1	浇筑混凝土全部用水	L/m^3	1700～2400	
2	搅拌普通混凝土	L/m^3	250	
3	搅拌轻质混凝土	L/m^3	300～350	
4	搅拌泡沫混凝土	L/m^3	300～400	
5	搅拌热混凝土	L/m^3	300～350	
6	混凝土养护（自然养护）	L/m^3	200～400	
7	混凝土养护（蒸汽养护）	L/m^3	500～700	
8	冲洗模板	L/m^2	5	

续表

序号	用水对象	单位	耗水量 N_1	备注
9	搅拌机清洗	L/台班	600	
10	人工冲洗石子	L/m³	1000	含泥量 2%～3%时
11	机械冲洗石子	L/m³	600	
12	洗砂	L/m³	1000	
13	砌砖工程全部用水	L/m³	150～250	
14	砌石工程全部用水	L/m³	50～80	
15	抹灰工程全部用水	L/m²	30	
16	耐火砖砌体工程	L/m³	100～150	包括砂浆搅拌
17	浇砖	L/千块	200～250	
18	浇硅酸盐砌块	L/m³	300～350	
19	抹面	L/m²	4～6	不包括调制用水
20	楼地面	L/m²	190	主要找平层
21	搅拌砂浆	L/m³	300	
22	石灰消化	L/t	3000	
23	上水管道工程	L/m	98	
24	下水管道工程	L/m	1130	
25	工业管道工程	L/m	35	

3. 现场生活用水

施工现场生活用水量可按下式计算

$$q_3 = \frac{P_1 N_3 K_4}{t \times 8 \times 3600} \tag{8-6}$$

式中　q_3——施工现场生活用水量，L/s；

　　　P_1——施工现场高峰昼夜人数，人；

　　　N_3——施工现场生活用水定额［一般为 20～60L/（人·班），主要需视当地气候而定］；

　　　K_4——施工现场用水不均衡系数，见表 8-4；

　　　t——每天工作班数，班。

表 8-4　　　　　　　　　　　　施工用水不均衡系数

编号	用水名称	系数
K_2	现场施工用水 附属生产企业用水	1.5 1.25
K_3	施工机械、运输机械用水 动力设备用水	2.00 1.05～1.10
K_4	施工现场生活用水	1.30～1.50
K_5	生活区生活用水	2.00～2.50

表 8 - 5　　　　　　　　　　　　施工机械台班用水参考定额

序号	用水机械名称	单位	耗水量（L）	备注
1	内燃挖土机	m³·台班	200～300	以斗容量 m³ 计
2	内燃起重机	t·台班	15～18	以起重量吨数计
3	蒸汽起重机	t·台班	300～400	以起重机吨数计
4	蒸汽打桩机	t·台班	1000～1200	以锤重吨数计
5	内燃压路机	t·台班	15～18	以压路机吨数计
6	蒸汽压路机	t·台班	100～150	以压路机吨数计
7	拖拉机	台·昼夜	200～300	
8	汽车	台·昼夜	400～700	
9	标准轨蒸汽机车	台·昼夜	10 000～20 000	
10	空压机	(m³/min)·台班	40～80	以空压机单位容量计
11	内燃机动力装置（直流水）	马力·台班	120～300	
12	内燃机动力装置（循环水）	马力·台班	25～40	
13	锅炉	t·h	1050	以小时蒸发量计
14	点焊机 25 型	台·h	100	
	50 型	台·h	150～200	
	75 型	台·h	250～300	
15	对焊机	台·h	300	
16	冷拔机	台·h	300	
17	凿岩机 01-03 型	台·min	3～8	
	凿岩机 01-38 型	台·min		
	YQ-100 型	台·min	8～12	
18	木工场	台班	20～25	
19	锻工房	炉·台班	40～50	以烘炉数计

4. 生活区生活用水

生活区生活用水量可按下式计算

$$q_4 = \frac{P_2 N_4 K_5}{24 \times 3600} \tag{8 - 7}$$

式中　q_4——生活区生活用水量，L/s；

　　　P_2——生活区居民人数，人；

　　　N_4——生活区昼夜全部生活用水定额，每一居民昼夜为 100～120L，随地区和有无室
　　　　　　内卫生设备而变化；各分项用水参考定额，见表 8 - 6；

　　　K_5——生活区用水不均衡系数，见表 8 - 4。

表 8 - 6　　　　　　　　　　　　　　分项生活用水量参考定额

序号	用水对象	单位	耗水量（L）
1	全部生活用水	人·日	100～120
2	生活用水（盥洗、饮用）	人·日	20～40
3	食堂	人·日	10～20
4	浴室（淋浴）	人·次	40～60
5	淋浴带大池	人·次	50～60
6	洗衣房	千克干衣	40～60
7	理发室	人·次	10～25
8	小学校	人	10～30
9	幼儿园、托儿所	人	75～100
10	病院	人	100～150

5. 消防用水量

消防用水量 q_5 见表 8 - 7。

表 8 - 7　　　　　　　　　　　　　　消 防 用 水 量

序号	用水名称	火灾同时发生次数	用水量
1	居民区消防用水 5000 人以内 10 000 人以内 25 000 人以内	一次 二次 二次	10 10～15 15～20
2	施工现场消防用水 施工现场在 25ha 以内 每增加 25ha	一次 一次	10～15 5

6. 总用水量（Q）的计算

建筑工程总用水量并非生产、生活及消防三者用水之和，因为三者的耗水在不同的时间发生，因此，在保证及时消灭火灾所应有的最小用水量的条件下，应分别按下列情况进行组合，取其较大值为计算依据。

（1）当 $(q_1+q_2+q_3+q_4) \leqslant q_5$ 时：

$$Q = q_5 + 1/2(q_1+q_2+q_3+q_4) \qquad\qquad (8 - 8)$$

（2）当 $(q_1+q_2+q_3+q_4) > q_5$ 时：

$$Q = q_1+q_2+q_3+q_4 \qquad\qquad (8 - 9)$$

（3）当工地面积小于 5 公顷，而且 $(q_1+q_2+q_3+q_4) < q_5$ 时：

$$Q = q_5 \qquad\qquad (8 - 10)$$

最后计算出的总用水量，还应增加 10%，以补偿管网漏水损失。

8.3.2　水源选择

建筑工地临时供水水源，最好利用附近居民区或企业职工居住区的现有供水管道，只有在建筑工地附近没有现成的给水管道或现有管道无法利用时，才宜另选天然水源。天然水包括地面水（如湖水、水库蓄水）和地下水（如泉水、井水）。选择水源考虑因素如下：

（1）水量充沛可靠；

（2）生活饮用水、生产用水的水质要求；

（3）与农业、水利综合利用；

（4）取水、输水、净水设施安全经济；

（5）施工、运转、管理、维护方便。

8.3.3　临时给水系统设计

给水系统可由取水设施、净水设施、储水构筑物（水塔及蓄水池）、输水管和配水管综合而成。通常应尽量先修建厂区永久性给水系统，只有在工期紧迫、修建永久性供水系统难应急时，才修建临时供水系统。

8.3.3.1　天然水源取水设施

（1）地面水源取水设施一般由取水口、进水管及水泵组成；

（2）取水口距河底（或井底）不得小于 0.25～0.9m，在冰层下部边缘的距离也不得小于 0.25m；

（3）给水工程所用的水泵有离心泵和活塞泵两种，所用的水泵要有足够的抽水能力和扬程。

8.3.3.2　净水设施

净水设施一般有沉淀、过滤及消毒三个过程。

（1）沉淀。含有大量泥沙的河水，可在沉淀池中进行沉淀，利用水在大容积水池中，流速锐减使水中悬浮物质向下沉积。

（2）过滤。水经过沉淀以后，杂质泥沙虽被除去，但仍有极细微之颗粒，故须经过过滤。临时渗水结构可采用砂或卵石等。

（3）消毒。水经过沉淀过滤，细菌尚不能除去，必须经过消毒才能饮用。消毒可进行氯化处理。在临时供水设施中，加入漂白粉使水氯化，其用水量可参考表 8-8。氯化时间：夏季 0.5h，冬季 1～2h。

表 8-8　　　　　　　　　消毒用漂白粉及漂白液用量参考

水源及水质	不同消毒剂的用量	
	漂白粉（含 25% 的有效氯）	1% 漂白粉液（L/m³）
自流井水、清静的水	—	—
河水、大和过滤水	4～6	0.4～0.6
河、湖的天然水	8～12	0.6～1.2
透明井水和小河过滤水	6～8	0.6～0.8
浑浊井水和池水	12～20	1.2～2.0

8.3.3.3　储水构筑物

（1）储水构筑物有水池、水塔和水箱；

（2）水箱的容量，以每小时消防用水量决定，但也不得小于 $10\sim20\text{m}^3$；

（3）在临时供水中，只有在水泵非昼夜工作时才设置水塔；

（4）水塔高度与供水范围、供水对象的位置及水塔本身的位置有关。

储水构筑物的高度与供水范围、供水对象的位置及构筑物本身的位置有关。可用式（8-11）计算：

$$H_t = (Z_y - Z_t) + H_y + h \tag{8-11}$$

式中符号意义同前。

8.3.3.4　管径选择及计算

管径的选择可采用计算法或查表法。

1. 计算法

$$d = \sqrt{\frac{4Q}{\pi \cdot v \times 1000}} \tag{8-12}$$

式中　d——配水管直径，m；

　　　Q——用水量，L/s；

　　　v——管网中水流速度，m/s。

临时水管经济流速参见表 8-9。

表 8-9　　　　　　　　　　临时水管经济流速范围参考表

管径 d（mm）	流速（m/s）	
	正常时间	消防时间
<100	0.5~1.2	—
100~300	1.0~1.6	2.5~3.0
>300	1.5~2.5	2.5~3.0

2. 查表法

为了减少计算工作，只要确定管径流量和流速范围，可直接查表选择管径。

8.3.3.5　配水管网布置

1. 布置方式

（1）临时供水管网布置一般有三种方式，即环状管网、枝状管网和混合式管网。

（2）环状管网能够保证供水的可靠性，当管网某处发生故障时，水仍能由其他管路供应。但管线长、造价高、管材消耗大。它适用于要求供水可靠的建设项目或建筑群工程。

（3）枝状管网由干管及支管组成，管线短、造价低，但供水可靠性差，若在管网中某处发生故障时，会造成断水，故适用于一般中小型工程。

（4）混合式管网可兼有以上两种管网的优点，总管采用环状，支管采用枝状，一般适用于大型工程。

（5）管网的铺设可采用明管或暗管。一般宜优先采用暗铺，以避免妨碍施工，影响运输。在冬季施工中，水管宜埋置在冰冻线下或采取防冻措施。

2. 布置要求

（1）管网的布置应在保证不间断供水的情况下，管道铺设越短越好，同时还应考虑在施工期间各段管道具有以东的可能性。管网的布置要求尽量避开永久性建筑或室外管沟位置并尽可能利用永久性管网。

（2）管网通过道路部分，应考虑地面上重型机械荷载对埋设管网的影响。

【例 8 - 1】　某工程根据总进度计划，确定施工高峰和用水高峰期（7、8、9 月），每天（单班工作）的主要工程量及施工人数如下：浇筑混凝土 $110m^3$；砌砖墙 $72m^3$；粉刷 $260m^2$；施工人员 350 人。试计算该工程的总水量及管径。

解　1. 施工用水量

查表 8 - 6，N_{1-1} 取 $2050L/m^3$，N_{1-17} 取 $200L/s$，N_{1-15} 取 $30L/s$；查表 8 - 8，$K_2 = 1.50$，取 $K_1 = 1.1$，由题意 Q_1、T_1、t 均为 1，得

$$q_1 = \frac{1.1 \times (110 \times 2050 + 72 \times 200 + 260 \times 30)}{8 \times 3600} \times 1.50 = 14.19L/s$$

2. 机械用水量

查表 8 - 8，N_{2-16} 取 $300L/台$，N_{2-18} 取 $20L/s$ 班，$K_1 = 1.1$，$K_3 = 2.0$，Q_2 均为一台，得

$$q_2 = \frac{1.1 \times (300 + 20/8)}{3600} \times 2.0 = 0.18L/s$$

3. 现场生活用水量

查表 8 - 9，N_3 取 100 人·日；查表 8 - 8，$K_4 = 1.4$，得

$$q_3 = \frac{350 \times 100 \times 1.4}{8 \times 3600} = 1.7L/s$$

4. 消防用水量

查表 8 - 10，取 $q_5 = 12L/s$

5. 总用水量（假设生活区用水量不在本系统内）

由于　　　　$q_1 + q_2 + q_3 = 14.19 + 0.18 + 1.7 = 16.07(L/s) > q_5 = 12L/s$

$$Q = q_1 + q_2 + q_3 = 16.07(L/s)$$

6. 主管径选择

给水主管径计算中 v 取 1.5，得

$$d = \sqrt{\frac{4Q}{\pi v 1000}} = \sqrt{\frac{4 \times 16.07}{3.14 \times 1.5 \times 1000}} = 0.117m$$

选 $d = 150mm$ 的给水铸铁管。

8.4　工程项目施工临时用电

建筑工地临时供电是为现场施工提供必要的动力、照明能源，是施工正常进行的重要保证。建筑工地临时供电设计主要包括建筑工地用电量计算和电源的选择。

8.4.1　用电量计算

建筑工地临时供电，包括动力用电与照明用电两方面。在计算用电量时，从下列方面考虑：

1. 一般规定

（1）全工地所使用的机械动力设备，其他电气工具及照明用电的数量；

（2）施工总进度计划中施工高峰阶段同时用电的机械设备最高数量；

（3）各种机械设备在工作中需用的情况；

（4）单班施工时，用电量计算可不考虑照明用电；

（5）各种机械设备以及室内外照明用电定额；

（6）由于照明用电量所占的比重较动力用电量要少得多，所以在估算总用电量时可以简化，只要在动力用电量之外再加 10% 作为照明用电量即可。

2. 用电量计算公式

（1）施工用电。施工用电量按下式计算：

$$p_c = K_1 \sum p_1 + \sum p_2 \tag{8-13}$$

式中　p_c——施工用电量，kW。

　　K_1——设备同时使用系数。当电动机在 10 台以下时，$K_1 = 0.75$；10～30 台时，$K_1 = 0.7$；30 台以上时，$K_1 = 0.6$。

　　p_1——各种机械设备的用电量，kW，以整个施工阶段内的最大负荷为准，乘以机械设备电动机的功率而得。

　　p_2——直接用于施工的用电量，kW，如电热混凝土等，其用电量等于该工程的工程量乘以相应的用电功率。

（2）照明用电。照明用电量是指施工现场及生活区的室外照明用电。

照明用电量按下式计算：

$$p_0 = a \times (K_2 \sum p_3 + K_3 \sum p_4) \tag{8-14}$$

式中　p_0——照明用电量，kW；

　　a——用电量不均匀系数，取 1.10；

　　K_2——室内照明设备同时使用系数，一般用 0.8；

　　K_3——室外照明设备同时使用系数，一般用 1.0；

　　p_3——室内照明用电量，kW；

　　p_4——室外照明用电量，kW。

一般施工用电量占总用电量的 80%～90%，照明用电量仅占 10%～20%，所以，当照明用电量计算较困难时，可按上述比例进行估算。

最大用电负荷量，是按施工用电与照明用电之和计算的。

8.4.2　电源选择

1. 建筑工地电源选择

选择建筑工地临时供电电源时须考虑的因素有：

（1）建筑工程及设备安装工程的工程量和施工进度；

（2）各个施工阶段的电力需要量；

（3）施工现场的大小；

（4）用电设备在施工工地上的分布情况和距离电源的远近情况；

（5）现有电器设备的容量情况。

2. 供电电源方案

临时供电电源的几种方案：

（1）完全由工地附近的电力系统供电，包括在全面开工前把永久性供电外线工程做好，设置变电站；

（2）工地附近的电力系统只能供给一部分，尚须自行扩大原有电源或增设临时供电系统以补充其不足；

（3）利用附近高压电力网，申请临时配电变压器；

（4）工地位于边远地区，没有电力系统时，电力完全由临时电站供给。

3. 临时电站

临时电站一般有内燃机发电机、火力发电机、列车发电机、水利发电站。

4. 变压器的确定

变压器的功率按下式计算：

$$W = \frac{K\sum p}{\cos\varphi} \tag{8-15}$$

式中　W——变压器的容量，kVA。

K——功率损失系数；计算变电所容量时，$K=1.05$，计算临时发电站时，$K=1.10$。

$\sum p$——变电器服务范围内的总用电量，kW。

$\cos\varphi$——功率因数，一般可取 0.75。

【综合案例】

北京新东安市场工程施工总承包的现场管理

1. 工程概况

新东安市场位于北京王府井大街，单体建筑面积 215 835m²，平面呈 L 形，南北长272m，东西宽 107m 和 55m，地下共 3 层，深埋 17.3m，地上共 11 层，檐高 45.8m，局部13 层，四方亭宝鼎高度 64.3m。本工程为钢筋混凝土框架结构。施工总承包单位为北京某大型建筑公司。

2. 工程施工总承包现场管理

（1）现场布置。

1）现场临时设施的布置。施工现场的临时设施包括临时性的生产设施和生活设施，以及临时供水、供电、供热、临时通信等设施。

施工现场临时设施的安排原则是：

①尽量利用施工现场或附近的现有设施；

②须修建的临时设施，应充分利用旧材料，尽量采用移动或容易拆装的建筑，以便重复使用；

③临时设施的布置，应方便生产和生活，不得占据在建工程的位置，与施工的建筑物之间或临设房屋之间要保持安全和消防间距，并考虑总包和分包单位的需要，施工区与生活区要有明确划分，临设房屋尚需报当地政府规划部门审批后方可修建。

2）现场材料平面布置。

①现场平面规划布置要合理规范；

②建筑工程内不准作为仓库存储易燃、可燃材料，易燃、可燃材料必须单独设专用的库房存放；

③减少二次倒运与搬迁。

（2）现场围挡及出入口。

1）施工现场四周按规定设置连续封闭的围挡，围挡应按照企业标志形象设计，本着严密、完整、牢固、美观、上口要平、外立面要直的原则进行围挡。

2）施工现场大门必须按照企业标志形象设计要求与围挡形成一起。

（3）"一图二牌三板"及现场标志。

1）施工现场应在大门外附近明显处设置统一样式的施工标牌。标牌内容：工程名称、建筑面积、建设单位、设计单位、监理单位、施工单位、工地负责人、开工日期、竣工日期等。特大型工区建筑工地，应根据现场的实际情况，除统一设置施工标牌外，还应在现场内分区设置施工标牌，以方便各类人员熟悉现场施工情况，施工标牌的字体应书写正确。规范、工整、美观，并经常保持整洁完好。标牌面积不得小于 $0.7m \times 0.5m$，设置共度底边距底面不得低于 $1.2m$。

2）工地大门内必须设置一图二牌三板，即：①施工平面布置图（布置合理并与现场实际相符，分基础、结构、装饰、装修阶段）。②安全计数牌（从开工之日起计算）；施工现场管理体系牌（施工现场管理负责人、安全防护、临时用电、机械安全、消防保卫、现场管理、料具管理、环境保护、环境卫生、质量管理、劳务管理业务人员）。③安全生产管理制度板；消防保卫管理制度板；场容卫生环保制度板。图、牌、板要做到内容简明扼要，针对性强，字迹要工整。规范、清晰、统一尺寸、形成整体。

3）特大型公共建筑施工现场的各种标语、标志牌设置必须由总承包单位统一布置，合理安排，字体应书写正确、规范、工整、美观，并经常保持整洁完好。

（4）场地道路及排水。

1）施工现场的场地、道路要平整、坚实、畅通，有回旋余地，有可靠的排水措施。施工现场首先应尽量利用原有的交通设施，并争取提前修建和利用拟建的永久设施解决现场运输问题，这样不仅能节约临时工程费用，降低施工成本，而且可以缩短施工准备时间。

2）当现场不具备以上条件时，就需要修建临时道路，临时道路的布局，须根据现场情况及施工需要而定，房建工地一般应作成循环道，以确保现场运输和消防车的畅通，临时道路的等级主要根据现场交通流量和道路建筑规范而定。

3）为解决临时道路排水问题，道路横断面应有 $2\% \sim 3\%$ 坡向路两侧的坡度，沿道路两侧应设排水沟，边沟横断面尺寸下口 $40cm$，深度依受水面积及最大雨量计算，一般深不小于 $30cm$，边坡坡度 $1:1 \sim 1:1.5$。在道路交会处边沟要用涵管沟通。

4）施工现场除了必须做好道路排水以外，现场的场地也应有排水措施，并能够确保现场无积水。现场排水可采用自然排水或明沟排水两种方法。

（5）施工总平面责任区域的划分。

特大型公共建筑的施工总平面责任区域的划分，是施工现场管理的重要部分。每个工地要根据建筑面积、工程量和分包单位多少来划分现场管理责任区。总包单位对施工现场责任区域的管理负全面责任，对分包单位现场责任区域的管理情况进行综合考评，制订出相应现场管理计划，并负责监督检查。

思 考 与 练 习

一、单选题

1. 施工现场是指进行工业和民用项目的房屋建筑、土木工程、设备安装、管线敷设等施工活动，（　　）场地。

A. 各类材料及设备的堆放

B. 材料、设备加工及堆放、存放

C. 经批准占用的施工

D. 因施工所占用的所有

2. 单位工程施工平面图设计的第一步是（　　）。

A. 引入场外交通道路

B. 确定搅拌站、仓库、加工厂的位置

C. 确定水电管线管线位置

D. 确定起重机的位置

3. 施工现场消火栓距路边不大于（　　）m。

A. 1.2　　　　　　　　　　　　　　B. 1.8

C. 2.0　　　　　　　　　　　　　　D. 3.0

二、多选题

1. 根据项目施工对象和生产规模的不同，施工平面图可分为（　　）。

A. 施工总平面图　　　　　　　　　B. 单项工程施工平面图

C. 单位工程施工平面图　　　　　　D. 分部工程施工平面图

2. 施工现场堆放材料、成品、半成品和机具设备，（　　）。

A. 应按施工总平面图布置堆放

B. 为了便于现场协调，可临时堆放于场内道路上

C. 当分包单位确实需要，可以改变施工总平面图布置进行存放

D. 应当保持场容场貌的整洁，随时清理建筑垃圾

E. 确有不便时，可以短时间的改变防护设施并及时恢复

3. 施工现场用水有（　　）。

A. 现场施工用水　　　　　　　　　B. 施工机械用水

C. 施工现场生活用水　　　　　　　D. 环保用水

E. 消防用水

三、简答题

1. 简述施工现场管理的内容。

2. 施工总平面图的管理应注意哪些问题？

3. 简述单位工程施工平面图的设计内容、依据及步骤。

4. 施工总用水量如何确定？

5. 施工用电量如何确定？

参 考 答 案

一、单选题

1. C；2. D；3. C

二、多选题

1. AC；2. ACD；3. ABCE

三、简答题（略）

第9章 工程项目资源管理

【教学提示】

本章介绍了工程项目各类资源管理，即人力、材料、机械设备、资金的管理。人力、材料、机械设备、资金是工程项目管理中成本构成的重要内容，是控制成本的重要环节。因此掌握本章的内容是进行工程管理必不可少的。由于人力、材料、机械设备、资金的管理与工程实际联系紧密，宜采用理论联系实际的教学方法。

【教学要求】

通过本章的学习，要求掌握人力、材料、机械设备、资金的管理的基本知识，熟悉人力资源管理的主要内容、材料、机械设备、资金管理的要点，了解不同的要素采用不同的质量控制方法。

9.1 工程项目资源管理概述

9.1.1 工程项目资源管理的概念和意义

1. 工程项目资源管理的概念

工程项目资源是指对项目中使用的人力资源、材料、机械设备、技术、资金和基础设施等的总称。

工程项目资源管理是对项目所需的人力、材料、机械设备、技术、资金和基础设施所进行的计划、组织、指挥、协调和控制等活动。

在生产活动中，工程项目的资源管理主要体现为施工企业的资源管理。施工企业的工程项目资源管理就是对施工项目生产要素的管理，即对投入施工项目的劳动力、材料、机械设备、技术和资金等进行市场调查并认真分析研究，做到合理组织，优化配置，力求使项目资源供需达到动态平衡，以最小的投入获取最大的经济效益。

2. 工程项目资源管理的意义

工程项目资源管理的意义就是通过对各生产要素进行优化配置，实施动态管理，节约物化劳动和活化劳动，以降低生产成本，提高综合效益。具体体现在如下四方面：

（1）进行生产要素优化配置，根据施工需要，适时适量地配备各生产要素并及时投入使用。

（2）进行生产要素的优化组合，投入使用的各生产要素比例适宜，充分发挥协调作用，有效地形成生产力。

（3）进行生产要素的动态管理。项目的实施过程是一个不断变化的过程，对各类资源的需求也是不断变化的，受市场供求状况、资金、时间、信息、自然条件、现场环境、运输能力和材料设备供应商的能力等因素影响较大。因此，需要按照项目的内在规律，有效地计划、配置、控制和处置各类资源，使其在施工过程中合理流动，在动态中寻求平衡。

（4）合理节约使用资源，以减少资源的消耗，取得一定的经济效益。

3. 工程项目资源管理的内容

根据施工项目的各项生产要素，工程项目资源管理的内容包括人力资源管理、材料管理、机械设备管理、技术管理、资金管理。由于技术管理在其他课程中有专门介绍，因此，在此将其略去。

（1）人力资源管理。在工程项目的各生产要素中，人是最活跃的因素。工程项目人力资源是指项目组织对该项目的人力资源所进行的科学的计划、适当的培训、合理的配置、准确的评估和有效的激励等方面的一系列管理工作。项目人力资源管理的任务在于合理安排劳动力，明确岗位责任，明确绩效目标，最大限度地调动人员积极性，提高劳动效率。

（2）材料管理。在建筑工程造价中，建筑材料费用大约占总造价 70%。因此加强工程项目的材料管理，对于提高工程质量，降低工程成本都将起到积极的作用。材料管理是对施工中所需要的各种材料、半成品、构配件的采购、加工、包装、运输、储存、发放、验收和使用进行一系列组织和管理工作。

（3）机械设备管理。施工机械设备是完成项目施工的重要劳动手段。机械设备管理主要任务在于正确选择机械设备，保证机械设备在使用中处于良好状态，减少机械设备闲置、损坏，提高施工机械化水平，提高完好率、利用率和效率。

（4）资金管理。工程项目资金管理应保证收入、节约支出、防范风险和提高经济效益。在项目的资金管理中，应进行资金预测、分析和对比，考核和调整计划，以达到降低成本，提高效益的目的。

9.1.2　工程项目资源管理体制

中华人民共和国建设部、国家质量监督检验检疫总局于 2006 年 6 月 21 日联合发布 GB/T 50326—2006《建设工程项目管理规范》，2006 年 12 月 1 日正式实施。规范中条目 14 对项目资源管理进行了规定。

1. 项目资源管理一般规定

（1）组织应建立并持续改进项目资源管理体系，完善管理制度、确定管理责任、规范管理程序。

（2）资源管理包括人力资源管理、材料管理、机械设备管理、技术管理和资金管理。

（3）项目资源管理的全过程应包括项目资源的计划、配置、控制和处置。

（4）资源管理应遵循下列程序：

1）按合同要求，编制资源配置计划，确定投入资源的数量与时间。

2）根据资源配置计划，做好各种资源的供应工作。

3）根据各种资源的特性，采取科学的措施，进行有效组合，合理投入，动态调控。

4）对资源投入和使用情况定期分析，找出问题，总结经验并持续改进。

2. 项目资源管理计划

（1）资源管理计划应包括建立资源管理制度，编制资源使用计划、供应计划和处置计划，规定控制程序和责任体系。

（2）资源管理计划应依据资源供应条件、现场条件和项目管理实施规划编制。

（3）人力资源管理计划应包括人力资源需求计划、人力资源配置计划和人力资源培训计划。

（4）材料管理计划应包括材料需求计划、材料使用计划和分阶段材料计划。

（5）机械管理计划应包括机械需求计划、机械使用计划和机械保养计划。

（6）技术管理计划应包括技术开发计划、设计技术计划和工艺技术计划。

（7）资金管理计划应包括项目资金流动计划和财务用款计划，具体可编制年、季、月度资金管理计划。

3. 项目资源管理控制

（1）资源管理控制应包括按资源管理计划进行资源的选择、资源的组织和进场后的管理等内容。

（2）人力资源管理控制应包括人力资源的选择、订立劳务分包合同、教育培训和考核等。

（3）材料管理控制应包括材料供应单位的选择、订立采购供应合同、出厂或进场验收、储存管理、使用管理及不合格品处置等。

（4）机械设备管理控制应包括机械设备购置与租赁管理、使用管理、操作人员管理、报废和出场管理等。

（5）技术管理控制应包括技术开发管理，新产品、新材料、新工艺的应用管理，项目管理实施规划和技术方案的管理，技术档案管理，测试仪器管理等。

（6）资金管理控制应包括资金收入与支出管理、资金使用成本管理、资金风险管理等。

4. 项目资源管理考核

（1）资源管理考核应通过对资源投入、使用、调整以及计划与实际的对比分析，找出管理中存在的问题，并对其进行评价的管理活动。通过考核能及时反馈信息，提高资金使用价值，持续改进。

（2）人力资源管理考核应以有关管理目标或约定为依据，对人力资源管理方法、组织规划、制度建设、团队建设、使用效率和成本管理等进行分析和评价。

（3）材料管理考核工作应对材料计划、使用、回收以及相关制度进行效果评价。材料管理考核应坚持计划管理、跟踪检查、总量控制、节超奖罚的原则。

（4）机械设备管理考核应对项目机械设备的配置、使用、维护以及技术安全措施、设备使用效率和使用成本等进行分析和评价。

（5）项目技术管理考核应包括对技术管理工作计划的执行、技术方案的实施、技术措施的实施、技术问题的处置，技术资料收集、整理和归档以及技术开发，新技术和新工艺应用等情况进行分析和评价。

（6）资金管理考核应通过对资金分析工作，计划收支与实际收支对比，找出差异，分析原因，改进资金管理。在项目竣工后，应结合成本核算与分析工作进行资金收支情况和经济效益分析，并上报企业财务主管部门备案。组织应根据资金管理效果对有关部门或项目经理部进行奖惩。

9.2　工程项目人力资源管理

9.2.1　项目人力资源管理的概念和内容

1. 项目人力资源管理的概念

人力资源是现代企业各种资源中起支配作用的生产要素，项目人力资源管理属于管理科学中人力资源管理范畴，它所管理的对象是项目所需的各种人力资源，即所有的项目干系人：发起人、客户、项目组成员、支持人员以及项目的供应商等的管理。其目的是调动所有项目干系人的积极性，在项目组织内部和外部建立有效的工作机制，以实现项目目标。

2. 项目人力资源管理的内容

项目人力资源管理的主体是项目经理，项目经理在进行人力资源管理时，必须同项目母体组织的人事部门紧密配合。项目组织是一个临时性的弹性组织，在项目开始时成立，结束后解体。在项目目标实现的过程中，各阶段的目标不同，任务也不同，对人员的需求也会不同，人员变动较大。一般项目人力资源管理的全过程包括三方面：项目人力资源管理计划、项目人力资源管理控制和项目人力资源管理考核。

(1) 人力资源管理计划。人力资源计划是从项目目标出发，根据内外部环境的变化，通过对项目未来人力资源需求的预测，确定完成项目所需人力资源的数量和质量、各自的工作任务，以及相互关系的过程。人力资源计划的最终目标是使组织和个人都得到长期利益。人力资源管理是为实现项目目标服务的，这是人力资源管理的根本。同时应兼顾员工的利益，员工利益是指工资、提升机会、工资环境、保障等。

项目人力资源计划应包括人力资源需求计划、人力资源配置计划和人力资源培训计划。

(2) 人力资源管理控制。人力资源控制应包括人力资源的选择、订立劳动分包合同、教育培训和考核等内容。

(3) 人力资源管理考核。项目人力资源的考核就是指对项目组织人员的工作作出评价。人力资源管理考核应以有关管理目标或约定为依据，对人力资源管理方法、组织规划、制度建设、团队建设、使用效率和成本管理等进行分析和评价。

9.2.2　项目人力资源管理的主要任务

一般来讲，人力资源管理的工作任务包括：①编制人力资源规划；②人力资源成本会计工作；③岗位分析和工作设计；④人力资源的招聘与选拔；⑤雇佣管理与劳资关系；⑥入厂教育、培训和发展；⑦工作绩效考核；⑧帮助员工的职业生涯发展；⑨员工工资报酬与福利保障设计；⑩保管员工档案。项目人力资源管理的任务大同小异，但又存在其独特的任务。下面主要介绍项目人力资源管理中的制订人力资源计划、人员的招聘和选择、管理项目成员的工作和项目团队建设等几方面。

1. 编制人力资源规划

项目人力资源规划是指根据项目对人力资源的供需状况的分析和预测、对职务分析、岗位设计、人员配备、教育培训、招聘和选拔等内容进行的人力资源部门职能型计划。编制人力资源规划是识别、确定和分派项目角色、职责和报告关系的过程。人力资源规划要充分考虑项目内外部环境的变化，适应需要，真正为项目目标服务。内部变化主要是指项目本身和项目组织的变化，如项目的施工阶段由于设计变更增加了工程量，在工期不变的情况下，可能就需要增加施工工人数量；外部变化是指国家有关法律、法规、社会环境、市场环境等发生了变化，如有关人力资源政策的变化、人才市场的变化等。为了更好地适应这些内外部环境的变化，在编制人力资源规划时应对可能出现的情况做出预测和分析，并对可能出现的风险提出防范对策。在构建项目组织结构时，组建和优化团队，并确定项目角色、组织结构、职责和报告关系，形成文档。

2. 人员的招聘和选择

项目队伍的人员一般可通过外部招聘方式获得，也可以通过对项目组织内部的成员进行重新分配的方式获得。项目组织人员招聘和选择可以按以下三个原则进行，一是公开原则。公开原则是指把招聘的单位、招聘的职位种类、数量、要求的资格条件及考试方式均向社会公开。二是量才原则。招聘录用时，必须做到"人尽其才"、"用其所长"、"职得其人"。三是择优录用原则。择优是广觅人才，选贤任能，为各岗位选择一流的人才。另外，有时还可以通过招标、签订服务合同等方式，来获取特定的个人和团体，来承担项目的一部分或大部分工作。

3. 管理项目成员的工作

管理项目成员的工作，应建立项目组的成员绩效考核制度。明确每个成员的职责、权限和个人绩效考核标准，以确保项目成员对工作的正确理解，作为考核的基础。按照绩效考核标准来考核个人的业绩，倡导员工发挥主观能动性，高效地完成个人的职责，积极地弥补业绩中的不足，鼓励员工在事业上取得更大的成绩。

4. 项目团队建设

项目团队不同于一般的群体或组织，它是为实现项目目标而建设的，一种按照团队模式开展项目工作的组织，是项目人力资源的聚集体。按照现代项目管理的观点，项目团队是指项目的中心管理小组，由一群人集合而成并被看做是一个组，他们共同承担项目目标的责任，兼职或者全职地为项目可交付成果和项目目标而工作。

项目团队的特征有：

（1）项目团队具有共同的目标。

（2）项目团队是临时组织。

（3）项目经理是项目团队的领导。

（4）项目团队强调合作精神。

（5）项目团队成员的增减具有灵活性。

（6）项目团队建设是项目成功的组织保障。

9.3　工程项目材料管理

9.3.1　工程项目材料管理的意义及任务

1. 工程项目材料管理的意义

工程项目材料管理是指项目部对施工和生产过程中所需的各种材料进行有计划地组织采购、供应、保管、使用等一系列管理工作的总称。

建筑材料、构配件、半成品等是构成建筑产品的实体。从工程造价角度分析，材料费占工程成本70%左右，用于材料的流动资金占企业流动资金50%以上。因此，材料的管理是工程项目管理的一个重要环节。搞好材料管理的意义表现在如下几点：

（1）搞好材料管理是保障施工生产正常进行的先决条件。

（2）搞好材料管理是提高工程质量的管理权限保障。

（3）搞好材料管理是降低工程成本、提高企业经济效益的重要环节。

（4）可以加速资金周转，减少流动资金占用。

（5）有助于提高劳动生产率。

2. 工程项目材料管理的任务

工程项目材料管理的主要任务是保证供应和降低费用两个方面。

保证供应就是要适时、适地、按质、按量、成套齐备地供应。适时是指按规定时间供应；适地是指将材料供应到指定的地点；按质是指供应的材料必须符合规定的质量标准；按量是指按规定数量供应材料；成套齐备是指供应的材料品种规格要配套，并要符合工程需要。

降低费用是要在保证供应的前提下，努力节约材料费用。通过材料使用计划、采购、保管和使用管理，建立和健全材料的采购和运输制度、现场和仓库的保管制度，材料验收、领发及回收制度，合理地使用和节约材料，科学地确定合理的仓储量，加速周转，减少损耗，提高材料利用率，降低材料成本。

9.3.2　工程项目材料的分类

按照材料的自然属性、在建筑工程中所起的作用以及管理方法的不同，可以从这三种角度进行分类。

1. 按材料的自然属性分类

（1）金属材料。金属材料可分为黑色金属材料和有色金属材料，前者包括钢筋、型钢、钢脚手架、铸铁管道等，后者包括铜、铝、锌、铅及其半成品等。

（2）非金属材料。指木材、橡胶、塑料和陶瓷制品等。

2. 按材料在建筑工程中所起的作用分类

（1）主要材料。是指直接用于建筑物上能构成工程实体的各项材料。如钢材、水泥、木材、砖瓦、石灰、砂石、油漆、五金、水管、电线等。

（2）结构件。是指事先对建筑材料进行加工，经安装后能够构成工程实体一部分的各种构件。如屋架、钢门窗、木门窗、柱、梁、板等。

（3）周转材料。是指在施工中能反复多次周转使用，而又基本上保持器原有形态的材料。如模板、脚手架等。

（4）机械配件。是指修理机械设备需用的各种零件、配件。如曲轴、活塞等。

（5）其他材料。是指虽不构成工程实体，但间接地有助于施工生产进行和产品形成的各种材料。如燃料、油料、润滑油料等。

（6）低值易耗品。是指单位价值低（不到规定限额单位价值 200 元、500 元、800 元），或使用年限不到一年的劳动资料。如小工具、防护用品等。

3. 按材料的价值在工程中所占比重分类

建筑工程中所需的材料种类繁多，但资金占用量上差异极大。根据 ABC 分类法，按照材料的数量和占用资金量可将材料分为三类：A 类品种数量少，占全部品种的 10%～15%，但占用资金量达到 80% 左右，例如钢筋、水泥等。C 类材料品种数量很多，占全部品种的 60%～65%，但占用的资金量却不大，大约占 5%，如钢丝、圆钉等。B 类材料介于 A、C 之间，占全部品种的 20%～30%，占资金量的 15% 左右，例如砖、砂石等。对于 A 类材料应重点管理，制订好采购计划和控制库存，对施工成本的节约起到关键性的作用；对于 C 类材料，根据经验来管理，不必耗费过多精力；对于 B 类材料，介于 A 类和 C 类之间，也应予以相当的重视，但不必像 A 类那样进行非常严格的规划和管理。

9.3.3 工程项目材料的分类管理——ABC 分类法

ABC 分类法也称为主次因素分析法、帕累托分析法，是根据事物在技术或经济方面的主要特征，进行分类排队，分清重点和一般，从而有区别地确定管理方式的一种分析方法。由于它把被分析的对象分为 A、B、C 三类，故也称为 ABC 分析法。

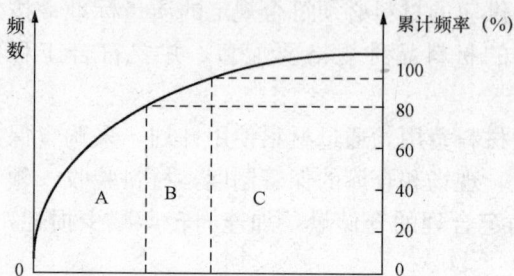

图 9-1　ABC 分析图

在 ABC 分析法的分析图（见图 9-1）中，有两个纵坐标，一个横坐标，几个长方形，一条曲线，左边纵坐标表示频数，右边纵坐标表示频率，以百分数表示。横坐标表示影响质量的各项因素，按影响大小从左向右排列，曲线表示各种影响因素大小的累计百分数。一般将曲线的累计频率分为三级，与之相对应的因素分为三类：

（1）A 类因素，发生累计频率为 0~80%，是主要影响因素。

（2）B 类因素，发生累计频率为 80%~90%，是次要影响因素。

（3）C 类因素，发生累计频率为 90%~100%，是一般影响因素。

这种方法有利于人们找出主次矛盾，有针对性地采取对策。

采用 ABC 分类法包括以下步骤：

（1）收集数据。即确定构成某一管理问题的因素，收集相应的特征数据。

（2）计算整理、汇总。即对收集的数据进行加工，并按要求进行计算，包括计算特征数值，特征数值占总计特征数值的百分数，累计百分数；因素数目及其占总因素数目的百分数，累计百分数。

（3）根据一定分类标准，进行 ABC 分类，列出 ABC 分析表。

（4）绘制 ABC 分析图。以累计因素百分数为横坐标，累计主要特征值百分数为纵坐标，按 ABC 分析表所列示的对应关系，在坐标图上取点，并联结各点成曲线，即绘制成 ABC 分析图。除利用直角坐标绘制曲线图外，也可绘制成直方图。

（5）确定各类材料的管理方式，尤其是 A 类材料。

工程项目所需的 A 类材料应进行重点管理，B 类材料进行次重点管理，C 类材料按照常规适当加强管理。

【例 9-1】　某学校教学楼为 7 层建筑，结构形式为框架结构，建筑高度 26m，建筑面积 19 120m²，其中教学楼工程中的多媒体教室的装饰装修施工任务由新星建筑装饰公司承担，为做好装饰材料的质量管理工作，在建筑装饰装修工程施工前，根据材料清单购买的材料见表 9-1。

表 9-1　　　　　　　　　　　建筑装饰材料清单表

序号	材料名称	材料数量	计量单位	材料单价（元）
1	细木工板	12	m³	930.0
2	砂	32	m³	24.0
3	实木装饰门扇	120	m²	200.0

序号	材料名称	材料数量	计量单位	材料单价 （元）
4	铝合金窗	100	m²	130.0
5	白水泥	9000	kg	0.4
6	乳白胶	220	kg	5.6
7	石膏板	350	m	12.0
8	地板	93	m²	62.0
9	醇酸磁漆	80	kg	17.08
10	瓷砖	290	m²	34.0

问题：在本工程项目中，试述 ABC 分类法的计算步骤，并简述应如何对建筑装饰材料进行科学管理。

分析：

计算步骤：

（1）计算出材料价款和该种材料占总价款的百分比，见表 9-2。

表 9-2　　　　　　　　　　装饰材料占材料总价款的百分比

序号	材料名称	材料数量	计量单位	材料单价 （元）	材料价款 （元）	所占比例 （%）
1	细木工板	12	m³	930.0	11 160	15.39
2	砂	32	m³	24.0	768	1.06
3	实木装饰门扇	120	m²	200.0	24 000	33.09
4	铝合金窗	100	m²	130.0	13 000	17.92
5	白水泥	9000	kg	0.4	3600	4.96
6	乳白胶	220	kg	5.6	1232	1.70
7	石膏板	350	m	12.0	1800	2.48
8	地板	93	m²	62.0	5766	7.95
9	醇酸磁漆	80	kg	17.08	1366	1.88
10	瓷砖	290	m²	34.0	9842	13.57
合计					72 534	100

（2）对各种材料按照该材料占总价款的百分比大小进行排序，并计算出累计百分比，见表 9-3。

表 9-3　　　　　　　　　　装饰材料占总材料价款的累积百分比

序号	材料名称	材料数量	材料单价 （元）	材料价款 （元）	所占比例	累计百分比
1	实木装饰门扇	120	200.0	24 000	33.09	33.09
2	铝合金窗	100	130.0	13 000	17.92	51.01
3	细木工板	12	930.0	11 160	15.39	66.40
4	瓷砖	290	34.0	9842	13.57	79.97

续表

序号	材料名称	材料数量	材料单价（元）	材料价款（元）	所占比例	累计百分比
5	地板	93	62.0	5766	7.59	87.92
6	白水泥	9000	0.4	3600	4.96	92.88
7	石膏板	350	12.0	1800	2.48	95.36
8	醇酸磁漆	80	17.08	1366	1.88	97.24
9	乳白胶	220	5.6	1232	1.70	98.94
10	砂	32	24.0	768	1.06	100.00
合计				72 534	100	

（3）根据 ABC 分类法的基本原理，累计频率属于（0～80%）区间的因素定为 A 类因素，即主要因素，应进行重点管理；（80%～90%）区间的因素定为 B 类因素，即次要因素，应进行次要问题的管理；将（90%～100%）区间的因素定为 C 类因素，即一般因素，按照常规方法应适当加强管理；上述的方法称为 ABC 分类管理法。

因此，依据 ABC 分类法，确定本工程中实木装饰门扇、铝合金窗、细木工板、瓷砖重点进行管理；本工程中的地板材料应进行次要管理；本工程中的白水泥、石膏板、醇酸磁漆、乳白胶、砂等材料作为一般管理的内容。

9.3.4　工程项目材料管理计划

工程材料管理计划包括材料需求计划、使用计划、分阶段材料计划。

1. 工程项目材料需求计划

材料计划管理是材料管理的首要任务。项目经理部所需要的主要材料、大宗材料应编制材料需求计划，由组织物资部门负责采购。根据各工程量汇总表所列各建筑物和构筑物的工程量，查万元定额或概算指标便可得出各项目所需的材料需要量。

材料计划必须计算准确（设计预算材料分析、施工预算材料分析），对材料两算存在的问题有明确的说明或两算的补充说明。材料供应必须满足项目进度要求。

材料需求计划一般应包括以下内容：

（1）单位工程材料需求计划：根据施工组织设计和施工图预算，于开工前提出，作为备料依据。

（2）工程材料需求计划：根据施工预算、生产进度及现场条件，按工程计划期提出，作为备料依据。

（3）材料需求计划表：应包括使用单位、品名、规格、计量单位、数量、交货地点、材料的技术标准等，必要时还要提供图纸和实样。材料需要量计划表见表 9-4。

表 9-4　　　　　　　　　　　**材 料 需 要 量 计 划 表**

序号	材料名称	规格	需要量		需 要 时 间									备注
			单位	数量	×月			×月			×月			
					Ⅰ	Ⅱ	Ⅲ	Ⅰ	Ⅱ	Ⅲ	Ⅰ	Ⅱ	Ⅲ	

2. 工程项目材料使用计划

在材料需求计划的基础上，根据项目总进度计划表，大致估计出某些建筑材料在某季度的需要量，从而按照时间、地点要求编制出建筑材料需要量计划。它是材料和构配件等落实组织货源、签订供应合同、确定运输方式、编制运输计划、组织进场、确定暂设工程规模的依据。

3. 工程项目材料分阶段材料计划

大型、复杂、工期长的项目要实行分段编制计划的方法，对不同阶段、不同时期提出相应的分阶段材料需求、使用计划，以保持项目的顺利实施。

9.3.5　工程项目材料的采购与供应

施工项目所需的材料，根据施工合同和材料的类型，采用不同材料采购和供应方式。

1. 企业供应的材料

施工项目所需的材料分为主要材料、大宗材料、特殊材料和零星材料。主要材料、大宗材料应由企业物资部门统一招标采购，按计划供应给项目经理部。企业进行物资采购，应建立统一的供应机构，制订采购计划，审定供应商，建立合格供应商名录，对供应商进行考核，签订订货合同，确保供应工作质量和材料质量，实行主要材料、大宗材料统一计划、统一采购、统一调度、统一核算。对企业供应的材料，项目部也有采购建议权。对于远离企业本部的项目经理部，可在法定代表人的授权下就地采购。

在制订选择、调查和评价材料供方的准则时，应考虑如下方面因素：

(1) 法律、法规规定的资质，包括质量、环境和职业健康安全管理情况（如是否通过体系认证等）；

(2) 与其他企业合作的业绩和信誉；

(3) 产品质量、环保性、安全性等情况（如涉及人身安全的产品是否通过相关认证）；

(4) 供应能力及价格、交货、后续服务等情况；

(5) 其他针对项目特点的服务要求能否满足，及与履约有关的其他内容；

(6) 所选的重要材料供方应经建设单位、监理单位认可。

2. 项目部自行采购的材料

为了满足施工材料的特殊需要，调动项目部的积极性，企业授予项目部一定的材料采购权，负责采购供应计划外的材料、特殊材料和零星材料。但同样必须在企业合格供应商名录中选择供应商，且要保证材料供应工作质量和材料和质量。

3. 建设单位供应的材料

为了确保工程质量，控制投资，节约资金，建设单位会在招标文件中提出某些材料和设备自行供应。对于建设单位自行采购的材料，施工单位必须按照合同要求，由项目部在规定时间内编制施工项目各类材料需要量计划，特别是建设单位供应的材料需要量计划，报企业材料供应部门审定，然后上报建设单位项目管理部门。建设单位供应的材料，在材料运送至施工现场时必须经过验收，把好数量、质量、品种、规格和时间等关。

9.3.6　工程项目材料的验收与使用保管

9.3.6.1　材料的验收

进场材料必须严格按照供需双方在合同中约定的内容，按国家或地方（行业）验收规范进行质量、数量、环保、职业健康安全卫生等方面的标准验收和复验。

1. 材料验收依据

（1）材料计划、订货合同及合同约定条件；

（2）经双方确认封存的样品或样本；

（3）材质证明和抽样复验合格证明。

2. 材料验收的方式方法

（1）采购人员必须采购经评定合格的产品；

（2）验收人员必须按验收标准进行验收；

（3）总包单位、业主代表、监理单位、供应单位、使用单位必须联合把关，共同验收；

（4）使用人员必须按标准进行领料验收；

（5）材料验收应做好验收时间、场地、人员、资料、计量器具、装卸机械等准备工作；

（6）实物验收：

1）凭证验收，查看所到货物与材料计划、采购合同约定条款一致；

2）随货同行的材质证明等相关资料齐全，复印件须加盖供方鲜章，内容满足施工要求和管理需要；

3）目测检查材料外观，外包装完好无损；

4）按照不同材料采用不同的验收方法进行严格的点数、检斤和检尺，计算准确；

5）进口材料按照国家有关规定进行报关、商检、检疫后，按本办法有关规定进行质量验证；

6）按规定必须复验的材料，由项目相关部门根据分工进行取样复验。

3. 材料验收制度

（1）主要设备、材料、进场检验结论应有记录，确认符合规范规定，才能在施工中应用。

（2）材料进场验收的主管部门，应组织施工单位和监理单位有针对性地制订设备、材料进场检验要求、检验程序和检验方法，明确各环节具体负责人。

（3）材料、设备进场时，建设方、施工方和监理方必须依照国家相关规范规定，按照设备材料进场验收程序，认真查阅出厂合格证、质量合格证明等文件的原件。材料、设备进场时，应确保质量证明文件符合国家有关规定。要对进场实物与证明文件逐一对应检查，严格甄别其真伪和有效性，必要时可向原生产厂家追溯其产品的真实性。发现实物与其出厂合格证、质量合格证明文件不一致或存在疑义的，应立即向主管部门报告。

（4）设备进场时，采购单位要提前通知监理单位，监理工程师必须实施旁站监理。监理人员对进场的材料必须严格审查全部质量证明文件，按规定进行见证取样和送检，对不符合要求的不予签认。监理人员在检验批验收过程中，发现材料、设备存在质量缺陷的，应该及时处理，签发监理通知，责令改正，并立即向主管部门报告。未经监理工程师签字，进场的材料、设备不得在工程上使用或者安装，施工单位不得进行下一道工序的施工。

（5）材料的取样和送检工作应在监理单位见证下进行，未经检验的不得使用，检验不合格以及不符合合同约定的严禁使用，必须清出施工现场。

9.3.6.2　几种主要材料的验收管理

1. 钢材

（1）钢材进场时，必须进行资料验收、数量验收和质量验收。

（2）资料验收：钢材进场时，必须附有盖钢厂鲜章或经销商鲜章的包括炉号、化学成分、力学性能等指标的质量证明书，同采购计划、标牌、发票、过磅单等核对相符。

（3）数量验收：必须两人参与，通过过磅、点件、检尺换算等方式进行，目前盘条常用的是过磅方式，直条、型钢、钢管则采用点件、检尺换算方式居多；检尺方式主要便于操作，但从合理性来讲，只适用于国标材，不适用于非标材，有条件应全部采用过磅方式，但过磅验收必须与标牌重量及检尺重量核对，一般不超过标牌重量或检尺计重，因此采购议价时应明确过磅价或检尺价。验收后填制《材料进场计量检测原始记录表》。

（4）质量验收：先通过眼看手摸和简单工具检查钢材表面是否有缺陷，规格尺寸是否相符、锈蚀情况是否严重等，然后通知质检（试验）人员按规定抽样送检，检验结果与国家标准对照判定其质量是否合格。

（5）进入现场的钢材应入库入棚保管，尤其是优质钢材、小规格钢材、镀锌管、板及电线管等；若条件所限，只能露天存放时，应做好上盖下垫，保持场地干燥。

（6）入场钢材应按品种、规格、材质分别堆放，尤其是外观尺寸相同而材质不同的材料，如 HPB 300、HRB335 螺纹钢筋，优质钢材等，并挂牌标识。

（7）钢材收料后要及时填制收料单，同时做好材质书台账登记，发料时应在领料单备注栏内注明炉（批）号和使用部位。

2. 水泥

（1）水泥进场时，应进行资料验收、数量验收和质量验收。

（2）资料验收：水泥进场时检查水泥出厂质量证明（三天强度报告），查看包装纸袋上的标识、强度报告单、供货单和采购计划上的品种规格是否一致，散装水泥应有出厂的计量磅单。

（3）数量验收：必须两人参与。袋装水泥在车上或卸入仓库后点袋记数，同时对袋装水泥重量实行抽检，不能出现负差，破袋的水泥要重新灌装成袋并过秤计量；散装水泥可以实际过磅计量，也可按出厂磅单计量，但卸车应干净，验收后填制《材料进场计量检测原始记录表》。

（4）质量验收：查看水泥包装是否有破损，清点破损数量是否超标；用手触摸水泥袋或查看破损水泥是否有结块；检查水泥袋上的出厂编号是否和发货单据一致，出厂日期是否过期；遇有两个供应商同时到货时，应详细验收，分别堆码，防止品种不同而混用；通知试验人员取样送检，督促供方提供 28 天强度报告。

（5）水泥必须入库保管，水泥库房四周应设置排水沟或积水坑，库房墙壁及地面应进行防潮处理；水泥库房要经常保持清洁，散灰要及时清理、收集、使用；特殊情况需露天存放时，要选择地势较高，便于排水的地方，并要有足够的遮垫措施，做到防雨水、防潮湿。

（6）水泥收发要严格遵守先进先出的原则，防止过期使用；要及时检查保存期限，水泥的存储时间不宜过长，从出厂到使用不得超过 90 天。

（7）袋装水泥一般码放 10 袋高，最高不超过 15 袋，不同厂家、品种、标号、编号水泥要分开码放，并挂牌标识。

（8）水泥收料后要及时填制收料单，在备注栏内填制出厂编号和出厂日期；发料时应在领料单备注栏内注明水泥编号和使用部位。

9.3.6.3　材料的使用保管

1. 材料出库制度

（1）材料出库应按批准的品种、规格、数量发放，应与领料人当面点清做到数量准、手续清。填写领料单应书写工整、并记清领用班组、使用部位，领、发料人及项目经理签字才有效。

（2）发放料具应按先进先出的原则，严格按限额领料单或履行批准手续后发料。外出施工现场的材料必须具有项目部出门手续。

（3）不合格的或损坏无法修复使用的材料不得出库使用。

（4）列入交旧领新、以坏换好和按规定退还包装容器的材料，须先回收后发放。

（5）现场大堆材料的消耗，应与工程形象进度同步，并盘点实物后计算耗用量，不得以收入量报耗或者随意乱报。

（6）进入施工现场的材料包括废钢材、周转材料，禁止项目部向外出售和转租，如项目部之间内部调剂，应办理内部调拨手续。如确需出售应经物供部审核并报公司总经理批准后，由物供部派专人监督出售。

（7）已领未用或竣工剩余材料应办理退库，用红字填写领料单作退库手续，使用过的残旧材料应单独填报盘存表并备注成色。

2. 材料保管保养制度

（1）入库材料要按不同材料的类别、品种、规格、质量、环境和安全管理、生产批号分别存放，并挂牌标识。标识的内容包括供方名称、生产厂家、供货时间、质量及环境安全状况、名称规格、抽检状态、生产批（炉）号等。

（2）对业主提供的材料，还应采取专库存放，并标识清楚，便于识别。若业主财产发生丢失、损坏或发现不适用的情况应书面报告业主代表并洽商处理。

（3）材料员要定期检查库存材料，按照技术保管要求及时进行保养，达到"十不"要求：不锈、不潮、不冻、不腐、不霉、不变、不坏、不混、不漏、不爆。如发现有变质损坏、超储积压、受潮锈蚀等情况应及时向主管报告，并采取防损措施。

（4）库房、料棚、库区经常保持通风干燥、整齐清洁，不漏雨、不潮湿，无杂草、无垃圾。

（5）严格执行企业《危险化学品管理办法》，对各种易燃易爆、危险化学品进行专库存放，醒目标识，并采取相应的防爆、防火、防盗、防毒等措施，配备必要的安全防护器材，派专人看守。

（6）搬运材料应配备相适应的运输工具和有一定专业知识或有经验的人员，确保材料搬运安全。

3. 材料盘点制度

（1）坚持季度盘点制度和有帐即查见物即盘的原则，清点账面数与实存数，差异即盈亏数。

（2）每季末月25日为盘点基准日，凡是账内账外材料、已领未用材料、在途材料均应盘点。账外材料应盘点成色，已领未用材料可用领料单红字办假退料，如供方的票据未到达应办理暂估入账手续。

（3）盘点完成后应填制《物资盘点表》，每季末月28日前上报。

（4）材料进出库后保管员应及时登账动卡，做到账、卡、物三相符，账册、单据日清月结季盘点。

（5）盘点要求达到"三清"即质量、数量、账卡清；"三有"即盈亏有原因、事故损坏有报告、调整账卡有根据；"一保证"即保证账、卡、物、资金四对口。

4. 现场材料的标识与防护

（1）现场材料大多属于露天临时堆放，因规格品种多量大容易受潮变质、散失浪费和混堆误用，项目部材料员应做好施工现场材料的标识与防护，按照材料性能及规格品种的不同，采取挂牌标识、上盖下垫、防雨防潮等不同的保管措施，并堆码整齐，达到安全文明施工要求。

（2）现场材料标识采用材料本身的质量证明书或抽检试验报告，以标牌或记录作为标识。标识必须清晰易辨，不得涂改、损坏。抽检状态标识分为合格、待检、不合格三种。标识的内容包括供方名称、生产厂家、供货时间、质量及环境安全状况、名称规格、抽检状态、生产批（炉）号等。

（3）对 A 类材料使用在重要工程时，应记录每批（炉）号的使用部位、使用数量并保存记录。

5. 限额领料管理

（1）施工项目应实行限额领料和定额用料考核制度。

（2）工程施工前，应与使用班组或使用人员确定限额领料的形式。

（3）根据限额领料规定、材料消耗施工定额和施工组织设计要求，编制材料消耗预算量，作为限额领料依据，严格执行。

（4）领发料相关方应分别留存领发料凭据，作为材料消耗考核的依据。

（5）在执行限额领料过程中，因工程量的变更，设计的更改，环境因素等影响材料的使用时，应及时调整材料消耗预算。

（6）工程完工后，应及时办理结算手续，认真检查分析限额领料的执行情况，实施节超奖罚。

6. 废旧及剩余材料回收管理

（1）工程的剩余材料应尽可能用在后续工程项目上，由上级材料部门负责调剂，冲减原项目工程成本。

（2）项目竣工而无后续工程的剩余材料，项目部提出申请报公司总经理批准后，由物供部与项目部协商处理，处理后的费用冲减原项目工程成本。

（3）在工程接近收尾阶段，严格控制现场进料，尽量减少现场余料积压。

（4）对因建设工程的变更，造成材料多余积压的，应积极做好经济损失索赔工作。

（5）项目部材料员应做好现场材料的修旧利废工作，对施工余料、废料进行分检、回收和利用，减少材料浪费，节约资源。

9.4 机械设备管理

9.4.1 机械设备管理概述

1. 机械设备管理的概念

机械设备管理是指施工企业以机械设备为研究对象，追求机械设备综合效率，应用一系列理论、方法，通过一系列技术、经济、组织措施，对机械设备的物质运动和价值运动进行全过程（从规划、设计、选型、购置、安装、验收、使用、保养、维修、改造、更新直至报废）的科学型管理。

企业机械设备管理，从包括的工作内容来说，概括了机械设备运动全过程，即从选购机械设备开始，在生产领域内使用、维护、磨损及补偿，直到报废退出生产领域为止的全过程的管理。其中存在着两种运动形态；一是机械设备的物质运动形态，包括从机械设备的选购、进厂验收、安装、调试、使用、维修、改造、更新等；一是价值运动形态，包括机械设备的最初投资、维修费用支出、折旧、更新改造资金的支出等。机械设备管理应当是包括对设备这两种运动形态的管理。在实际工作中，前者由设备管理部门（机械动力部门）承担，后者由财会部门承担。

2. 机械设备管理的意义

机械设备管理是施工企业项目管理的一个重要组成部分。加强机械设备管理，合理地选择机械设备，正确地使用机械设备，精心保养、修理，使机械经常保持完好状态，才能保证企业生产正常进行。

加强机械设备管理有利于企业提高生产的经济效果。现代企业主要的生产活动是由人操纵机械设备，由机械直接完成的，因此产品的品种、数量、质量、消耗、成本，在很大程度上取决于机械设备的技术状况。同时，由于机器设备的日益大型化、精密化、自动化，机械设备投资越来越大，与机械设备有关的费用，如折旧费、维修费等，在产品成本中的比重不断提高。因此管好机械设备对改善企业生产经营成果有着重要作用。

加强机械设备管理，搞好现有机械设备的技术改造，及时地补充新机械设备和更新旧的，有利于实现生产手段的现代化。

加强机械设备管理，不仅可以保证企业顺利地进行简单再生产，而且有利于实现扩大再生产。

9.4.2 机械设备管理计划

为使施工企业组织管好、用好拥有的机械设备，充分发挥机械设备的效能，保证机械设备的安全使用，确保施工现场的机械设备处于完好技术状态，预防和杜绝施工现场重大机械伤害和机械设备事故的发生，需要制订切实可行的机械设备管理计划。主要从以下三个方面：

1. 机械设备需求计划

项目经理部应根据工程的现场条件、工程特点、工程量和工期等需要编制机械设备需求计划。通常由项目经理部机械设备管理员负责编制。大中型机械设备由项目部主管项目经理审批，大型机械设备经主管项目经理审批后，还需报企业有关部门审批。

对于主要施工机械设备，如挖土机、起重机等的需要量，根据施工进度计划，主要建筑物施工方案和工程量，并套用机械产量定额求得；对于辅助机械设备可以根据建筑安装工程每 10 万元扩大概算指标求得；对于运输机械设备的需要量根据运输量计算。

机械设备需要量计划表见表 9-5。

2. 机械设备使用计划

项目经理部应根据工程需要编制机械设备使用计划，报组织领导或组织有关部门审批，其编制依据是根据工程施工组织设计。同样的工程采用不同的施工方法、生产工艺及技术安全措施，选配的机械设备也不同。因此编制施工组织设计时，应考虑用什么设备组织生产，才能最合理、最有效的保证工期和质量，降低生产成本。

表 9-5　　　　　　　　　　　　　　　机械设备需要量计划表

序号	机械设备名称	型号	规格	功率/kVA	需要量/台	使用时间	备注

机械设备使用计划一般由项目经理部机械管理员或施工准备员负责编制。中小型机械设备一般由项目经理部主管经理审批。大型设备经主管项目经理审批后，报组织有关职能部门审批，方可实施运作。

3. 机械设备保养和维修计划

机械设备进入现场经验收合格后，在使用过程中其保护装置、机械质量、可靠性等都有可能发生质的变化，对使用过程的保养与维修是确保其安全、正常使用必不可少的手段。

机械设备保养的目的是为了保持机械设备的良好技术状态，提高设备运转的可靠性和安全性，减少零部件的磨损，延长使用寿命，降低消耗，提高经济效益。保养分为例行保养和强制保养。例行保养属于正常使用管理工作，不占用设备的运转时间，由操作人员在机械运转间隙进行。强制保养是隔一定周期和内容分级进行的。保养周期根据各类机械设备的磨损规律、作业条件、维护水平及经济性四个主要因素确定。强制保养根据工作和复杂程度分为一级保养、二级保养、三级保养和四级保养，级数越高，保养工作量越大。

机械设备的修理，是对机械设备的自然损耗进行修复，可以保证机械的使用效率，延长使用寿命。机械设备的修理分为大修、中修和零星小修。大修和中修要列入修理计划，并由组织负责安排机械设备预检修计划。

9.4.3　机械设备的选择

1. 机械设备的分类

施工机械设备包括的种类较为广泛，有施工和生产用的建筑机械和其他各类机械设备。

（1）生产性的建筑机械设备。包括挖掘机械、铲土运输机械、压实机械、工程起重机械、打桩机械、路面机械、混凝土机械、混凝土制品机械、钢筋及预应力机械、装修机械、高空作业机械、交通运输设备、加工和维修设备、动力设备、木工机械、测试仪器、科学实验设备等。

（2）非生产性机械设备。包括印刷、生活、文教、宣传等专用设备。

2. 机械设备的来源

施工机械设备的来源有四种方式，即购置、制造、租赁和利用原有设备。正确选择施工机械设备是降低施工成本的一个重要环节。

（1）购置。购置新施工机械设备是较常用的一种方式。其特点是需要较大的初始投资，但选择余地大，质量可靠，维修费用小，使用效率较稳定、故障率低。企业购置施工机械，应由企业设备管理机构或设备管理人员提出购置要求。进口设备应备有设备维修技术资料和必要的维修配件。进口设备到达后，应认真验收，及时安装、调试和投入使用，发现问题应当在索赔期内提出。

（2）制造。企业自制设备，应当组织设备管理、维修使用方面的人员参加设计方案的研究和审查工作，并严格按照设计方案做好设备的制造工作。设备制成后，应由完整的技术资料。自制的特点是需要一定的投资，可利用企业现有的技术条件，但因缺乏制造经验、协作不便、质量不稳定，通用性差。对于一些大型、通用性强的设备，则不宜采用此法。

（3）租赁。根据工程需要，向租赁公司或有关单位租用施工机械设备。其特点是可以在初期花费少量的资金获得需要的机械设备；租赁时间也较灵活，可长可短。但企业缺乏资金时，可采用长期租赁的方式获得急需的施工机械设备，只要按照规定分期偿还租赁费和名义货价后就可取得设备的使用权。这种方式可以加速施工企业的技术改造。

（4）利用企业原有设备。这种方式实际是租赁的一种变体。项目部向所属企业租赁施工机械，并支付一定的租金，或采用将机械施工任务分包给其他分包人。

3. 机械设备的选择原则

施工企业正确选择机械设备的目的是既能保证满足施工生产的需要，又能使每台机械设备发挥最高效率，以达到最佳经济效益。

总的选择原则是技术上先进、经济上合理、生产上适用。

4. 机械设备的选择方法

机械设备选择的方法有很多种，主要是利用经济学中的基本理论进行分析必选，无论是租赁还是自有设备，最直接的比选方法是单位工程量成本法和年费用法。

（1）单位工程量成本比较法。单位工程量成本比较法选择机械设备，计算公式如下：

$$C = \frac{F/V + X}{Q} \tag{9-1}$$

式中　C——机械设备正常使用的单位工程量成本；
　　　F——定期机械设备的固定费用；
　　　V——机械设备的使用时间；
　　　X——机械设备正常使用单位时间的操作费用；
　　　Q——机械单位时间的产量定额。

【例9-2】　工地上有A、B两种型号的挖土机可以选择，性能满足施工需求，预计每月使用时间为160个h，经合理测算有关数据如下：A机械每月的固定成本费用为7400元，每小时操作费用32.8元，每小时产量47m³，B机械每月的固定成本费用为8600元，每小时操作费用29元，每小时产量为52m³。试问应该选择哪种机械？

解

A机械的单位工程量成本：$C_A = \frac{F/V + X}{Q} = \frac{7400/160 + 32.8}{47} = 1.68$元

B机械的单位工程量成本：$C_B = \frac{F/V + X}{Q} = \frac{8600/160 + 29}{52} = 1.59$元

（2）年费用法。该方法主要是利用工程经济学中资金时间价值和等值计算的原理来对机械设备进行必选，对于使用期较长的设备尤为适用。

1）购置、制造和利用企业原有设备等值年费用。

等值年费用＝（施工机具原值－残值）×资金回收系数＋残值利息
＋施工机具年使用费＋其他费用

2）租赁等值年费用。

等值年费用＝租赁费用＋施工机具年使用费＋其他费用

【例 9-3】　　某公司已中标承担某地的扩建工程施工条件，其锅炉吊装的大型施工机具按施工组织总设计，已选定为 60t 塔吊一台。经初步讨论，要满足施工需要并获得改性塔吊有三种方案可供选择，这三种方案是搬迁、购置、租赁。

甲方案：搬迁塔吊。该公司已有一台 60t 塔吊，正在另一施工现场使用。可利用建筑施工期间存在的间隙搬迁塔吊，以满足新工程施工需要，待安装开始时再搬迁回来。这样增加了搬迁费用，同时必须采取其他一些相应措施，以弥补另一现场无吊车所引起的损失。经测算，需要费用 3 万元。

乙方案：购置塔吊。某厂已同意加工制造同类型塔吊，但因时间紧迫，要求加价 30%。

丙方案：租赁塔吊。按日历天数支付 600 元租赁费用。

60t 塔吊有关具体数据如下：一次性投资 150 万元，运输、拆迁、安装一次总费用 10 万元，年使用费 6 万元，塔吊残值 20 万元，使用年限 20 年，年复利 80%。现估计该塔吊在新工程使用期满为一年。试分析该项目部应选择哪一种方案为宜（工程独立核算）？

分析：

1. 计算各方案费用

甲方案：项目部需两次运输、拆迁、安装塔吊，并支付 3 万元，以弥补原现场无塔吊引起的损失。甲方案年费用为

甲年费用＝（施工机具原值－残值）×资金回收系数＋残值利息＋施工机具年使用费
　　　　＋其他费用

$$= (150-20) \times \frac{8\% \times (1+8\%)^{20}}{(1+8\%)^{20}-1} + 8\% \times 20 + 6 + 2 \times 10 + 3 = 43.84 \text{ 万元}$$

乙方案：项目部要支付一台塔吊固定费用，机械年使用费。其运输安装费用考虑安装与拆卸总费用的一半计算（考虑新购由供货方安装）。乙方案年费用为

乙年费用＝（施工机具原值－残值）×资金回收系数＋残值利息＋施工机具年使用费
　　　　＋其他费用

$$= (150 \times 1.30 - 20) \times \frac{8\% \times (1+8\%)^{20}}{(1+8\%)^{20}-1} + 8\% \times 20 + 6 + \frac{1}{2} \times 10 = 30.42 \text{ 万元}$$

丙方案：租用塔吊要付租金，塔吊匀速、拆塔费用和机械年使用费用必须自己开支。丙方案年费用为

丙年费用＝使用时间×单位时间租赁费用＋施工机具年使用费＋其他费用

$$= 365 \times \frac{600}{10\,000} + 8\% \times 20 + 6 + 10 = 39.50 \text{ 万元}$$

2. 推荐意见

上述计算结果表明，从整个项目部利益出发，三种方案宜选择乙方案为好，争取主动，并可节约费用。

9.4.4　机械设备的使用与维修、保养

1. 机械设备的使用

为了正确合理使用机械设备，防止设备事故的发生，更好地完成企业施工任务，必须按照以下规定使用机械设备。

（1）必须严格按照厂家说明书规定的要求和操作规程使用机械。

（2）实行持证上岗制度。

1）施工现场要配备具有资质的机械员、专职维修工和操作工，负责施工现场机械设备的日常管理和维修保养工作。操作人员必须身体健康，经过专门训练，方可持证上岗。

2）特种作业人员（起重机械、起吊指挥、挂钩作业人员、电梯驾驶等）必须按国家和省、市安全生产监察局的要求培训和考试，取得省、市安全生产监察局颁发的"特种作业人员安全操作证"后，方可上岗操作，并按规定的要求和期限进行审核。

3）实习操作人员必须有实习证，在师傅的指挥下，才能操作机械设备。

4）设备操作人员必须具备"四懂"（懂机械原理、构造、性能、用途）、"三会"（会操作、保养、排除故障）和"十字作业"（清洁、润滑、紧固、调整、防腐）的能力。

（3）实行岗前培训、技术交底制度。

1）结合现场设备事故的隐患及整改情况，对操作、指挥、维修人员进行岗位和安全生产教育，提高专业技术水平和安全生产意识。

2）作业前项目经理部应向机械设备管理、操作和指挥人员进行技术交底并提出施工要求，协调好施工生产和设备使用、维修之间的矛盾。

（4）正确使用机械设备。

1）机长及机组长是机组的领导者和组织者，负责本机组设备的所有活动。在交班时，机组负责人应及时、认真的填写机械设备运行记录。

2）新购或改装的大型施工设备应有公司设备科验收合格后方可投入运作，现场使用的机械设备都必须做标志、挂牌。电力拖动的机械要做到一机、一闸、一线制。漏电保护装置灵敏可靠，接零和布线符合规范要求。

3）施工现场应为机械设备使用提供良好的工作环境，固定使用的机械必须有符合安全要求的机棚。临时停放的机械设备做到上有盖下有垫。明显部位或机棚内有安全技术操作规程和主管司机（负责人）铭牌悬挂。

4）现场使用的机械设备必须做到机容机况良好，安全防护装置齐全，限位灵敏有效。正确使用燃油、润滑油，以减少机件的磨损，延长机械设备的使用寿命。

5）经过大修理的设备，应该由有关部门验收发给使用证后方可使用。

6）起重机械必须严格执行"十不吊"的规定，遇六级（含六级）以上的大风或大雨、大雪、打雷等恶劣天气，应停止使用。

7）机械设备转运过程中，一定要进行中修、保养，更换已坏损的部件，紧固螺钉，加润滑油，脱漆严重的要重新油漆。

（5）机械使用必须贯彻"管用结合"、"人机固定"的原则，实行定人、定机、定岗位的岗位责任制。

1）单独机械操作者，任命为机械使用负责人。

2）多班作业或多人操作的机械（如塔吊、升降机），应任命一名为机长，其余为组员。

3）班组共同使用的机械以及一些不宜固定操作人员的机械设备，应将这类设备编为一组，任命一名为机组长，对机组内所有设备负责。

（6）建立保养规程。所有施工现场的机管员、机修员和操作人员必须严格执行机械设备的保养规程，应按机械设备的技术性能进行操作，必须严格执行定期保养制度，做好操作前、操作中、操作后的清洁、润滑、紧固、调整和防腐工作。

（7）建立检查制度。

1）公司业务部门要组织专业人员对现场使用的机械设备进行定期检查和不定期的抽查。

2）专业分公司定期到各工地进行检查。项目经理部每旬分别对设备的使用、维修、清洁、润滑、安全操作、工具管理等进行检查，并要有记录。

2. 机械设备的维修

（1）编制修理计划。根据施工任务、机械使用情况和技术状况合理编制修理计划。

（2）机械维修标准。

1）小修。小修是对设备进行全面清洗、部分解体检查和局部修理。

2）中修。中修是机械设备两次大修之间的平衡性修理，机械半数以下总成达到极限磨损，其余总成需要高级保养，必须将其解体修理以消除各总成间损坏不平衡的状态。

3）大修。大修是对机械设备进行全面彻底的恢复性修理，经技术鉴定，多数总成或部件即将达到极限磨损的程度，需要进行一次全面、彻底的修理。

（3）维修验收。

1）维修验收的内容。

①外部检查：主要是机械装配的完善性和质量的可靠性，其中包括润滑情况、紧固情况及有无漏油、漏水、漏气等现象。

②空运转试验和负荷试验：包括启动性能、操纵性能、制动性能和安全性能是否达到正常使用的技术要求。

③机械试验后的复查：主要是检查机械通过各种试验后有无不正常现象，消除试验中发现的缺陷和故障，并进行必要的调整、紧固等工作。

2）机械验收合格后，即可投入使用。

（4）保修。

1）在保修期内机械设备发生严重损坏或故障时，应通知承修方派人共同检验，分析原因，明确责任。

2）在保修期内，机械出现问题，双方意见不一致时由承修单位提供修理检验记录、验收记录等，送修单位提供走合期运转记录、保养记录等，以此来明确责任。

3. 机械设备的保养

（1）日常保养。指机械在作业前、运转中、作业后进行的"清洁、紧固、调整、润滑、防腐"十字作业，每班由操作司机实施。

（2）一级保养。除做日常保养项目外，以紧固、润滑为主要内容，并检查各部油面，清洗三滤装置（机油、燃油和空气滤清器），由操作司机实施。

（3）二级保养。除完成一级保养项目外，以检查、调整为主要内容，使机械处于良好状态，由操作司机和修理工共同完成。

（4）三级保养。除完成二级保养项目外，对部分总成进行解体、检修、调整为主要内容，以专业修理工为主，操作司机配合共同实施。

（5）换季保养。指入夏、入冬前对机械进行的保养，主要是更换适应本地区、本季节的燃油和润滑油，由操作司机实施。

（6）走合期保养。指对新购及大修后的机械设备在走合期内应进行的保养，应按不同机械的具体技术要求执行，由操作司机及走合期负责人共同完成。

（7）停放保养。指对临时停放一个月以上的机械设备进行的保养，以清洁、润滑、防腐为主，由保管司机每月进行一次。

9.5　项目资金管理

9.5.1　项目资金管理概述

项目资金管理是指项目经理部对项目资金的计划、使用、核算和防范风险的管理工作。

1. 项目资金的来源

施工单位项目资金的来源，一般是在承发包合同条件中规定的，由发包人提供的工程备料款和工程进度款。为了保证生产的正常进行，施工单位也会垫付部分自有资金和进行银行贷款。具体的项目资金来源渠道主要有：工程备料款、工程进度款、企业自有资金、银行贷款、其他项目资金的调剂等。

2. 项目资金变化的影响因素

工程项目的建设周期长，所处的政治环境、经济环境、市场环境等不断变化，不同阶段资金的投入量不同，导致项目资金不断变化。主要影响因素有：

（1）施工项目的投标报价和合同规定的付款形式，包括工期、预付款的比例和金额、进度款的结算方式和期限等。

（2）各种材料和机械设备的市场价格，如遇通货膨胀时期，材料价格上升，材料所占资金额就增多。

（3）量价分离后，企业内部定额对资金的变化产生重要影响。

（4）银行的存贷款利率等。

3. 项目资金管理的目的

项目资金管理的目的是保证收入、提高经济效益、节约支出、防范资金风险。

9.5.2　编制项目资金收支计划

1. 项目资金收支的管理原则

项目资金收支的管理原则主要涉及资金的回收和分配两个方面。资金的回收直接关系到工程项目能否顺利进行；而资金的分配则关系到能否合理使用资金，能否调动各种关系和相关单位的积极性。

项目资金的收支原则有：

（1）以收定支原则。即以收入确定支出。这种做法可能使项目的进度和质量受到一定的影响，但可在不加大项目资金成本的情况下，对某些工期紧迫或施工质量要求较高的部位，应视具体情况采取区别对待的措施。

（2）制订资金使用计划原则。即根据工程项目的施工进度、业主支付能力、企业垫支能力、分包或供应商的承受能力等制订相应的资金计划，按计划进行资金的回收和支付。

2. 项目资金收支计划的内容

项目资金计划包括收入方和支出方两部分。

（1）收入方资金计划包括本期工程款等收入，向公司内部银行借款，以及月初项目的银行存款。

（2）支出方资金计划包括项目本期支付的各项供料费用，上缴利税和上级管理费，归还公司内部银行借款，以及上月末项目银行存款。

（3）工程前期投入一般要大于产出，主要是现场临时建筑、临时设施、部分材料及生产工具的购置，对分包单位的预付款等支出较多，另外还可能存在发包方拖欠工程款的情况。

在安排资金时要考虑分包人、材料供应商的垫付能力，在双方协商基础上安排付款。在资金收入上要与发包方协调，使其履行合同按期拨款。

3. 项目资金收支计划的编制

（1）年度资金收支计划的编制，要根据施工合同工程款的支付条件和年度生产进度计划，预测年资金收入，再参考施工方案，安排工、料、机费用等资金分阶段投入，做好收入和支出在时间上的平衡。

年度资金收支计划编制时，关键要摸清工程款到位情况，测算筹集资金的额度，安排资金分期支付，平衡资金，确定年度资金管理工作总体安排。

（2）月、季度资金收支计划的编制，是年度资金收支计划的落实与调整。要结合生产计划的变化，安排好月、季度资金收支，重点是月度资金收支计划。以收定支，量入为出，根据施工月度作业计划，计算出主要工、料、机费用及分包费支出等分析用款计划，经平衡确定后报企业审批实施。月末最好5日内提出执行情况分析报告。

9.5.3　项目资金的使用管理

（1）确定施工项目经理当家理财的中心地位，各个项目的资金独立支配。

（2）项目经理应在企业内部的银行申请开设独立账户，由内部银行办理项目资金的收、支、划、转，由项目经理签字确认。

（3）内部银行实行"有偿使用"、"存贷计息"、"定额考核"及定额内低利率、定额外高利率的贷款方法。项目资金不足时，通过内部银行解决。

（4）项目经理按月编制资金收支计划，企业工程部签订供货合同，公司总会计师批准，内部银行实施监督实施，月末提供执行情况分析报告。

（5）项目经理部应及时向发包方收取工程备料款，做好分期结算、预算增减账、竣工结算等工作，定期进行资金使用情况和效果分析，不断提高资金管理水平和效益。

（6）建设单位所交"三材"和设备是项目资金的重要组成部分，项目经理应设备台账，根据收料凭证及时入账，按月分析好用情况，反映"三材"收入和耗用动态。定期与交料单位核对，保证数据资料完整、准确，为及时做好竣工结算创造条件。

（7）项目经理部每月定期召开业主代表及分包、供应、加工各单位代表碰头会协调工程进度、配合关系、资金调度、甲方供料等事宜。

【综合案例】

北京市某高层住宅楼的人、材、机资源管理

在北京市拟建某高层住宅，建筑面积共为 16 585m² 地下一层人防，首层、二层商业，三至十七层高层住宅，顶层电梯机房，建筑和结构设计具体情况略。在施工时，根据本工程的情况和施工单位的施工力量情况，该项目相关的生产要素部分管理安排情况如下：

一、劳动力资源安排

1. 劳动力组织安排

本工程为高层住宅楼，公司本着结构合理、精干高效的原则，委派具有丰富创优经验的

项目经理担任本工程的项目经理，并且由具有同类型工程施工管理经验的高素质的管理人员组成项目经理部。

项目部人员构成如图 9-2 所示。

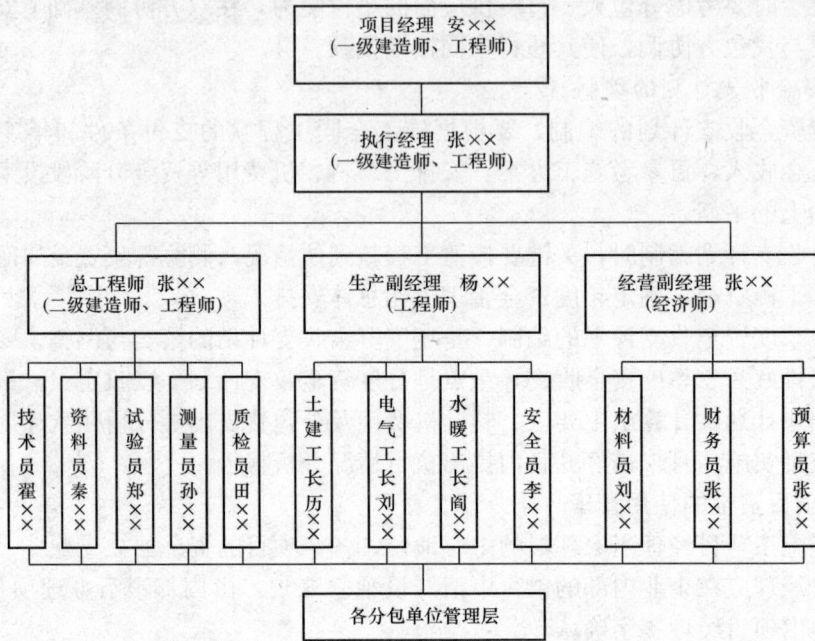

图 9-2　项目部管理人员构成图

（1）项目领导层：由项目经理、项目总工程师、生产副经理、经营副经理组成。项目经理是企业法人在本工程上的代表。项目领导层具有人事调度、成本控制、技术决策、设备租赁的权力，对工程进度、质量、安全、文明施工等全面负责。

（2）项目管理层：分为三大部分，即技术管理部、生产管理部、经营管理部。其具体职能如下：

1）技术管理部：负责整个工程的全过程技术管理，下设资料、测量等各专业施工管理部门，配备专业管理人员。

2）生产管理部：负责整个工程生产进度的总控管理，下设水电等各专业施工生产管理部门，配备专业管理人员。

3）经营管理部：负责项目部成本核算和造价管理，下设预算、财务等专业施工管理部门，配备专业管理人员。

（3）项目作业层：主要为现场一、二线工人，由具有熟练操作技术和丰富经验的施工劳务队伍组成，必须具有相应资质。

2. 主要劳动力计划

本工程将选用和本公司长期合作的劳务施工队伍参与本工程的施工，确保劳动力的素质及按期组织到位是项目管理的关键。

劳动力实行专业化组织，按不同工种、不同施工部位来划分作业班组，使专业班组从事性质相同的工作，提高操作的熟练程度和劳动生产率，以确保工程施工质量和施工进度。劳动力选择操作技术高、人员素质好的施工队伍。

本工程将根据工程各阶段施工配备劳动力，并根据施工生产情况及时调配相应专业劳动力，对劳动力实行动态管理。劳动力包括土方、防水、结构、设备安装等所需劳动力。具体详见表9-6。

表9-6 劳 动 力 计 划 表

工种	按工程施工阶段投入劳动力情况							
	基础	主体	楼地面	门窗	屋面	装饰	水暖	电气
钢筋工	40	50						
木工	30	50		20		20		
混凝土工	25	35	10		7			
瓦工	10	35				10		
抹灰工	5	10	40	5	10	30		
架子工	10	20	5	5		10	20	
管工	2	5	3			4		25
电工	2	3	3					
电气焊	2	4					5	
装修工			10	10	5	15		
防水工	10					10		
机械工	2	3	3	2		1	1	1
壮工	30	60	40		10	15	10	10
起重工	2	2	1	1	1	1	1	1
合计	170	277	115	55	43	106	37	37

二、主要材料检测要求

1. 主要检验、测量、试验仪器计划

根据工程规模及现场的具体情况，配置与工程相匹配的测量、试验器具，要求所有仪器必须经过检测并有检测合格证，见表9-7。

表9-7 主要检测、测量、试验仪器计划表

序号	名称	规格型号	单位	数量	检测状态
1	光学经纬仪	DJ2	台	2	合格
2	水准仪	DZS3	台	2	合格
3	铝合金塔尺	5m	把	2	合格
4	钢卷尺	50m	把	4	合格
5	绝缘电阻表	EC25-3	台	1	合格
6	盒尺	5m	把	5	合格
7	最高最低温度计		个	1	合格
8	台秤	TGT-1000	台	1	合格

续表

序号	名称	规格型号	单位	数量	检测状态
9	环刀	70mm	个	10	合格
10	砂浆试模	70mm×70mm×70mm	组	9	合格
11	坍落度筒	30cm	套	3	合格
12	标养室	30m²		1	合格
13	混凝土试模	150×150×150	组	18	合格
		100×100×100	组	20	合格
		175/185×150	组	15	合格

2. 人员准备工作

成立以技术员为组长，资料员、试验员、材料员为组员的试验小组。组长组长协调试验小组日常工作，并对其工作质量进行监督；组员负责整个工作的施工试验、取样、送检及试验资料的管理工作。

3. 试验室选择

按工程实际情况在北京市下发的有资格试验室的名单中（有见证及常规）选取三家以上试验对其进行考核，从中择优选取，确定后与监理、甲方办理有见证备案书。

4. 标养室设置

在施工现场设置标养室。

标养室内设备应齐全，温度、湿度控制器运行有效，能把标养室内的温度控制在规范规定数据内，设置有效检测期。

5. 工程施工试验取样计划表（见表 9-8）

表 9-8　　　　　　　主要检测、测量、试验仪器计划表

序号	试验内容		取样批量	试验数量	见证取样	备注
1	钢筋原材		≤60t	1组	30%	
2	钢筋接头	直螺纹	≤500 个接头	3 根拉件	30%	
3	混凝土试块		一次浇筑量≤1000m³，每 100m³ 为一个取样单位（3 块），每个楼层每个流水段一组		30%	同配比
			混凝土抗渗试块每 500m³ 为一个取样单位（6 块）		30%	同配比
4	砌筑砂浆		每 250m³	6块	30%	同配比
			一个楼层		30%	
5	防水卷材		100 卷以内	2组	30%	
			100～499 卷	3组		
			500～1000 卷	4组		
			大于 1000 卷	5组		
6	回填土	基坑	50～100m²	1组		分层取样
		基槽	10～20m	1组		
		级配砂石地基	100m²	1组		

序号	试验内容	取样批量	试验数量	见证取样	备注
7	加气混凝土砌块	每1万块	1组	30%	
8	防水涂料	同一生产厂每10t	1组	30%	
9	陶瓷砖	同一生产厂每500m²	1组		
10	保温	同一批次每350m³	1组		

注　施工中取样代表批量和取样次数确定依据流水段划分情况和现场实际情况进行。如果材料的使用过程中有变化，将相应增加试验组数。

三、施工机械机具的安排

1. 塔吊的配备

本工程拟在结构施工期间投入三台塔吊，QTZ6515（臂长65m）一台，QTZ5513（臂长55m）两台，用于结构施工的物料运输。同时，塔吊布置能满足现场施工的垂直运输吊次的要求。

塔吊型号及布置位置的选择原则：

(1) 尽可能大地覆盖整个施工区域；

(2) 所处位置对车辆通行、材料堆放及周边设施影响最小；

(3) 塔吊拆除后留下的收尾工作最小；

(4) 便于塔吊安装、拆除。

2. 装修用垂直运输设备的配备

根据砌筑、装修的施工，1-1♯、1-2♯、1-3♯各用一台外用双笼电梯；为提高运输效率，外用双笼电梯仅作为运输材料使用，人员主要从楼梯上下。

3. 混凝土施工机械配备

本工程采用商品混凝土，混凝土浇筑采用3台HBT-60A、1台HBT-60C拖式输送泵完成。另外现场设置三台13m臂长布料杆，保证现场混凝土浇筑质量和浇筑的连续性。

本工程施工所用大型机械见表9-9。

表9-9　　　　　　　　　　　本工程主要施工所用大型机械表

序号	机械名称	功率（kW）	单位	数量	总功率（kW）	备注
1	塔吊	70	台	3	210	
2	混凝土地泵	110	台	3	330	
3	电锯	5.5	台	4	22	
4	电刨	2.5	台	4	10	
5	切断机	4	台	2	8	
6	切割机	2.2	台	4	8.8	
7	弯曲机	4	台	4	16	
8	套丝机	4	台	5	20	
9	电焊机	22	台	4	88	
10	混凝土振捣器	1.1	台	10	11	

序号	机械名称	功率（kW）	单位	数量	总功率（kW）	备注
11	蛙式打夯机	1.5	台	6	9	
12	镝灯	3.5	台	10	35	
13	碘钨灯	1	台	15	15	
14	室外电梯	30	台	3	90	
15	办公区		台		80	
16	生活区		台		100	
合计					1042.8	

思考与练习

一、单选题

1. 项目所需主要材料、大宗材料，项目经理部应编制材料需要量计划，由（　　）订货或采购。

A. 项目经理部　　　　　　　　　　B. 项目物资部门

C. 项目采购工程师　　　　　　　　D. 企业物资部门

2. ABC 分类法将材料按重要性程度分为三类，其中 A 类材料是（　　）。

A. 材料价款占总材料价款比例的 0～80% 区间，属材料采购的关键管理对象

B. 材料价款占总材料价款比例的 0～80% 区间，属材料采购的一般管理对象

C. 材料价款累计占总材料价款比例的 0～80% 区间，属材料采购的关键管理对象

D. 材料价款累计占总材料价款比例的 0～80% 区间，属材料采购的一般管理对象

3. 当采用复利贷款方式采购施工机械设备时，其年折旧费中资金回收系数表达式正确的是（　　）。

A. $\dfrac{i}{(1+i)^n-1}$　　B. $\dfrac{(1+i)^n-1}{i}$　　C. $\dfrac{i(1+i)^n}{(1+i)^n-1}$　　D. $\dfrac{(1+i)^n-1}{i(1+i)^n}$

4. 项目资源管理的全过程应包括项目资源的计划、配置、（　　）。

A. 控制和处置　　　B. 组织和处置　　　C. 控制和指挥　　　D. 组织和指挥

5. 项目人力资源管理的主体是（　　）。

A. 企业法定代表人　　　　　　　　B. 项目经理

C. 人力资源经理　　　　　　　　　D. 建造师

6. 水泥收发要严格遵守先进先出的原则，防止过期使用；要及时检查保存期限，水泥的存储时间不宜过长，从出厂到使用不得超过（　　）天。

A. 30　　　　　　B. 60　　　　　　C. 75　　　　　　D. 90

7. 砂石料均为露天存放，存放场地要砌筑围护墙，地面必须硬化；若同时存放砂和石，砂石之间必须砌筑高度不低于（　　）m 的隔墙。

A. 1.5　　　　　　B. 1　　　　　　C. 2　　　　　　D. 3

8. 钢材进场时，必须附有盖钢厂鲜章或经销商鲜章的包括炉号、化学成分、力学性能等指标的（　　），同采购计划、标牌、发票、过磅单等核对相符。

A. 出厂日期　　　　　B. 物理性能　　　　　C. 质量证明书　　　　　D. 商检证明

9. 项目经理部应根据工程需要编制机械设备使用计划，报组织领导或组织有关部门审批，其编制依据是（　　）。

A. 机械设备需求计划　　　　　　　　B. 企业自由的设备

C. 工程施工组织设计　　　　　　　　D. 施工进度计划

10. 以紧固、润滑为主要内容，并检查各部油面，清洗三滤装置（机油、燃油和空气滤清器），由操作司机实施的是（　　）。

A. 日常保养　　　　B. 一级保养　　　　C. 二级保养　　　　D. 三级保养

二、多选题

1. 关于材料采购，下列说法正确的是（　　）。

A. 项目所需的主要材料、大宗材料，项目经理部应编制材料需要量计划，由项目物资部门严格按照材料需要量计划进行采购

B. 对于企业合格分供方名录以外的厂家，在必须采购其产品时，要严格按照"合格分供方选择与评定工作程序"执行

C. 对于不需要进行合格分供方审批的一般材料，采购金额在 10 万元以上的（含 10 万元），必须签订订货合同

D. 在进行材料采购时，应进行方案优选，选择采购费和储存费之和最低的方案

E. 项目的年材料费用总和就是材料费、采购费、仓库储存费三者之和

2. 一般项目人力资源管理的全过程包括（　　）方面。

A. 项目人力资源管理计划　　　　　　B. 项目人力资源管理控制

C. 项目人力资源管理考核　　　　　　D. 项目人力资源管理组织

E. 项目人力资源选聘

3. 项目人力资源计划应包括（　　）。

A. 人力资源需求计划　　　　　　　　B. 人力资源配置计划

C. 人力资源考核计划　　　　　　　　D. 人力资源培训计划

E. 人力资源解聘计划

4. 工程项目材料管理的意义表现为（　　）。

A. 搞好材料管理是保障施工生产正常进行的先决条件

B. 搞好材料管理是提高工程质量的管理权限保障

C. 搞好材料管理是降低工程成本、提高企业经济效益的重要环节

D. 可以加速资金周转，减少流动资金占用

E. 有助于提高劳动生产率

5. 工程项目材料管理的主要任务是（　　）。

A. 保证供应　　　B. 降低费用　　　C. 保证质量　　　D. 保证数量

E. 完成工程

6. 按材料在建筑工程中所起的作用分类，属于主要材料的是（　　）。

A. 钢材　　　　　B. 水泥　　　　　C. 油漆　　　　　D. 石灰

E. 模板

7. 材料验收依据有（　　）。

A. 材料计划、订货合同及合同约定条件　　B. 经双方确认封存的样品或样本

C. 材料的验收时间　　D. 材质证明和抽样复验合格证明

E. 材料的验收人

8. 材料质量控制的内容主要有（　　）。

A. 材料的质量标准　　B. 材料的性能

C. 材料取样试验方法　　D. 材料的适用范围

E. 施工要求

9. 施工机械设备的来源有（　　）方式。

A. 购置　　B. 制造

C. 租赁　　D. 建设单位提供

E. 利用原有设备

10. 机械设备的选择方法有（　　）。

A. 单位工程量成本法　　B. 价值工程法

C. 现值法　　D. 年费用法

E. 比较法

三、简答题

1. 简述工程项目资源管理的意义。

2. 简要说明资源管理应遵循的程序。

3. 项目团队的特征有哪些？

4. 在制订选择、调查和评价材料供方的准则时，应考虑哪些方面因素？

5. 简述材料的质量控制的要点。

6. 材料复试的取样遵循什么原则？

7. 设备管理的任务有哪几个方面？

8. 项目资金来源主要有哪些？

参 考 答 案

一、单选题

1. D；2. C；3. C；4. A；5. B；6. D；7. B；8. C；9. C；10. B

二、多选题

1. BDE；2. ABC；3. ABD；4. ABCDE；5. AB；6. ABCD；7. ABD；8. ABCDE；
9. ABCE；10. AD

三、简答题（略）

第10章　工程项目风险管理

【教学提示】

本章重点是风险的概念、特点；建筑工程项目风险管理过程以及建筑工程项目风险分析与风险应对；建筑工程项目实施过程中风险的监控。风险分析往往需要借助定量处理方法完成，教学过程中应注意讲授方法。

【教学要求】

通过本章的学习，要求掌握风险管理的整个过程，能够识别风险、对建筑项目进行风险分析，制订应对风险方案。

10.1　工程项目风险管理概述

工程项目由于投资大，工期长，在建设过程中不可预见的因素较多。因此，工程建设参与各方均不可避免地面临着各种风险，如果不加防范，很可能会影响工程建设的顺利进行，甚至酿成严重后果。为此，工程项目的风险管理就显得尤为重要。

10.1.1　风险的含义

1. 风险的含义

风险是一个相当现代的词，它来源于法语 risque，在 17 世纪中叶被引入到英语中，在 18 世纪前半段，risk 这样的书写方式才出现于保险交易中。风险表明了一种状态，即一个特定事件或活动的实际结果很可能与估计或预测的结果不同。从本质上讲，风险来源于不确定性，而不确定性则来源于信息的缺乏。一般来说，风险包含以下三个方面的含义：

(1) 风险具有不确定性；

(2) 风险必然导致不良后果；

(3) 风险是可以度量的。

2. 风险的分类

(1) 按照风险是否完全超过决策者控制范围划分。

1) 可控制风险。决策者自愿承担的风险，并且其后果部分地在我们直接控制范围内。如：在建筑工程中决策者自愿承担建筑物中使用新技术所导致的风险，施工中总承包商负责组织施工过程分包商协调中出现的风险，这些风险均属于可控制风险。

2) 不可控制风险。完全超出决策者的控制范围。比如：恶劣的天气状况、通货膨胀、税率变化等，对于不可控制风险可以采取一些措施降低影响程度。

(2) 根据造成的不同成果划分。

1) 纯风险（Pure Risk）。只会造成损失而不会带来收益的风险。比如重大自然灾害带来的风险、战争等。

2）投机风险（Speculative Risk）。不但会带来额外收益而且可能造成损失，比如物价上涨，物价上涨本来会给承包商带来损失，但是若承包商能有效利用这一风险，在物价上涨之前订购了材料，则物价上涨这一风险会带来额外的利润。类似的还有汇率变动风险亦属于投机风险。

（3）按照风险的影响范围划分。

1）环境风险。环境风险可分为自然环境风险和政治、社会、经济风险。自然环境风险：连续降雨、特大降雨、低温天气等风险；政治、社会、经济风险：政权更迭、战争、国家采取的经济政策（扩张的财政政策还是紧缩的财政政策）。

2）行业风险。对整个行业造成影响的风险事件比如：建筑工人全国大罢工。

3）公司风险。主要项目的经营状态影响着公司的利润状况。有时为了避免面临过大风险，一些企业可能会针对某项目而成立一家专门的公司。例如：英法海底隧道建设是由专门组建的 Transmarche link 公司来承担整个项目的建设工作，创建的项目公司行使法人的责任与母公司独立核算，责任明确划清。

4）项目风险和个体风险：这些风险仅影响到单个项目本身。

10.1.2　风险的基本性质

1. 风险存在的客观性和普遍性

作为损失发生的不确定性，风险是不以人的意志为转移并超越人们主观意识的客观存在，而且在项目的全寿命周期内，风险是无处不在、无时不有的。

2. 某一具体风险发生的偶然性和大量风险发生的必然性

任一具体风险的发生都是诸多风险因素和其他因素共同作用的结果，是一种随机现象。个别风险事故的发生是偶然的、杂乱无章的，但对大量风险事故资料的观察和统计分析，发现其呈现出明显的运动规律，这就使人们有可能用概率统计方法及其他现代风险分析方法去计算风险发生的概率和损失程度，同时也导致风险管理的迅猛发展。

3. 风险的可变性

这是指在项目实施的整个过程中，各种风险在质和量上是可以变化的。随着项目的进行，有些风险得到控制并消除，有些风险会发生并得到处理，同时在项目的每一阶段都可能产生新的风险。

4. 风险的多样性和多层次性

大型开发项目周期长、规模大、涉及范围广、风险因素数量多且种类繁杂致使其在全寿命周期内面临的风险多种多样。而且大量风险因素之间的内在关系错综复杂、各风险因素之间与外界交叉影响又使风险显示出多层次性。

5. 风险的可测性

个别的风险事件是很难预测的，但可以应用现代技术手段对其发生的概率进行分析，并可以评估其发生的影响，同时利用这些分析预测的结果为人们的决策服务，预防风险事件的发生，减少风险发生造成的损失。正因为如此，风险管理学科才得以创立和发展。

10.1.3　工程项目风险的含义及分类

1. 工程项目风险含义

工程项目风险是指工程项目在设计、施工和竣工验收等各个阶段可能遭到的风险。其含义是在工程项目目标规定的条件下，该目标不能实现的可能性。

2. 工程项目风险分类

从工程项目风险管理需要出发，可将工程项目风险分为项目外风险和项目内风险。

（1）工程项目外风险。建筑工程项目外风险是由工程建设环境（或条件）的不确定性而引起的风险。包括：政治风险、法律风险、经济风险、自然条件风险、社会风险。

（2）工程项目内部风险。按照技术因素对工程项目风险的影响，可分为技术风险和非技术风险。

工程项目技术风险是指技术条件的不确定而引起可能的损失或工程项目目标不能实现的可能性。该类风险主要出现在工程方案选择、工程设计、工程施工等过程中，在技术标准的选择、分析计算模型的采用、安全系数的确定等问题上出现偏差而形成的风险。表 10-1 给出了常见的技术风险事件。

表 10-1　　　　　　　　　　　　　　常见的技术风险事件

风险因素	典 型 风 险 事 件
可行性研究	基础数据不全、不可靠；分析模型不合理；预测结果不准确
设计	设计内容不全；设计存在缺陷、错误和遗漏；规范、标准选择不当；安全系数选择不合理；有关地质的数据不足或不可靠；未考虑施工的可能性
施工	施工工艺落后；不合理的施工技术和方案，施工安全措施不当；应用新技术、新方法失败；未考虑施工现场的事件情况
其他	工艺设计未达到先进指标、工艺流程不合理、工程质量检验和工程验收未达到规定要求等

非技术风险是指在计划、组织、管理、协调等非技术条件的不确定而引起工程项目目标不能实现的可能性。表 10-2 给出了常见的非技术风险事件。

表 10-2　　　　　　　　　　　　　　常见的非技术风险事件

风险因素	典 型 风 险 事 件
项目组织管理	缺乏项目管理能力；组织不适当，关键岗位人员经常更换；项目目标不适当且控制力不足；不适当的项目规划或安排；缺乏项目管理协调
进度计划	管理不力造成工期滞后；进度调整规划不适当；劳动力缺乏或劳动生产率低下，材料供应跟不上；设计图纸供应滞后；不可预见的现场条件；施工场地太小或交通路线不满足要求
成本控制	工期的延误；不适当的工程变更；不适当的工程支付；承包人的索赔；预算偏低；管理缺乏经验；不适当的采购策略；项目外部条件发生变化
其他	施工干扰；资金短缺；无偿债能力

10.1.4　工程项目风险管理

1. 风险管理及其理论的发展

（1）风险管理的发展。风险管理问题最先起源于第一次世界大战后的德国。1931 年美国管理协会首先倡导风险管理，并在以后的若干年里，以学术会议及研究班等多种形式集中探讨和研究风险管理问题。风险管理问题逐渐得到了理论探讨和一些大企业的初步实践，但风险管理问题真正在美国工商企业中引起足够的重视并得到推广则始于 50 年代。1963 年《企业的风险管理》一文被刊出引起欧美各国普遍重视。此后，对风险管理的研究逐步趋向系统化、专门化，使风险管理成为企业管理中一门独立学科。

在西方发达国家，各企业中都相继建立风险管理机构，专门负责风险的分析和处理方面的工作。美国还成立了全美范围的风险研究所和美国保险与风险管理协会等专门研究工商企业风险管理的学术团体，拥有 3500 多家大型工商企业为会员。

在我国，风险管理的教学、研究和应用开始于 20 世纪 80 年代后期。之后才进入企业经营领域和工程建设领域。

目前，风险管理研究和应用在国内外得到广泛重视，业已成为管理学科的一个重要分支，风险管理理论的应用日益普及。在工程建设领域，工程项目的可行性研究、工程设计、工程招投标、工程施工组织和方案选择等方面的风险管理理论应用已非常普遍。

（2）风险管理理论的发展。现代技术，特别是计算机技术的飞速发展，为工程项目风险管理技术的发展提供了极大的支持，促进了风险管理理论研究的深入和应用的普及。

1）众多风险管理技术被应用于工程项目风险管理中。这些技术有：核查表、CIM 模型、决策树、模糊数学、影响图、蒙特卡罗模拟、多目标决策模型、计划评审技术、敏感性分析、效用理论等。

2）计算机技术的发展为风险管理技术的应用和发展提供了有力的支持。很多风险管理技术都有相应的计算机软件，使得这些技术在工程上的广泛应用成为可能。如：蒙特卡罗模拟，这种技术方法简单，但只有在高速计算机的支持下，这一技术才有真正的应用价值。

3）传统风险管理技术的不断改进和提高，新的风险管理开始得到应用。一些传统的风险管理技术如：蒙特卡罗模拟（Monte Carlo）模拟、计划评审技术（Program Evaluation and Review Techniques）在应用时都有一定的限定条件：要求影响因素具有独立性。为了扩大应用范围，一些新技术已取得较大的发展，比如：综合应急评审技术（Synergistic Contingency Evaluation and Response Techniques）、风险评审技术（Venture Evaluation and Review Techniques）、影响图技术（Influence Diagram）等风险管理技术正在不断完善，并逐步开始应用。

2. 工程项目风险管理的含义

工程项目风险管理是指参与项目建设的主体在项目实施的各个阶段所采取的风险识别、风险分析与评估、防范项目建设风险的措施和管理方法的管理活动。

3. 工程项目风险管理的内容

（1）风险识别。工程项目的实施过程中存在众多风险，进行风险管理的第一步是要找出风险即进行风险识别，风险识别是风险管理的基础。风险识别通常综合采用核查表、分解分析法、专家调查法、图解法、情景分析法、SWOT 分析法等方法。

（2）风险评价。风险分析应从两个方面进行：一是对于单个风险的评价，单个风险发生的概率怎样，其产生的后果怎样，影响程度如何；二是在对单个风险进行评价的基础上综合出项目所有风险对于整个项目实施的风险程度，从而最终才能确定该项目的风险是否为项目实施者接受。

（3）风险控制。风险控制包括两方面的内容：一是确定出应对被识别并做了综合评价的风险的措施，进而实施这些措施；二是风险监控，实施这些措施后，风险是否得到了有效的控制或避免，在措施实施过程中是否有新的风险产生，及时发现这些新风险并采取应对策略。

10.2　工程项目风险识别

10.2.1　风险识别的步骤与方法

10.2.1.1　风险识别的步骤

1. 风险识别的定义

风险识别是要确定在项目实施中存在哪些风险（来源和产生条件），描述其风险特征和确定哪些风险事件可能会对工程项目产生影响。风险识别不是一次就可以完成的事，应当在项目的全寿命过程中定期进行。

2. 风险识别的步骤

风险识别过程包括以下几个阶段的工作：收集资料、分析不确定性、确定风险事件、编制风险识别报告。

（1）收集资料。只有得到广泛的资料和数据才能有效辨识风险。资料和数据能否到手，是否完整都会影响项目损失大小的估计，故应注重以下几方面数据的收集：

1）工程项目环境方面的数据资料。工程项目的实施和建成后的运行离不开与其相关的自然和社会环境。自然环境方面的气象、水文、地质条件等对工程项目的实施有较大影响；社会环境方面如政治、经济、文化等对工程建设也有重要影响。

2）类似工程的有关数据资料。以前经历的工程项目的数据资料，以及类似工程项目的数据资料均是风险识别时必须要收集的。对于亲身实践经历过的工程项目，会积累许多经验和教训，这些体会对于识别新项目的风险是非常有用的；对于类似的工程项目，可以是类似的建设环境，也可以是类似的工程结构，或两方面均类似更好。它们的建设经验教训对当前的工程项目的风险分析是很有帮助的。因此应做好这些资料的收集。

3）工程的设计、施工文件。工程设计文件规定了工程的结构布局、形式、尺寸，以及采用的建筑材料、规程规范和质量标准等，对这些内容的改变均可能带来风险；施工文件明确规定了工程施工的方案、质量控制要求和工程验收的标准等。工程施工中经常会碰到施工方案的优化或选择问题，需要对工程项目的进度、成本、质量和安全目标的实现进行风险分析，进而确定合理的方案。

（2）分析不确定性。在基本数据收集的基础上，应从以下几个方面对工程项目的不确定性进行分析：

1）不同建设阶段的不确定性分析。工程建设有明显的阶段性，在不同建设阶段，不确定性事件的种类和不确定程度均有很大差别，应从不同建设阶段分析工程项目实施的不确定性。

2）不同目标的不确定性分析。工程建设有进度、质量和费用等多个目标，影响这些目标的因素有相同之处也有不同之处，要从实际出发，对不同目标的不确定性做出客观的分析。

3）工程结构的不确定性分析。不同的工程结构，其特点不同，影响不同工程结构的因素不相同，即使相同其程度可能也有差别。

4）工程建设环境的不确定性分析。工程建设环境是引起各种风险的重要因素。应对所处环境进行较为详尽的不确定性分析，进而分析由其引发的工程项目风险。

（3）确定风险事件并将风险归纳分类。在工程项目不确定分析的基础上，进一步分析这些不确定因素引发工程项目风险的大小，然后对这些风险进行归纳、分类。首先可按照工程项目内、外部进行分类；其次按照技术和非技术进行分类，或按照工程项目目标分类。

（4）编制工程项目风险识别报告。在工程项目风险分类的基础上，应编制风险识别报告，该报告是风险识别的成果。报告中应列出已识别出的风险、潜在的工程项目风险和工程项目风险的征兆。

10.2.1.2　风险识别的方法

项目风险识别过程中一般要借助一些方法和工具，从而使得风险识别的过程效率高、操作规范并且不易产生遗漏。主要的方法和工具有：

1. 核查表（Checklist）

核查表是将项目可能发生的许多潜在风险列于一个表上供识别人员进行检查核对，用来判断某项目是否存在表中所列的或类似的风险。核查表中所列的风险都是已实施的类似项目曾发生过的风险，对于项目管理人员具有开阔思路、启发联想的作用。核查表一般按照风险来源排列。利用核查表进行风险识别的优点是快而简单，缺点是受项目可比性的限制。

2. 德尔菲法（Delphi）

德尔菲法实质是一种反馈匿名函询法。其做法是，在对问题征得专家的意见之后，进行整理、归纳、统计，再匿名反馈给各专家，再次征求意见，再集中，再反馈，直到得到稳定的意见。

该方法主要依靠专家的直观能力对风险进行识别，即通过调查意见逐步集中，直至在某种程度上达到一致，故又叫专家意见集中法。其基本步骤为：

（1）由项目风险管理人员提出风险问题调查方案，制订专家调查表；

（2）请若干专家阅读有关背景资料和项目方案设计资料，并回答有关问题，填写调查表；

（3）风险管理人员收集整理专家意见，并把汇总结果反馈给各位专家；

（4）请专家进行下一轮咨询填表，直至专家意见趋于集中。

3. 头脑风暴法

在选择问题的方案之前，一定要得出尽可能多的方案和意见。头脑风暴法就是团队的全体成员自发地提出主张和想法。它鼓励成员有新奇和突破常规的主意。它能产生热情、富有创造性的更好的方案。

头脑风暴法的做法是：当讨论某个问题时，由一个协助的记录员在翻动记录卡或黑板前做记录。首先，由某个成员说出一个主意，接着下一个出主意，这个过程不断进行，每人每次想出一个主意。如果轮到某位成员时他没出主意，就说一声"pass"。有些人会根据前面其他人的想法想出主意，包括把几个主意合成一个主意或改进别人的主意。这一循环过程一直进行，直到想尽一切主意或限定时间已到。

头脑风暴法的规则是不进行讨论，没有判断性评论。每人每次只需要说出一个主意，不要讨论、评判，更不要试图宣扬。其他参加人员不允许做出任何支持或判断的评论（也不许有皱眉、咳嗽、冷笑、咳气等身体语言的表现），也不要向提出主意的人进行提问。头脑风暴法对帮助团队获得解决问题的最佳方案非常有效。

4. 情景分析法

情景分析法是通过有关数字、图表和曲线等，对项目未来的某个状态或某种情况进行详细的描绘和分析，从而识别引起项目风险的关键因素及其影响程度的一种风险识别方法。情景分析法注重说明某些事件出现风险的条件和因素，并且还要说明当某些因素发生变化时，有会出现什么样的风险，产生何种后果等。

情景分析法可以通过筛选、监测和诊断，给出某些关键因素对于项目风险的影响。

（1）筛选。即按照一定的程序将具有潜在风险的产生过程、事件、现象和人员进行分类选择的风险识别过程。

筛选的工作过程：仔细检查→征兆鉴别→疑因鉴别。

（2）监测。监测是在风险出现后对事件、过程、现象、后果进行观测、记录和分析的过程。

监测的工作过程：疑因估计→仔细检查→征兆鉴别。

（3）诊断。诊断是对项目风险及损失的前兆、风险后果与各种起因进行评价与判断，找出主要原因并进行仔细检查。

诊断的工作过程：征兆鉴别→疑因估计→仔细检查。

5. SWOT 分析法

SWOT 分析法是一种环境分析方法，即 Strength（优势）—Weakness（劣势）—Opportunity（机遇）—Threat（挑战）。SWOT 分析法是基于对企业内部环境的优劣势的分析，在了解企业自身特点的基础之上，判明企业外部的机会和威胁，从多角度对项目进行风险识别，然后对环境做出准确的判断，继而指定企业发展的战略和策略。

另外，风险识别还有许多方法，如 WBS 分析、敏感性分析、事故树分析等。

10.2.2　工程项目风险识别

1. 从多个维度进行分解

工程项目风险识别是一个庞大的系统工程，首先应从多个维度进行分解，避免风险因素的遗漏。通常分解的维度有以下几个。

（1）目标维：按照项目目标进行分解，按将影响项目费用、进度，质量和安全目标实现的风险可能性进行划分；

（2）时间维：按照项目建设的阶段分解，即考虑工程项目进度不同阶段的不同风险；

（3）结构维：按照项目结构组成分解，同时相关技术群也能按照其并列或支撑的关系进行分解；

（4）环境维：按照项目与其所在环境的关系分解。环境是指自然环境、社会环境、政治环境、军事环境等；

（5）因素维：按照项目风险因素的分类进行分解。对工程项目风险进行识别时首先从时间维、目标维和因素维等多个维度进行分解。可按照图 10-1 项目风险识别维度所示的方法进行风险的识别。然后再结合项目的分解结构逐一找出工作包、分项工程、分部工程、单位工程、单项工程、整个工程项目在各个维度上的风险因素。

2. 风险识别方法的应用

通过对工程项目风险从多个维度进行分解从而确定了识别风险的大致方向，具体风险的

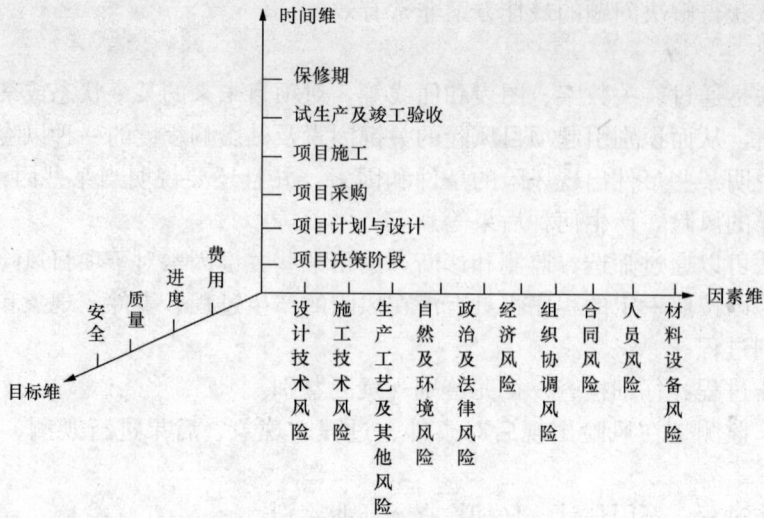

图 10-1　项目风险识别维度图

识别过程中就要综合应用前面介绍的风险识别方法，按照所掌握或搜集的数据，包括类似工程项目的经验数据进行风险的识别。

（1）核查表。项目实施者将已实施项目过程中遇到的各类风险收集起来，在新项目的实施过程将实际情况与核查表中的风险逐一比较找出风险因素。核查表在工程项目进度风险、质量风险、费用风险识别过程中已得到普遍应用。

（2）流程图的使用。对于具体施工过程或子项工程施工质量风险识别时，除使用核查表外，还可用流程图进行识别。图 10-2 给出了混凝土施工过程质量风险识别流程图。

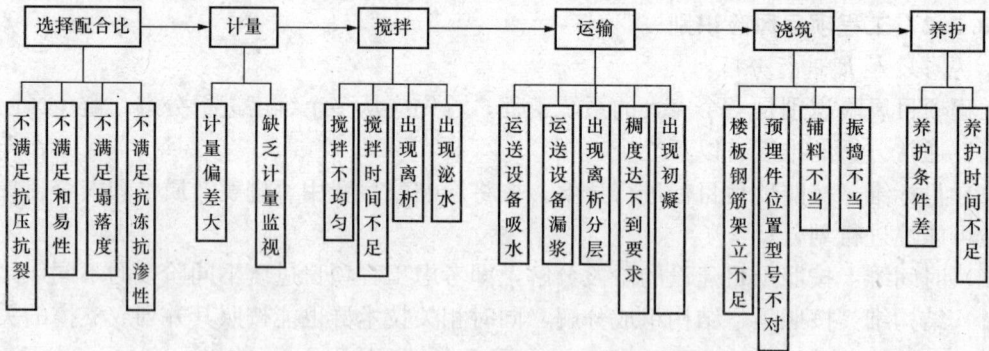

图 10-2　混凝土施工过程质量风险识别流程图

（3）专家调查法。对于一些缺乏资料和经验的项目，进行项目风险分析要采用专家调查的方法（德尔菲法、头脑风暴法、专家会议法等），通过广泛调查，集思广益找出项目中可能存在的风险。

（4）初始清单法。建立初始风险清单是为了人们较全面地认识风险的存在，不至于遗漏重要的工程风险，并且它不是风险识别的最终结论。

建立初始风险清单，可以避免风险识别从头做起带来的以下几方面的缺陷：一是耗费时间和精力多，风险识别工作的效率低；二是由于风险识别的主观性，可能导致风险识别的随意性，其结果缺乏规范性；三是风险识别结果如不积累，对以后的风险识别工作缺乏指导作用。

工程项目的单件性使得工程项目风险识别成为一个相当复杂且具有独特性的过程，作为一个风险管理者必须要结合具体项目的实际情况，灵活采用多种风险识别方法，同时在风险管理实践中不断积累经验，才能更好地识别出工程项目中的风险因素。

10.3　工程项目风险评价

10.3.1　风险分析

1. 风险分析的概念

风险分析是对风险的规律性进行研究和量化分析。风险识别是从定性的角度去了解和认识风险因素。要把握风险，就必须在识别风险因素的基础上对其进行进一步的衡量与评估。风险分析起到承前启后的作用，对单个风险进行比较，找出影响较大的风险，并分析所有风险对项目的综合影响程度，在此基础上才能制订风险应对策略。

2. 风险分析的内容

（1）风险分析的内容。风险分析包括风险衡量与风险评价两部分内容。风险衡量主要是对单一风险因素的估计，包括估计风险发生的概率、影响范围以及可能造成的损失的大小；风险评价主要是探讨多种风险因素对项目目标的总体影响。风险衡量与风险评价既是相互联系又是相互区别的，风险衡量是风险评价的基础，风险估计是风险衡量的进一步综合，有时二者的界限是很难严格区分的，因此使用的某些具体方法也是互通使用的。

（2）风险分析包含的主要活动。

①确定单一风险因素发生的概率，通过主观或客观的方法实现量化的目的；

②分析各风险因素的风险结果，探讨这些风险因素对项目目标的影响程度；

③在单一风险因素量化分析的基础上，考虑多种风险因素对项目目标的综合影响、评估风险的影响程度并提出可能的措施作为管理决策的依据。

3. 风险分析的目的

（1）通过风险分析可以确定单个风险的概率、影响程度和风险量的大小。

（2）通过风险分析可以确定风险大小的先后顺序。对工程项目中各类风险进行评价，根据它们对项目目标的影响程度进行排序，为制订风险控制措施提供依据。

（3）通过风险分析确定各风险事件间的内在联系。工程项目中存在很多风险事件，通过分析可以找出不同风险事件间的相互联系。

（4）通过风险分析将工程项目中的风险转化为机会。

10.3.2　风险衡量

10.3.2.1　风险衡量的定义及内容

1. 风险衡量的定义

风险衡量是对工程项目各个阶段风险事件发生可能性的大小、可能出现的后果、可能发生的时间和影响范围等的估计。风险衡量的作用是为分析整个工程项目风险或某一类风险提供基础，并进一步制订风险管理计划、风险评价、确定风险应对措施和进行风险监控提供依据。

2. 风险衡量的内容

（1）风险发生的可能性（P）。风险发生的可能性是风险自身规律的体现，通常用概率表示。风险发生的概率介于0～1之间。估计风险发生的概率常常是最困难的一项工作。因为一是有关风险事件的系列数据的收集困难，二是不同工程项目差异性较大，用类似工程项目数据推断当前工程项目风险事件发生的概率其误差可能较大。

（2）风险的影响和损失估计（q）。风险的影响和损失估计是风险衡量的一个重要方面，其估计的精度直接影响到风险管理决策活动。风险损失是项目风险一旦发生对工程项目目标实现带来的不利影响，风险损失的估计可以从两个方面进行衡量。

1）进度损失。进度损失应分两步进行计算：

第一，风险事件对工程局部进度影响的估计，找出风险事件对施工活动时间的影响。

第二，风险事件对整个工程工期影响的估计。通过绘制网络图找出风险事件对整个工程工期的影响。若在关键线路上风险事件一定影响工期，若不在关键线路上则要看拖延时间是否超过了自由时差，确定出相应的拖延时间。

2）费用损失。

一次性最大损失的估算是风险事件发生后在最坏情况下可能发生的最大可能损失额，这一数据非常重要，因为若损失数额很大，一次损失落在某一个工程项目上，项目很可能因流动资金不足而终止；若损失分几次发生，则损失能够得到弥补从而能进行下去。

对项目整体造成损失的估计：工程项目风险发生后，若对项目后阶段的工作存在影响则还需计算此部分损失。

若工程项目风险未对后阶段工作造成影响则只需计算一次性最大损失的估算，若工程项目风险既对本阶段工作造成影响又对后阶段工作造成影响，则应计算出一次性最大损失的估算＋对项目整体造成损失的估计作为风险事件的费用损失。

（3）风险量（R）。

$$R = f(p, q) \tag{10-1}$$

常用的计算是：
$$R = pq \tag{10-2}$$

式中　p——风险发生的概率；

　　　q——风险发生的损失。

风险的R值越大风险程度越大，R值越小风险程度越小，根据R的大小可将风险分为A、B、C类风险，A类风险属高风险；B类风险属中等程度风险；C类风险属低风险。风险程度与风险量的关系如图10-3所示。

（4）风险发生的时间。即工程项目风险可能在项目的哪个阶段、哪个环节发生，对其发生时间进行估计。

10.3.2.2　风险衡量的过程

工程项目风险衡量的过程如图10-4所示。

1. 收集数据

收集与风险事件相关的数据和资料是风险衡量的第一步，这些数据和资料可以从过去类似工程项目的经验总结或

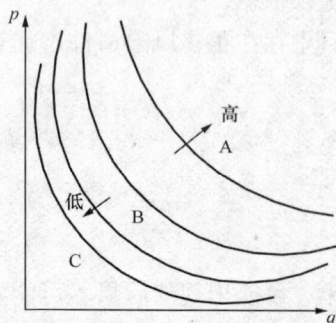

图10-3　风险程度与风险量的关系

记录中取得；可以从气象、水文、建设市场、社会经济发展的历史资料中取得；也可以从一些勘察和试验研究中取得；还可以在工程项目实施过程中取得。由于工程项目具有单件性和固定性等特点，在某些情况下，有价值的、可供使用的历史数据资料不一定十分完备，此时，可采用专家调查等方法回答具有经验性的主观评价资料。

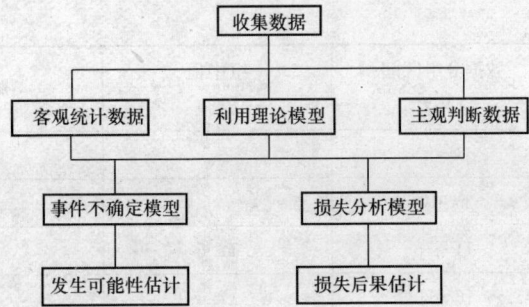

图 10-4　工程项目风险衡量的过程

2. 建立风险模型

利用已取得的有关风险事件的数据资料基础上，对风险事件发生的可能性和可能的结果给出明确的量化描述，即风险模型。该模型可分为风险概率模型和损失模型，分别用以描述风险事件的概率和损失。

3. 风险发生的概率和后果的估计

工程项目风险模型建立后，就可用适当的方法去估计每一风险事件发生的概率和可能造成的后果。风险事件发生的可能性用概率表示；风险发生的后果则用费用损失或建设工期的拖延来表示。

10.3.2.3　风险衡量的方法

1. 风险事件发生概率的估计方法

风险事件发生概率的估计方法可分为三种：客观概率、理论概率分布和主观概率。

（1）利用客观概率确定工程项目风险的发生的概率。

客观概率是根据大量的试验数据或历史资料和数据来确定风险事件发生的概率。当工程项目某些风险事件或其影响因素积累有较多的数据资料时，就可通过对这些数据资料的分析，找出风险事件的概率分布。例如：

某建设公司在过去的几年中完成了 72 项施工任务，由于种种原因，其中一部分工程拖延了工期。将工程拖延工期的情况加以整理得到表 10-3 的统计数据。拖延时间单位为月。图 10-5 为利用表 10-3 数据绘制的直方图。

表 10-3　　　　　　　　　　　　　　工期拖延数据统计表

数据分组区间 （%）	组中值 （%）	频数	频率 （%）	累计频率 （%）
−34～−30	−32.5	0	0	0
−29～−25	−27.5	2	2.78	2.78
−24～−20	−22.5	1	1.39	4.17
−19～−15	−17.5	3	4.17	8.34
−14～−10	−12.5	7	9.72	18.06
−9～−5	−7.5	10	13.89	31.95
−4～0	−2.5	15	20.83	52.78

数据分组区间 （%）	组中值 （%）	频数	频率 （%）	累计频率 （%）
1～5	2.5	12	16.67	69.45
6～10	7.5	9	12.50	81.95
11～15	12.5	8	11.11	93.06
16～20	17.5	4	5.56	98.62
21～25	22.5	0	0	98.62
26～30	27.5	1	1.39	100
31～35	32.5	0	0	100

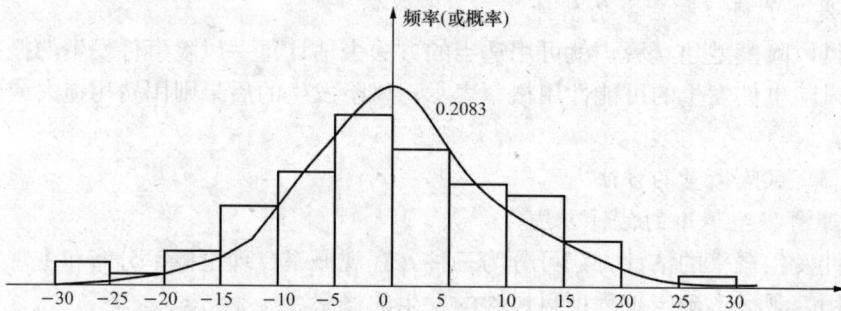

图 10-5　工期拖延经验分布

通过表 10-3 或图 10-5 就可根据工期拖延事件发生的概率。如该公司拟新承包一个工程项目，计划工期 16 个月，项目管理人员要知道工期拖延 3 个月的概率为：首先计算工期拖延的相对值 $3/16 \times 100\% = 18.8\%$，然后查表 10-3 或图 10-5 就可得到工期拖延 3 个月的概率约为 5.56%。

（2）利用理论概率分布确定风险事件的概率。

在工程实践中，有些风险事件的发生是一种较为普遍的现象，前人已做过了许多探索与研究，并得到了这些风险事件的随机变化规律，即分布规律。对这种情况，就可以利用已知的理论概率分布，根据工程的具体情况求出风险事件发生的概率。常用的概率分布有：

连续型的概率分布：均匀分布 $U(a, b)$、正态分布、指数分布 $E(\beta)$、三角分布、极值分布（Ⅰ型）$G(v, \alpha)$、β 分布 $\beta(a, b, r, s)$ 等。

离散型的概率分布：伯努利分布 $Ber(p)$、二项分布、泊松分布 $Poisson(\lambda)$ 等。

2. 风险事件损失的估计方法

风险事件损失的估计方法即是对损失的工期和费用的估计。估计过程是：

（1）考虑正常状况下的工期、费用和收益；

（2）将风险加入这种状态，分析实施过程、劳动效率、消耗、各个活动有何变化；

（3）两者的差异则为风险的影响，其实质是一个新计划、新估价。

10.3.3　风险评价

1. 风险评价的步骤

（1）确定项目风险评价标准。工程项目风险评价标准是工程项目主体针对不同的项目风险确定的可以接受的风险率。一般而言，对单个风险事件和工程项目整体风险均要确定评价标准，因此可分为单个评价标准和整体评价标准。

（2）确定评价时的工程项目风险水平。包括单个风险水平和整体风险水平。工程项目整体风险水平综合了所有风险事件之后确定的。确定工程项目整体风险水平时需要采用多种方法进行有效的综合评价。

（3）比较。即将工程项目单个风险水平和单个评价标准、整体评价标准和整体风险水平进行比较，进而确定它们是否在可接受的范围之内，或考虑采取何种风险应对措施。

2. 风险水平比较

（1）单个风险水平和标准比较。这种比较通常较为简单，只要单个风险参数落在标准之内说明该风险可以接受。

（2）整体风险水平和标准的比较。首先要注意两者的可比性，即整体风险水平的评价原则、方法和整体标准所依据的原则、方法和口径基本一致，否则就无法比较。比较时会出现两种情况：当项目整体风险小于整体评价标准时，总体而言，风险是可以接受的；若整体风险大于整体评价标准时，甚至大得较多时，则风险是不能接受的，要考虑是否放弃该项目或方案。

（3）同时考虑单个风险比较结果和整体风险比较结果。

若整体风险不能接受，而主要的一些单个风险也不能接受时，则项目或方案不可行；

若整体风险能接受，而且主要的一些单个风险也能接受，则项目或方案可行；

若整体风险能被接受，并且不是主要的单个风险不能被接受，此时对项目或方案可作适当调整就可实施；

若整体风险能被接受，而主要的某些单个风险不能被接受时，应从全局出发作进一步的分析，确认机会多于风险时，对项目或方案可作适当调整、然后实施。

3. 风险评价的方法

在工程实践中，风险识别、风险衡量和风险评价绝非互不相关，常常互相重叠，需要反复交替进行，因此，使用的某些具体方法也是互通使用的。工程项目风险评价常用方法有调查与专家打分法、层次分析法（AHP）、模糊数学法、统计和概率法、敏感性分析、蒙特卡罗模拟、CIM模拟、影响图等。其中前两种方法侧重于定性分析，中间三种方法侧重于定量分析，后三种侧重于综合分析。

（1）调查与专家打分法。调查与专家打分法又称为综合评价法或主观评分法，是一种最常用、最简单、且易于应用的风险评价方法，既可应用于确定型风险，也可应用于不确定型风险。下面结合具体例子说明其用法。

【例10-1】　某公司拟投标一国外工程，投标前有关人员用调查与专家打分法对投标风险进行评价。评价步骤如下：

第一步，识别可能发生的各种风险事件，列于表10-4中。

第二步，由专家们对可能出现的风险因素或风险事件的重要性进行评价，给出每一风险事件的权重，用其反映某一风险因素对投标风险的影响程度。

表 10 - 4 投标风险调查打分表

可能的风险事件	权重 W	风险事件发生的可能性 C					W×C
		很大 (1.0)	比较大 (0.8)	中等 (0.6)	不大 (0.4)	较小 (0.2)	
政局不稳	0.05			○			0.03
物价上涨	0.15		○				0.12
业主支付能力	0.10			○			0.06
技术难度	0.20					○	0.04
工期紧迫	0.15			○			0.09
材料供应	0.15		○				0.12
汇率变化	0.10			○			0.06
无后续项目	0.10				○		0.04
$\sum W \times C = 0.56$							

第三步，确定每一风险发生的可能性，并分成 5 个等级表示。

第四步，将每一风险事件的权重与风险事件可能性的分值相乘，求出该风险事件的得分；再将每一风险事件的得分累加，得到投资风险总分，其即为投标风险评价的结果，风险总分越高，说明投标风险越大。

第五步，将投标风险评价结果和评价标准进行比较。根据该公司的经验，采用这种方法评价投标风险的风险标准为 0.8 左右。显然，本投标项目评价结果小于该标准，是可以接受的，因此，公司可以参加该工程的投标。

（2）层次分析法。层次分析法是一种定性分析与定量分析相结合的评价方法。其基本思路是：评价者将复杂的风险问题分解为若干层次和若干要素，并在同一层次的各要素之间简单进行比较、判断和计算，得到不同方案风险的水平，从而为方案的选择提供决策依据。

该方法既可用于评价工程项目标段划分、工程投标风险、报价风险等单项风险水平，也可用于评价工程项目不同方案等综合风险水平。

（3）模糊数学法。模糊评价法是利用模糊集理论评价工程项目风险的一种方法。工程项目风险很大一部分难以用完全定量的精确数据加以描述（这种不能定量的或精确的特征就是模糊性），但都可以利用历史经验或专家知识，用语言生动地描述出他们的性质及其可能的结果。并且，现有的绝大多数风险分析模型都是基于需要数字的定量技术，而与风险分析相关的大部分信息却是很难用数字表示的，但易于用文字或句子来描述，这种性质最适合于采用模糊数学模型来解决问题。

模糊数学处理非数字化、模糊的变量有独到之处，并能提供合理的数学规则去解决变量问题，相应得出的数学结果又能通过一定的方法转化为语言描述。这一特性极适于解决工程项目中普遍存在的潜在风险，因为潜在风险大都是模糊的、难准确定义且不易用语言描述。

（4）蒙特卡罗模拟法。工程项目风险管理中应用的蒙特卡罗模拟方法，是一种依据统计理论，利用计算机来研究风险发生概率或风险损失数值的计算方法。这是一种高层次的风险分析方法，其实质是一种统计试验方法，主要用于评估多个非确定型的风险因素对项目总体目标所造成的影响。

该方法的基本原理是将被试验的目标变量用一个数学模型模拟表示，该数学模型可被称为模拟模型，模拟模型中的每个风险变量的分析结果及其相对应多方概率值用一个具体的概率分布来描述。然后利用随机数发生器来产生随机数，再根据这个随机数在各风险变量的概率分布中取一个值。当各风险变量的取值确定后，风险总体效果就可根据所建立的模拟模型计算得出。这样重复多次，通过产生随机数得出风险总体效果具体值的过程便是蒙特卡罗模拟试验过程。在目前的工程项目风险分析中，这是一种应用广泛、相对精确的方法。

10.4　工程项目风险的应对与监控

通过对工程风险的识别、衡量、评价，风险管理者对项目中存在的种种风险及其潜在的损失有了一定的把握，接下来就要针对不同的风险制订应对措施，以达到减少损失的目的；这些应对风险的措施在实施过程中需要实时监控，才能有效控制风险，同时在这些措施实施的过程中还可能出现新的风险，因此监控已识别风险的同时必须积极应对新风险。

10.4.1　工程项目风险应对计划

10.4.1.1　工程项目风险应对计划编制的依据

工程项目风险应对计划的编制是一个制订应对风险策略（或方案）和应对措施的过程，目的是为了提高实现工程项目目标的机会、降低对其的威胁。编制工程项目风险应对计划的依据有：

（1）工程项目风险管理计划和风险清单。

（2）工程项目风险的特性。不同的风险具有不同的特性，应根据不同的风险来制订不同风险应对措施。

（3）工程项目主体抗风险能力。

（4）工程项目风险详细分析资料。

（5）可供选择的分析应对措施。

10.4.1.2　工程项目风险应对计划的内容

工程项目风险应对计划是项目风险应对措施和项目分析控制工作的计划与安排，是项目风险管理的目标、任务、程序、责任和措施等内容的前面规划。工程项目风险应对计划的内容有：

（1）工程项目风险已识别风险的描述，包括项目分解、风险成因和对项目目标的影响等。

（2）工程项目风险承担人及其应分担的风险。

（3）风险分析及其信息处理过程的安排。

（4）针对每项风险所使用应对措施的选择和实施行动计划。

（5）采取措施后，期望残留风险水平的确定。

（6）风险应对的费用预算和时间计划。

（7）处置风险应急和退却计划。

工程项目风险应对计划的核心任务是确定针对每项风险的应对措施，措施的选择关系到项目风险能否得到有效的处理，关系到项目能否顺利实施。

10.4.1.3　工程项目风险应对策略

工程项目常用的风险应对策略和措施有：合同措施、风险规避、风险转移、风险缓解、风险自留和风险利用，以及这些策略的组合。对某一工程项目风险，可能有多种应对策略或措施；同一种类的风险问题，对于不同的工程项目主体采用的风险应对策略或应对措施是不一样的。因此，从理论上说，需要根据工程项目风险的具体情况以及风险管理者的心理承受能力，以及抗风险的能力去确定工程项目风险应对策略或应对措施。

1. 合同措施

合同是风险管理的最有效工具之一，合同的基本作用是管理和分配风险。项目实施过程中会涉及参与方各方的利益，合同明确规定了各方的权利和义务，规定了必要的工作程序，在预测风险的基础上给出了相应风险的补偿方法及责任方，从而使得项目实施过程的大部分风险一旦发生便有根据可依。合同类型不同，承包商和业主所承担的风险也是不同的，图10-6给出了在不同合同类型中承包商和业主所承担的风险的差异。

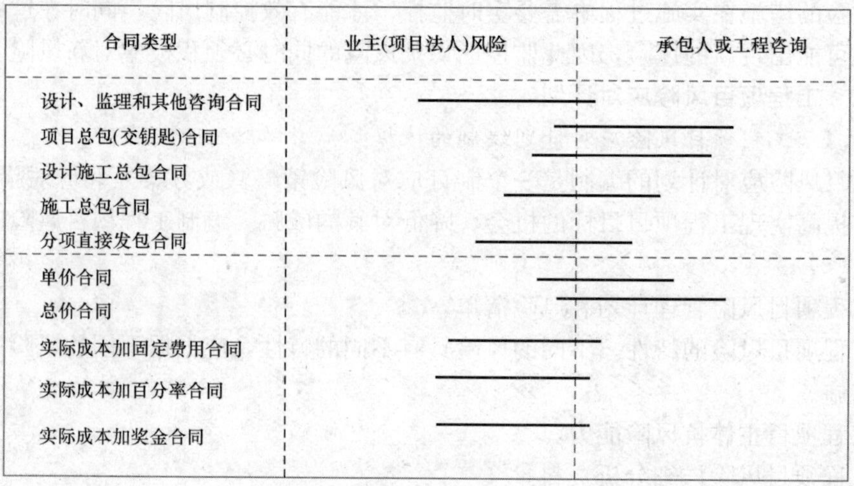

合同类型	业主(项目法人)风险	承包人或工程咨询
设计、监理和其他咨询合同		
项目总包(交钥匙)合同		
设计施工总包合同		
施工总包合同		
分项直接发包合同		
单价合同		
总价合同		
实际成本加固定费用合同		
实际成本加百分率合同		
实际成本加奖金合同		

图 10-6　不同类型合同分项承担情况

2. 风险规避

（1）风险规避的含义。风险规避是通过变更工程项目计划，从而消除风险或风险发生的条件，或保护工程项目的目标不受风险的影响。风险规避是一种最彻底消除风险影响的方法。

（2）风险规避的适用情况。

1）适用于风险事件发生概率很大且后果损失也很大的项目，例如在山谷中建工厂可能面临洪水的风险；

2）发生损失的概率并不大，但当风险事件发生后产生的损失是灾难性的、无法弥补的。也就是说风险发生后，项目执行者无力承担后果的项目。例如在任何稠密地区建核电站，一旦发生核泄漏，将危及成千上万人的生命安全。

（3）风险规避的方法。

1）终止法。终止法是规避风险的基本方法，是通过终止（或放弃）项目或项目计划的实施来避免风险的一种方法。如某工厂项目在经过可行性研究后发现项目实施过程中存在较大的经济发现，因此可采用终止法放弃项目的实施，从而彻底规避了风险的发生。

2）程序法。用标准化、制度化、规范化的方式从事过程项目活动，以避免可能引发的风险或不必要的损失。过程项目实施过程是由一系列作业组成的，在作业之间存在着严格的先后逻辑关系。为了避免项目风险的发生，应在过程施工严格按照规定的作业程序施工。

（4）风险规避的局限性。

1）规避风险的同时也放弃了机会。规避风险最有效的方法是通过终止（或放弃）计划来实现的，但风险与机会是并存的，风险越大机会越大，终止项目的同时必然放弃了机会。

2）规避风险要受到项目实施现实条件的制约。若项目实施中出现某些风险，但试图终止项目的代价非常高时，就不能采用规避风险的方法。

3）规避风险的同时又会产生新的风险。比如：工程项目进度控制过程中，若发现工期目标不能实现时，可采用调整关键线路作业的组织发生或采用增加关键线路作业施工强度的方法来回避工期风险。然而经过这样的调整后，工期风险消除了但资源供应风险和成本风险可能就随之产生了。

3. 风险转移

有些风险无法规避，必须直接面对，但风险承担者自身又无法有效地承担这些风险时，风险转移就算一种十分有效的选择。风险转移是通过某种方式将某些风险的后果连同风险应对的权力和责任转移给他人。风险转移只能转移风险不能消除风险，风险转移的同时也将应对风险的权力，风险可能带来的利益全部移交给了他人。风险转移可分为两大类：非保险转移和保险转移。

（1）非保险转移。非保险转移又可分为三种方式，即保证担保、工程分包和合同条件。

（2）工程保险转移。

4. 风险的缓解

（1）风险缓解的内涵。风险缓解又称为风险减轻，是指将工程项目风险的发生概率或后果降低到某一可以接受的程度的过程。风险缓解既不是完全消除风险也不是仅仅转移风险，而是对风险进行控制与处理减小风险发生的概率或控制风险的损失。风险要控制到何种程度取决于具体情况、项目管理的要求和管理主体抵抗风险的能力。

（2）风险缓解的途径。风险缓解的途径主要有降低风险发生的可能性、减少风险损失、分散风险等。

5. 风险的自留与利用

（1）风险自留。风险自留或称风险接受，是一种由项目主体自行承担风险后果的一种风险应对策略。项目实施过程中有些风险发生的概率小且造成的损失也很小，规避、转移、缓解的策略都难以发挥其效果，作为项目主体不得不自己承担这样的风险；从项目参与方的角度出发，为了获得一定的效益必须要承担一定的风险；从某种意义上说，工程项目风险不可能全部消除或转移出去或不符合成本效益原则，总有一部分风险要残留下来由项目参与方承担。

风险自留可分为主动自留和被动自留。主动自留是指工程项目风险管理者在识别风险及其损失并权衡了其他处置风险技术后，主动将风险自留作为应对风险的措施并适当安排一定的财力。被动风险自留是指没有充分识别风险及其损失的最坏后果，没有考虑到其他处置风险措施的条件下，不得不由自己承担损失的风险处置方法。

（2）风险利用。风险具有二重性，应对风险不仅仅是规避、消除缓解风险最重要的是要使风险向好的方向转化，积极地采取措施使这些风险为我所用，即进行风险利用。风险利用时首先要分析风险利用的可能性和价值，其次还要分析利用的代价和风险承担者的承受能力，在此基础上做出是否利用风险的决策并制订出具体的应对措施。

（3）风险应急计划。风险应急计划是假定风险事件肯定发生的条件下，所确定的在工程项目风险事件发生时所实施的行动计划。该计划主要包括预备费计划和项目技术措施后备计划。

预备费计划（或称应急费。）随着在实施前难以预料而在实施过程中又可能发生的、在规定范围内的过程和费用，以及工程建设期内发生的价差。预备费包括基本预备费和价差预备费两项，基本预备费是指工程建设过程中，因人工、材料、施工机械使用变动增加的费用、国家的政策性变动增加的费用等。价差预备费是指工程建设过程中，因人工、材料、施工机械使用费和过程设备价格上涨而导致费用增加的部分。

项目技术措施后备计划是专门应对技术类风险的，其是一系列事先研究好的过程技术方案，如工程质量保障措施、施工进度调整方案等。这些过程技术方案是针对具体的项目风险而制订的，不同风险有不同的技术方案。但项目风险事件发生时才能启动这些方案，常常需要和项目预备费计划协调实施。

6. 工程项目风险应对策略的选择

应对工程项目风险的策略很多，在工程项目实施过程中针对具体的风险进行措施制订时首先要确定可以采用的策略即可以采用上述哪些策略来应对风险，每种策略中又包含多种不同的应对措施，在这些措施中如何进行选择，从而将最终的应对措施确定下来。因此，在过程项目风险应对策略选择时应包括两个阶段的工作：一是用定性的方法选择应对策略，二是用定量的方法来选择具体措施。

10.4.2　工程项目风险监控

1. 风险监控的概念

风险监控就是通过对风险规划、识别、衡量、评价、应对全过程的监视和控制，从而保证风险管理能达到预期的目标，它是项目实施过程中的一项重要工作、监控风险实际上是监视项目的进展和项目环境，即项目情况的变化，其目的是：核对风险管理策略和措施的实际效果是否与预见的相同；寻找机会改善和细化风险规避计划，获取反馈信息，以便将来的决策更符合实际。在风险监控过程中，及时发现那些新出现的以及预先指定的策略或措施不见效或性质随着时间的推延而发生变化的风险，然后及时反馈，并根据对项目的影响程度，重新进行风险规划、识别、衡量、评价和应对，同时还应对每一风险事件指定成败标准和判据。

2. 工程项目风险监控的内容

工程项目风险监控不能仅停留在关注风险的大小上，还要分析影响事件因素的发展和变化，具体风险监控的内容包括：

（1）风险应对措施是否按计划正在实施；

（2）风险应对措施是否如预期的一样有效，收到显著的效果，或是否需要制定新的应对方案；

（3）对工程项目建设环境的预期分析，以及对项目整体目标实现可能性的预期分析是否仍然成立；

（4）风险的发生情况与预期的状态相比是否发生了发生，并应对风险的发展变化做出分析判断；

（5）识别到的风险哪些已发生，哪些正在发生，哪些有可能在后面发生；

（6）是否出现了新的风险因素和新的风险事件，他们的发展变化趋势又是如何等。

3. 风险监控的方法

（1）审核检查法。审核检查法是一种传统的控制方法，该方法可用于项目的全过程，从项目建议书开始，直至项目结束。项目建议书、项目产品或服务的技术规格要求、项目的招标文件、设计文件、实施计划、必要的试验等需要审核。审核时要查出错误、疏漏、不准确、前后矛盾之处。审核风险过程中还会检查出以前或他人未注意的或未考虑到的问题。审核多在项目进展到一定阶段时以会议形式进行。审核会议要有明确的目标、问题要具体，要请多方人员参加，参加者不要审核自己负责的那部分工作，审核结束后，要把风险的问题及时交代给原来负责的人员，让他们马上行动，予以解决，问题解决后要签字验收。

（2）监视单。监视单是项目实施过程需要管理工作给予特别关注的关键区域的清单。项目风险监视单的编制应根据风险评估的结果，一般应使监视单中的风险数目尽量少，并重点列出那些对项目影响较大的风险。随着项目向前进展和定期的评估，可能要增补某些内容。如果有属于客观的新风险影响重大，十分需要列入监视单则说明初始风险评估不准，项目风险比最初预估的要大，也可能说明项目正处在使其控制的边缘。如果某些项目因风险处理无进展而长时间停留在监视单之中，则说明可能需要对该风险或其处理方法进行重新评估。监视单的内容应在各种正式和非正式的项目审查会议期间进行审查和评估。

（3）项目风险报告。项目风险报告是用来向决策者和项目组织成员传达风险信息，通报风险状况和风险处理活动的效果。风险报告的形式有多种，时间仓促可做非正式口头报告，里程碑审查则需提出正式摘要报告，报告内容的详略程度按接受报告人的需要确定。

【综合案例】

北京市东直门交通枢纽工程的风险管理

1. 事件介绍

北京市东直门交通枢纽工程在结构施工完毕，准备进入装修阶段施工时，业主经过与政府协商，将地下二层一部分车库与其他业主的工程进行等面积置换，后续装修施工由其他业主的承包商进行施工。作为东直门交通枢纽工程总承包商的中铁建设集团认为此事件对整体工程项目的继续实施可能构成一定风险，于是召集相关人员进行了此事件的风险识别、分析、处理。

2. 风险识别

项目部召集各部门负责人就此事件进行讨论，各负责人运用头脑风暴法根据各自多年的工作经验就此事可能对工程施工构成的风险进行识别，合约部经理认为：按原合同约定需要置换的车库所有施工项目均应由该项目部完成，现在结构已经施工完毕，装修工作由其他承包商施工，存在合约风险。工程部经理认为：其他承包商进入本项目施工现场进行施工，存在施工管理风险。

3. 风险分析与评价

各部门负责人对识别出来的合约风险、施工管理风险进行进一步分析。首先对风险事件发生的概率进行分析，需要置换的车库结构已经由本项目部施工完毕，并进行了结构验收，相关施工手续资料齐全，合约风险发生的概率中等；其他承包商进入我项目施工现场进行施工，存在交叉施工，人员、材料、设备管理难度加大，施工管理风险发生的概率偏大。结下来对风险事件发生的后果进行分析，需要置换的车库结构已经由项目部施工完毕为事实存在，合约风险发生的后果严重程度不大；相反施工管理风险事件一旦发生后果很严重，甚至影响性个工程的继续进行。

4. 风险控制与对策

经过对合约风险、施工管理风险进行分析与评价，根据风险的大小分别采用不同的方法进行控制管理，对于合约风险项目部决定采取风险控制对策，即降低或消除损失发生的概率，与业主以现场签证的形式将事件描述清楚并经过各方认可，降低合约风险发生的概率；对于施工管理风险由于风险事件一旦发生后果很严重，项目部决定采取风险回避对策，将需要置换的车库范围与项目部的施工场地完全分隔，由其他承包商独立施工，并与其签订施工安全协议，将彼此责任明确。

5. 风险后评价

在其他承包商进场施工后的第 10 天，其施工现场发生安全事故，经调查施工场地交接手续齐全，施工安全协议签订及时全面，本项目无任何责任，对风险进行了有效回避。

思考与练习

一、单选题

1. 下列关于风险程度的描述中正确的是（　　　）。

A. 风险程度只与风险发生的概率有关

B. 风险程度只与损失的大小有关

C. 风险程度与风险量有关

D. 风险程度与风险发生的概率和损失都没有关系

2. 施工过程中制订严格的作业程序，属于下列何种风险应对措施（　　　）。

A. 风险转移　　　　　B. 风险规避　　　　　C. 风险自留　　　　　D. 风险缓解

3. 下列关于蒙特卡罗模拟方法的说法中正确的是（　　　）。

A. 蒙特卡罗模拟的实质是一种统计试验方法

B. 只能用于评估单个非确定型的分析因素对项目总体目标所造成的影响

C. 蒙特卡罗模拟方法的优点在于不需用数学式描述项目分析发生的概率

D. 蒙特卡罗模拟的效果与各因素的风险变量概率分布无关

4. 工程分包属于下列哪种风险应对措施（　　　）。

A. 风险转移　　　　　B. 风险规避　　　　　C. 风险自留　　　　　D. 风险缓解

5. 投标保证金的数额一般为投标价的 2% 左右，但最高不得超过（　　　）万元。

A. 20　　　　　　　B. 40　　　　　　　C. 60　　　　　　　D. 80

6. 支付担保是由（　　　）提交的担保。

A. 承包人　　　　　B. 发包人　　　　　C. 监理单位　　　　D. 分包人

二、多选题

1. 下列说法正确的是（　　　）。

A. 若整体风险不能接受，主要一些单个风险也不能接受时，则方案不可行

B. 若整体风险能接受，主要的一些单个风险也能接受，则方案可行

C. 若整体风险能被接受并且不是主要的单个风险不能被接受，此时对方案可作适当调整就可实施

D. 若整体风险能被接受，而主要的某些单个风险不能被接受时，应从全局出发作进一步的分析，确认机会多于风险时，对方案可作适当调整、然后实施

E. 若整体风险能被接受，而主要某些单个风险不能被接受时，方案不可行

2. 风险产生的原因是（　　　）。

A. 信息的不完全　　B. 有限理性　　　　C. 不可知性　　　　D. 无规律性

E. 复杂性

3. 下列风险事件概率分布中属于离散型分布的是（　　　）。

A. 均匀分布　　　　B. 指数分布　　　　C. 伯努利分布　　　D. 二项分布

E. 泊松分布

4. 风险分析的方法包括（　　　）。

A. 综合法　　　　　　　　　　　　　　B. 蒙特卡罗模拟法

C. 层次分析法　　　　　　　　　　　　D. 模糊数学综合评价法

E. 调查打分法

5. 工程担保的种类有（　　　）。

A. 预付款担保　　　B. 投标担保　　　　C. 履约担保　　　　D. 支付担保

E. 担保公司担保

三、简答题（略）

1. 工程项目风险发生概率确定的方法有哪些？

2. 工程项目风险综合评价方法有哪些？

3. 什么是风险监控，风险监控的方法有哪些？

4. 工程保险与工程担保有何异同？

参 考 答 案

一．单选题

1. C；2. B；3. A；4. A；5. D；6. B

二、多选题

1. ABCD；2. AB；3. CDE；4. BCDE；5. ABCD

三、简答题（略）

第 11 章　工程项目信息管理

【教学提示】

本章介绍了信息管理的基本概念、信息管理的基本要求、信息管理的基本原则等基础知识；项目的分解及编码设计；工程项目信息系统的含义、总体架构及实施；项目管理中应用计算机的阶段划分和基础工作；国内外常用的项目管理软件。

【教学要求】

通过本章的学习，要求了解信息的分类、信息管理的基本要求，理解项目的分解及编码的原则；熟悉工程项目信息系统的基本功能模块；了解我国工程项目管理中应用计算机情况，熟悉国内外常用的项目管理软件，并在实际工程中会选择性使用。

11.1　工程项目信息管理概述

11.1.1　项目信息管理的基本概念

1. 信息

建立一个完善的信息管理系统，开展扎实有效的信息管理工作，及时、准确、系统地掌握工程项目信息是工程项目管理者（业主、监理方、承包方等）对项目进行有效投资、进度控制、质量控制和合同管理必不可少的基础。那么，在工程项目管理体系中，信息是什么呢？

信息（Information）作为科学的范畴，其概念是相当深刻和十分丰富的，不同的人有不同的理解和不同的定义，而且随着时代的发展和科学的进步，其内涵和外延都在不断地变化和发展着，综合各种对信息的解释和说明，其定义可为：信息是客观事物以数据形式传送交换的知识，它反映事物的客观状态和规律。

这里的数据是广义上的数据，包括文字、语言、数值、图表、电话以及计算机多媒体技术等表达形式。信息用数据表现，数据是信息的载体，但并非任何数据都是信息，这是因为数据本身是一个符号，只有当它经过处理、解释、对外界产生影响或用于指导客观实践时，才能成为信息。

信息与消息是有区别的，消息是关于人和事物情况的报道，它往往缺乏真实性和准确性，不能反映事物的客观状态和规律，因此，在工程项目管理中，进行决策的依据是有关项目的信息而非消息。

2. 建设工程项目信息的分类

建设工程项目的信息量大，构成情况复杂，按照不同的类型、信息的内容、项目实施的主要工作环节以及参与项目的各个方面等，可以根据不同的情况进行分类。

（1）按照工程项目管理工作的任务划分，有：

1）成本（投资）控制信息。如项目的成本计划、施工任务单、限额领料单、施工定额、对外分包经济合同、成本统计报表、原材料价格、机械设备台班费、人工费、运杂费等。

2）质量控制信息。如国家或地方政府部门颁布的有关质量政策、法令、法规和标准等，质量目标的分解图表、质量控制的工作流程和工作制度、质量管理体系的组成、质量抽样检查的数据、各种材料设备的合格证、质量证明书、检测报告等。

3）进度控制信息。如项目进度计划、进度控制的工作流程和工作制度、进度目标的分解图表、材料和设备的到货计划、各分项分部工程的进度计划、进度记录等。

4）合同管理信息。如合同文件、补充协议、变更记录、工程签证、往来函件、会议纪要、书面指令及通知、验收报告等。

（2）按工程项目管理的工作流程划分，有：

1）计划信息。如要完成的各项指标、上级组织的有关计划、项目管理实施规划等。

2）执行信息。如计划交底、指示、命令等。

3）检查信息。如工程的实际进度，成本、质量等的实施状况。

4）处置信息。如各项调整措施、意见、改进的办法和方案等。

（3）按信息的来源划分，有：

1）工程项目的内部信息。内部信息取自工程项目本身，如工程概况、项目的成本目标、质量目标和进度目标、施工方案、施工进度、施工完成的各项技术经济指标、资料管理制度、项目经理部的组织等。

2）工程项目的外部信息。来自工程项目外部其他单位及外部环境的信息称为外部信息。如国家有关的政策及法规、国内及国际市场上原材料及设备价格、物价指数、类似工程的进度计划等。

（4）按管理信息的稳定性划分。按管理信息的稳定性，可以将其分为固定信息和动态信息。

1）固定信息。这是指在一定时期内不会发生重大变化，具有相对稳定性的信息。它可以供各项管理工作重复使用，不会发生质的变化。比如定额标准、计划、合同信息等。固定信息一般占企业总信息流量的 75%，因而固定信息的整理和利用在很大程度上决定了整个企业管理的工作质量。

2）动态信息。又称为作业统计信息，它是由操作过程所产生的，反映生产活动实际进程和实际状况的信息，并且随着生产活动的进展而不断变化和更新。例如材料的库存量、生产进度、工序质量、机械设备损耗情况等。由于该类信息不断变化，因而其时效性非常重要，一般只有一次使用价值。

（5）按产生时间的不同划分。按产生时间的不同，可以将管理信息分为历史性信息、实时性信息和预测性信息。

1）历史性信息。这是指过去就已经发生的信息。这类信息一般已被使用过，但是具有帮助管理人员从历史条件中找到借鉴和启发的意义，因而仍具有利用价值，仍需将其以资料文档的形式予以保存。

2）实时性信息。这是指反映组织当前活动情况及外部环境特征的信息。该类信息的时效性很强，往往是信息工作的重点，对于指挥和控制正在进行的活动具有非常重要的作用。

3）预测性信息。这是指在掌握和利用以上两种信息的基础上，通过运用科学的预测方法或管理人员的经验判断，据此对组织未来进行预测描述所得到的信息。这类信息对于主管人员及时决策，以便尽早作出相应的准备措施有重大意义。

建设工程项目管理信息还可以按照管理工作的对象范围、内容和任务等进行划分。如某单位工程信息、招投标工作的信息、各目标控制的信息等。

3. 项目信息管理

信息管理是指对信息的收集、整理、处理、储存、传递与应用等一系列工作的总称。建设工程项目信息管理，应根据其信息的特点，有计划地组织信息沟通，以保证能及时、准确获得各级管理者所需要的信息，达到能正确做出决策的目的。

建设工程项目信息管理的根本作用在于为各级管理人员及决策者提供所需要的各种信息。通过系统管理工程建设过程中的各类信息，信息的可靠性、广泛性更高，使业主能对项目的管理目标进行较好地控制，并较好地协调各方的关系。

11.1.2 项目信息管理的基本要求

为了能够全面、及时、准确地向项目管理人员提供有关信息，建设工程项目信息管理应满足以下几方面的基本要求。

1. 要有严格的时效性

工程项目信息管理一定要严格注意时间，否则信息的价值就会随之消失。因此，能适时提供信息，往往对指导工程施工十分有利，甚至可以取得很大的经济效益。要严格保证信息的时效性，应注意解决以下问题：

(1) 当信息分散于不同地区时，如何能够快速而有效地进行收集和传递工作。

(2) 当各项信息的口径不一、参差不齐时，如何处理。

(3) 采取何种方法、何种手段能在很短的时间内将各项信息加工整理成符合目的和要求的信息。

(4) 使用计算机进行自动化处理信息的可能性和处理方式。

2. 要有针对性和实用性

信息处理的重要任务之一，就是如何根据需要，提供针对性强、十分适用的信息。如果仅仅能提供成沓的细部资料，其中又只能反映一些普通的、并不重要的变化，这样，会使决策者不仅要花费许多时间去阅览这些作用不大的繁琐细节，而且仍得不到决策所需要的信息，使得信息管理起不到应有的作用。为避免此类情况的发生，信息管理中应采取如下措施：

(1) 可通过运用数理统计等方法，对搜集的大量庞杂的数据进行分析，找出影响重大的方面和因素，并力求给予定性和定量的描述。

(2) 要将过去和现在、内部和外部、计划与实施等加以对比分析，使之可明确看出当前的情况和发展的趋势。

(3) 要有适当的预测和决策支持信息，使之更好地为管理决策服务，以取得应有的效益。

3. 要有必要的精确度

要使信息具有必要的精确度，需要对原始数据进行认真的审查和必要的校核，避免分类和计算的错误。即使是加工整理后的资料，也需要做细致的复核。这样，才能使信息有效可靠。但信息的精度应满足使用要求为限，不一定是越精确越好，因为不必要的精度，需耗用更多的精力、费用和时间，容易造成浪费。

4. 要考虑信息成本

各项资料的收集和处理所需要的费用直接与信息搜集的多少有关，如果要求愈细、愈完整，则费用将愈高。例如，如果每天都将施工项目上的进度信息收集完整，则势必会耗费大量的人力、时间和费用，这将使信息的成本显著提高。因此，在进行施工项目信息管理时，必须要综合考虑信息成本及信息所产生的收益，寻求最佳的切入点。

11.1.3　项目信息管理的原则

建设工程产生的信息数量巨大，种类繁多，所以，为了便于信息的搜集、处理、储存、传递和利用，在进行工程项目信息管理具体工作时，应遵循以下基本原则：

（1）标准化原则。在工程项目的实施过程中要求对有关信息的分类进行统一，对信息流程进行规范，产生控制报表则力求做到格式化和标准化，通过建立健全的信息管理制度，从组织上保证信息生产过程的效率。

（2）定量化原则。建设工程产生的信息不应是项目实施过程中产生数据的简单记录，应该是经过信息处理人员的比较与分析。所以采用定量工具对有关数据进行分析和比较是十分必要的。

（3）有效性原则。项目信息管理者所提供的信息应针对不同层次管理者的要求进行适当加工，针对不同管理层提供不同要求和浓缩程度的信息。例如对于项目的高层管理者而言，提供的决策信息应力求精练、直观，尽量采用形象的图表来表达，以满足其战略决策的信息需要。

（4）时效性原则。建设工程的信息都有一定的生产周期，如月报表、季度报表、年度报表等，这都是为了保证信息产品能够及时服务于决策。所以，建设工程的成果也应具有相应的时效性。

（5）可预见原则。建设工程产生的信息作为项目实施的历史数据，可以用于预测未来的情况，管理者应通过采用先进的方法和工具为决策者制订未来目标和行动规划提供必要的信息。如通过以往投资执行情况的分析，对未来可能发生的投资进行预测，作为采取事先控制措施的依据。

（6）高效处理原则。通过采用高性能的信息处理工具（建设工程信息管理系统），尽量缩短信息在处理过程中的延迟，项目信息管理者的主要精力应放在对处理结果的分析和控制措施的制订上。

11.1.4　项目信息管理的方法

在建设工程项目信息管理的过程中，应重点抓好信息的采集与筛选、信息的处理与加工、信息的利用与扩大，以便业主能利用信息，对投资目标、质量目标、进度目标实施有效控制。

1. 信息的采集与筛选

必须在施工现场建立一套完善的信息采集制度，通过现场代表或监理的施工记录、工程质量记录及各方参加的工地会议纪要等方式，广泛收集初始信息，并对初始信息加以筛选、整理、分类、编辑、计算等，变换为可以利用的形式。

2. 信息的处理与加工

信息处理的要求应符合及时、准确、适用、经济，处理的方法包括信息的收集、加工、传输、存储、检索与输出。信息的加工，既可以通过管理人员利用图表数据来进行手工处理，也可以利用电子计算机进行数据处理。

3. 信息的利用与扩大

在管理中必须更好地利用信息、扩大信息，要求被利用的信息应具有如下特征：

(1) 适用性。

1) 必须能为使用者所理解。

2) 必须为决策服务。

3) 必须与工程项目组织机构中的各级管理相联系。

4) 必须具有预测性。

(2) 及时性。信息必须能适时作出决策和控制。

(3) 可靠性。信息必须完整、准确，不能导致决策控制的失误。

11.1.5 项目的分解与编码

1. 项目的分解

按照一定的规则，将工程项目的横向和纵向分解为一系列可管理的工作单元，从而更容易地确定这些单元的成本、预算和进度等，使得整个项目更加简洁、明了，该过程称为项目分解。

项目分解并不仅仅局限于根据项目工程实体来进行，而是对于项目建设的投资、进度、质量、合同等有关的所有工作的分解。对于一个具体的工程项目，其构成内容是确定、客观的，但项目分解的结果却可能有多种，而且可能表现出很大的差异，带有明显的客观性，从一个侧面反映从事项目分解的人员对项目构成的总体把握，以及对项目信息管理系统的理解或要求。但无论如何进行项目分解，一般都应遵循下述原则：

(1) 项目分解的思路、线条要清晰，要全面反映项目建设所要进行的各项工作的内容，包括哪些内容不十分明确，耗用的费用和时间不太确定的工作，同时要避免重复。

(2) 项目的分解结构要与项目管理的组织结构相对应，工作的划分界限要明显，使工作能够落实到具体的部门和人。

(3) 区别对待，突出重点。对于那些投资额大，耗用时间多的工作应尽可能分解得细一些、深一些；反之，则可分解得粗一些、浅一些，同时，分解的详细程度应与所要求的控制级别相对应。

(4) 项目分解是为项目目标控制服务的，因此项目分解要与投资目标、进度目标及质量目标的分解及计划的确定相一致。

(5) 与项目的合同结构及有关合同条款相匹配。

2. 项目信息的编码

项目信息的编码也称代码设计，它是为事物提供一个概念清楚的唯一标识，用以代表事物的名称、属性和状态。代码有两个作用：一是便于对数据进行存储、加工和检索；二是可以提高数据处理的效率和精度。此外，对信息进行编码，还可以大大节省存储空间。

在建设工程项目管理工作中，随时都可能产生大量的信息（如报表、数字、文字、声像等），用文字来描述其特征已不能满足现代化管理的要求。因此，必须赋予信息一组能反映其主要特征的代码，用以表征信息的实体或属性，建立项目信息编码系统，以便于利用计算机进行管理。

（1）编码的原则。编码体系与数据处理的方式相联系，也反映了项目管理信息系统的功能，因而应遵循以下原则：

1）与项目分解的原则和体系相一致。在范围上，要包括所有的项目内容；在深度上，要达到项目分解的最低层次，必要时还要考虑预留 1～2 个层次，以便在项目实施过程中项目分解进一步加深时扩充编码。

2）便于查询、检索和汇总。编码是为工程项目管理工作服务的，而在管理工作中，各级管理人员都要及时掌握与管理工作有关的各种信息和数据，需要经常查询、检索、汇总有关数据。因此，编码体系应尽可能好地适应管理人员的这种需要，并尽可能做到便于管理人员或直接用户识别和记忆项目编码及对应的项目内容。

3）反映项目的特点和需要。不同的建设项目在规模、功能、项目构成、结构特征、费用组成等方面往往有较大的差别，对项目管理工作的具体要求也有所不同，这就要求编码体系能够反映具体项目的特点，充分体现编码体系对管理工作的作用。

（2）编码的方法。

1）顺序编码法。顺序编码法是一种按对象出现的顺序进行编码的方法，就是从 001（或 0001，00001 等）开始依次排下去，直到最后。如目前各定额站编制的定额大多采用这种方法。该法简单，编码较短。但这种编码缺乏逻辑基础，本身不说明任何特征。此外，新数据只能追加到最后，删除数据又会产生空码。所以此法一般只用来作为其他分类编码后进行细分类的一种手段。

2）分组编码法。这种方法也是从头开始，依次为数据编号。但在每批同类型数据之后留有一定余量，以备添加新的数据。这种方法是在顺序编码基础上的改动，也存在逻辑意义不清的问题。

3）多面编码法。一个事物可能具有多个属性，如果在编码的结构中能为这些属性各规定一个位置，就形成了多面码。以某金属材料的编码为例，见表 11-1。

表 11-1　　　　　　　　　　金属材料编码规定举例

来源		生产方法		种类		规格	
编号	国别	编号	名称	编号	名称	编号	规格
1	国产	1	热轧	1	角钢	00	$1/16^{11} \times 20^1$
2	进口	2	冷拉	2	平板	01	$1/8^{11} \times 20^1$
				3	铁丝	02	$1/4^{11} \times 20^1$
				4	管子		

4）十进制编码法。该方法是先把编码对象分成若干个大类，编以若干位十进制代码，然后将每一大类再分成若干个小类，编以若干位十进制代码，依次下去，直至不再分类为止。

采用十进制编码法，编码、分类比较简单，直观性强，可以无限扩充下去，但代码位数较多，空码也较多。

5）文字编码法。这种方法是用文字表明对象的属性，而文字一般用英文编写或用汉语拼音的字头。这种编码的直观性较好，记忆使用也都方便。但当数据过多时，单靠字头很容易使含义模糊，造成错误的理解。

　　上述几种编码方法，各有优缺点，在实际工作中可以针对具体情况而选用适当的方法。有时甚至可以将它们组合起来使用。

　　3. 项目信息编码举例

　　这里，我们以民用建筑投资为例，进一步说明工程项目信息编码的方法。如果把一个民用建筑项目的总投资作为一个整体的话，要进行投资控制，首先就要对这个整体进行切块。本例首先将其切成 8 块，即：A 建筑基地费；B 建筑基地外围（红线外）开拓费；C 建筑物造价；D 设备费；E 建筑物外围（红线内）设施费；F 附加设施费；G 业主管理费；H 业主专项预留费。这 8 块可称为投资的子系统。然后对子系统的每一块再进行切片。以建筑物造价为例，切成 5 片：C1 建筑工程造价；C2 设备安装工程造价；C3 预留费；C4 建筑设施费；C5 特殊施工费。这 5 片称为投资子系统的组成项，如图 11-1 所示。

　　对子系统组成项的组项还可继续往下分解。如建筑工程造价可分解为如下 8 条：C11 土方工程；C12 基础工程；C13±0.00 以下外墙工程；C14 外墙工程；C15 内墙与柱；C16 楼板与楼梯工程；C17 屋面工程；C18 大型临时设施费。又如设备安装工程造价切成如下 9 条：C21 排水工程；C22 上水工程；C23 供暖工程；C24 煤气工程；C25 供电工程；C26 通信工程；C27 通风工程；C28 运输工程；C29 其他工程。这 8 条、9 条可称为投资的大类项，如图 11-2 所示。

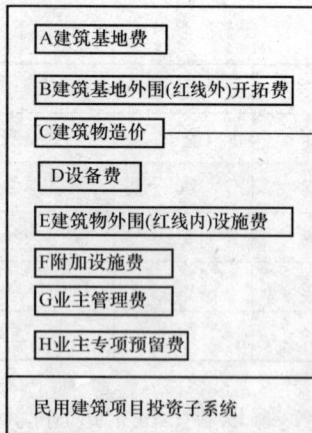

图 11-1　民用建筑项目投资分解　　　　图 11-2　民用建筑投资项目分类

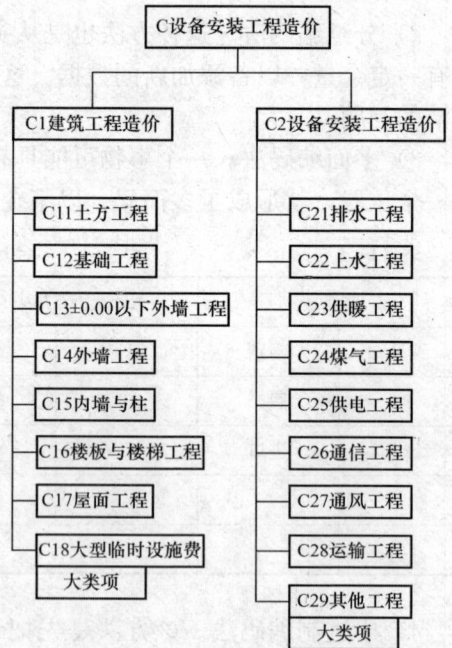

　　对大类项还可再往下分解。以内墙为例，可分解成 8 个功能项：C151 承重墙；C152 框架；C153 轻质隔墙；C154 墙体抹灰粉刷（墙纸），C155 内部窗；C156 内部门；C157 内墙防护设施；C158 其他内墙构造。功能项还可再往下切，如框架可且切成柱（C15210），柱子装饰（C15220），柱子悬挂构造（C15230）及构造分项等，如图 11-3 所示。

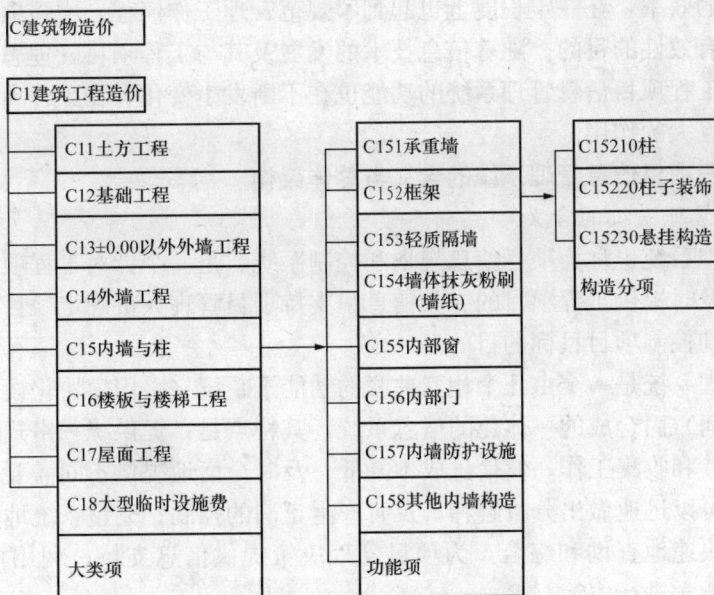

图 11-3　民用建筑项目投资分解

　　本投资结构的编码系统，原则上是按一个层次一位数的编码方法。但这也不是绝对的，也就是说在这个编码系统中层次数与编码的位数不一定是一对一的关系，当某一层所包含的项数超过 10 时，该层所对应的编码位数就要超过一位数。

11.2　工程项目信息管理系统

　　工程项目信息管理系统就是以计算机、网络通信、数据库作为技术支撑，对项目整个生命周期中所产生的各种数据及时、正确、高效地进行管理，为项目所涉及的各类人员提供必要的高质量的信息服务，使管理部门能够评价项目如何逼近目标，从而可有效地利用宝贵资源及时作出决策。

11.2.1　应用工程项目信息管理系统的意义与作用

　　国际建设工程中，从事建设工程咨询的专业人士的工作过程就是对项目目标控制信息进行采集、分析、处理的过程。研究表明，在大型工程项目中，随着项目的实施，信息量的增加是惊人的，用手工进行信息处理显然无法满足项目实施的需要。因此，国际建设工程普遍将信息技术引入建设工程，其应用的基本形式就是工程项目信息管理系统。工程项目信息管理系统作为建设工程的基本手段，其作用在于：

　　(1) 利用计算机数据存储技术，集中管理与项目有关的信息，并随时进行查询和更新。

　　(2) 利用计算机准确、及时地完成工程项目管理所需要信息的处理，比如进度控制中多阶网络的分析和计算。

　　(3) 通过工程项目信息管理系统可以满足决策需要，方便、迅速地生成大量的控制报表。提供高质量的决策信息支持。

　　国际建设工程的实践表明，采用工程项目信息管理系统作为建设工程的基本手段，不仅提高了信息处理的效率，在一定程度上也起到了规范管理工作流程，增强项目管理工作效率和目标控制工作有效性的目的。随着信息技术的发展及其与工程项目管理思想、方法的不断互动，近年来，工程项目信息管理系统的功能也在不断发生变化，在工程项目信息管理系统中也发挥出更为巨大的作用。

11.2.2 工程项目信息管理系统的含义与总体架构

1. 项目信息管理系统的含义

项目信息管理系统也称为项目信息规划和控制系统，是一个针对工程项目的计算机应用软件系统，通过及时提供工程项目的有关信息，支持项目管理人员确定项目规划，以便在项目实施过程中达到控制项目目标的目的。

项目信息管理系统是一个由几个相互关联的功能子系统（采用模块化设计，为系统功能扩展留下足够空间）而合成的一体化的信息系统，其特点是：提供统一格式的信息，简化各种项目数据的统计和收集工作，使信息成本降低；及时全面地提供不同需要、不同浓缩度的项目信息，从而可以迅速做出分析解释，及时产生正确的控制；完整系统地保存大量的项目信息，能方便、快速地查询和综合，为项目管理决策提供信息支持；利用模型方法处理信息，预测未来，科学进行决策。

2. 项目信息管理系统的总体技术架构

（1）系统结构。系统结构主要有三种：

1）终端/主机（T/M）结构。终端/主机（T/M）结构一般适用于需要高度集中控制、安全可靠、业务确定性大、使用者自由度小的场合。此结构目前较少使用。

2）客户/服务（C/S）结构。客户/服务（C/S）结构是在 PC 机使用十分普及、网络技术发展较成熟的背景下产生发展起来的，它构建成本低，客户自由度大，在中小企业得到广泛应用。系统技术架构如图 11-4 示意。

3）浏览/服务（B/S）结构。浏览/服务（B/S）结构是在 Internet 高度发展的基础上产生的，它克服了客户/服务（C/S）结构的一些弊病（如不能适合远距离连接、系统维护费用高），是目前最为开放、灵活、使用最广、发展前途最大的系统结构。

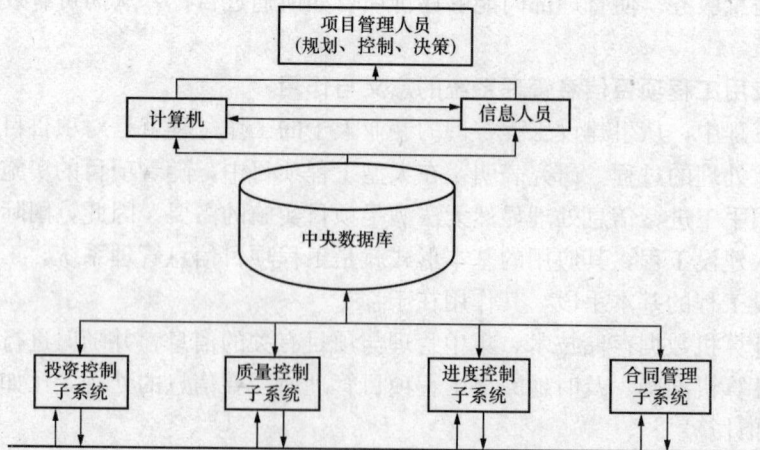

图 11-4 项目管理信息系统的总体结构

（2）数据库。由图11-4可见，系统中的各个子系统与公共数据库相连接并进行数据传递和交换，使项目管理的各种职能任务共享相同的数据，减少数据冗余，保证数据的兼容性和一致性。其中数据库是项目管理信息系统的核心，它对一个系统中数据的组织、数据的传输、数据的存取等进行统一集中的管理，使数据为多种用途服务。

（3）功能模块。一般认为工程项目信息管理系统的基本功能构成应包括投资控制、进度控制、质量控制及合同管理四个子系统，如图11-4所示。

各个子系统应实现的基本功能包括：

1）投资控制子系统，功能有：①投资分配分析；②编制项目概算和预算；③投资分配与项目概算的对比分析；④项目概算与预算的对比分析；⑤合同价与投资分配、概算、预算的对比分析；⑥实际投资与概算、预算、合同价的对比分析；⑦项目投资变化趋势预测；⑧项目结算与预算、合同价的对比分析；⑨项目投资的各类数据查询；⑩提供多种项目投资报表。

2）质量控制子系统，功能有：①项目建设的质量要求和质量标准的制订；②分项工程、分部工程和单位工程的验收记录和统计分析；③工程材料验收记录（包括机电设备的设计质量、建造质量、开箱检验情况、资料质量、安装调试质量、试运行质量、验收及索赔情况）；④工程设计质量的鉴定记录；⑤安全事故的处理记录；⑥提供多种工程质量报表。

3）进度控制子系统，功能有：①编制双代号网络计划和单代号搭接网络计划；②编制多阶网络计划；③工程实际进度的统计分析；④实际进度与计划进度的动态比较；⑤工程进度变化趋势预测；⑥计划进度的定期调整；⑦工程进度各类数据的查询；⑧提供多种工程进度报表；⑨绘制网络图；⑩绘制横道图。

4）合同管理子系统，功能有：①提供和选择标准的合同文本；②合同文件、资料的管理；③合同执行情况的跟踪和处理过程的管理；④涉外合同的外汇折算；⑤经济法规库（国内外经济法规）的查询；⑥提供多种合同管理报表。

11.2.3　工程项目信息管理系统的实施

工程项目信息管理系统的成功实施，不仅应具备一套先进适用的建设工程信息管理软件和性能可靠的计算机硬件平台，更为重要的是应该建立一整套与计算机的工作手段相适应的、科学合理的工程项目信息管理系统组织体系。从广义上讲，工程项目信息管理系统是系统硬件、软件、组织件和教育件构成的组织体系，如图11-5所示。

图11-5　广义的建设工程
信息管理系统的构成

1. 建立完善的信息管理系统的组织件

在工程项目信息管理系统的实施中，必须采取相应的组织措施，建立相应的信息管理制度，保证工程信息管理系统软硬件正常、高效地运行，这是实施工程信息管理组织件的要求。它包括建立与信息系统运行相适应的工程组织结构、建立科学合理的工程项目管理工作流程以及工程项目的信息管理制度，其中项目的信息管理制度是整个工程项目信息管理系统得以正常运行的基础，建立健全的信息管理制度，应进行以下工作：

（1）建立统一的项目信息编码系统，包括项目编码、项目各参与单位组织编码、投资控制编码、进度控制编码、质量控制编码、合同管理编码等。

（2）对信息系统的输入/输出报表进行规范和统一，并以信息目录表的形式固定下来。

（3）建立完善的项目信息流程，使项目各参与单位之间的信息关系得以明确化，同时结合项目的实施情况，对信息流程进行不断地优化和调整，剔除一些不合理的、冗余的流程，以适应信息系统运行的需要。

（4）注重基础数据的收集和传递，建立基础数据管理的制度，保证基础数据的全面、及时、准确地按统一格式输入信息系统，这是工程项目信息管理系统的基础所在。

（5）对信息系统中管理人员的任务进行分工；划分各相关部门的职能；明确有关人员在数据处理和处理过程中的职责。

（6）建立项目的数据保护制度，保证数据的安全性、完整性和一致性。

2. 建立信息系统的教育件

工程项目信息管理系统的教育件是围绕工程项目信息管理系统的应用对工程建设组织中的各级人员进行广泛的培训，它包括：

（1）项目领导者的培训。按照信息系统应用中一把手原则，项目管理者对待工程项目信息管理系统的态度是工程项目信息管理系统实施成败的关键因素，对项目领导者的培训主要侧重于工程项目信息管理系统的认识和现代化建设管理思想和方法的学习。

（2）开发人员的学习与培训。开发团队中由于人员知识结构的差异，进行跨学科的学习和培训是十分重要的，包括建设相关人员对信息处理技术和信息系统开发方法的学习和软件开发人员对工程项目管理知识的学习等。

（3）使用人员的培训。对系统使用人员的培训直接关系到系统实际运行的效率，培训的内容包括信息管理制度的学习、计算机软硬件基础知识的学习和系统操作的学习。结合我国实际情况，对于工程项目信息管理系统使用人员的培训应投入较大的时间和精力。

人员培训的方式包括内部培训和外部培训，其中利用外部资源往往可以收到意想不到的效果，如请有关专家对决策者和领导干部的培训，软件公司对二次开发人员和操作人员进行培训等，不论采用哪种方式，只要目标明确、组织得当，都会收到良好的效果。

3. 开发和引进工程项目信息管理系统软件

工程项目信息管理系统软件是信息系统的核心，开发先进适用的工程项目信息系统软件不仅是软件开发人员的工作，也应成为建设工程界的一项重要课题，开发工程项目信息管理系统软件应注意以下问题：

（1）统一规划，分步实施。大型工程项目信息管理系统软件的开发不可能一蹴而就，它是一个长期渐进的过程，做好统一的开发规划，避免低水平重复开发就显得十分重要，在目前我国工程项目管理界软件开发基础比较薄弱的情况下，由行业主管部门和专业协会牵头做一些协调工作是十分必要的。

（2）开发团队的合理构成。开发团队中既应包括工程管理的专业人士，也应包括专业的软件开发人员，其中具有深厚工程管理知识的系统分析员应该成为开发团队的领导者。

（3）注意开发方法和工具的选择。工程项目信息管理系统软件的开发应考虑到工程实际，开发过程自始至终都应得到用户的积极参与，选择合适的开发方法和工具有利于提高用户的参与程度，提高系统开发的效率。

（4）重视现代工程项目管理理论的支撑和渗透作用。现代化的工程项目管理思想和方法是工程项目信息管理系统软件的核心，缺乏现代工程项目管理理论支撑的软件只能是原有手工工作流程的模拟，其作用是十分有限的。我国的工程项目信息管理系统开发人员必须注意这方面知识的学习和积累。

4. 建立工程项目信息管理系统的硬件平台

工程项目信息管理系统的硬件，应能满足软件正常运行的需要，建立工程项目信息管理系统的系统硬件平台，应注意以下问题：

（1）注意有关设备性能的可靠性。不论是服务器、工作站还是各种网络设备的选择，首先应考虑其运行的可靠性，这是系统正常运行的基础。

（2）采用高性能的网络硬件平台。基于客户机/服务器、浏览器/服务器体系结构和先进的网络架构，可以提高信息处理和传递的效率。

11.3 计算机在工程项目信息管理中的应用

11.3.1 我国工程项目信息管理中应用计算机的基础工作

目前，我国工程项目信息管理中计算机应用水平普遍较低，许多企业的计算机只是简单充作"打字机"、"绘图板"，造成这种局面的主要原因是对信息管理工作中如何开展计算机应用缺乏正确认识，无法从计算机的应用中看到其带来的经济效益，而这更进一步影响到应用计算机的积极性。因此，要在工程项目管理中用好计算机，使计算机更好地为管理工作服务，需要做好以下几方面的基础性工作。

（1）调查研究，找出应用计算机进行信息管理的突破口，从而使其具有示范作用。要认真分析确定工程项目管理中必须处理的信息种类、信息内容和数据量。研究信息管理工作中哪些可以利用计算机来完成，哪些必须利用（或最迫切需要利用）计算机来完成，哪些利用计算机最容易取得经济效益等，以确定最先应用计算机的地方。

（2）确定信息处理的方式和方案。例如，设计数据采集、跟踪用表、确定数据加工方式、时间、标准、精度等，确定存储形式、传输形式、检索方法、输出结果的形式等。

（3）设计出信息管理的系统流程图，使项目建设全过程中的各类信息从收集、整理、加工、传递、反馈、保管都有具体的责任者和规定的程序，并对传递途径和时间要求也要作详细规定。另外，还需注意通过建立管理制度使信息流程规范化，并借助于各种图表使其形象化，以便于各级管理人员理解、掌握和遵照执行。

（4）设计出在工程项目信息管理中应用计算机的实施步骤，使计算机的应用与工程项目管理的正常工作有机地融合到一起，以真正在管理中体现出应用计算机的优势。

（5）配备足够的性能满足要求的计算机，并在计算机上安装工程项目信息管理中需要使用的相关软件，如文字处理软件、文档管理软件等，也可以根据国情和项目的特征性，进行管理软件的二次开发。同时，根据工程项目管理工作的实际需要将项目上的计算机互联，或者与企业的计算机相联，或者与国际互联网 Internet 相联，以满足信息收集、加工、存储、检索、输出等方面的需要。

（6）建立必要的应用计算机进行工程项目信息管理的组织、制度和程序，并进行相关人员的培训。例如，可配备一些既懂项目管理又懂计算机应用的专职信息管理人员，制订"应用计算机进行工程项目信息管理的实施条例"、"网络计划反馈与调整报告制度"、"资源成本统计反馈定期报告制度"、"ABC 信息管理制度"等有关制度。通过建立一套科学的管理方法，一个合理、高效的信息收集系统和一套完整、严密的信息收集制度，逐步实现工作程序化，管理工作标准化，报表文件统一化，数据资料完整化、代码化。以保证基础信息的正确可靠。必须认识到，领导的重视和人员的素质是计算机应用能否成功的关键。在工程项目信息管理中应用计算机需变革传统的工程管理模式，影响很大，牵涉到深层次，必须得到领导的重视和大力支持，否则计算机的应用只会流于形式。

11.3.2　我国工程项目信息管理中应用计算机的形式

目前，在我国工程项目信息管理中，计算机的应用形式主要有以下几种：

（1）利用文字处理软件处理工程项目管理中的各类文档，实现无纸化办公，使文件、资料和报表正规化、标准化，且修改简单，查找方便，管理便捷可靠。这样一方面可以提高工作效率，另一方面也便于对这些文档进行重复利用。

（2）利用电子表格软件强大的计算机功能和分类、筛选、统计、汇总等数据管理功能，对工程项目管理中的大量数据（如混凝土强度数据、材料台账等）进行计算、统计、分析等工作，并输出直观形象的统计图表，供工程项目管理人员使用。另外，也可把各种报表的格式制作成模板文件，实现重复利用。

（3）利用电子演示文稿制作软件生动、直观的特点，进行技术培训、技术交底、工作汇报等。

（4）使用项目管理软件对工程项目的进度信息、资源信息、成本信息等进行动态管理。以逻辑严密的网络进度计划为基础，统筹安排，合理利用人力、物力和财力，实现"向关键工作要时间，向非关键工作要资源"，取得加速工期、降低成本的效果。另外，也可以利用工作分解技术辅助进行成本、质量、安全控制和现场管理。

（5）使用某些专用软件进行管理，如概预算软件、施工现场管理软件、材料管理软件、质量管理软件、合同管理软件、文档管理软件、施工技术类软件等。在工程项目信息管理中，应根据项目管理工作的客观需要和项目的实际情况，采用上述的一种或数种形式来应用计算机，以达到全面、及时、准确地为工程项目管理工作提供信息的目的，从而为最终实现工程项目的总目标奠定基础。

11.4　工程项目管理软件简介

随着项目管理体制在我国的推行，以及计算机在项目管理上的应用，近年来，项目管理应用软件在我国不断推陈出新，它们为各种项目管理活动提供便于操作的图形界面，帮助用户制订任务、管理资源、进行成本预算、跟踪项目进度等。项目管理软件的应用已成为当今项目信息管理工作的一个主要内容。

11.4.1 国外流行的项目管理软件

根据项目管理软件的功能和价格水平,大致可分为两档:一种是供专业项目管理人士使用的企业级项目管理软件,这类软件功能强大,价格较高,如 ABT 公司的 WorkBerch、Primavera 公司的 P3、Gores 技术公司的 Artemis 等。另一种是 PC 级的项目管理软件,应用于一些中小型项目管理,这类软件虽然功能不很齐全,但价格便宜,如 Microsoft 公司的 Project、Symantec 公司的 Time Line、Scitor 公司的 Project Scheduler 等。

1. Microsoft Project

它是一个功能强大而灵活的项目管理工具,具有项目管理所需的大多数功能,包括项目计划、资源的定义和分配、及时的项目跟踪、多种直观易懂的报表及图形、用 Web 页面方式发布项目信息、通过 Excel、Access 或各种 ODBC 兼容数据库存取项目文件等。该软件使用非常方便,既可用于简单的项目,又可用于复杂的项目,它能够帮助项目管理人员建立项目计划、对项目进行管理,并在执行过程中追踪所有活动,使用户及时掌握项目进度的完成情况、实际成本与预算的差异、资源的使用情况等信息。我国已经有许多单位和个人在使用它,有的已经取得成效。

2. CA-Super Project

Computer Associates International 公司的 CA-Super Project 是一个很常用的软件,适合于各种平台,包括 Windows、OS/2、Unix/Solaris、DOS 和 VAX/VMS 等。大量的视图有助于用户了解、分析和管理项目的各方面。容易发现和有效解决资源冲突,并提供各种工具,使用户在多个项目之间调整进度表和资源。CA-Super Project 先进和灵活的进度安排可以让用户准确模拟真实世界。还可以根据预定计划、当前完成情况、剩余情况,精确地重新制订剩余部分的执行计划。

3. Project Scheduler

该软件可以帮助用户管理项目中的各种活动。它的资源优先设置和资源平衡算法非常实用,利用项目分组,用户可以观察到多项目中的一个主进度计划,并可以分析更新。数据可以通过工作分解结构、组织分解结构、资源分解结构进行调整和汇总。Project Scheduler 提供了统一的资源跟踪工作表,允许用户根据一个周期的数据来评价资源成本和利用率,还有详细的"whatif"(假设)分析功能,通过 ODBC 连接数据库。

4. Time Line

Time Line 对初学者来说使用稍感困难,但该软件仍是有经验的项目管理经理的首选。它除了具有项目管理的大多功能外,还具有报表功能和极强的与 SQL 数据库连接的功能。

11.4.2 国内使用较多的国外项目管理软件

1. Microsoft Project 软件应用

1994 年 Project4.0 for Windows 一经推出,就为世界上很多大公司(如波音公司)选用。这个版本当时没有中文版。为在我国广泛应用,中国科学院计算所开发了"中文伴侣",使这个版本中文化,因此,在建筑、航空、航天等领域有数百家单位应用,收到了很显著的效果。在 Windows 95 问世后,适应这个操作系统的 Project4.1 于 1995 年进入项目管理领域,该版本增强了在计算机网络通信方面的功能,为大型工程的现代化管理奠定了基础。1997 年 10 月微软推出了 Project 98 英文版,当年 12 月又推出了中文版。后来又出现了

Project 2000 这个最新的版本。为适应市场经济发展的形势，采用了许多新的项目管理思想，在机制上有重大的改进，特别增加了在 Internet 上交流的功能；使项目管理的水平能够提高到一个新的台阶。目前微软中国公司已推出了最新的 Microsoft Project 2013 版本。

2. P3 软件应用

P3 软件在国际上有着极高的知名度和普及率，属于高档项目管理软件。Primavera 公司成立于 1983 年，同年该公司推出了日后成为项目管理软件领头羊的 Primavera Project Planner（简称 P3）1.0 for DOS。其主要特点如下：

（1）P3 是基于广义网络计划技术理论编制的项目管理软件。

（2）P3 中的节点号可以任意编制。

（3）P3 能够根据项目的工作分解结构（WBS）将项目的工作范围从大到小进行分解，直至可操作的工作单元，也可以将组织机构逐级进行分解（OBS），形成最基层的组织单元，并将每一工作单元落实到相应的组织单元去完成。然后 P3 根据不同管理层的要求，在工作分解结构或组织分解结构的任意层次上进行统计和汇总。除此之外，P3 还可以根据工程的属性任意对工作进行筛选、分组、排序、汇总。

（4）作为商品化的软件，P3 的数据接口功能齐全。既可以输出到传统的 dBase 数据库、Lotus 文件和 ASCⅡ格式文件，也可以接收 dBase、Lotus 格式的数据，还可以通过 ODBC 与 Windows 程序进行数据交换。

P3 的这些特点，使其在国际上得到了普遍的赞誉，用户广泛。我国 P3 系列软件的使用也呈现出强劲的发展势头，新的管理思维与方法越来越多地被大家接受。三峡工程、大庆乙烯工程、秦皇岛煤码头、京沪高速公路、克拉玛依油气田、利港电厂、所有在建的核电站等。这些工程中，业主、监理、承包商统一装备 P3 系列软件，使用 P3 软件进行项目管理，并取得了较好的效果。

3. EXP 软件应用

在工程项目管理中，还有大量的非时间和逻辑关系的工程管理内容。如合同费用的管理，费用的分摊、计划和统计，工程进度款的支付管理，设备管理，图纸管理，各种工程文件管理，如质量管理、安全管理、设计变更管理，档案、人事管理，来往信函管理，日常事务管理和催办等各种工程管理工作，这些工作包含在工程项目管理的费用控制、合同管理和信息管理中。EXP 软件的主要特点是各种工程费用，如概算的、合同的、实际的、工程进度款支付和设备材料款支付等各种工程费用数据能够自行封闭一致，同时能紧密结合工程合同进行管理，并对与合同有关的事务过程记录在案，与合同有关事务过程的记录对于日后依据合同解决有关争议的问题是相当重要的，EXP 软件近年在国内也得到了越来越多的应用。Expedition 的主要功能分成五大模块，即合同信息、通信、记事、请示与变更、项目概况。

（1）在合同信息中，可以记录项目有关的合同，采购单、发票等。上述文件中的费用均可分摊到费用计算表中。通过费用计算，可以对项目的预算费用、合同费用和实际费用跟踪管理。各种变更费用也可反映到对应的费用类别中。

（2）在通信中，可以对通讯录、信函、收发文记录、会议记录、电话记录等内容进行登录、归类、事件关联等。

（3）在记事中，可以对送审文件，材料到货、问题、日报进行登录、归类、检索等。

（4）在请示与变更中，可以对整个变更过程中的往来函件进行自动关联与跟踪。

（5）在项目概况中，反映出项目的各方执行状态以及项目的简要说明。

P3 软件和 EXP 软件的联合应用，可以有效地管理工程项目建设中的大部分工程管理内容。

11.4.3 国内开发的项目管理软件

20 世纪 90 年代后期，国内项目管理人员在吸取国外软件开发的经验和部分数据的基础上，成功开发出了适应国内情况的项目管理软件。这些国内软件可完成的主要工作有：编制进度计划；通过进度计划和资源结合使用，进行资源的优化配置和成本分析；能够进行进度检查和调整，实现动态控制等。下面介绍常用的两种项目管理软件。

1. 梦龙智能项目管理软件

PERT 项目管理系统是北京梦龙公司应用网络技术的原理，采用高新技术手段开发的，适用于各种项目计划管理的智能化软件。在开发过程中，曾广泛走访用户，采纳许多建议并参考了国内外其他软件的特点，经长江三峡等大量工程试用，反复修改，不断完善。目前，已被建筑、安装、科研、监理、军事等行业的许多单位使用，产生了很好的经济效益和社会效益。pert 系统适合我国国情、界面新颖友好、操作简单直观、功能丰富可靠、对软硬件环境适应性好等，有其独特的优越功能。

（1）灵活方便的作图功能。我们知道手工编制网络计划图很繁琐，关键线路、时差等参数要计算确定，编号要排好，一旦漏画工作，还须重新作图，很麻烦，造成了开工前画好一张图，一直贴到工程完工的必然结果，从而失去了网络计划技术应有的作用。用计算机管理势在必行，而国内外现已开发的软件，一般都要先输入逻辑关系，再生成网络图；做单代号只能做单代号网络图，做双代号只能双代号网络图，并且增加、删除、修改工作及逻辑关系很麻烦；在实际应用中必须事先画好一张草图，再输入逻辑关系。而用梦龙公司的 pert 软件做网络图，简直是一种享受，比画草图还容易地在计算机屏幕上直接做网络图。增加工作随心所欲，不合逻辑自动提示，漏画工作在图形上任意插入，多画工作删除方便并智能连接，逻辑关系任意调整，相同内容随意复制，关键线路及节点自动生成，网络图层次分明并可随意调整，网络图可随时转换成另一种形式：双代号逻辑网络图、时标网络图、时标逻辑网络图、横道图、单代号网络图、汇聚单代号网络图、单双混合方框网络图及中外两种文字的网络图等，这是许多软件不可比拟的。

pert 还提供了文本方式三种输入方法做网络图：

1）双代号输入法；

2）紧前关系输入法；

3）紧后关系输入法。

三者之间可相互转换，任一种方法输入即可自动生成网络图。

（2）瞬间即可生成流水网络。流水施工方法是组织施工的一种科学方法，它可以充分地利用工作时间和操作空间，减少非生产性的劳动消耗，提高劳动生产率，缩短工期，节约施工费用。但流水网络关系复杂，很容易做错，一旦按照错误的流水网络施工，必然导致严重后果。用梦龙 pert 软件做流水网络，瞬间即可生成。只要做好一个标准层，其他层自动生成普通流水网络或小流水（分层分段的立体流水）网络（小流水施工法对工期控制非常有效），自动带层段号。用梦龙流水功能，您一定会感到做网络图再也不是心烦意乱的苦事了，代之而来的是轻松愉快。

（3）方便实用的网络图分级管理功能（子网络功能）。通常一个复杂的工程要用多级网络进行控制，根据工程的实际情况可分为一级、二级……多级网络，不同的管理层对应不同级别的网络，使之任务明确、责任分明。用手工画网络图，即使作出分级网络图，下级网络的数据也几乎不可能返回到上级网络中，这样就难以实现分级管理。用梦龙pert软件可以作到真正的分级网络管理。

1）从上级网络可以直接进入下级网络进行查看，从下级网络也可回到上级网络，并且将下级网络中的数据带到上级网络中以供上级网络计算和决策。

2）可将一个独立编好的网络图并入到另一个网络中成为子网。工程上多任务、多工种以及分包工程都可以做相对独立网络，然后并入上级网中成为子网。另外，用户可以建立工程网络库，根据需要提取所要的网络，例如：可以做好几十种房间装修的网络，在新建一个网络时，如果遇到房间装修的内容可直接从库中提取相近的网络，这样就可以快速做出准确的网络图。该功能对实际数据的积累和快速投标都有十分重要的意义。

3）可随意将子网展开并成为主网的一部分，也可将主网中的相对独立的一部分合并成为下级子网，这样根据工程实际进展情况和重要程度不同进行动态的分级管理。

4）子网的分离功能、显示层次结构功能、建立、删除功能会使子网操作灵活自如。

（4）真正的动态控制及其前锋线功能。网络图做得再好如果不能做到动态控制，也就不会带来更大的效益。梦龙pert能做到真正的动态管理，将工程完成情况输入计算机，可显示带前锋线的网络图。

1）前锋线就是对实际进度的记录，根据前锋线可直接看出那些工作提前和落后，利于管理和控制。

2）将前锋线拉直预测完工时间并给出新的关键线路及相对原计划提前或落后的时间，为领导决策提供准确的依据。

3）将模拟预测后的网络图锁定，根据实际情况及计算机提供的数据对影响总工期的工按费用最低进行调整，最终形成新的下一轮计划，这样往复进行，就可以做到真正的优化动态控制。

除了上述几个特点之外，还有资源费用优化控制、系统集成管理、操作简便、人机界面良好等特点。总之，PERT项目管理系统软件的功能和特点是十分突出的，它是一套十分难得的工程项目管理应用软件。

2. 清华斯维尔智能项目管理软件6.0

智能项目管理6.0软件是深圳市清华斯维尔软件科技有限公司在充分汲取国内外同类软件优点的基础上，将网络计划及优化技术应用于建设项目的实际管理中，以国内建筑行业普遍采用的横道图双代号时标网络图作为项目进度管理与控制的主要工具。通过挂接各类工程定额实现对项目资源、成本的精确分析与计算。不仅能够从宏观上控制工期、成本，还能从微观上协调人力、设备、材料的具体使用。

（1）主要特点。

1）严格遵循建设部最新颁布的《工程网络计划技术规程》、《网络计划技术》等国家标准，提供单起单终、过桥线、时间参数、双代号网络图等重要功能。

2）智能流水、搭接、冬歇期、逻辑网络图等功能更好地满足实际绘图与管理的需要。

3）图表类型丰富实用、制作快速精美，充分满足工程项目投标与施工控制的各类需求。

4）实用的矢量图控制功能、全方位的图形属性自定义、任务样式自定义功能极大地增强了软件的灵活性。

5）动态真实模拟施工现场任务，清晰表达各种作业关系（开始－开始 SS、完成－开始 FS、开始－完成 SF、完成－完成 FF）以及延迟、搭接、资源消耗、成本费用等任务信息。

6）方便快捷地进行工程任务分解，建立完整的大纲任务结构和子网络，实现项目计划的分级控制与管理。

7）兼容微软 PROJECT2000 项目数据，智能生成双代号网络图，最大程度地利用用户已有资源，真正实现项目数据的完全共享。

8）适应性强，满足单机、网络用户的项目管理需求，适应大、中、小型施工企业的实际应用。

（2）主要功能。

1）项目管理。以树型结构的层次关系组织实际项目并允许同时打开多个项目文件进行操作，系统自动存盘。

2）数据录入。可方便的选择在图形界面或表格界面中完成各类任务信息的录入工作。

3）视图切换。可随时选择在横道图、双代号、单代号、资源曲线等视图界面间进行切换，从不同角度观察、分析实际项目。同时在一个视图内进行数据操作时，其他视图动态适时改变。

4）编辑处理。可随时插入、修改、删除、添加任务，实现或取消任务间的四类逻辑关系，进行升级或降级的子网操作，流水、搭接网络操作，以及任务查找等功能。

5）图形处理。能够对网络图、横道图进行放大、缩小、拉长、缩短、鹰眼、全图等显示，以及对网络的各类属性进行编辑等操作，也可利用矢量图自绘制图形，每个视图均可以存为 Emf 图形。

6）数据管理与导入。实现项目数据的备份与恢复以及导入 PROJECT2000 项目数据、各类定额数据库、工料机数据库数据等操作。

7）图表打印。可方便地打出施工横道图、单代号网络图、双代号网络图、双代号逻辑时标网、资源需求曲线图、关键任务表、任务网络时间参数计算表等多种图表。

【综合案例】

三峡工程项目管理过程中信息化技术的应用

三峡工程是一个具有防洪、发电、航运等综合效益的巨型水利枢纽工程。工程建设总工期定为 17 年，分三个阶段实施。三峡工程进度计划分业主层、监理层和施工承包商层三个大层次进行管理。因为三峡工程规模大、工期长，参与工程建设的监理和施工承包商多，三峡工程业主进度的控制要相对深入和细致一些，而且业主在设备、物资供应及标段交接和协调上的介入，形成了进度计划管理的复杂关系。

1. 进度计划内容

三峡工程进度计划内容主要有两部分，即上一工程进度计划完成情况报告和下步工程进度计划说明，具体如下。

（1）上一工程进度计划情况。对上一工程进度计划执行情况总结主要包括：主体工程完成情况，施工手段形成，施工道路、施工栈桥完成情况，混凝土生产系统建设或运行情况，施工工厂的建设或生产情况，工程质量、工程安全和投资计划等完成情况，边界条件满足情况。

（2）下步进度计划情况。对下步进度计划需要说明的主要内容有：①为完成工程项目所采取的施工方案和施工措施；②按要求完成工程项目的进度和工作量；③主要物资材料计划耗用量；④施工现场各类人员和下一时段劳动力安排计划；⑤工程价款结算情况以及下一时段预计完成的工程投资额；⑥其他需要说明的事项；⑦进度计划网络。

2. 进度计划管理模式

三峡工程的进度计划统一了提交和更新的时间，使用统一软件和格式。

（1）业主对三峡工程进度的控制首先是通过招标文件中的开工、完工时间及阶段目标来实现的。

（2）监理则是在上述基础上对工期、阶段目标进一步分解和细化后，编制出三峡工程分标段和分项工程进度计划，以此作为对施工承包商上报的三峡工程分标段工程进度计划的审批依据，确保工程施工按进度计划执行。

（3）施工承包商三峡工程分标段工程总进度计划，是在确定了施工方案和施工组织设计后，对招标文件要求的工期、阶段目标进一步分解和细化编制而成。它提交给监理用来回答对业主进度要求的响应和保证。同时，还需要将进度实际执行情况反馈，然后对原有进度计划进行调整作出下一步计划，这样周而复始才可能对进度起到及时地、有效地控制。

3. 进度计划编制支持系统

（1）计算机网络建设。为提高工作效率、加强联系并及时互通信息，由业主出资在坝区设计，在监理、施工承包商和业生之间建立了计算机局域网，选择 LotusNotes 作为信息交换和应用平台，这些基础建设为进度计划编制和传递提供了强有力的手段。

（2）混凝土施工仿真系统。三峡水利枢纽主要由混凝土建筑物组成，其混凝土工程量巨大，特别是二阶段工程中的混凝土施工更是峰高、量大。在进度计划编制安排混凝土施工作业程序时，靠过去的手工排块方法，很难在短时间内得出一个较优的混凝土施工程序。在统制进度计划时，为了能够及时、高效地得到一个较优的混凝土施工程序，业主与电力公司成都勘测设计研究院，共同研制了三峡二阶段工程厂坝混凝土施工仿真系统和永久船闸混凝土仿真系统从而解决上述问题。目前三峡二阶段工程厂坝混凝土施工仿真系统在进度计划编制过程中已初见成效。

（3）工程进度日报系统。要做好施工进度动态控制并及时调整计划部署，就必须建立传递施工现场施工信息的快速通道。针对这样一个问题，业主组织人力利用计算机 Notes 技术开发三峡工程日报系统。利用该系统，业主和监理等有关单位就可及时掌握和了解到工程进展状况。这些进展结果再通过计算机分析和加工处理，然后输送到施工单位，就可为下步工作提供参考和决策依据。

（4）进度管理软件发挥作用。三峡工程总公司根据三峡各参建单位的特点，建立了组织体系并使用了某种进度管理软件。

在三峡工程总公司方面，工程信息部利用进度管理软件已经建立了三峡工程总进度网络，解决了传统横道图方法或 CAD 方法存在的难计算关键线路及难适时检验适时局部调整的问题；项目部和监理更是从进度管理软件应用中大大提高了项目之间、标段之间的协调能力，再也不会发生浇筑施工单位在某一部位计划浇筑混凝土而承包该部位开挖的施工单位还未完成开挖的问题。这种对问题的提前预见作用，在三峡工程施工管理中已多次发挥作用。

综上所述，三峡工程在施工过程中，信息化技术功不可没。它不仅加强了业主、监理和施工单位之间的联系，而且也提高了三峡工程施工进程中的效率。

思 考 与 练 习

一、单选题

1. 工程项目信息中"信息"指的是（　　）。

A. 数据 　　　　　　　　　　　　　　B. 消息

C. 指导客观实践的数据 　　　　　　　D. 图表

2. 信息管理是指对（　　）的收集、整理、处理、储存、传递与应用等一系列工作的总称。

A. 文本 　　　B. 数据 　　　C. 信息 　　　D. 数据

3. 国际建设工程普遍将信息技术引入建设工程，其应用的基本形式是（　　）系统。

A. 费用管理 　　　B. 质量管理 　　　C. 进度管理 　　　D. 工程项目信息

4. 我国建筑业和基本建设领域应用信息技术与工业发达国家相比（　　）。

A. 正处于同一起跑线上 　　　　　　　B. 处于微弱的领先地位

C. 各有所长 　　　　　　　　　　　　D. 存在较大的差距

5. （　　）软件在国际上有着极高的知名度和普及率，属于高档项目管理软件。

A. P3 　　　　　　　　　　　　　　　B. Microsoft Project

C. EXP 软件 　　　　　　　　　　　　D. 梦龙软件

二、多选题

1. 按照管理信息的稳定性，可以将信息分为（　　）和（　　）。

A. 固定信息 　　　　　　　　　　　　B. 实时性信息

C. 动态信息 　　　　　　　　　　　　D. 检查信息

2. 建设工程项目信息管理应满足的基本要求包括（　　）。

A. 要有严格的时效性 　　　　　　　　B. 要有针对性和实用性

C. 要考虑质量成本 　　　　　　　　　D. 要有必要的精确度

3. 对项目的信息进行编码设计的作用是（　　）。

A. 便于对数据进行存储、加工和检索 　B. 提高数据传输的抗干扰性

C. 提高数据处理的效率和精度 　　　　D. 提高信息的保密性

4. 工程项目信息管理系统一般包括（　　）子系统。

A. 进度控制子系统 　　　　　　　　　B. 质量控制子系统

C. 合同管理子系统 　　　　　　　　　D. 投资控制子系统

三、简答题

1. 国内外常用项目管理软件有哪些？
2. 工程项目信息是如何分类的？
3. 项目信息管理的基本要求是什么？
4. 网上项目管理具有什么特点？

参 考 答 案

一、单选题

1. C；2. C；3. D；4. D；5. A

二、多选题

1. AC；2. ABC；3. AC；4. ABCD

三、简答题（略）

第12章 工程项目后期管理

【教学提示】

本章重点是工程项目后期管理中施工项目竣工验收、施工项目竣工结算、施工项目考核评价及施工项目回访保修等基本概念、内容及其实施程序。

【教学要求】

通过本章的学习,要求掌握施工项目竣工验收程序、竣工结算编制的依据和竣工结算程序、施工项目质量保修的范围和保修期,熟悉工程结算中纠纷的解决方法、施工项目考核评价的程序和评价指标体系,了解竣工资料的编制要求、施工项目竣工验收备案制度、施工项目回访保修的意义和工作流程。

12.1 施工项目竣工验收

12.1.1 施工项目竣工验收的依据和标准

1. 施工项目竣工验收的概念

施工项目竣工是指工程项目经过承建单位的准备和实施活动,已完成了项目承包合同规定的全部内容,并符合发包单位的意图、达到了使用的要求,它标志着工程项目建设任务的全面完成。项目完成后,承包人应按工程质量验收标准,自行组织有关人员进行质量检查评定,实行监理的应约请相关监理机构进行初步验收;初步验收合格后,向发包人提交工程竣工报告,约定有关项目竣工验收移交事宜。

施工项目竣工验收指承包人按照建设工程施工合同的约定,完成设计文件和施工图纸规定的工程内容,经发包人组织竣工验收后办理的工程交接手续。发包人应按项目竣工验收的法律、行政法规和部门规定,一次性或分阶段竣工验收。规模较小且比较简单的项目,可进行一次性项目竣工验收。规模较大且比较复杂的项目,可以分阶段验收。

2. 施工项目竣工验收的分类及标准

(1) 竣工验收的分类。施工项目竣工验收是工程施工全过程中的最后一道工序,是对施工过程质量控制成果的全面检验,是建设项目投资转入生产或使用的标志。项目竣工验收应依据有关法规,必须符合国家规定的竣工条件和竣工验收要求。按被验收的对象划分为中间验收、单项工程验收和全面竣工验收。

1) 中间验收是对全部竣工项目中的隐蔽工程或需要中间验收的部分所进行的验收工作。如建筑工程的地基基础工程的验收。

2) 单项工程验收是指对大型工程项目中的某一单项工程完成后需要独立运转开始发挥投资效益的验收工作。

3) 全面竣工验收则是整个项目的完成验收。

（2）施工项目竣工验收的条件为：完成了建设工程设计和合同规定的各项内容；有完整的技术档案和施工管理资料；有工程使用的主要建筑材料、建筑构配件现场试验报告；有勘察、设计、施工、工程监理等单位分别签署的质量合格文件；有使用单位签署的工程保修书。

（3）施工项目竣工验收的标准为：达到合同约定的工程质量标准；符合单位工程质量竣工验收的合格标准；单项工程达到使用条件或满足生产要求；建设项目能满足建成投入使用或生产的各项要求。

有的建设项目基本符合竣工验收标准，只有零星土建工程和少量非主要设备未按设计规定全部完成，但不影响正常生产，也可办理竣工验收手续，剩余工程应按设计留足投资，在规定期限内完成。某些建设项目和单项工程，已形成部分生产能力或实际上已投产使用，但近期不能按原设计规模续建的，应从实际情况出发，缩小建设规模，报主管部门审批后，对已经完成的工程和设备组织验收，办理移交。

3. 施工项目竣工资料

竣工验收必须有完整的技术与施工管理资料。竣工资料文件的归档整理应符合国家有关标准、法规的规定，移交工程档案应符合有关规定。

（1）施工项目竣工资料的内容。

1）工程施工技术资料。工程施工技术资料由图纸会审记录文件、施工组织设计（项目管理规划）文件、工程开工报告相关资料（开工报审表、开工报告）、技术、安全交底记录文件、施工日志记录文件、设计变更文件、工程洽商记录文件、工程测量记录文件、施工记录文件、工程质量事故记录文件和工程竣工文件等组成。

2）工程质量保证资料。工程质量保证资料是建设工程过程中全面反映工程质量控制和保证的依据性证明资料，包括原材料、构配件、器具及设备等质量证明、合格证明、进场材料试验报告，施工试验记录，隐蔽工程检查记录等。由于依据的施工及验收规范和质量检验标准的不同，可分为土建工程、建筑给排水工程、采暖工程、建筑电气安装工程、通风与空调工程、电梯安装工程以及建筑智能化工程等工程质量保证资料。

3）工程检验评定资料。工程检验评定资料是建设工程施工过程中按照国家现行工程质量检验标准，对施工项目进行单位工程、分部工程、分项工程的划分，再按照分项工程、分部工程、单位工程的顺序逐级对工程质量做出的综合评定资料；其主要内容为施工现场质量管理检查记录、单位（子单位）工程质量竣工验收记录、分部（子分部）工程质量验收记录文件、分项工程质量验收记录文件和检验批质量验收记录文件。

4）竣工图。竣工图是真实、准确、完整反映和记录各种地下和地上建筑物、构筑物等详细情况的技术文件，是工程竣工验收、投产或交付使用后进行维修、扩建、改建的依据，是生产（使用）单位必须长期保存和进行备案的重要工程档案资料。竣工图一般要由施工方完成，另有约定的除外。但当项目进行过程中变更较大和较多时，建设单位一般委托设计单位重新绘制施工图交与施工方，由施工方保管好图样和做好工程记录。

5）规定的其他应交资料。其他应交资料包括建设工程施工合同、施工图预算和决算、工程竣工验收记录、工程质量保修书、工程项目施工管理机构以及地方行政法规和技术标准等。

（2）施工项目竣工资料的收集整理。工程文件的归档整理应按国家发布的现行标准、规定（如 GB/T 50328《建设工程文件归档整理规范》、GB/T 11822《科学技术档案案卷构成的一般要求》等）执行。

1）工程施工技术资料的整理应在工程开工至工程竣工整个过程中，按形成规律收集，如实记录，并分类组卷。其主要内容有开工报告、竣工报告、施工组织设计、图纸会审记录、技术交底记录、设计变更通知单、技术核定单、地质勘察报告、定位测量记录、基础处理记录、沉降观测记录、混凝土浇灌令、商品混凝土供应记录、防水工程抗渗试验记录、质量事故处理记录、施工日志、工程复核记录、建设工程施工合同及补充协议、工程质量保修书、工程结算书、竣工项目一览表以及施工项目总结等。

2）工程质量保证资料的整理应按专业特点，由工程内在要求，进行分类组卷；主要的专业质量保证资料包括土建工程、建筑采暖卫生与煤气工程、建筑电气安装、通风与空调工程、电梯安装工程。

3）工程检验评定资料应按单位工程、分部工程、分项工程的顺序整理，并分类组卷；主要包括质量管理体系检查记录、分项工程质量验收记录、分部工程质量验收记录、单位工程竣工质量验收记录、质量控制资料检查记录、安全和功能检验资料核查及抽查记录及观感质量综合检查记录等。

4）竣工图的整理应区别情况按竣工验收的要求组卷，并应逐张加盖"竣工图"章。施工过程中未发生设计变更的，原施工图样可作为竣工图使用；在施工中有一般性的设计变更，但无较大的结构性或重要管线等设计变更，可在原施工图样上修改补充，并附以设计变更通知单、设计变更记录及施工说明等，作为竣工图使用；若因结构形式、工艺、平面布置、项目以及其他重大改变及图面变更面积超过 35%，不宜在原施工图上修改或补充的，应重新绘图，承包人负责在新图上加盖"竣工图"章作为竣工图。

（3）施工项目竣工资料的移交验收。

1）施工单位应向建设单位移交施工资料；

2）实行施工总承包的，各专业承包单位应向施工总承包单位移交施工资料；

3）监理单位应向建设单位移交监理资料；

4）工程资料移交时应及时办理相关移交手续，填写工程资料移交书、移交目录；

5）建设单位应按国家有关法规和标准的规定向城建档案管理部门移交工程档案，并办理有关手续。有条件时，向城建档案管理部门移交的工程档案应为原件。

承包人向发包人移交工程文件档案应与编制的清单目录保持一致，须有交接签认手续，并符合移交规定。文字材料与图纸声像材料可按专业分类，如建筑安装工程和土建、暖卫、燃气、电气、电梯、通风与空调等；市政基础设施工程如桥梁、隧道、铁路、供水、供电、供气、电讯等分类。

4. 施工项目竣工验收的依据

组织项目竣工验收应依据批准的建设文件和工程实施文件，达到国家法律、行政法规、部门规章对竣工条件的规定和合同约定的竣工验收要求，提出《工程竣工验收报告》，有关承发包当事人和项目相关组织应签署验收意见，签名并盖单位公章。

（1）国家相关法律法规和建设主管部门颁发的管理条例和办法；

（2）工程施工质量验收统一标准；

（3）专业工程施工质量验收规范；

（4）批准的设计文件、施工图纸及说明书；

（5）工程施工承包合同；

（6）原材料、成品、半成品、构配件的质量验收标准；

（7）设备制造厂家的产品、安装说明书及技术说明书等有关技术规定；

（8）其他相关文件。

12.1.2　施工项目竣工验收的程序

施工项目竣工验收过程涉及建设单位、设计单位、监理单位及施工总分包各方的工作，必须按照工程项目质量控制系统的职能分工，以监理工程师为核心进行竣工验收的组织协调；可分为验收准备、竣工预验收和正式验收三个环节。

1. 竣工验收准备

施工单位按照合同规定的施工范围和质量标准完成施工任务后，应自行组织有关人员进行内部验收，以便发现存在的质量问题，并及时采取措施处理，以保证正式验收的顺利通过。主要参加人员有项目经理、施工单位现场各部门负责人以及分包单位现场负责人。

在预检合格的基础上，施工单位可正式向现场监理机构提交工程竣工报验单（见表 12-1），要求组织工程竣工预验收。施工单位的竣工验收准备，包括工程实体的验收准备和相关工程档案资料的验收准备，使之达到竣工验收的要求，其中设备及管道安装工程等，应经过试压、试车和系统联动运行检查记录。

表 12-1　　　　　　　　　　　　　工 程 竣 工 报 验 单

工程名称：　　　　　　　　　　　　　　　　　　　　　　　　　　　　　编号：

致：　　　　　（监理单位） 　　我方已按合同要求完成了工程，经自检合格，请予以检查和验收。 　　附件：   　　　　　　　　　　　　　　　　　　　承包单位（章）＿＿＿＿＿＿＿＿＿ 　　　　　　　　　　　　　　　　　　　项目经理　　　＿＿＿＿＿＿＿＿＿ 　　　　　　　　　　　　　　　　　　　　　　　年　　月　　日
审查意见： 　　经初步验收，该工程： 　　1. 符合/不符合我国现行法律、法规要求； 　　2. 符合/不符合我国现行工程建设标准； 　　3. 符合/不符合设计文件要求； 　　4. 符合/不符合施工合同要求。 　　综上所述，该工程初步验收合格/不合格，可以/不可以组织正式验收。   　　　　　　　　　　　　　　　　　　　项目监理机构＿＿＿＿＿＿＿＿＿＿ 　　　　　　　　　　　　　　　　　　　总监理工程师＿＿＿＿＿＿＿＿＿＿ 　　　　　　　　　　　　　　　　　　　　　　　年　　月　　日

2. 竣工预验收

监理机构收到施工单位的工程竣工验收申请报告，应就验收的准备情况和验收条件进行仔细审查，对工程质量进行竣工预验收。对工程实体质量及档案资料存在的缺陷，及时提出整改意见，并与施工单位协商整改方案，确定整改要求和完成时间。具备下列条件时，由施工单位向建设单位提交工程竣工验收报告，申请工程竣工验收。

(1) 完成建设工程设计和合同约定的各项内容；

(2) 有完整的技术档案和施工管理资料；

(3) 有工程使用的主要建筑材料、构配件和设备的进场试验报告；

(4) 有工程勘察、设计、施工、工程监理等单位分别签署的质量合格文件；

(5) 有施工单位签署的工程质量保修书。

3. 正式竣工验收

建设单位收到工程竣工验收报告后，应由建设单位（项目）负责人组织施工（含分包单位）、设计、勘察、监理等单位（项目）负责人等，在规定时间内进行正式竣工验收，并认真填写单位（子单位）工程竣工验收记录（见表12-2）。

表 12-2　　　　　　　　　　单位（子单位）工程竣工验收记录

工程名称		结构类型		层数/建筑面积	
承包单位		技术负责人		开工日期	
项目经理		项目技术负责人		竣工日期	
序号	项目	验收记录			验收结论
1	分部工程	共 分部，经查 分部，符合标准及设计要求 分部			
2	质量控制资料检查	共 项，经审查符合要求 项，经核定符合规范要求 项			
3	安全和主要使用功能核查及抽查结果	共核查 项，符合要求 项，共抽查 项，符合要求 项，经返工处理符合要求 项			
4	观感质量验收	共抽查 项，符合要求 项，不符合要求 项			
5	综合验收结论				
参加验收单位	建设单位	项目监理单位	承包单位		设计单位
	（公章）	（公章）	（公章）		（公章）
	单位（项目）负责人 年 月 日	总监理工程师 年 月 日	单位（项目）负责人 年 月 日		单位（项目）负责人 年 月 日

正式竣工验收分为单项工程竣工验收和全部竣工验收两个阶段。建设单位应组织勘察、设计、施工、监理等单位和其他方面的专家组成竣工验收小组，负责检查验收的具体工作，并制订验收方案。

建设单位应在工程竣工验收7个工作日前将验收时间、地点、验收组名单书面通知该工程的工程质量监督机构，建设单位组织竣工验收会议。正式验收过程的主要工作有：

(1) 建设、勘察、设计、施工、监理单位分别汇报工程合同履约情况及工程施工各环节满足设计要求，质量符合法律、法规和强制性标准的情况。

（2）检查审核设计、勘察、施工、监理单位的工程档案资料及质量验收资料。

（3）实地检查工程外观质量，对工程的实用功能进行抽查。

（4）对工程施工质量管理各环节工作、对工程实体质量及质保资料情况进行全面评价，形成经验收组人员共同确认签署的工程竣工验收意见。

（5）竣工验收合格，建设单位应及时提出工程竣工验收报告。验收报告应附有工程施工许可证、设计文件审查意见、质量检测功能性试验资料、工程质量保修书等法规所规定的其他文件。

（6）工程质量监督机构应对工程竣工验收工作进行监督。

12.1.3　施工项目竣工验收备案

我国实行建设工程竣工验收备案制度。新建、改建和扩建的各类房屋建筑工程和市政基础设施工程的竣工验收，均应按《建设工程质量管理条例》规定进行备案。

建设单位应当自建设工程竣工验收合格之日起 15 日内，将建设工程竣工验收报告和规划、公安消防、环保等部门出具的认可文件或准许使用文件，报建设行政主管部门或其他相关部门备案。

备案部门在收到备案文件资料后的 15 日内，对文件资料进行审查，符合要求的工程，在验收备案表上加盖"竣工验收备案专用章"，并将一份退建设单位存档。如审查中发现建设单位在竣工验收过程中，有违反国家有关建设工程质量管理规定的行为的，责令停止使用，重新组织竣工验收。

建设单位有下列行为之一的，责令改正，处工程合同价款 2%～4% 的罚款；造成损失的依法承担赔偿责任。

（1）未组织竣工验收，擅自交付使用的；

（2）验收不合格，擅自交付使用的；

（3）对不合格的建设工程按照合格工程验收的。

12.2　施工项目竣工结算

12.2.1　概述

1. 施工项目竣工结算的概念

施工项目竣工结算是指在施工项目按合同规定实施过程中，项目经理部与建设单位进行的工程进度款结算与竣工验收后的最终结算。承包人应按照项目竣工验收程序办理项目竣工结算并在合同约定的期限内进行项目移交。项目竣工结算应由承包人编制，发包人审查，双方最终确定。项目竣工结算的编制、审查、确定，按建设部令第 107 号《建筑工程施工发包与承包计价管理办法》及有关规定执行。

竣工结算与竣工决算是两个不同的概念，也是两项不同的工作，其区别主要在于：

（1）竣工决算是反映建设项目实际造价和投资效果的文件。建设项目竣工决算包括从筹建到竣工投产过程的全部实际支出费用，由竣工决算报表、竣工决算报告说明书、竣工工程平面示意图、工程造价比较分析等四部分组成。竣工决算是由建设单位负责完成的一项重要工作。

（2）竣工结算是承包人在所承包的工程按照合同规定的内容全部完工，并通过竣工验收之后，与发包人进行的最终工程价款的结算。这是建设工程施工合同双方围绕合同最终总的结算价款的确定所开展的工作。

2. 施工项目竣工结算的作用

（1）竣工结算是施工单位与建设单位结算工程价款的依据。

（2）竣工结算是核定施工企业生产成果，考核工程实际成本的依据。

（3）竣工结算是建设单位编制竣工结算的主要依据。

（4）竣工结算是建设单位、设计单位及施工单位进行技术经济分析和总结工作，以便不断提高设计水平与施工管理水平的依据。

（5）竣工结算工作完成以后，标志着施工单位和建设单位双方权利和义务的结束，即双方合同关系的解除。

3. 施工项目竣工结算编制的依据

除《中华人民共和国合同法》、《中华人民共和国招标投标法》、《中华人民共和国预算法》、《中华人民共和国价格法》、《中华人民共和国政府采购法》、《中华人民共和国预算法实施条例》、《建设工程价款结算暂行办法》（财建［2004］369 号）等国家有关法律、行政法规外，编制施工项目竣工结算可依据资料还包括：

（1）施工承包合同文件、补充协议以及开竣工报告书；

（2）竣工图纸、工程变更文件；

（3）有关技术核准资料和材料代用核准资料；

（4）工程计价文件、工程量清单、取费标准及有关调价规定；

（5）双方确认的有关签证和工程索赔资料。

4. 施工项目竣工结算的内容

施工项目竣工结算的内容包括：预付工程款的数额、支付时限及抵扣方式；工程进度款的支付方式、数额及时限；工程施工过程中发生变更时，工程价款的调整方法及索赔方式、时限及金额支付方式；约定承担风险的范围及幅度以及超出约定范围和幅度的调整办法；工程竣工价款的结算与支付方式、数额及时限；发生工程价款纠纷的解决方法；工程质量保证（保修）金的数额、预扣方式及时限；安全措施和意外伤害保险费用；工期要求及工期提前或延后的奖惩办法；与履行合同、支付价款相关的担保事项。

12.2.2　工程价款的结算方法

建设工程价款结算是指对建设工程的承发包合同价款进行约定和依据合同约定进行工程预付款、工程进度款、工程竣工价款结算的活动。从事工程价款结算活动，应当遵循合法、平等、诚信的原则，并符合国家有关法律、法规和政策。

1. 工程价款结算方式

工程价款结算应按合同约定办理，合同未做约定或约定不明的，承发包双方应依照下列规定与文件协商处理：国家有关法律、法规和规章制度；国务院建设行政主管部门、省、自治区、直辖市或有关部门发布的工程造价计价标准、计价办法等有关规定；建设项目的合同、补充协议、变更签证和现场签证，以及经发、承包人认可的其他有效文件；其他可依据的材料。

（1）按月结算。按月结算与支付是指按月支付进度款，竣工后清算的办法。合同工期在两个年度以上的工程，在年终进行工程盘点，办理年度结算。

（2）分段结算。分段结算与支付是指当年开工、当年不能竣工的工程按照工程形象进度，划分不同阶段支付工程进度款。具体划分在合同中明确。

（3）竣工后一次结算。工程竣工结算分为单位工程竣工结算、单项工程竣工结算和建设项目竣工总结算。

1）单位工程竣工结算由承包人编制，发包人审查；实行总承包的工程，由具体承包人编制，在总包人审查的基础上，发包人审查。

2）单项工程竣工结算或建设项目竣工总结算由总（承）包人编制，发包人可直接进行审查，也可以委托具有相应资质的工程造价咨询机构进行审查。政府投资项目，由同级财政部门审查。单项工程竣工结算或建设项目竣工总结算经发、承包人签字盖章后有效。

竣工结算方式与经济承包方式有关，而施工合同的经济承包方式有总价合同、单价合同和成本加酬金合同，因此，可采用的竣工结算方法有：

①经济包干法。考虑工程造价动态变化的因素，合同价格一次包死的项目，合同价格就是竣工结算总造价。

②合同数增减法。合同有确定价格，但没有包死，允许按实际情况进行增减结算。

③预算签证法。以双方审定的施工图预算额签订合同，但在施工过程中凡是经过双方签字同意的凭证都可作为结算的依据，并在预算额的基础上进行调整。

④竣工图计算法。根据竣工图、竣工技术资料、预算定额等资料，按照施工图预算编制方法全部重新计算。该种方法工作量大，但完整性、准确性好，适用于工程内容变化大，施工周期长的项目。

承包人应在合同约定期限内完成项目竣工结算编制工作，未在规定期限内完成的并且提不出正当理由延期的，责任自负。

（4）双方约定结算方式。

2．竣工结算程序

项目竣工验收后，承包人应在约定的期限内向发包人递交项目竣工结算报告及完整的结算资料，经双方确认并按规定进行竣工结算。

（1）承包人递交竣工结算报告。竣工报告经发包人认可后，承包人应在28天内向发包人递交竣工结算报告及完整的结算资料，与发包人应进行竣工结算。若承包人28天内未能向发包人递交竣工验收报告及完整的结算资料，造成工程竣工结算不能正常进行或工程竣工结算价款不能及时支付，发包人要求交付工程的，承包人应当交付；发包人不要求交付的，承包人承担保管责任。

（2）发包人的核实与支付。发包人自收到竣工结算报告及完整的结算资料后的规定时限内（见表12-3）进行核实；如果发现问题提出修改意见，经承包人同意后给予确认，及时办理工程价款的支付，并保留5%左右的质量保证金，待工程交付使用一年质保期到期后清算（合同另有约定的，从其约定），质保期内如有返修，发生费用应在质量保证金内扣除。

建筑工程项目竣工总结算在最后一个单项工程竣工结算审查确认后15天内汇总，送达发包人30天内审查完成。

表 12 - 3　　　　　　　　　　　　　竣 工 结 算 审 查 时 限

序号	工程竣工结算报告金额 （万元）	审查时间 （天）	序号	工程竣工结算报告金额 （万元）	审查时间 （天）
1	≤500	30	3	2000～5000	45
2	500～2000	40	4	≥5000	60

注　审查时间自接到竣工结算报告和完整的竣工结算资料之日算起。

（3）移交工程。承包人在收到工程价款后 14 天内将竣工工程交付发包人，施工合同即告终止，工程进入保修期。

3. 竣工结算审查

竣工结算应严格地执行国家及地方的有关法规和政策的规定，如实反映施工项目工程量的完成情况。但实践表明，施工单位递交的竣工结算普遍存在高估冒算现象。所以，搞好竣工结算审查工作，对建设单位节约建设资金，提高投资效益有着重要意义；同时，也有助于建设单位提高管理水平和施工单位的竞争能力。

（1）竣工结算审查的主要内容。

1）核对合同条款。应首先核对竣工工程内容是否符合合同条件的要求，工程是否竣工验收合格，只有按合同要求完成全部工程并验收合格后的工程才能竣工结算。然后，应按合同规定的结算方法、计价定额、取费标准等，对工程竣工结算进行审核。

2）检查隐蔽验收记录。核对隐蔽工程施工记录和验收签证。当竣工工程的手续完整、工程与竣工图一致时方可将其列入结算。

3）落实设计变更签证。设计变更应有原设计单位出具设计变更通知单和修改的设计图纸、校审人员签字并加盖公章，经建设单位和监理工程师审查同意、签证；重大设计变更应经原审批部门审批，否则不列入结算。

4）按图核实工程数量。竣工结算的工程量应依据竣工图、设计变更和现场签证等进行核算，并按国家统计表规定的计算规则计算工程量。

5）执行定额单价。结算单价应按合同约定或招标规定的计价定额与计价原则执行。

6）防止各种计算误差。工程竣工结算子目多、篇幅大，往往有计算误差，应认真核算。

7）双方核实后编制施工项目结算单。

（2）竣工结算审查主要形式。

1）建设单位自审。建设单位有能力和具备审查条件时，可以自行审查，对审查后提出的问题，同竣工结算的编制单位协商解决。

2）委托审查。建设单位委托具有审查资格的工程造价咨询机构审查建筑安装工程的竣工结算，对审查过程中发现的问题，经与建设单位、施工单位充分协商后，然后进行修正竣工结算。

3）独立审查。竣工结算文件编制单位自审后，分别送交建设单位、建设银行（或有资质的工程造价咨询机构）单独审查，这些部门单独审查后，各自将审查中发现的问题提出自己的意见，通知有关单位协商解决后，再修正竣工结算，这种方式是一般建设项目常用的一种审查方式。

4）联合审查。由建设单位、设计单位、施工单位和建设银行（或有资质的工程造价咨询机构）各派代表共同组成审查小组，对竣工结算进行审查，这种审查方式发现问题较广而全，又能及时交换意见，确定解决问题的方法，因此审查的进度快、质量高，这种方式通常用于审查重点建设工程项目安装工程竣工结算。

12.2.3　工程结算中纠纷的解决途径

GB/T 50326—2006《建设工程项目管理规范》规定，项目竣工结算报告及完整的结算资料递交后，承发包双方应在规定的期限内进行竣工结算核实，若有修改意见，应及时协商沟通达成共识；若对结算价款仍有争议的，可通过下列办法解决：

（1）按合同条款约定的办法提请调解；

（2）向有关仲裁机构申请仲裁或向人民法院起诉。

工程造价咨询机构接受发包人或承包人委托，编审工程竣工结算，应按合同约定和实际履约事项认真办理，出具的竣工结算报告经发、承包双方签字后生效。当事人一方对报告有异议的，可对工程结算中有异议部分，向有关部门申请咨询后协商处理，若不能达成一致的，双方可按合同约定的争议或纠纷解决程序办理。

发包人对工程质量有异议，已竣工验收或已竣工未验收但实际投入使用的工程，其质量争议按该工程保修合同执行；已竣工未验收且未实际投入使用的工程以及停工、停建工程的质量争议，应当就有争议部分的竣工结算暂缓办理，双方可就有争议的工程委托有资质的检测鉴定机构进行检测，根据检测结果确定解决方案，或按工程质量监督机构的处理决定执行，其余部分的竣工结算依照约定办理。

12.3　施工项目考核评价

12.3.1　施工管理考核评价的方式

GB/T 50326—2006《建设工程项目管理规范》规定，组织应在施工项目结束后对项目的总体和各专业进行考核评价。施工项目管理考核评价工作是项目管理活动中很重要的一个环节，它是对项目管理行为、项目管理效果以及项目管理目标实现程度的检验和评定，是公平、公正地反映项目管理工作的基础。通过考核评价工作，使得项目管理人员能够正确地认识自己的工作水平和业绩，并且能够进一步地总结经验、找出差距、吸取教训，从而提高了管理人员的素质和企业的整体项目管理水平。

1. 施工项目考核评价的程序

施工考核评价程序是指组织对项目考核评价应采取的步骤和方法。施工项目考核评价委员会应由组织主管领导和有关业务部门从事项目管理的工作人员组成，也可聘请社会组织或高等院校相关领域的专家、学者。施工项目考核评价对象是以项目经理为首的项目经理部。即中小型施工项目可只考核评价项目经理；大型项目除对项目经理进行考核评价外，还应对项目经理部的各专业管理职能部门进行考核评价。

施工项目考核评价应按如图 12-1 所示的程序进行。

2. 项目考核评价的方式

根据项目范围管理和组织实施方式的不同，组织应采取不同的项目考核评价方式。

通常而言，建设工程项目考核评价可按年度进行，也可按工程进度计划划分阶段进行，还可综合以上两种方式，在按工程部位划分阶段进行，考核中插入按自然时间划分阶段进行考核。工程完工后，必须全面地对项目管理进行终结性考核。

项目终结性考核的内容应包括确认阶段性考核的结果，确认项目管理的最终结果，确认该项目经理部是否具备"解体"的条件。经考核评价后，兑现"项目管理目标责任书"确定的奖励和处罚。

12.3.2 项目考核评价指标体系

施工项目考核评价的主要依据是施工项目经理与企业签订的"项目管理目标责任书"，此外还应有工程施工合同、工程款的支付、企业各项管理制度的执行和工程资料归档情况等。施工项目考核评价应贯穿整个施工项目管理的全过程，全面反映项目施工管理目标的落实情况、项目施工管理的成效，体现项目施工管理人员和职能部门的水平，为兑现对项目经理或项目经理部职能管理部门的奖惩提供可靠的依据。

1. 项目考核评价的定量指标

项目考核评价的定量指标，是指反映项目实施成果，可作量化比较分析的专业技术经济指标，其内容应按项目评价的要求确定。

项目考核评价的定量指标可包括：工程质量等级、工期及工期提前率、工程成本降低率、职业健康安全等。

其中，工程成本降低率时直接反映工程项目管理经济效果的重要指标，常用指标的计算方法为：

(1) 利润率

$$利润率 = \frac{利润}{承包价} \times 100\% = \frac{总收入 - 总支出}{承包价} \times 100\% \qquad (12-1)$$

(2) 劳动生产率

$$劳动生产率 = \frac{总收入}{总出勤工日} \qquad (12-2)$$

(3) 材料成本降低率

$$材料成本降低率 = \frac{预算材料成本 - 实际材料成本}{预算材料成本} \times 100\% \qquad (12-3)$$

(4) 施工机械成本降低率

$$机械成本降低率 = \frac{预算机械成本 - 实际机械成本}{预算机械成本} \times 100\% \qquad (12-4)$$

(5) 间接费用降低率

$$间接费用降低率 = \frac{预算间接费用 - 实际发生间接费用}{预算间接费用} \times 100\% \qquad (12-5)$$

2. 项目考核评价的定性指标

项目考核评价的定性指标，是指综合评价或单项评价项目管理水平的非量化指标，且有可靠的论证依据和办法，对项目实施效果做出科学评价。

项目考核评价的定性指标包括：项目管理理念，项目管理策划，管理制度及方法，新工艺、新技术、新材料、新设备应用推广情况，社会效益及其用户或社会评价，环境保护等。

项目管理结束后，组织应编制项目管理总结，其主要内容有：项目概况；组织机构、管理体系、管理控制程序；各项经济技术指标完成情况及考核评价；主要经验及问题处理；其

制订考核评价办法

建立考核评价组织

确定考核评价方案

实施考核评价工作

提出考核评价报告

图 12-1 施工项目
考核评价流程图

他需要提供的资料。

项目管理总结应形成文件，实事求是、概括性强、条理清晰，全面系统地反映工程项目管理的实施效果。对项目管理中形成的所有项目管理总结及相关资料，应按有关规定及时予以归档和妥善保存，以便必要时追溯。

12.3.3　项目保修管理

1. 施工项目产品保修的意义

由于建筑产品不同一般商品，往往在竣工验收后仍可能存在质量缺陷和隐患，直到使用过程中才能逐步暴露出来，如屋面漏水、墙体渗水、建筑物基础超过规定的沉降限值、采暖系统供热不佳、设备及安装工程达不到国家或行业现行的技术标准等，需要在使用过程中检查观测和维修。因此，GB/T 50326—2006《建设工程项目管理规范》要求，承包人应制订项目保修制度并纳入质量管理体系。没有建立质量管理体系的承包人，也应进行项目回访，并按法律、法规的规定履行质量保修义务。

施工项目产品保修是指建设工程自办理交工验收手续后，在规定的期限内，因勘察、设计、施工、材料等原因造成的质量缺陷，应当由施工单位负责维修。所谓质量缺陷是指工程不符合国家或行业现行的有关技术标准、设计文件以及合同中对质量的要求。

施工项目保修的意义在于以下几个方面：

（1）有利于项目经理部重视项目管理，提高工程质量。只有加强项目的过程控制，增强项目管理层和作业层的责任心，严格按操作工艺和标准、规程施工，才能从源头上防止或消除质量缺陷，杜绝工程质量问题的发生。

（2）有利于加强施工单位同建设单位和用户的联系与沟通。通过保修制度，有利于改进服务方式，增强用户对承包人的信任感，树立企业良好的社会形象。

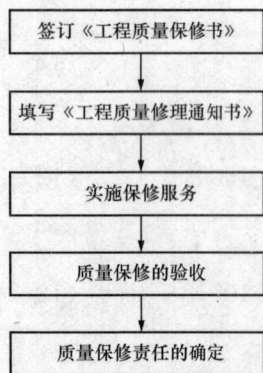

2. 施工项目产品保修

施工单位应在竣工验收前与建设单位签订工程质量保修书作为合同附件。签发工程质量保修书应确定工程质量保修范围和内容、期限、责任、费用的承担以及其他约定等。建筑工程情况比较复杂，不像其他商品那样单一，有些问题往往是由多种原因造成的，进行工程质量保修，必须澄清经济责任，由产生质量问题的责任方承担工程的保修经济责任。施工项目产品保修流程图，如图 12-2 所示。

承包人签署工程质量保修书，其主要内容必须符合法律、行政法规和部门规章已有的规定；没有规定的，应由承包人与发包人约定，并在工程质量保修书中提示。

（1）质量保修范围与内容。施工单位与建设单位按照工程的性质和特点，具体约定保修的相关内容。房屋的建筑工程的保修范围包括：地基基础工程、主体结构工程、屋面防水工程、有防水要求的卫生间和外墙面的防渗漏、供热与供冷系统、电气管线、给排水管道、设备和装修工程，以及双方约定的其他项目。

（2）质量保修期。质量保修期从竣工验收合格之日起计算。当事人双方应针对不同的工程部位，在保修书中约定具体的保修年限。当事人协商约定的保修期限，不得低于法规规定的标准。国务院颁布的《建设工程质量管理条例》明确规定，在正常使用条件下，建设工程

签订《工程质量保修书》

↓

填写《工程质量修理通知书》

↓

实施保修服务

↓

质量保修的验收

↓

质量保修责任的确定

图 12-2　施工项目产品
保修流程图

的最低保修期限为：

1）基础设施工程、房屋建筑的地基基础工程和主体工程，为设计文件规定的该工程的合理使用年限。

2）屋面防水工程、有防水要求的卫生间、外墙和地下室的防渗漏，为 5 年。

3）供热与供冷系统，为 2 个采暖期、供冷期。

4）电气管线、给排水管道安装工程和建筑装修工程，为 2 年。

根据国务院公布的条例规定，发包人与承包人在签署工程质量保修书时，应约定在正常使用条件下的最低保修期限。保修期限应符合下列原则：条例已有规定的，应按规定的最低保修期执行；条例中没有明确规定的，应在工程质量保修书中具体约定保修期限；保修期应自竣工验收合格之日起计算，保修有效期限满为止。

（3）质量保修责任。

1）属于保修范围、内容的项目，施工单位在接到建设单位的工程质量修理通知书（见表 12-4）起 7 天内派人保修。施工单位不在约定期限内派人保修，建设单位可以委托其他人修理，由原施工单位承担相应责任。

2）发生涉及结构安全或者严重影响使用功能的紧急抢修事故时，施工单位应在接到保修通知后立即到达事故现场抢修。

3）涉及结构安全的质量问题，应当按照《房屋建筑工程质量保修办法》的规定，立即向当地建设行政主管部门报告，采取相应的安全措施。由原设计单位或具有相应资质等级的设计单位提出保修方案，由施工单位实施保修。

4）质量保修完成后，由建设单位组织验收，并认真填写工程保修记录表（见表 12-5），作为技术资料归档。

表 12-4　　　　　　　　　　　工程质量修理通知书

施工单位名称：　　　　　　　　　工程名称：　　　　　　　　　　　编号：

本工程于　　年　月　日发生质量问题，根据国家有广场质量保修规定和《工程质量保修书》约定，请贵单位派人检查修理为盼。

质量问题及部位：
承修单位自检评定：   　　　　　　　　　　　　　　　　　　　　　　　　　　年　月　日
使用单位验收意见：   　　　　　　　　　　　　　　　　　　　　　　　　　　年　月　日
使用单位地址： 电话： 联系人： 　　　　　　　　　　　　　　　　　　　通知书发出日期：　年　月　日

表 12 - 5　　　　　　　　　　　**工 程 保 修 记 录 表**

项目名称	
业主名称	
保修负责人	
保修起止日期	

保修内容及完成情况：

　　　　　　　　　　　　　　　　　　　　　　　　　　　　　　保修负责人：

　　　　　　　　　　　　　　　　　　　　　　　　　　　　　　　年　月　日

业主验收：

　　　　　　　　　　　　　　　　　　　　　　　　　　　　　　验收人：

　　　　　　　　　　　　　　　　　　　　　　　　　　　　　　　年　月　日

业主的要求与期望：

　　　　　　　　　　　　　　　　　　　　　　　　　　　　　　　年　月　日

（4）质量保修费用的承担。

1）勘察、设计原因造成的保修费用。勘察、设计方面的原因造成的质量缺陷，由勘察、设计单位负责并承担经济责任，由施工单位负责维修或处理。勘察、设计人应继续完成勘察、设计工作，减收或免勘察、设计费用并赔偿损失。

2）施工原因造成的保修费用。施工单位未按国家有关规范、标准和设计要求施工，造成质量缺陷，由施工单位承担经济责任，并负责维修或处理。

3）由发包人指定的分包单位造成的保修费用。由发包人指定的分包单位造成的质量缺陷，应由发包人自行承担经济责任。

4）设备、材料、构配件不合格造成的保修费用。设备、材料、构配件不合格造成的质量缺陷，属于施工单位采购的或经施工单位验收同意的，由施工单位承担经济责任；属于建设单位采购的，由建设单位承担经济责任。

5）用户使用原因造成的保修费用。用户使用不当或未经许可自行改建造成的质量缺陷，由用户自行承担经济负责。

6）不可抗力原因造成的保修费用。因地震、洪水、台风等不可抗力原因造成的损坏，施工单位和设计单位都不承担经济责任，由建设单位负责处理。

【综合案例】

某综合办公楼竣工验收与竣工结算

某施工单位承包综合办公楼工程项目，甲乙双方签订的关于工程价款的合同内容有：建筑安装工程造价 900 万元，工期从 2012 年 2 月 1 日至 6 月 30 日，建筑材料、设备费占施工产值的比重为 60%，工程预付款占建筑安装工程造价的比例为 25%。工程实施后，工程预付款从未施工工程尚需的主要材料及构件的价值相当于工程预付款数额时起扣，从每次结算工程价款中按材料和设备占施工产值的比重扣抵工程预付款，竣工前全部结清；工程进度款逐月计算；工程保修金为建筑安装工程造价的 5%，竣工结算月一次扣留；材料和设备价差调整按规定进行（按有关规定上半年材料和设备价差上调 10%，6 月份一次调增）。

施工单位按时开工、竣工；各月实际完成并经签证确认的工程量见表 12-6。

表 12-6 各月实际完成工程量

月份	2	3	4	5	6
工程量（万元）	120	200	220	220	140

问题：

(1) 工程竣工验收的程序是什么？

(2) 该工程达到什么条件方可竣工验收？

(3) 该工程预付款是多少？

(4) 6 月份办理工程竣工结算，该工程结算造价是多少？甲方应付工程结算款为多少？

(5) 该工程在保修期间发生屋面漏水，甲方多次催促乙方修理，乙方一再拖延，最后甲方另请其他施工单位修理，修理费用发生 3.5 万元，该项费用如何处理？

解

(1) 验收程序：①工程完工后，施工单位向建设单位提交竣工报告，申请竣工验收。实行监理的，报告由总监签署意见。②建设单位收到报告后，对符合验收要求的工程，组织勘察、设计、施工、监理和其他单位组织验收小组，制订验收方案。③建设单位在竣工验收 7 天前将验收时间、地点等通知质量监督机构。④建设单位组织工程竣工验收。质量监督机构对验收人员进行审核，参与验收工程。

(2) 工程达到下列条件，方可竣工验收：①完成建设工程设计和合同规定的内容。②有完整的技术档案和施工管理资料。③工程使用的主要的建筑材料、构配件和设备的进场试验报告。④有勘察、设计和施工、监理单位分别签署的质量合格文件。⑤按设计内容完成，工程质量和使用功能符合规范规定的设计要求，并按合同规定完成协议内容。

(3) 该工程预付款金额为 $900 \times 25\% = 225$（万元）

(4) 预付款起扣点：$900 - 225 \div 0.6 = 525$（万元）

工程保修金：$900 \times 5\% = 45$（万元）

2 月工程进度款：120 万元

3 月工程进度款：200 万元

4 月工程进度款：$220 - (120 + 200 + 220 - 525) \times 0.6 = 211$（万元）

5 月工程进度款：$220 - 220 \times 0.6 = 88$（万元）

甲方应付工程结算款：$140 - 140 \times 0.6 - 45 + 900 \times 60\% \times 10\% = 65$（万元）

6 月份办理工程竣工结算，该工程结算造价为

$$900 + 900 \times 60\% \times 10\% = 954（万元）$$

(5) 由于施工单位未及时完成质量保修责任，故所发生的修理费用 3.5 万元可从工程保修金中扣除。

思考与练习

一、单选题

1. 《建设工程质量管理条例》规定，未经（　　）签字，建设单位不拨付工程款，不进行竣工验收。

A. 建设单位技术负责人　　　　　　　　B. 监理员

C. 专业监理工程师　　　　　　　　　　D. 总监理工程师

2. 整个建设工程项目竣工验收过程涉及建设、设计、监理及施工等单位各方的工作，必须按照工程项目质量控制系统的职能分工，以（　　）为核心进行竣工验收的组织协调。

A. 监理工程师　　　　B. 建筑工程师　　　　C. 设计人员　　　　D. 检验人员

3. 建设工程竣工验收阶段，发包人收到竣工验收报告后28天内组织验收，并在验收后（　　）天内给予认可或提出修改意见。

A. 7　　　　　　　　B. 14　　　　　　　　C. 21　　　　　　　　D. 28

4. 应重新绘制竣工图的情况有：设计结构形式、工艺、平面布置、项目等重大改变及图面变更面积超过（　　）。

A. 25%　　　　　　　B. 30%　　　　　　　C. 35%　　　　　　　D. 40%

5. 工程竣工结算报告金额为1000万元，发包人收到承包人递交的竣工结算报告及结算资料后（　　）天内进行核实，给予确认或者提出修改意见。

A. 10　　　　　　　　B. 20　　　　　　　　C. 30　　　　　　　　D. 45

6. 承包人应在收到分包工程竣工结算报告及结算资料后（　　）天内支付工程竣工结算价款。

A. 7　　　　　　　　B. 14　　　　　　　　C. 28　　　　　　　　D. 56

7. 工程竣工验收报告经发包人认可后（　　）天内，承包人向发包人递交竣工结算报告及完整的结算资料，双方按照协议书约定的合同价款及专用条款约定的合同价款调整内容进行竣工结算。

A. 28　　　　　　　　B. 42　　　　　　　　C. 56　　　　　　　　D. 60

二、多选题

1. 属于工程项目竣工质量验收依据的是（　　）。

A. 工程施工承包合同　　　　　　　　　B. 专业工程施工质量验收规范

C. 投标文件　　　　　　　　　　　　　D. 招标文件

E. 批准的设计文件、施工图纸及说明书

2. 关于建筑工程档案归档整理的规定，下列说法正确的是（　　）。

A. 在组织工程竣工验收前，总承包单位应提请当地的城建档案管理机构对工程档案进行预验收

B. 建设工程项目实行总承包的，总包单位负责收集、汇总各分包单位形成的工程档案

C. 建设工程项目实行总承包的，各分包单位形成的工程档案，应向总包单位移交

D. 建设工程项目由几个单位承包的，各承包单位负责收集、整理立卷其承包项目的工

程文件，并及时向建设单位移交

E. 当地城建档案管理机构负责监督和检查勘察、设计、施工、监理等单位的工程文件的形成、积累和立卷归档工作

3. 对竣工工程的成本核算，应区分为竣工工程现场成本和竣工工程完全成本，分别由（　　）进行核算分析。

A. 计划管理部门　　　　　　　　B. 项目经理部

C. 合同管理部门　　　　　　　　D. 企业财务部门

E. 人事管理部门

4. 关于建设工程合同中维修期的相关叙述，正确的是（　　）。

A. 承包人应力争以维修保函来代替业主扣留的保留金

B. 维修保函对业主并无风险，真正发生维修费用，业主可凭保函向银行索回款项

C. 维修期满后，承包人应及时从业主处撤回保函

D. 与保留金相比，维修保函对业主有利，因为保函是有时效的，期满将自动作废

5. 承包人应在工程竣工验收之前，与发包人签订质量保修书，其作为合同附件，主要内容包括（　　）。

A. 工程质量保修范围和内容　　　B. 质量保修金的支付方法

C. 质量保修期　　　　　　　　　D. 质量保修金额

E. 质量保修责任

三、简答题

1. 施工项目竣工验收的条件和标准是什么？

2. 施工项目竣工验收的程序怎样？

3. 施工项目竣工资料有何要求？

4. 施工项目竣工结算以哪些资料为依据？

5. 施工项目考核评价程序如何？考核评价指标体系怎样？

6. 施工项目产品回访与保修的意义怎样？回访保修计划如何制订？

7. 简述施工项目的质量保修范围与内容、质量保修期、质量保修责任。

参 考 答 案

一、单选题

1. D；2. A；3. B；4. C；5. C；6. C；7. A

二、多选题

1. ABE；2. BCD；3. BD；4. ABC；5. ABCE

三、简答题（略）

参 考 文 献

[1]《中国工程项目管理知识体系》编写委员会．工程项目管理知识体系．北京：中国建筑工业出版社，2011.

[2] 梁世连，惠恩才．工程项目管理．大连：东北财经大学出版社，2008.

[3] 王卓甫．工程项目风险管理．北京：中国水利水电出版社，2003.

[4] 成虎．工程项目管理．4 版．北京：中国建筑工业出版社，2015.

[5] 王家远，刘春乐．建设项目风险管理．北京：中国水利水电出版社，知识产权出版社，2004.

[6] 罗吉，乔治．工程建设风险管理．李世蓉，徐波，译．北京：中国建筑工业出版社，2000.

[7] 沈建明．项目风险管理．北京：机械工业出版社，2010.

[8] 裴吉星．建设工程项目施工风险管理．中国新技术新产品，2010（01）.

[9] 全国一级建造师执业资格考试用书编写委员会．建设工程项目管理．北京：中国建筑工业出版社，2017.

[10] 全国一级建造师执业资格考试用书编写委员会．建筑工程管理与实务．北京：中国建筑工业出版社，2017.

[11] 王芳，范建洲．工程项目管理，北京：科学出版社，2007.

[12] 建设工程项目管理规范．中华人民共和国住房和城乡建设部．北京：中国建筑工业出版社，2017.